2판 최신 원가회계

저자 소개

홍철규 서울대학교 공과대학 산업공학과 학사
서울대학교 대학원 경영학과 석사
London School of Economics(LSE) 회계학 박사
각종 국가공인자격시험 출제위원 다수 역임
기획재정부 공기업, 공공기관 경영평가단 평가팀장
학술지 관리회계연구 편집위원장
한국관리회계학회 회장
현 법무법인 화우 ESG센터 자문교수
중앙대학교 경영경제대학/경영전문대학원 교수

2판 최신 원가회계

초판 발행 2023년 12월 28일
2판 발행 2025년 10월 30일

지은이 홍철규
펴낸이 류원식
펴낸곳 교문사

편집팀장 성혜진 | **디자인** 신나리 | **본문편집** 우은영

주소 10881, 경기도 파주시 문발로 116
대표전화 031-955-6111 | **팩스** 031-955-0955
홈페이지 www.gyomoon.com | **이메일** genie@gyomoon.com
등록번호 1968.10.28. 제406-2006-000035호

ISBN 978-89-363-2705-7(93320)
정가 35,000원

2판 최신 원가회계

중앙대학교 **홍철규** 지음

COST ACCOUNTING

교문사

2판 머리말

본서는 '**체계적이고 쉬우면서도 깊이 있는 원가회계 교재**'를 목표로 한다. 저자의 원가회계 교재 초판에 대해 많은 분들이 보여주신 깊은 관심과 성원에 힘입어 벌써 개정판을 출간하게 되었다. 개정판에서도 원가회계의 학문적인 토대를 기반으로 초판에서 추구한 내용의 깊이를 유지하여 CPA를 비롯한 각종 국가고시에서도 기본서 역할을 할 수 있도록 하되, 다음과 같이 독자들이 본서의 내용을 좀 더 쉽게 이해할 수 있도록 전반적으로 수정하는 데 집중하였다.

첫째, 강의 과정에서 학생들의 반응과 피드백을 참고하여, 문장을 좀 더 명확하고 알기 쉽게 수정하였으며, 필요한 내용은 새로 부가하여 전체적으로 가독성을 제고하였다.

둘째, 일부 예제들을 개편하거나 예제를 새로 추가하여 독자들이 단순하고 명료하게 내용을 이해할 수 있도록 하였다. 특히, 제5장 원가배분에서 3단계 제조간접원가의 배부와 단일배부율과 이분배부율, 제9장 공손 및 재작업에서 평균법 하에서의 공손 원가의 처리 이슈(보론), 제10장 결합원가계산과 부산품 회계에서 추가가공 의사결정, 제12장 표준원가계산에서 연말 차이조정 등의 분야가 대표적이다. 특히, 제5장은 예제뿐만 아니라, 본문의 내용을 상당히 개편하여 독자들의 이해도를 대폭 높이고자 노력하였다.

초판에 대해 애정을 보여주신 모든 분들께 감사드리며, 원가회계 학습에 올바른 길잡이가 될 수 있도록 고민하고 성찰하는 마음으로 본 개정판을 낸다.

2025년 가을

저자 홍철규 교수

머리말

저자가 대학에서 원가회계 강의를 시작한 지 이제 20년을 넘어섰다. 그동안 학생들이 편안하게 학습할 수 있는 '**체계적이고 쉬우면서도 깊이 있는 원가회계 교재**'를 찾기가 쉽지 않았다. 지난 몇 년간 정성스레 강의노트를 정리하여 이제야 책으로 내놓으며, 교육자로서 큰 숙제 하나를 마친 기분이다.

원가회계는 기업 외부 재무보고와 내부 경영 의사결정에 핵심적인 원가정보를 제공하는 분야이다. 원가정보는 단순히 원가계산 결과 수치만을 의미하지 않는다. 원가계산 과정에서 발생하는 다양한 정보를 포함한다. 제품별, 부문별, 활동별 원가의 규모, 원가 발생의 원인, 조직 내부의 여러 분야 원가들의 상호관계, 원가의 변화행태, 설비의 활용도, 재료공급과 제품판매 관련 동향 등 매우 광범위하다.

최근 원가회계와 관리회계라는 용어가 종종 혼용되고 있지만, 본서에서는 관리회계 주제들과 구분하여 전통적인 원가회계의 핵심 주제인 원가계산과 관련된 내용을 깊이 있게 다룬다. 원가회계의 다양한 주제들을 체계적이고 깊이 있게 학습하기 위해서는 상당한 분량의 지면이 필요하기 때문이다.

대표적인 원가관리회계 저서인 Horngren 교수의 『Cost Accounting: a managerial emphasis』의 타이틀이 의미하듯이, 원가회계는 많은 관리회계 주제들과 깊이 연관되어 있다. 따라서 본서에서 다루는 내용은 관리회계를 효과적으로 학습하는 데도 필수적이다.

본서는 집필 과정에서 다음과 같은 사항에 중점을 두었다.

첫째, 명확한 설명과 예제를 통해 혼자서도 기초부터 완성까지 원가회계를 쉽게 학습할 수 있도록 하였다. 이를 위해 단순한 암기보다는 먼저 논리적으로 쉽게 이해하여 효과적이고 지속적으로 기억할 수 있도록 하였다.

둘째, 원가회계는 전체적인 체계를 이해하는 것이 매우 중요하다. 본서는 관련된 이슈들을 단순하게 부분적으로 나열하지 않고 포괄적이고 연결성 있게 다룸으로써, 전체적인 그림을 체계적으로 이해할 수 있도록 하고, 다양한 유형의 응용문제들을 해결할 수 있는 능력을 갖출 수 있도록 하였다.

셋째, 저자의 오랜 기간 동안의 출제경험을 토대로 공인회계사와 세무사를 포함한 각종 국가고시 자격증을 준비하는 학생들이 짧은 시간에 원가회계의 전 분야에 대해 깊은 수준의 지식을 체계적으로 갖출 수 있도록 하였으며, 깊이 있고 간단하고 명료한 설명에 집중하였다.

넷째, 각 장의 마지막에 객관식과 주관식 기출문제를 수록하여 본문에서 학습한 내용을 실전문제를 통해 복습하고 익힐 수 있도록 하였다.

다섯째, 기존 교재에서 잘 다루지 않는 까다롭거나 보충적인 주제들은 별도로 [보론]에서 설명하여 관심 있는 독자들이 심화학습을 할 수 있도록 하였다.

본서는 기본적으로 한 학기용으로 집필되었다. 관리회계와 통합해서 강의하거나 원가회계를 처음 접하는 학생들을 대상으로 하는 과목에서는 다음 장들을 중심으로 강의내용을 구성하는 것을 고려할 수 있다.

제2장(원가의 분류), 제3장(원가의 흐름), 제4장(개별원가계산), 제6장(활동기준원가계산), 제7장(변동원가계산), 제8장(종합원가계산), 제10장(결합원가계산과 부산품 회계), 제11장(예산과 차이분석).

끝으로, 본서의 출간을 위해 도움을 주신 분들께 감사드린다. 특히, 각종 기출문제들을 검토하여 좋은 문제들을 선별하고 수정작업을 해준 신동석 회계사, 유지희 회계사, 이종훈 회계사, 이영빈 회계사에게 고마운 마음을 전한다. 꼼꼼히 원고를 읽고 수험생의 입장에서 제시해준 의견들도 집필에 많은 도움이 되었다. 실력 있는 이 젊은 회계사들의 자발적인 도움과 본서에 대한 애정은 저술의 큰 동력이 되었다. 도서출판 교문사의 류원식 대표님과 진경민 차장님, 성혜진 편집팀장님께도 감사를 드린다.

2023년 12월

저자 홍철규 교수

추천사

본서는 회계를 공부하는 대학생과 회계 실무자들이 알아야 하는 원가회계의 중요한 개념과 주제들을 빠짐없이 사려 깊이 설명하고 있습니다. 원가회계는 원가개념이 기반하고 있는 경제학적 관점뿐만 아니라 경영자와 자본시장 참여자의 의사결정을 지원하는 유용한 정보 제공이라는 회계학적 관점을 접목하는 매력적인 영역입니다. 하지만 입문자의 입장에서는 다소 생소하고 경직된 인상을 받을 수 있습니다. 이에 저자는 다양한 의사결정 방면에서 요구되는 다차원적 원가분석체계를 독자들이 온전히 이해할 수 있도록, 기초 원가개념으로 시작하여 원가관리개념들을 따라가기 쉽도록 챕터들을 체계적으로 구성하였습니다.

원가회계는 기업경영과 의사결정의 광범위한 스펙트럼을 지원하기 위한 다차원적 범주의 원가관리기법들을 다루어야 하기 때문에 원가회계 책들의 구성이 때때로 단편적, 산재적인 모습을 보이는데, 본서는 이러한 우려를 말끔히 지워낸 몇 안 되는 독보적인 저서입니다.

한편, 사회과학 분야의 이론과 현상을 이해할 때 핵심 주제의 시각화가 큰 역할을 하는데, 본문에서 활용하고 있는 다수의 그림과 도표들은 직관적 이해를 효과적으로 지원하고 있습니다. 아울러 여러 국가고시 최근 기출문제들을 선별적으로 활용하여 학습의 효율성 제고를 도모하고 있습니다. 또한 본서는 동저자의 관리회계 저서에서의 풍부한 확장(원가-조업도-이익 분석, 고객 수익성 분석, 장단기 의사결정, 품질원가와 재고 관리, 성과평가 지표 등)을 위한 견고한 토대를 구축하는 데 기여합니다. 일례로서, 본서에서 설명하는 활동기준원가계산은 활동기준경영관리와 활동기준예산편성으로 연결됩니다.

이해도 향상을 위해 세심히 수정된 본서가 독자들께 유익한 역할을 할 것으로 기대합니다.

2025년

서울대학교 황인이 교수

차례

CHAPTER 3

제조원가의 흐름

CHAPTER 4

개별원가계산

CHAPTER 5

원가배분

CHAPTER 6
활동기준원가계산

CHAPTER 7

변동원가계산

CHAPTER 8

종합원가계산

CHAPTER 9

공손 및 재작업

CHAPTER 10

결합원가계산과 부산품 회계

CHAPTER 11

예산과 차이분석

CHAPTER 12

표준원가계산

CHAPTER

1

원가회계 기초

1 원가회계 학습 내용
2 다양한 원가개념
3 기업의 유형별 원가특성
4 원가정보의 활용
5 원가계산시스템의 종류

본 장에서는 원가회계 학습을 위해 기초가 되는 중요한 사항들에 관해 설명한다. 먼저, 원가회계가 회계학의 주요 분야인 재무회계 및 관리회계와 어떤 관계에 있는지에 대해 설명하고, 원가개념은 다양하며 상황과 목적에 따라 적용해야 할 원가개념도 다르다는 점에 대해 학습한다. 다음으로, 원가정보가 외부보고용 재무제표의 작성과 내부의 다양한 경영관리 목적으로 어떻게 활용되는지에 대해 살펴보고, 제품원가계산에 사용되는 원가계산시스템의 여러 유형에 관해 설명한다.

CHAPTER

1

원가회계 기초

1. 원가회계 학습 내용

원가회계시스템은 조직의 회계시스템의 일종이다. 회계학의 주요 분야로 재무회계, 원가(관리)회계, 세무회계 등이 있으며, 그중에 재무회계와 원가(관리)회계가 기본적인 근간이라고 할 수 있다. 재무회계와 관리회계의 목적은 **정보이용자**의 **의사결정**에 유용한 정보를 제공하는 것이지만, 정보이용자와 의사결정 사안에 있어서 차이가 있다.

재무회계(financial accounting)의 주요 이용자는 투자자, 채권자, 정부 규제기관 등 외부 이해관계자들이다. 따라서 재무회계는 조직이 재무적으로 어떤 상태에 있는지, 일정한 기간에 걸쳐 재무적으로 어떤 성과를 거두었는지를 파악할 수 있게 해주는 재무제표를 작성하는 것이 주요 목적이다. 재무제표는 조직과 외부 이해관계자들을 연결하는 중요한 커뮤니케이션 수단이다.

반면에, **관리회계**(management accounting)의 주요 이용자는 기업 내부 경영관리자들이다. 따라서 관리회계는 내부 경영관리에 필요한 정보를 수집하고, 측정하고, 분석하며, 보고하는 것이 주요 목적이다. 주요 관련 분야로는 예산수립, 제품기획과 제품가격결정, 원가통제, 성과측정과 보상 등이 있다.

재무회계는 정보의 의사결정에 대한 유용성을 높이기 위해 구체적인 보고기준을 별도로 제정하고 있으며, 우리나라의 경우 한국채택국제회계기준(K-IFRS), 일반기업회계기준, 중소기업회계기준 등이 있다. 이와 달리, 관리회계에서는 다양한 의사결정 사안별 특수성에 부합하는 정보를 적시에 제공하는 것이 의사결정의 유용성을 위한 핵심 요건으로서 별도의 보고기준이 있는 것은 아니다.

그림 1-1 재무회계, 관리회계, 원가회계의 비교

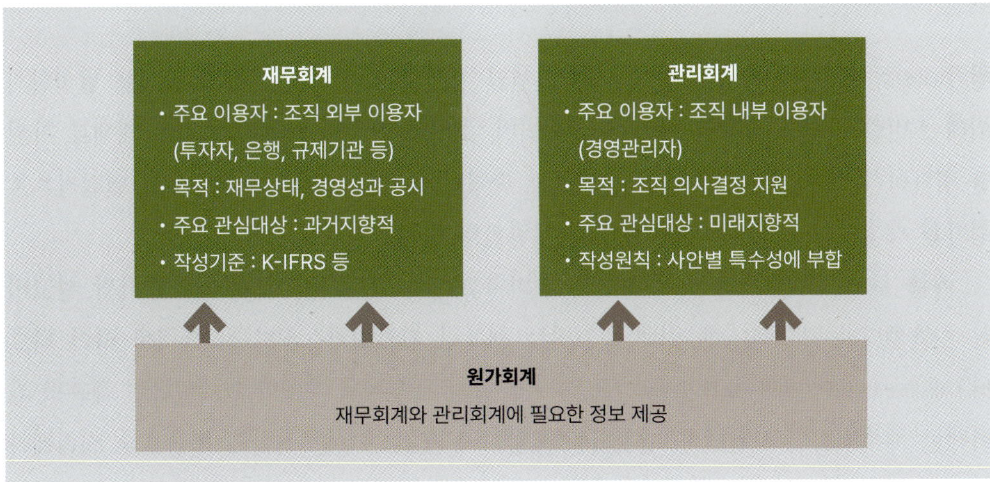

재무회계와 관리회계에 모두 관련된 분야가 **원가회계**(cost accounting)이다. 원가회계는 재무상태표의 재고자산(제품과 재공품)의 가치와 손익계산서의 매출원가를 계산하는 데 필요한 원가정보를 제공한다. 또한, 관리회계 영역인 예산수립, 원가관리, 가격결정, 성과평가 등 기업 내부의 경영의사결정에 필요한 원가정보를 제공하는 역할도 한다. 따라서, 원가회계의 역할은 **그림 1-1**과 같이 나타낼 수 있다.

원가회계와 관리회계는 종종 혼용해서 사용하기도 하며, 한글 교재에서는 이를 통합해서 **원가관리회계**라고 표현하기도 한다[1]. 본서에서는 관리회계 주제들과 구분하여, 전통적인 원가회계의 핵심 주제인 **원가계산**과 관련된 주제들을 깊이 있게 다룬다. 그러나 본서에서 다루는 개념들과 주제들은 관리회계 주제들과 깊이 연관되어 있으므로, 본서의 내용에 대한 이해는 관리회계 학습을 위해서도 필수적이다.

원가정보는 재무제표 작성에도 필요한 정보이므로 일정한 규칙에 따라 산출되어야 한다. 재무제표 작성을 위한 원가정보 산출기준은 **원가계산준칙**, **한국채택국제회계기준**(K-IFRS), **일반기업회계기준** 등에 규정되어 있다. 본서는 필요한 경우 이러한 규칙들에 관해서도 설명한다.

1 대표적인 원가관리회계 교재인 Horngren 교수의 저서는 "Cost Accounting"이라는 타이틀을 사용하고 있으며, "A Managerial Emphasis"라는 부제를 붙이고 있다. 이는 원가회계와 관리회계가 통합된 교재의 성격을 나타내는 것이다.

2. 다양한 원가개념

원가(cost)는 "재화나 용역을 얻기 위해 희생된 경제적 효익" 또는 "특정 목적을 달성하기 위해 소비한 자원의 화폐적 가치"로 정의되며, 소비한 자원의 화폐적 가치는 대체로 자원을 획득하기 위해 지불해야 하는 금액으로 측정한다. 이런 정의에도 불구하고 현실적으로 원가를 측정하기 위해서는 고려해야 할 사항들이 많다.

예를 들어, 어떤 제품을 만들어서 소비자들에게 판매하기 위해 제조원가와 광고비를 지출했다고 가정해보자. 이때 광고비는 제품의 원가인가? 정답은 "목적에 따라 다르다"("different costs for different purposes!")는 것이다. 만약 재무제표 작성이 목적이라면 제품의 원가에는 제조원가만 포함되며, 광고비는 포함되지 않고 발생한 기간에 비용으로 처리해야 한다. 일반적으로 인정된 회계원칙에서 제품원가의 범위를 엄격하게 제한하고 있기 때문이다. 그러나 제품가격 결정이나 제품수익성 평가가 목적이라면, 광고비가 제품원가에 포함될 것이다. 광고비도 제품과 관련해서 발생한 원가로서 이익을 내기 위해서는 회수해야 하기 때문이다. 또는 내부보고 목적으로 광고비를 자산화한 후 일정 기간에 걸쳐 상각할 수도 있는데, 이는 광고비가 제품원가에 포함되지는 않더라도 단순한 비용이 아니라 자산성이 있을 수 있음을 의미하는 것이다.

가격결정을 위한 원가도 상황에 따라 그 범위가 다를 수 있다. 예를 들어, 기업은 단기적인 가격을 결정할 때 경쟁상황과 경기 등을 종합적으로 고려하는데, 이때 제품원가는 단기적으로 회수해야 할 최소한의 원가로서 재료원가와 노무원가만 대상이 될 수도 있다. 그러나, 장기적으로 투자수익을 확보하는 데 필요한 제품의 평균적인 가격수준을 결정할 때는 제품원가에 고정설비의 원가도 포함해야 한다. 이와 같이 원가는 의사결정 상황과 목적에 따라 다르게 정의해야 한다.

본서에서는 제품원가계산을 주로 다루지만, 내용은 다양한 경영 의사결정에 광범위하게 활용될 수 있다. 또한, 아파트 분양원가, 의료보험 수가, 규제산업의 서비스 원가 등 정부정책과 관련된 원가계산과 가격결정에도 적용할 수 있다.

예제 1-1

다음은 로봇 진공청소기를 제조하여 판매하는 ㈜나이슨에서 202X년에 발생할 것으로 예상되는 원가(비용) 항목의 일부를 나타낸 것이다.

가. 제품의 재료원가
나. 제품 고객배송비용
다. 제품 TV 광고비
라. 회사 대표이사 급여
마. 공장 감가상각비
바. 기술개발을 위한 연구비
사. 공장 근로자 급여

위 원가(비용) 항목 중에서 재무상태표의 제품 가치측정과 제품의 정상가격 결정 시에 각각 반영할 필요가 있는 원가(비용) 항목을 찾아보자.

예제에서 제품의 재료원가, 공장 감가상각비, 공장 근로자 급여는 제품의 제조원가로서 재무상태표의 제품 가치에 포함되지만(제조원가에 대해서는 제2장과 제3장에서 자세하게 학습한다), 나머지는 제조원가가 아니므로 재무제표 작성 목적의 제품원가에 해당하지 않는다. 그러나, 제품의 정상적인 가격 결정을 위해서는 회사의 모든 비용이 제품원가의 고려대상이 된다(표 1-1). 이처럼 목적에 따라 포함되는 원가의 범위도 달라진다.

표 1-1 ㈜나이슨의 주요 목적별 원가(비용) 항목 포함 여부 | 예제 1-1

원가(비용) 항목	재무상태표의 제품 가치측정	제품의 정상가격 결정
가. 제품의 재료원가	○	○
나. 제품 고객배송비용		○
다. 제품 TV 광고비		○
라. 회사 대표이사 급여		○
마. 공장 감가상각비	○	○
바. 기술개발을 위한 연구비		○
사. 공장 근로자 급여	○	○

3. 기업의 유형별 원가특성

조직은 재화(goods)나 용역(service)을 제공하여 이익을 추구하는 것이 주요 목적인 영리조직과 이익추구가 목적이 아닌 비영리조직으로 구분된다. 영리조직의 대표적인 형태가 기업으로, 기업은 제조기업, 상기업, 서비스기업으로 분류할 수 있으며, 주요 특징은 표 1-2와 같다.

제조기업(manufacturing firms)은 재료나 부품 등을 구입하여 제품을 생산한 후 판매하는 기업이다. 대표적인 제조기업으로는 삼성전자, 포스코, 현대자동차, LG화학, 삼양식품 등을 들 수 있다. **상기업**(merchandising firms)은 제조기업으로부터 완성된 제품을 구입하여 추가로 가공하지 않고 외부에 상품을 판매하는 기업이다. 마트, 서점, 백화점 등을 들 수 있다. **서비스기업**(service firms)은 무형의 서비스를 고객들에게 제공하는 기업으로서, 제조기업이나 상기업이 유형의 재화를 다루는 것과 대비된다. 서비스기업의 예로는 은행, 보험, 법률, 통신, 철도, 광고 분야의 회사를 들 수 있다.

상기업은 제조기업에서 수행하는 활동 중에서 제조와 관련된 활동이 없다. 서비스기업에서는 생산과 동시에 소비가 발생하는 경우가 많아 일반적인 개념의 재고가 없는 경우가 많다. 이런 특성으로 인해 세 가지 유형의 기업 중에서 제조기업의 원가특성이 가장 복잡한 형태를 띠고 있다고 할 수 있다. 따라서, 본서에서는 제조기업의 원가특성과 원가계산에 관해 집중적으로 설명하고, 다른 유형의 기업에 대해서 필요할 때만 간략히 다루기로 한다.

표 1-2 기업 유형별 주요 특징

	제조기업	상기업	서비스기업
핵심 활동	생산, 판매	판매	생산, 판매
제품/서비스 특징	유형	유형	무형
주요 재고	제품, 재공품	상품	서비스 재고(△)
원가계산의 상대적 복잡성	매우 높다	낮다	높다

4. 원가정보의 활용

앞에서 설명한 바와 같이, 원가회계는 재무제표 작성과 다양한 경영 의사결정에 활용된다.

그림 1-2 원가정보의 활용 분야

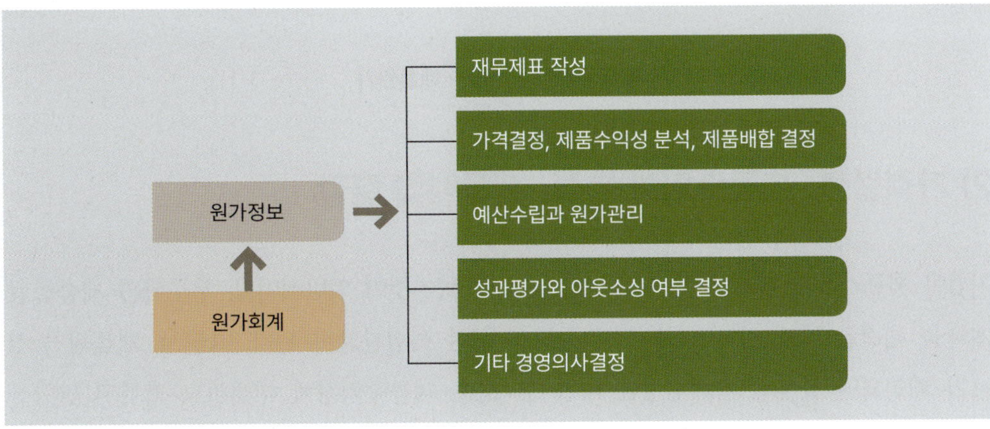

원가정보는 단순히 원가계산 결과 수치만을 의미하지 않으며, 원가계산 과정에서 발생하는 다양한 정보를 포함한다. 제품별·부문별·활동별 원가 규모, 원가요소(재료, 노무 등)별 원가 규모, 원가발생의 원인, 여러 분야 원가들의 상호관계, 원가의 변화행태, 설비의 활용도, 재료공급과 제품판매 관련 시장 동향 등 광범위하다. 원가회계를 통해 산출되는 원가정보의 활용은 그림 1-2와 같이 나타낼 수 있다. 원가정보의 활용에 대해 좀 더 구체적으로 살펴보자.

1) 재무제표 작성

재무상태표의 주요 **재고자산**에는 재료, 재공품, 제품이 있다. **재료**는 외부로부터 취득한 것으로서, 취득원가에는 구입가격과 운송비용 등 부대비용이 포함된다. **제품**은 즉시 판매할 수 있는 상태에 있는 완성품이다. **재공품**은 재료가 가공되기 시작한 시점부터 완성되기 직전까지 모든 중간 단계에 있는 미완성품이다. 재고자산 중에서 재료의 원가는 쉽게 측정할 수 있지만, 재공품과 제품의 원가는 복잡한 계산 과정을 통해 얻을 수 있다. 원가회계의 가장 중요한 기능 중의 하나가 바로 재공품과 제품의 원가를 계산하는 것이다.

원가정보는 **손익계산서** 작성에도 필요하다. 손익계산서의 비용 중에서 가장 큰 비중을 차지하는 항목이 **매출원가**이다. 매출원가란 판매된 제품의 원가로서, 매출원가를 알기 위해서는 제품원가계산이 필요하다. 시간흐름상으로 볼 때, 제품은 판매되기 전에는 재무상태표에 제품으로 기록되지만 판매될 때 매출원가로 대체된다. 손익계산서의 매출에서 매출원가를 차감한 금액이 **매출총이익**(gross margin)이다.

매출총이익 = 매출 − 매출원가

2) 가격결정, 제품수익성 분석, 제품배합 결정

기업이 제품가격을 결정할 때 제품원가를 고려하는 것이 일반적이다. 정부와의 제품공급 계약을 체결할 때도 원가정보는 가격산정을 위한 핵심자료가 된다. 따라서, 제품원가 정보가 왜곡되면 잘못된 가격결정을 내릴 수 있고, 제품수익성에 대해서도 잘못된 판단을 내리게 된다. 만약 실제로 수익성이 낮은 제품을 수익성이 높은 제품으로 오해하여 생산을 확장하고, 반대로 실제로 수익성이 높은 제품의 생산을 축소하는 경우, 기업은 중대한 위험에 처하게 된다.

최근 들어, 경쟁이 증가함에 따라 기업이 생산하는 제품의 종류가 점점 다양해지고 있으며, 생산과정도 점점 복잡해지고 있다. 이런 상황에서 정확한 제품원가의 산출은 어렵고도 중요한 과제가 되고 있다.

3) 예산수립과 원가관리

기업의 **가치사슬활동**은 연구개발, 디자인, 제조, 마케팅, 배송, 고객지원 등 여러 분야에 걸쳐 있다. 이들 분야에서 이루어지는 기업활동은 크게 계획(plan)과 통제(control) 기능으로 구분할 수 있으며[2], 원가정보는 계획과 통제 기능 모두에 중요한 역할을 한다.

계획기능과 관련하여, 기업은 연말에 차년도 매출예산, 생산예산, 원가(비용)예산, 이익예산 등 영업예산(operating budget)을 수립하고, 예산재무제표(pro forma statement)를 작성한다. 이때 제품, 부문, 공정 등에 관한 다양한 원가정보는 중요한 기초자료가 된다.

통제기능과 관련하여, 원가정보를 이용하여 설정한 원가(비용)예산은 기업활동에서 발

2 기업활동의 전통적인 구분인 계획(plan), 실행(do), 점검(see) 기능에서 실행과 점검 기능을 통합한 개념이 통제(control) 개념이다. 실행과 동시에 점검과 피드백이 강조되는 현대 경영에서는 기업활동의 기능을 계획(plan)과 통제(control) 기능으로 구분하는 경우가 많다.

생하는 원가의 효율성을 판단하고 원가발생을 통제하는 기준점(표준)으로서, 실제 발생원가가 예산으로부터 크게 괴리되는 경우 경영자의 주의를 환기시키는 역할을 한다.

원가절감과 관련된 기능으로서, 주요 활동의 원가 발생원인에 관한 정보(예를 들어, 배송원가를 발생시키는 요인은 제품의 부피)는 원가절감에 대한 구체적인 방향성을 제시한다. 또한, 원가정보는 기업의 가치사슬활동들의 원가 상호관계를 파악할 수 있게 해줌으로써 전반적인 원가절감을 가능하게 한다. 예를 들어, 디자인에 더 많은 자원을 투입하여 제품의 복잡성을 낮춤으로써, 복잡성의 영향을 받는 제조, 마케팅, 배송, 고객지원활동의 원가를 대폭 절감할 수도 있다. 이처럼 원가정보는 원가절감과 원가통제 등 **원가관리**(cost management) 전반에 중요한 역할을 한다.

4) 성과평가와 아웃소싱 여부 결정

일반적으로 기업은 정기적으로 각 부서의 성과를 평가하고 그 결과를 토대로 구성원들에게 보상을 제공한다. 평가와 보상은 중요한 통제 기능 중 하나이다. 부문별·제품별·활동별 원가(비용) 예산과 발생액의 차이는 담당자의 성과를 평가하는 데 중요한 자료가 된다.

또한, 원가정보는 각종 부품의 자체제작/아웃소싱 여부 및 고객 전화응대활동과 IT활동 등 내부 활동의 외주 여부를 결정할 때도 중요한 역할을 한다.

이처럼 원가정보는 회사에서 회계부서는 물론, 경영기획부서, 예산수립부서, 성과관리부서, 제품기획부서, 제품디자인부서, 공정설계부서 등 경영관리와 제품관리활동 전반에 걸쳐 매우 중요한 역할을 한다. 그러나, 원가정보에 대한 정확한 이해가 뒷받침되지 않으면 올바른 활용을 기대하기 어렵다. 원가정보에 대한 이해는 조직의 관리자들이 갖추어야 할 중요한 소양 중 하나이다.

5. 원가계산시스템의 종류

이제 본서에서 다루는 제조기업 **원가계산시스템**의 종류에 대해 간략히 살펴보자. 원가계산시스템은 제조활동의 형태와 원가정보의 사용 목적 등에 따라 종류가 다양하다. 이를

3차원 모델로 나타내면 그림 1-3과 같다.

- 첫 번째 차원은 **원가집계방법**이다. 제조활동의 형태에 따라 크게 **개별원가계산**(job costing)과 **종합원가계산**(process costing)으로 구분된다. 기업이 여러 종류의 제품을 생산하는 경우 각 제품의 원가를 따로 계산해야 하며, 이때 주로 사용하는 방식이 개별원가계산이다. 반면에, 한 가지 종류의 제품을 연속적으로 대량생산하는 경우에는 완성품과 미완성품(재공품)의 원가를 별도로 계산해야 하며, 이때는 종합원가계산을 사용한다. 그 외에 개별원가계산과 종합원가계산 방식이 혼합된 조별원가계산, 혼합원가계산(hybrid costing) 등이 있다.
- 두 번째 차원은 **제품 원가의 범위**이다. 제품원가의 범위를 변동제조원가로 한정할 것인지, 고정제조원가까지 포함할 것인지에 따라, **변동원가계산**(variable costing)과 **전부원가계산**(absorption costing)으로 구분된다. 재무제표 작성을 위해서는 모든 제조원가를 제품원가에 포함하는 전부원가계산을 사용해야 한다. 그러나, 전부원가계산의 문제점으로 인해 내부보고 목적으로는 변동제조원가와 고정제조원가를 별도로 구분하여 손익

그림 1-3 원가계산시스템의 3차원 모델

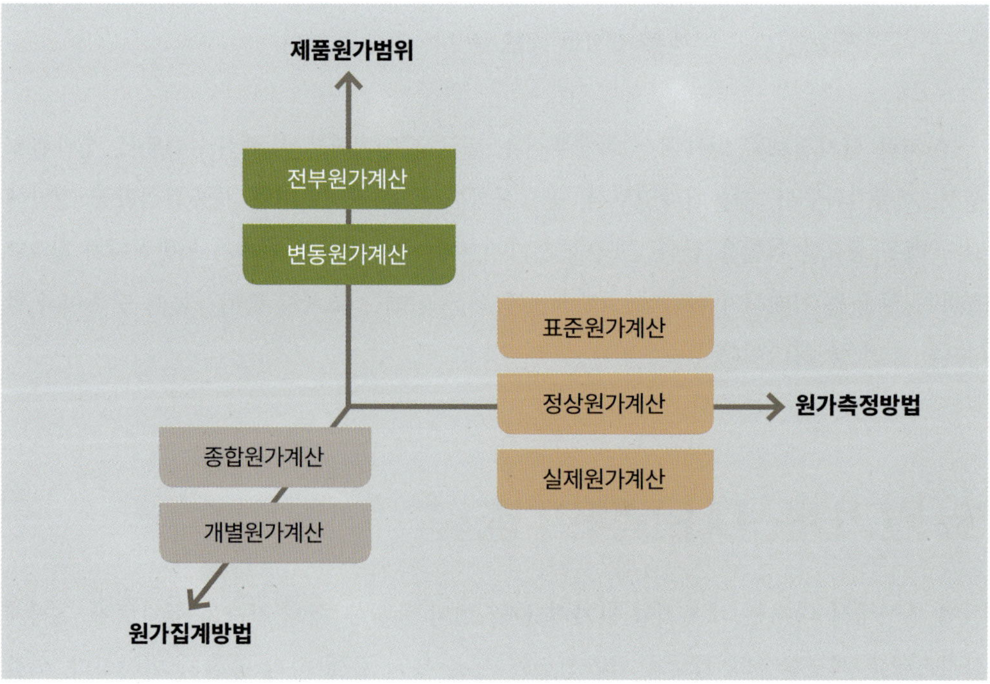

을 계산하는 변동원가계산이 바람직할 수 있다.

- 세 번째 차원은 **원가측정방법**이다. 원가측정방법에 따라 원가계산시스템은 **실제원가계산**(actual costing), **정상원가계산**(normal costing), **표준원가계산**(standard costing)으로 구분된다. 실제원가계산은 실제 발생원가를 제품원가로 기록하는 방식이다. 정상원가계산은 제품원가 중에서 일부 원가요소는 실제 발생원가가 아닌 기초에 추정한 예산을 토대로 원가를 계산하는 방식이다. 재무제표 작성은 실제원가계산을 원칙으로 하고 있으나, 실제원가계산 방식에서는 연말 이전에는 완전한 원가정보 획득이 어려워, 정상원가계산이 현실적으로 많이 사용된다. 표준원가계산은 모든 원가요소를 미리 설정한 표준금액(예산)으로 측정하는 방식이다. 표준원가계산제도에서는 미리 설정된 표준을 사용하므로 실제 발생원가의 적정성을 조기에 판단할 수 있도록 해준다.

실무적으로, 원가회계시스템은 3차원 모델(원가집계방법, 원가의 범위, 원가측정방법)의 조합으로 결정된다. 예를 들어, [개별원가계산+전부원가계산+정상원가계산] 방식을 택하거나, [종합원가계산+전부원가계산+표준원가계산] 방식이 가능하다. 따라서, 각 원가계산시스템에 대한 정확한 이해도 중요하지만, 3차원 모델 체계에 대한 이해가 필요하다. 본서는 이 3차원 모델 체계를 이용하여 원가계산시스템을 설명하여, 원가계산시스템의 전체적인 구조를 쉽게 파악할 수 있도록 하였다.

연습문제

객관식

01 관리회계의 이해

다음 중 관리회계에 관한 설명으로 옳은 것은?

① 신뢰성과 정확성이 높은 정보의 제공이 중요하다.
② 일반적으로 인정된 회계원칙을 준수해야 한다.
③ 일정한 주기별(분기, 반기)로 관련 보고서를 제출한다.
④ 미래의 활동과 손익에 관심을 기울인다.

02 원가회계의 이해

원가회계에 대한 다음 설명 중 옳지 않은 것은?

① 예산수립과 성과평가에 필요한 정보를 제공하는 역할을 한다.
② 관리회계의 한 분야로서 외부 재무보고와는 무관하다.
③ 원가계산은 물론 각종 의사결정에 필요한 원가정보를 제공하는 분야이다.
④ 외부보고용 제품원가 산출기준은 원가계산준칙, 기업회계기준서(K-IFRS) 등에 규정되어 있다.

03 제품원가의 이해

어떤 회사의 간부회의에서 사장이 회사가 제조해서 판매하는 제품의 원가가 얼마인지를 물었을 때 가장 적절한 대답은?

① "재무상태표에 따르면, 개당 ₩25,000입니다."
② "매출원가를 계산해보면, 개당 ₩26,000입니다."
③ "계산이 매우 복잡해서 이 자리에서 간단하게 말씀드리기 어렵습니다."
④ "죄송하지만 어떤 용도로 원가정보가 필요하신가요?"

04 제품원가의 이해

다음 중 제품원가에 대한 가장 적합한 표현은?

① 제조원가가 제품원가이다.
② 판매원가도 제품원가에 포함된다.
③ 목적(상황)에 따라 제품원가도 다르다.
④ 가치사슬활동의 원가 모두 제품원가에 속한다.

05 기업유형별 특징

기업유형별 특성과 관련된 다음 설명 중 옳지 않은 것은?

① 서비스기업도 생산활동이 있다.
② 상기업은 필요시 제조기업으로부터 구입한 제품을 추가가공하기도 한다.
③ 제조기업은 외부로부터 재료와 부품을 구입해서 직접 제조활동을 한다.
④ 백화점은 상기업이다.

06 원가정보의 활용

원가정보에 관한 다음 설명 중 옳지 않은 것은?

① 원가회계는 완성품인 제품은 물론 미완성인 재공품의 원가계산과도 관련되어 있다.
② 제품가격은 시장에서 결정되므로 제품의 원가는 가격결정에 역할을 미치지 않는다.
③ 원가정보는 경영의 계획과 통제기능 모두에 중요한 역할을 한다.
④ 기업활동의 아웃소싱 여부를 결정할 때도 원가정보가 사용된다.

07 원가정보의 성격

원가정보에 관한 다음 설명 중 옳지 않은 것은?

① 매출원가는 판매된 제품의 원가이다.
② 경쟁이 치열하고 제품의 종류가 매우 다양해질수록 제품원가계산의 중요성은 증가한다.
③ 원가절감을 위해서는 모든 가치사슬 활동의 모든 원가를 함께 줄이는 것이 좋다.
④ 원가정보를 토대로 수립한 원가(비용)예산은 부서의 성과평가에도 사용될 수 있다.

08 원가계산시스템의 분류

다음 원가계산시스템 중 원가집계방법에 따른 분류에 속하는 것은?

① 종합원가계산
② 정상원가계산
③ 전부원가계산
④ 실제원가계산

09 원가계산시스템의 분류

다음 중 원가계산시스템의 분류로 옳은 것은?

① 원가집계방법에 따른 분류 - 전부원가계산, 정상원가계산
② 원가범위에 따른 분류 - 종합원가계산, 전부원가계산
③ 원가측정방법에 따른 분류 - 정상원가계산, 실제원가계산, 표준원가계산
④ 원가변동에 따른 분류 - 표준원가계산, 변동원가계산

10 제품원가의 범위와 원가계산시스템

다음 중 고정제조원가를 제품원가의 범위에서 포함하지 않는 원가계산시스템은?

① 표준원가계산
② 변동원가계산
③ 실제원가계산
④ 정상원가계산

Price
2014
Total
2015
2016
1200
1320
650
850
750
1440
900
600

CHAPTER

2

원가의 분류와 기본용어

본 장에서는 원가회계 학습에 필요한 기본적인 원가분류와 원가용어를 설명한다. 기업에서 발생하는 원가(비용) 중에는 외부 재무보고용 제품원가에 포함되는 원가와 그렇지 않은 원가(비용)가 있다. 손익계산과 재고자산의 가치평가를 위해서는 제품원가의 범위에 대한 명확한 이해가 선행되어야 한다. 또한, 본서에서 다루게 될 다양한 제품원가계산을 이해하는 데 필요한 원가개념인 직접원가와 간접원가, 변동원가와 고정원가에 대해 학습하고, 의사결정에 주로 사용되는 기본적인 원가개념에 대해서도 간략하게 설명한다.

CHAPTER

2

원가의 분류와 기본용어

1. 제품원가와 기간비용

제조기업의 활동영역은 그림 2-1과 같이 **가치사슬**(value chain)을 통해 나타낼 수 있다. 가치사슬이란 고객이 지불할 의사(willingness to pay)가 있는 기업활동과 기능들을 진행 순서에 따라 사슬 모양으로 나타낸 것이다. 연구개발활동부터 시작하여, 디자인활동과 제조활동을 하게 되며, 제품을 판매하기 위한 마케팅활동과 배송활동 및 고객지원활동을 하게 된다. 이에 더하여, 모든 활동을 총괄적으로 조정하고 관리하는 경영관리활동이 있다.

그림 2-1 **제조기업의 가치사슬활동**

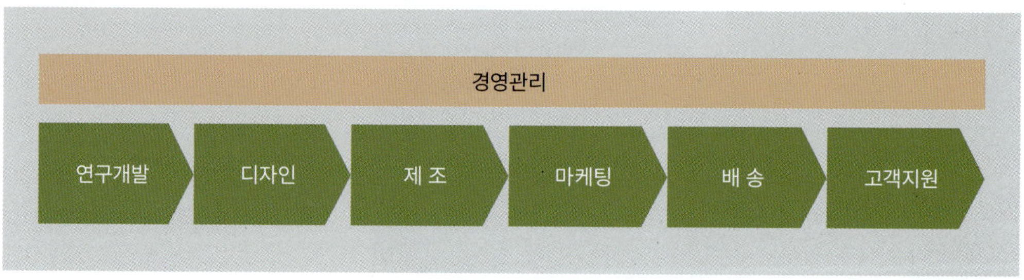

가치사슬활동 중에서 제조활동의 원가를 **제조원가**, 나머지 비제조활동의 원가를 **비제조원가**라고 한다. 이 중에서 제조원가만 재무보고용 **제품원가**(product costs)에 포함되며[1],

1 K-IFRS에서는 제조원가 중에서도 비정상적으로 낭비된 부분은 제품원가가 아닌 기간비용으로 인식하도록 규정하고 있다.

나머지 비제조활동의 원가는 대부분 **판매비와관리비**(SGA, Selling, General, and Administrative expenses)로 분류되어 **기간비용**(period costs)으로 처리된다[2]. 제품원가와 기간비용의 구분이 중요한 이유는 제품이 판매되지 않을 때 제품원가는 자산으로 계속 남아서 손익에 영향을 미치지 않지만, 기간비용은 발생한 기간에 모두 비용으로 처리되기 때문이다. 구체적인 예제를 통해 학습해보자.

예제 2-1

202X년도 초에 설립된 이 회사에서 202X년도에 발생한 총원가(비용)는 1억2천만원이며, 당기의 제품 생산량은 1,000개이다. 총원가(비용) 중에서 제조원가는 1억원이며 판매비와 관리비는 0.2억원이다. 제품 판매가격이 20만원이라고 할 때, 판매량이 각각 0개, 700개, 1,000개인 경우에 대해 영업이익을 계산해보자.

당기에 제조한 제품 1,000개에 포함될 제품원가(제조원가)는 총 1억원으로서 개당 10만원이다. 매출원가는 판매된 제품의 원가로서, 판매량이 0개, 700개, 1,000개일 때 각각 0원, 7천만원, 1억원이 된다. 이처럼 매출원가는 제품의 판매량에 따라 달라진다. 그러나, 판매비와관리비 0.2억원은 판매량에 무관하게 발생한 당기에 모두 비용으로 처리된다. 각 경우에 대한 영업이익은 표 2-1과 같이 계산된다.

표 2-1 손익계산서(판매량 변화에 따른 영업이익의 변화) | 예제 2-1

	판매량 0개	판매량 700개	판매량 1,000개
매출액	0	1.4억원	2.0억원
매출원가	0	(0.7억원)	(1.0억원)
매출총이익	0	0.7억원	1.0억원
판매비와관리비	(0.2억원)	(0.2억원)	(0.2억원)
영업이익	(0.2억원)	0.5억원	0.8억원

2 K-IFRS에서 연구개발활동(디자인활동 포함)은 연구단계와 개발단계로 구분할 수 있는 경우에 한하여, 개발단계에서 자산인식요건을 충족시키는 비용의 경우 개발비(무형자산)로 인식하도록 허용하고 있으나 제품의 원가로 인식하는 것은 아니다. 제약회사의 경우 임상단계에 따라 자산화 여부가 결정된다.

그림 2-2 판매량이 700개인 경우의 원가흐름

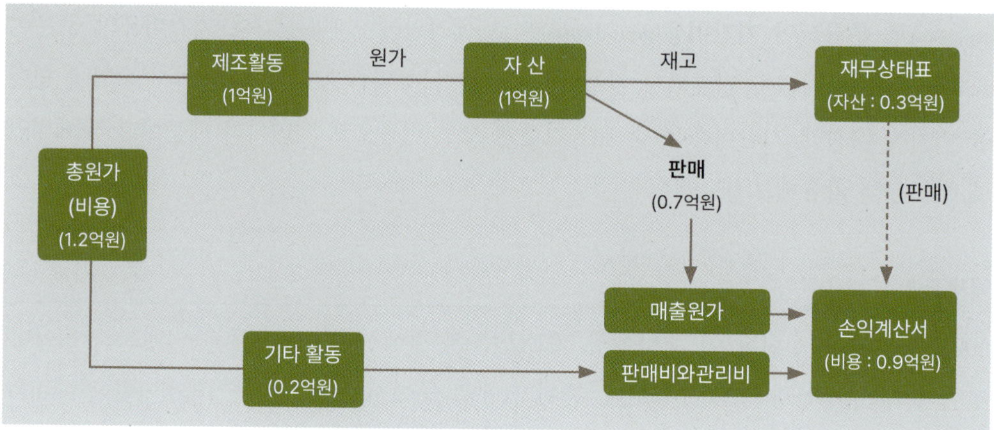

재무상태표의 제품계정에는 판매되지 않고 기말에 재고로 남은 제품의 원가가 기록된다. 판매량이 0개, 700개, 1,000개일 때 기말재고 수량은 각각 1,000개, 300개, 0개로서, 기말재고액은 각각 1억원, 0.3억원, 0원이 된다. 판매량이 700개인 경우에 총원가(비용)의 흐름과 재무제표에 대한 표시는 **그림 2-2**와 같다. 재무상태표의 자산 0.3억원은 판매 시에 매출원가로 비용처리된다.

만약 당기에 발생한 총원가(비용) 1.2억원에 대해 제조원가와 기간비용의 구분이 달라지면, 동일한 판매량에 대한 영업이익은 달라지게 되므로, 정확한 구분이 손익계산에 필수적이다. 예를 들어, 1.2억원이 모두 제조원가라면, 판매량이 0개인 경우에도 영업이익이 0이 된다. 제품원가는 제품이 판매되기 전까지는 계속 자산으로 인식할 수 있으므로 **재고가능원가**(inventoriable costs)라고 부른다. 제조원가는 재고가능원가인 반면에 판매비와관리비는 재고불능원가(noninventoriable costs)이다[3]. 제조원가와 판매비와관리비의 구분에는 다소 자의성이 있을 수 있어서, 회사에서 이를 이익조정에 악용할 소지도 있다.

관련된 다른 용어로서 소멸원가와 미소멸원가가 있다. **원가**(cost)는 재화나 용역을 얻기 위해 희생된 경제적 효익으로 정의되며, **자산**(asset)은 경제적 효익을 희생하여 획득한 미래용역잠재력이다. 즉, 원가는 투입(희생)이며, 자산은 산출(획득)이다. 제조기업에서 원가를 투입하여 획득한 미래용역잠재력 중 대표적인 것이 제품이다. 미래용역잠재력이 여전히 남

3 대부분의 판매비와관리비가 자산화되지 못하고 당기에 비용 처리되는 이유는 재무회계의 자산인식 요건(미래 경제적 효익의 유입 가능성 등)에 부합하지 않기 때문이다.

아 있는 원가를 **미소멸원가**(unexpired costs)라 부르며, 자산이 바로 미소멸원가이다. 반면에 재화나 용역이 판매되거나 화재나 도난이 발생하여 미래용역잠재력이 사라지면 **소멸원가**(expired costs)가 된다. 비용과 손실이 소멸원가에 해당한다. 제품은 판매되기 전에는 미소멸원가 상태에 있다가 판매되면 매출원가도 소멸원가가 된다.

어떤 원가(비용)가 제품원가에 포함되는지 여부는 원가(비용)의 기능적 분류와 구분돼야 한다. 인건비 중 공장 생산직 근로자의 급여는 제조원가로서 제품원가에 포함되지만, 판매직 사원의 급여는 판매비와관리비로서 기간비용으로 처리된다. 마찬가지로 건물 감가상각비, 보험료 등도 용도가 제품의 제조와 관련된 것인지, 판매 및 관리와 관련된 것인지에 따라 제품원가에 해당할 수도 있고 판매비와관리비에 해당할 수도 있다. 제품원가와 기간비용 비교는 표 2-2와 같다.

표 2-2 제품원가와 기간비용 비교

	제품원가	기간비용
관련활동(원가)	제조활동(제조원가)	비제조활동(비제조원가)
세부 분류	직접재료원가, 직접노무원가, 제조간접원가 등(제3장 참고)	판매비와관리비 항목
재고화 가능 여부	재고가능원가	재고불능원가
비용화 시기	제품 판매 시(매출원가로 대체)	발생 기간

예제 2-2

조선기자재 제조회사인 ㈜대한조선의 202X년 기능별 원가(비용) 지출 내역은 다음과 같다. 각 항목을 제조원가와 판매비와관리비로 구분해보자.

[인건비]

사장 급여	2.5억원
공장장 급여	1.8억원
공장 경비원 급여	0.5억원
공장 관리부서 직원들의 급여	2.6억원

(예제 계속)

[감가상각비]

제품 조립 장비 감가상각비	1.2억원
해외 수출 상담부서 건물 감가상각비	0.8억원
공장건물 감가상각비	5.5억원

[기타지출]

제품 홍보비	2.5억원
공장 수도요금	1.0억원
제품 검사비	1.8억원
제품 운송비	1.5억원

예제의 기능별 원가(비용) 항목을 제조원가와 판매비와관리비로 구분하면 **표 2-3**과 같다.

표 2-3 기능별 원가(비용) 항목의 제조원가와 판매비와관리비 구분 | 예제 2-2

원가(비용)	구 분
[인건비]	
사장 급여 2.5억원	판매비와관리비
공장장 급여 1.8억원	제조원가
공장 경비원 급여 0.5억원	제조원가
공장 관리부서 직원들의 급여 2.6억원	제조원가
[감가상각비]	
제품 조립 장비 감가상각비 1.2억원	제조원가
해외 수출 상담부서 건물 감가상각비 0.8억원	판매비와관리비
공장건물 감가상각비 5.5억원	제조원가
[기타지출]	
제품 홍보비 2.5억원	판매비와관리비
공장 수도요금 1.0억원	제조원가
제품 검사비 1.8억원	제조원가
제품 운송비 1.5억원	판매비와관리비

우리는 지금까지 재무보고용 제품원가에 대해 설명했다. 그러나, 제1장에서 학습한 바와 같이, 원가정보는 기업 내부의 다양한 의사결정(제품가격 결정과 제품수익성 분석, 예산수립과 원가관리 등)에 사용되며, 상황(목적)에 따라 포함해야 할 원가의 범위도 달라진다. 예를 들어, 제품가격 결정을 위해서는 제조활동의 원가뿐만 아니라, 가치사슬 전체 활동의 원가를 제품에 할당하는 것이 적합할 수도 있다. 또한, 방위산업체 제품과 같이 정부에서 발주한 제품의 원가에는 협의에 따라 제조원가 외에도 연구개발비와 디자인원가의 일부가 포함될 수도 있다.

2. 직접원가와 간접원가 및 원가할당

제조기업은 재무상태표와 손익계산서 작성을 위해 재공품과 제품의 원가를 측정하며, 그 외 다양한 목적으로도 원가를 측정한다. 예를 들어, 기업 내 부문(서)이나 활동(예 고객전화 응대활동)의 원가 또는 특정 유통채널 고객의 원가[4]를 측정할 수 있다. 이런 원가정보는 특정 부서나 활동의 아웃소싱 여부 결정, 유통채널별 공급가격 결정, 원가관리 등 다양한 경영관리 목적으로 사용된다. 이처럼 우리가 그 원가를 알고 싶어 하는 대상을 **원가대상**(cost object) 또는 **원가집적대상**이라고 한다. 원가회계의 중요한 목적 중 하나는 원가대상의 원가를 계산하는 것이다.

원가대상의 원가를 계산하는 과정을 포괄적으로 **원가할당**(cost assignment)이라고 한다. 그림 2-3에 나타난 바와 같이, 원가할당 과정은 직접원가에 대한 **원가추적**(cost tracing)과 간접원가에 대한 **원가배분**(cost allocation)으로 구성된다. **직접원가**(direct costs)는 원가대상에 직접 귀속시킬 수 있는 원가이며, **간접원가**(indirect costs)는 원가대상에 직접 귀속시킬 수 없는 원가로서, **원가배부기준**(cost allocation base)을 사용하여 배부한다.

직접원가와 간접원가에 대해 좀 더 살펴보자. 예를 들어, 사무용품 제조회사에서 책상과 의자의 원가를 계산하고자 한다. 책상과 의자 제조에 필요한 재료가 다르다면(같더라도 사용할 때마다 따로 기록한다면), 재료의 원가는 직접추적이 가능한 직접원가가 된다. 반면에

4 예를 들어, 전자제품 제조회사는 백화점, 대리점, 마트 등 다양한 유통채널 고객을 보유하고 있으며, 그중에서 특정 백화점 채널 고객의 원가를 파악하고자 할 수 있다. 제품 제조원가는 차이가 없더라도 주문처리, 배송, 제품저장, 판매후서비스 등의 원가는 유통채널 고객들 간에 큰 차이를 보일 수 있다.

그림 2-3 원가계산에서 원가할당 체계

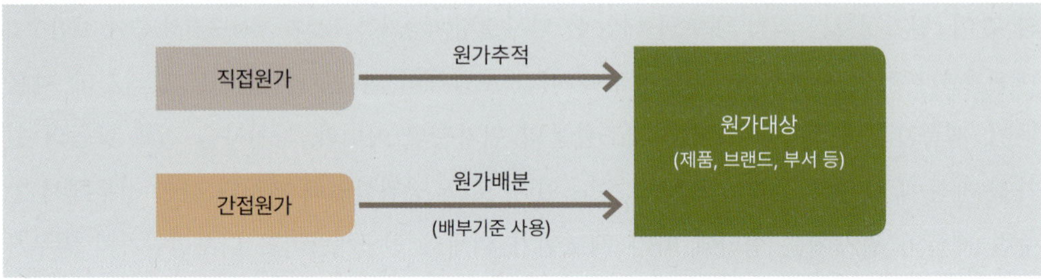

책상과 의자 제조를 위해 절단부에 있는 같은 기계들을 사용해서 재료를 절단한다면, 기계의 감가상각비는 간접원가에 해당한다. 즉, 간접원가는 둘 이상의 원가대상에 공통으로 발생하여 특정 원가대상으로 직접 귀속시킬 수 없는 원가이다.

이처럼 직접원가와 간접원가의 분류는 먼저 구분 가능성에서 출발한다. 다음으로, 구분이 가능한 경우에도, 금액이 적어 중요성이 낮거나 직접추적하는 것이 비용적인 측면에서 비효율적일 경우에는 경제적으로 가능한(economically feasible) 방법으로 추적할 수 없으므로, 간접원가로 처리하여 배분하는 것이 바람직할 수 있다.

직접원가와 간접원가는 원가대상에 대한 **추적가능성(traceability)**에 따른 구분이므로, 특정 원가를 직접원가와 간접원가로 분류하기 위해서는 원가대상을 먼저 정해야 한다는 사실에 유의해야 한다. 위 사무용품 제조회사의 예에서 공장장이 부서별 운영 효율성을 분석하기 위해 부서별 원가를 파악하고자 한다고 가정하자(이제 원가대상이 부서). 책상과 의자의 재료를 절단하는 기계의 감가상각비는 이제 절단부에 직접 추적가능한 직접원가가 된다.

제품가격 결정을 위해, 제조원가가 아닌 판매비와관리비를 제품별로 할당할 경우, 판매비와관리비도 직접원가(비용)와 간접원가(비용)로 구분해서 원가할당을 실시한다.

3. 변동원가와 고정원가

1) 원가행태에 따른 원가분류

제품을 비롯한 원가대상(cost object)의 **조업도(level of an activity)**가 변함에 따라 원가가 변하는

그림 2-4 **변동원가와 고정원가의 원가행태**

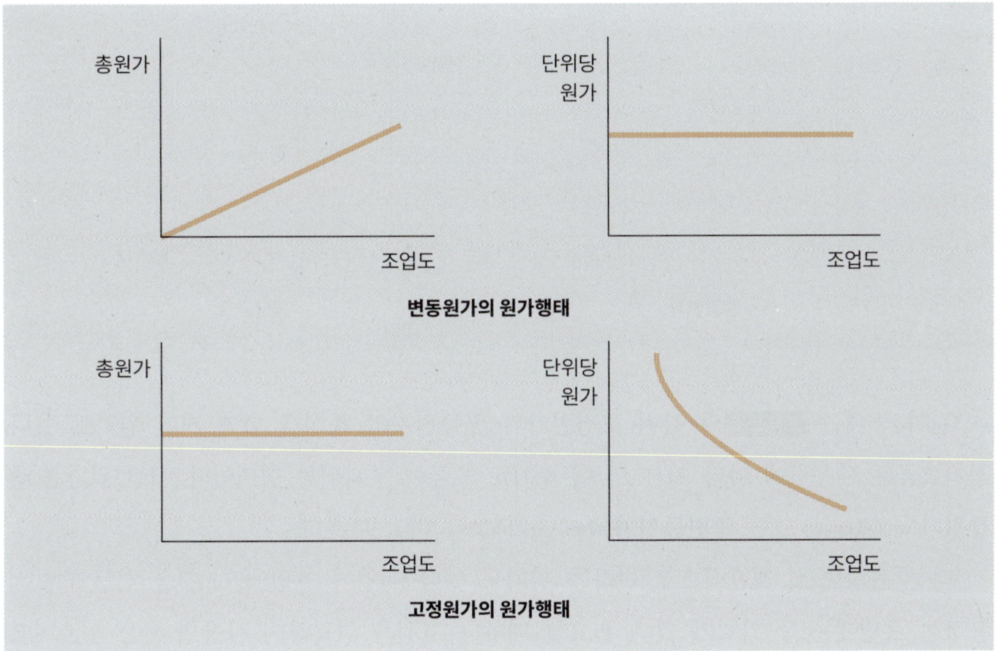

양상을 **원가행태**(cost behavior)라고 한다[5]. 원가행태에 대한 분석은 원가계산, 원가통제, 예산수립, 성과평가, 가격결정은 물론, 제품원가의 범위에 대한 논쟁에 이르기까지 매우 중요한 역할을 한다.

원가는 원가행태에 따라 **변동원가**(variable costs)와 **고정원가**(fixed costs)로 구분한다[6] (그림 2-4). **변동원가**는 조업도가 증가함에 따라 총계가 비례적으로 증가하는 원가로서, 조업도 한 단위당 원가는 일정하게 고정되어 있는 원가를 말한다. 예를 들어, 책상을 제조할 때 책상 한 단위당 직접재료원가는 일정하며, 책상 생산량이 증가함에 따라 직접재료원가의 총계는 비례적으로 증가한다. 반면에 **고정원가**는 조업도가 증가하더라도 총계가 변하지 않고 고정되어 있는 원가로서, 조업도 한 단위당 원가는 조업도가 증가함에 따라 계속 감소하는 원가이다. 기계설비 감가상각비가 이에 속한다.

5 **조업도**는 제품생산량, 기계작업시간, 직접노동시간 등 활동량을 말한다.

6 경제학에서는 총원가와 생산량의 관계를 주로 다루지만, 회계학에서는 다양한 원가대상의 원가행태를 분석한다. 또한, 경제학에서 원가와 생산량의 관계는 전체 생산량에 대한 원가의 변화행태(예 S자 곡선)를 주로 제시하지만, 회계학에서는 일정한 조업도 범위 내에서 원가의 선형추정(linear approximation)을 실시한다.

그림 2-5 혼합원가와 계단원가

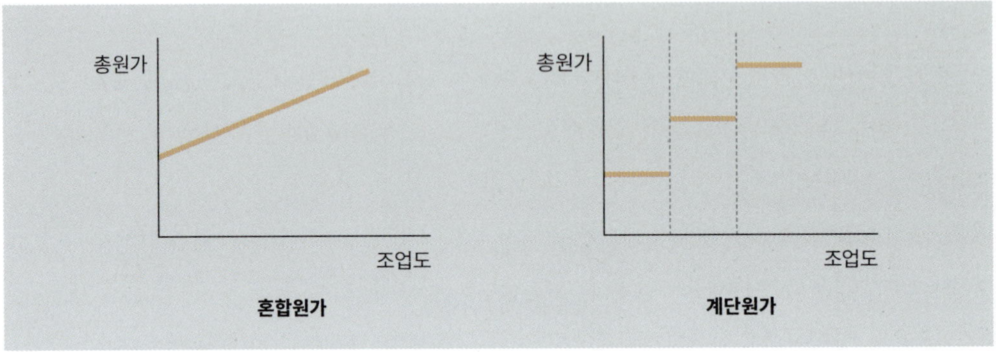

원가 중에는 그림 2-5 와 같이 고정원가와 변동원가의 특성을 함께 지닌 원가도 있다. 전기요금은 사용량에 따라 기본요금에 추가로 요금이 부과되는 형태이다. 이런 원가를 **혼합원가**(mixed costs) 또는 **준변동원가**(semi-variable costs)라고 부른다.

다른 유형으로, 계단식으로 변하는 원가도 있다. 기업이 자원(resources)을 취득하여 사용하는 유형에는 두 가지가 있다. 필요할 때마다 자원을 취득하여 사용할 수도 있으며(예 재료, 에너지), 사용하기 전에 미리 자원을 취득해야 할 수도 있다(예 건물, 기계설비, 인력). 전자의 자원을 **유동자원**(flexible resources), 후자의 자원을 **기정자원**(committed resources)이라고 한다. 전자의 경우에는 필요한 수량만큼 취득하거나 대량 구입 시에도 저장하여 사용할 수 있어서, 자원의 사용과 원가 발생이 일치한다. 이런 자원을 사용하면 변동원가가 발생한다.

그러나 후자의 경우에는 실제 필요한 세부적인 용량 단위로 구매할 수 없어서 필요량보다 많은 덩어리(lump, chunk)로 취득해야 하는 경우가 많아, 사용하지 않는 **미사용 생산용량**(unused capacity)이 발생한다. 이로 인해 자원의 사용과 원가 발생이 일치하지 않는다. 이런 자원을 사용하면 고정원가가 발생한다. 기업이 생산량 등 조업도가 증가할 때 필요에 따라 기정자원을 덩어리로 구입하면 원가는 계단식으로 증가한다. 예를 들어, 소프트웨어 제작부서에서 프로그래머를 채용할 때 노무원가는 계단식으로 증가한다. 이런 원가를 **계단원가**(step costs) 또는 **준고정원가**(semi-fixed costs)라고 한다. 계단의 폭이 매우 좁고 숫자가 많을 때(프로그래머의 숫자가 매우 많을 때)는 사실상 변동원가로 간주할 수 있다.

고정원가는 원가발생 성격에 따라 **기초고정원가**(committed fixed costs)와 **재량고정원가**(discretionary fixed costs)로 세분화할 수도 있다. 전자는 공장, 기계 등의 유형자산과 같이 생산능력을 확보하기 위해 발생하는 고정원가를 말하며, 후자는 연구개발비, 광고비 등과 같이 경영층의 재량에 의해 지출 수준이 결정되는 고정원가를 말한다.

유의할 점은 변동원가와 고정원가의 구분도 원가대상이 무엇이냐에 따라 달라진다는 것이다. 제품을 설계하는 데 소요되는 디자인원가를 예로 들어 보자. 원가대상이 디자인부서라면 디자인원가는 디자인부서의 조업도(제품설계시간)에 따라 변하는 변동원가가 될 수 있지만, 원가대상이 제품이라면 조업도(생산량)에 따라 변하지 않는 고정원가가 된다.

2) 관련범위와 원가동인

원가 중에 실제로 조업도와 무관하게 항상 고정되어 있는 원가는 공장장의 급여 등 극히 일부 항목에 지나지 않는다[7]. 예를 들어, 생산량이 폭증하는 경우 기계설비를 추가로 구입해야 하므로 기계설비 감가상각비도 증가한다. 따라서, 원가행태는 일정한 조업도 범위 내에서 원가가 변화하는 양상을 의미하며, 이 범위를 벗어나면 원가행태도 달라진다. 기계설비 감가상각비가 고정원가라고 말하는 것은 특정 기간에 일정한 조업도 범위 내에서 그 비용이 고정되어 있다는 것을 의미한다.

예를 들어, 202X년에 영업을 개시한 어떤 회사의 당년도 예상 기계시간이 2,200~3,500시간이며, 기계 한 대당 연간 가용시간이 2,000시간이라고 하자. 2,000시간까지는 기계 1대가 필요하고, 2,001~4,000시간까지는 기계 2대가 필요하다. 따라서 202X년에 예상되는 조업도(기계시간)의 범위에서 필요한 기계 2대에 대한 감가상각비는 고정되므로 기계 감가상각비를 고정원가라고 한다. 여기서 기계 감가상각비가 고정원가가 되는 조업도의 범위, 즉 구체적인 원가행태가 규정되는 조업도의 범위(여기서 2,001~4,000기계시간)를 **관련범위(relevant range)**라고 한다(그림 2-6). 이처럼 어떤 원가의 원가행태를 규정할 때 관련범위도 함께 정의된다.

만약 202X년 이 회사가 예상하는 조업도(기계시간)의 범위가 1,000~5,000시간이라면, 관련범위가 확대되어 기계설비 감가상각비는 이제 고정원가가 아니라 계단원가가 된다. 고

7 급여 등 각종 원가는 물가변동의 영향을 받아 시간이 지남에 따라 인상되기도 하지만 원가행태는 일정기간에 국한하여 정의되므로 이런 요소들을 배제한다.

그림 2-6 고정원가와 관련범위

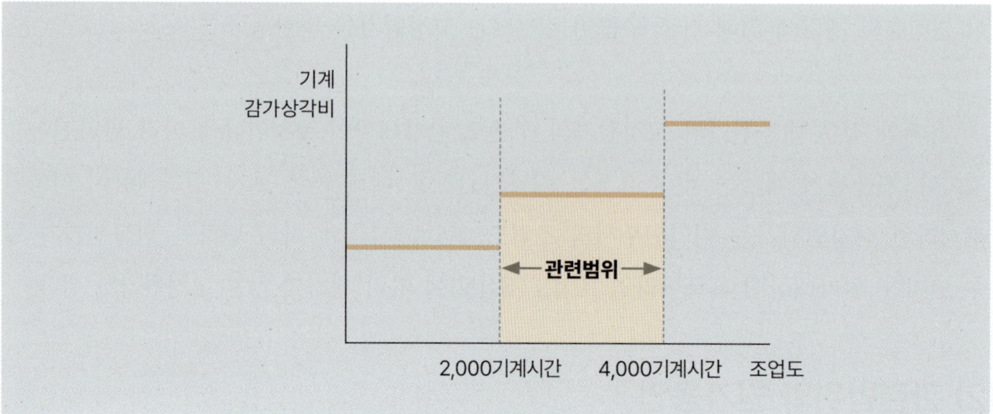

정원가와 마찬가지로 변동원가도 재료의 대량구입에 따른 할인 등으로 인해 관련범위를 벗어나면 원가행태가 바뀔 수 있다.

원가를 변화시키는 요인을 **원가동인**(cost driver)이라고 한다. 변동원가는 조업도 변화에 따라 변하는 원가이므로 당연히 조업도가 원가동인이다. 고정원가는 단기적으로는 쉽게 변하지 않지만, 장기적으로 조업도가 관련범위를 벗어나면 변한다. 따라서, 고정원가에도 원가동인이 있다. 위의 예에서 기계 감가상각비의 원가동인은 기계시간(조업도)이다.

다른 예로서, 단기적으로 고정원가인 관리직 사원들의 총급여도 장기적으로 업무량(조업도)이 증가하면 관리직 사원들의 숫자가 증가하여 총급여도 증가하므로, 업무량이 원가동인이다. 제6장 활동기준원가계산에서 원가동인에 대해 추가적으로 설명한다.

3) 원가 추적가능성과 원가행태의 조합에 따른 분류

원가 추적가능성에 따른 분류(직접원가와 간접원가)와 원가행태에 따른 분류(변동원가와 고정원가)를 조합하면 네 가지 형태의 원가분류가 가능하다(표 2-3): **직접변동원가**(direct variable costs), **직접고정원가**(direct fixed costs), **간접변동원가**(indirect variable costs), **간접고정원가**(indirect fixed costs).

책상과 의자를 제조하는 사무용품 제조회사의 예를 다시 이용해서 설명해보자. 원가대상은 책상이며, 조업도는 생산량으로 정의하자. 직접변동원가는 직접원가인 동시에 변동원가로서, 책상 제조에 투입되는 목재의 원가가 이에 해당한다. 직접고정원가는 직접원가인 동시에 고정원가로서, 공장에서 책상과 의자를 제조하는 생산라인이 별도로 존재하고 각 생산라인의 감독자가 따로 있다고 가정하면, 감독자 급여가 이에 해당한다. 간접변동원가는 간접원가인 동시에 변동원가로서, 공장 전기요금이 이에 해당한다. 간접고정원가는 간접원가인 동시에 고정원가로서, 책상과 의자 제조에 공통으로 사용되는 절단기계 감가상각비와 공장장 급여, 공장보험료 등이 이에 속한다.

표 2-4 원가 추적가능성과 원가행태의 조합에 따른 원가분류(원가대상 : 책상)

		원가대상으로의 추적가능성	
		직접원가	**간접원가**
원가행태	변동원가	[직접변동원가] • 책상 목재 원가	[간접변동원가] • 공장전기요금
	고정원가	[직접고정원가] • 책상 제조라인 감독자 급여	[간접고정원가] • 절단기계 감가상각비 • 공장장 급여, 공장보험료

4. 기타 의사결정에 사용되는 원가개념

경영의사결정을 위해 사용하는 원가개념은 재무보고용 제품원가 계산에 사용되는 원가개념과 다르다. 다음 예제를 통해 기본적인 원가개념을 학습해보자.

예제 2-3

어떤 회사가 3년 전에 1,000억원을 지불하고 기계 한 대를 구입했다. 기계의 내용연수는 5년이며, 잔존가치는 없다. 그리고, 기계를 지금 처분하더라도 처분가치는 없다. 이 회사는 정액상각법을 사용하고 있으며, 현재 기계 구입 후 3년이 경과한 시점으로서 감가상각누계액이 600억원이다. 이 회사에서 향후 2년간 발생할 원가는 감가상각비를 제외하고는 전부 재료원가로서 연간 500억원이며, 연간 매출액은 600억원으로 예상된다. 따라서, 이 회사가 향후 2년 동안 영업활동을 계속할 경우, 손실은 매년 100억원(=매출 600억원－재료원가 500억원－감가상각비 200억원)씩 총 200억원이 예상된다. 이 회사는 영업활동을 중단할지, 계속할지를 결정해야 한다.

이 회사가 향후 2년 동안 영업활동을 계속하는 경우와 중단하는 경우를 손익계산서를 이용해서 비교해보면, 표 2-5에 나타난 바와 같이 영업활동을 계속하면 총 200억원의 손실이 발생하지만, 영업활동을 중단하면 총 400억원의 손실이 발생하므로 영업을 계속하는 것이 200억원 더 이익이다. 영업중단과 계속에 관한 의사결정은 전체 손익계산서를 작성해서 비교하지 않고, 차이(표 2-5에서 (3))가 있는 항목만 비교해도 된다. 이때 두 대안 간의 원가(비용) 차이를 **차액원가(differential cost)**라고 한다. 본 예제에서 차액원가는 재료원가 1,000억원이다. **차액수익(differential revenue)**은 매출액 차이 1,200억원이다. 여기서, 차액수익과 차액원가의 차이 200억원은 두 대안의 영업이익 차이 200억원과 같다는 것을 알 수 있다.

비용항목에서 기계 관련 비용항목을 살펴보자. 영업을 중단할 경우 400억원의 고정자산처분손실이 발생하며, 영업을 계속할 경우 400억원의 감가상각비가 발생하여, 두 경우의 금액에 차이가 없다. 여기서 기계의 취득원가(1,000억원), 감가상각누계액(600억원), 장부가치(400억원)는 영업중단 여부 의사결정에 전혀 관련이 없다는 것이다. 기계 취득과 관련된 항목은 과거에 발생한 것으로서 미래 의사결정에 전혀 영향이 없다. 이런 원가(비용)를 **매몰원가(비용)(sunk cost)**라고 한다. 과거에 발생한 원가로서 향후 어떤 조치를 하더라도 변경할 수 없는 원가를 말한다.

표 2-5 영업중단과 영업계속의 손익비교 | 예제 2-3

(단위 : 억원)

손익계산서(2년 합계)				
		영업계속(1)	영업중단(2)	차이(3) (=(1)−(2))
매출		600×2	0	600×2
비용	재료원가	500×2	0	500×2
	감가상각비/처분손실	200×2	400	0
영업이익		−200	−400	200

만약 이 회사가 기계를 처분하면 300억원을 받을 수 있다고 하자. 그러면, 기계사용에 따른 기회비용은 300억원이 된다. **기회비용(opportunity cost)**은 어떤 대안(여기서 영업계속)을 택할 경우, 다른 차선의 대안(next best alternative)(여기서 기계매각)을 실행하지 못함으로 인해 잃어버린 이익을 말한다. 영업을 중단하더라도 기계 처분가치가 전혀 없는 경우에는 기회

비용이 "0"이다. 기계사용에 대한 기회비용이 300억원이 있는 경우에는 이제 영업을 중단하고 기계를 처분하는 것이 100억원 더 이익이다.

기계취득으로 인해 매년 발생하는 감가상각비는 향후 의사결정과 무관하게 회피할 수 없는 원가이므로 **회피불능원가(unavoidable cost)**라 하며, 재료원가는 영업중단 시에는 발생하지 않는 원가이므로 **회피가능원가(avoidable cost)**라고 한다. 그리고 원가 중에 대안 간에 차이가 있는 원가를 **관련원가(relevant costs)**라고 한다. 회피불능원가는 대안 간에 차이가 없는 원가로서 의사결정과 관련이 없으므로, 관련원가가 아니다.

여기서 주의할 점은 고정원가는 회피불능원가나 매몰원가와 다른 개념이라는 것이다. 앞에서 설명한 바와 같이, 고정원가는 일정한 조업도 범위 내에서 조업도가 변하더라도 변하지 않는 원가이지만 조업도를 벗어나면 변하므로 회피가능할 수도 있다. 예를 들어, 특정 제품 생산라인의 감독자 급여는 고정원가이지만, 제품라인 생산 중단 시에 추가적인 비용 없이 해고할 수 있다면 회피가능원가에 해당한다. 마지막으로, 고정원가이든 변동원가이든 발생한 후에는 모두 매몰원가가 되어 관련원가가 아님에 주의해야 한다.

이 외에도 **통제가능원가(controllable cost)**와 **통제불능원가(uncontrollable cost)** 등 관리회계에서 주로 학습하는 다양한 원가개념이 있으나, 본서의 범위를 넘어서므로 여기서 다루지 않는다.

연습문제

객관식

01 기업의 활동

연구개발, 디자인, 제조, 마케팅, 배송, 고객지원 등 기업이 수행하는 일련의 활동을 무엇이라 하는가?

① 가치사슬(value chain)
② 원가관리(cost management)
③ 핵심성공요소(key success factor)
④ 내부통제(internal control)

02 매출원가의 범위

다음 중 재무제표 작성 목적상 제품원가 및 매출원가의 범위에 속하는 원가는?

① 디자인, 제조
② 제조
③ 마케팅, 고객지원
④ 고객지원

03 영업이익

202X년도에 발생한 총원가(비용)는 1억2천만원이며, 당년도 제품 생산량은 1,000개이다. 제품 판매가격은 20만원, 판매량은 700개이다. 총원가(비용) 중에서 제조원가가 1억원일 때와 0.6억원일 때 영업이익은 각각 얼마인가?

① 0.7억원, 0.98억원
② 0.5억원, 0.38억원
③ 0.56억원, 0.36억원
④ 0.56억원, −0.04억원

04 제품의 기말재고

위 03번 문제에서 제조원가가 1억원일 때와 0.6억원일 때 연도 말 재무상태표의 제품 재고는 각각 얼마인가?

① 0.3억원, 0.18억원
② 0.36억원, 0.18억원
③ 0.2억원, 0.6억원
④ 0.36억원, 0.6억원

05 제조원가와 기간원가(비용)

다음 중 같은 범주의 원가(비용)가 아닌 것은?

① 제조원가
② 재고가능원가
③ 기간비용
④ 매출원가

06 원가계산 용어

제품, 부문, 활동 등 원가를 계산하고자 하는 대상을 무엇이라고 하는가?

① 원가집합
② 원가집적대상
③ 원가동인
④ 원가배부기준

07 원가할당 과정

원가할당 과정에 관한 다음 설명 중 잘못된 것은?

① 직접원가와 간접원가의 구분을 위해서는 먼저 원가대상을 정의해야 한다.
② 간접원가는 원가배부기준을 사용해서 배분한다.
③ 원가추적은 원가할당과 원가배분을 모두 포함하는 용어이다.
④ 원가대상별로 물리적으로 구분이 가능한 경우에도 간접원가가 될 수 있다.

08 원가의 분류

다음 중 바르게 표현된 것은?

① 원가행태에 따른 분류 : 고정원가, 변동원가
② 원가행태에 따른 분류 : 직접원가, 간접원가
③ 원가의 추적가능성에 따른 분류 : 고정원가, 변동원가
④ 원가의 추적가능성에 따른 분류 : 제조원가, 비제조원가

09 직접원가와 간접원가

직접원가/간접원가에 관한 다음 설명 중 옳은 것은?

① 조립부의 부장의 급여는 간접원가이다.
② 직접원가는 원가추적(cost tracing), 간접원가는 원가배분(cost allocation)을 한다.
③ 제품 수량의 변화에 따른 원가변동을 설명하는 분류이다.
④ 간접원가는 발생한 기간에 전액 당기 비용으로 처리해야 한다.

10 고정원가와 변동원가

고정원가와 변동원가의 구분에 관한 다음 설명 중 옳은 것은?

① 원가변화 행태에 관한 것이므로 원가대상을 정의하지 않아도 된다.
② 고정원가는 관련범위를 벗어나도 변하지 않고 고정된 원가이다.
③ 경영자가 재량적으로 결정하는 원가(비용) 중에도 고정원가가 있다.
④ 기계감가상각비 등의 고정원가는 원가가 변하지 않으므로 원가동인이 없다.

11 총제조원가

어떤 회사의 최근 2년간 생산량과 총제조원가는 다음과 같다. 2년간 고정원가와 단위당 변동원가는 변화가 없었다.

	생산량	총제조원가
2021년	1,000개	₩40,000
2022년	2,000개	₩60,000

2023년도에 고정원가가 20% 증가하고, 단위당 변동원가가 10% 감소하면 생산량이 2,500개일 때 총제조원가는 얼마인가?

① ₩70,000 ② ₩69,000 ③ ₩65,000 ④ ₩82,000

12 의사결정에서 관련원가 (2017 세무사)

㈜세무는 흠집이 있는 제품 C를 5개 보유하고 있다. 흠집이 없는 정상적 제품 C의 판매가격은 ₩300이다. 제품 C의 생산에는 단위당 변동제조원가 ₩80과 단위당 고정제조원가 ₩20이 투입되었다. 흠집이 있는 제품 C를 외부에 단위당 ₩150에 처분하려면 단위당 판매관리비가 ₩12이 소요될 것으로 추정된다. 이 의사결정에 고려될 관련 항목은?

① 단위당 판매관리비 ₩12
② 단위당 변동제조원가 ₩80
③ 단위당 고정제조원가 ₩20
④ 단위당 제조원가 ₩100
⑤ 정상 판매가격 ₩300

CHAPTER

3

제조원가의 흐름

1 제조원가의 분류

2 제조원가의 흐름

3 손익계산서와 원가흐름 분개

제조기업의 가치사슬활동 중에서 제조활동은 재료를 투입하여 가공하는 과정을 거쳐 제품을 생산하는 가장 복잡한 활동이다. 제조원가는 여러 부서에서 여러 제조단계에 걸쳐 발생하므로, 이를 올바로 분류하고 집계하는 것이 정확한 제품원가계산을 위한 출발점이다. 본 장에서는 제조원가의 분류와 흐름에 대해 학습한다.

CHAPTER

3

제조원가의 흐름

1. 제조원가의 분류

제2장에서 제조기업의 가치사슬활동에 대해 학습하였다. 제조기업이 수행하는 여러 활동 중에서 제조활동의 원가는 외부 재무보고용 제품원가의 대상이 된다. 제조활동은 제조기업의 가장 핵심적인 활동으로서 다른 활동에 비해 매우 복잡하므로, 제조원가가 어떻게 흘러가는지를 이해하고, 발생한 원가를 올바로 분류하고 집계하는 것이 매우 중요하다.

제조원가는 그림 3-1과 같이 자원의 종류에 따라 크게 **재료원가**, **노무원가**, **제조경비**(**기타 제조원가라고도 불린다**)로 분류된다. 제조경비는 재료원가와 노무원가에 포함되지 않는 나머지 모든 제조원가를 말한다. 각종 생산설비와 공장건물의 감가상각비, 전기요금, 통신

그림 3-1 제조원가의 분류

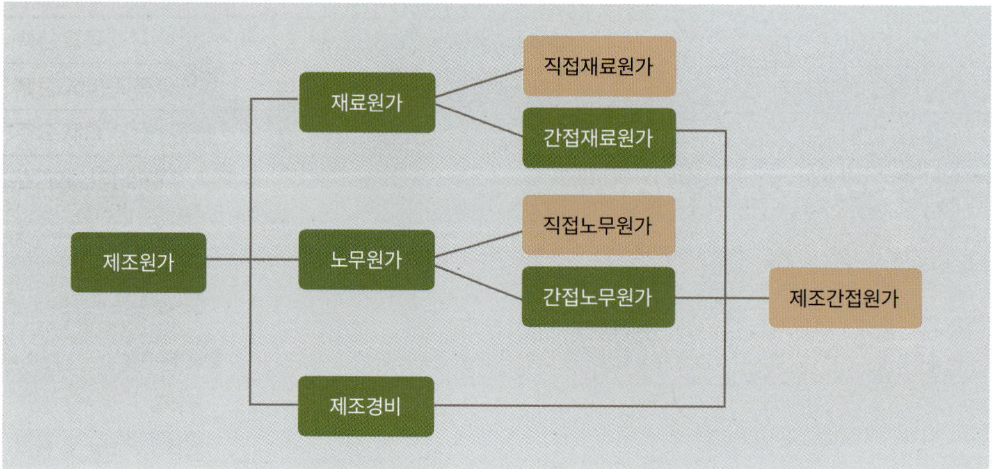

요금, 냉난방비 등이 이에 속한다. 제조원가를 재료원가, 노무원가, 제조경비로 분류하는 것은 전통적으로 재료원가와 노무원가가 제조원가를 구성하는 가장 중요한 요소들이기 때문이다.

재료원가는 원가대상으로의 추적가능성에 따라 다시 직접재료원가와 간접재료원가로 나누어지며, 노무원가도 마찬가지로 직접노무원가와 간접노무원가로 나누어진다. 제조경비는 전통적으로 전부 간접원가의 범주에 속하는 것으로 간주된다. 간접원가인 간접재료원가와 간접노무원가 및 제조경비를 합쳐 **제조간접원가**라고 한다.

원가계산에는 직접원가와 간접원가의 구분이 중요하므로, 원가계산 목적상으로 제조원가를 분류할 때는 재료원가, 노무원가, 제조경비라는 분류 대신에 **직접재료원가**(**direct materials costs**), **직접노무원가**(**direct manufacturing labor costs**), **제조간접원가**(**manufacturing overhead costs** 또는 **indirect manufacturing costs**)라는 분류를 더 자주 사용한다[1].

제조원가를 다른 방식으로 분류하기도 한다. 직접원가(direct costs)에 해당하는 직접재료원가와 직접노무원가는 개별 원가대상(예 제품)에 직접 추적이 가능한 원가로서 직접적인 관련성을 맺고 있으므로 **주원가**(**prime costs**), 기본원가, 기초원가 등으로 불린다. 그리고 직접재료원가를 제외한 직접노무원가와 제조간접원가는 주재료의 가공에 투입되는 원가이므로 **가공원가** 또는 **전환원가**(**conversion costs**)라고 부른다. 그림 3-2에 나타난 바와 같이, 직접노무원가는 주원가인 동시에 가공원가이다.

그림 3-2 주원가와 가공원가

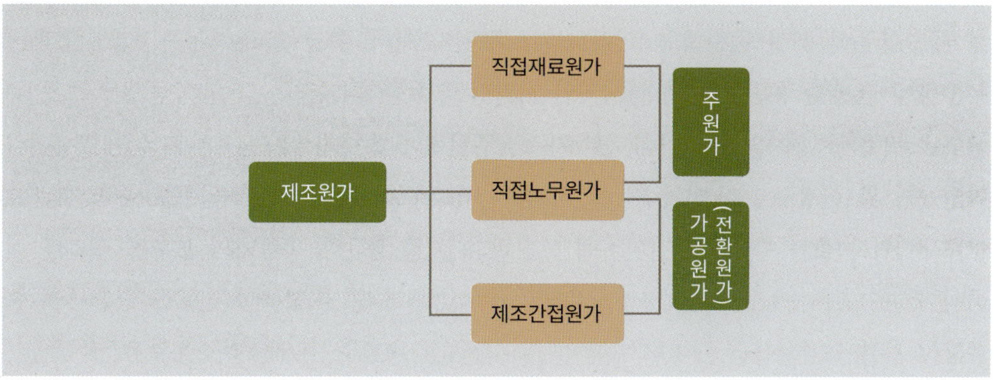

1 종종 원가와 비용이라는 용어를 혼용해서 사용하기도 한다. 과거에는 직접재료비, 직접노무비, 제조간접비 등의 용어를 주로 사용했으나, 최근에는 제조와 관련된 비용에는 원가라는 표현이 더 일반적으로 사용되고 있다.

제조간접원가 중에 **간접재료원가**에는 주요 재료가 아닌 나사못, 접착제, 납땜용 납과 같은 보조재료와 소모품의 원가가 포함된다. 간접노무원가에 대해서는 좀 더 자세한 설명이 필요하다. **간접노무원가**는 크게 두 가지로 구분할 수 있다. 첫째, 제조지원 부서 인력의 노무원가이다. 제조지원 부서 인력은 제조활동을 지원하지만 제조활동에 직접 종사하지 않는 인력으로서 공장장, 공장 유지보수와 경비 및 청소 인력, 공장의 지원부서(예 창고부서, 전력부서) 인력 등을 말한다. 이들의 노무원가는 간접노무원가에 해당한다. 둘째, 제조활동에 직접 종사하는 제조부서(예 절단부, 조립부) 인력들의 노무원가 중에서 특정 원가대상으로 직접 귀속시키기 어려운 원가이다.

절단부를 예로 들어 제조부서 인력의 노무원가에 대해 자세히 살펴보자. 절단부 인력이 하는 일들은 다양할 수 있다. 재료를 절단하는 제품제조활동을 수행하기도 하고, 절단용 기계의 청소와 유지보수와 같이 제품제조와 직접 관련되지 않은 일을 할 수도 있다. 만약 절단부서 인력들이 각자 투입한 투입시간을 업무별로 기록하지 않는다면, 이들의 노무원가는 모두 간접노무원가가 된다.

그러나, 절단부 인력들이 각자 투입한 투입시간을 제품별로 기록하는 경우에는 제품제조에 투입한 시간에 해당하는 노무원가는 해당 제품(원가대상)의 직접노무원가로 처리하고, 제품제조와 직접 관련이 없는 업무에 투입한 시간에 해당하는 노무원가는 간접노무원가로 분류한다. 제조부서 인력이 여러 종류의 제품을 제조하는 활동을 수행하는 경우, 일반적으로 제품별로 투입한 시간을 기록하여 투입시간 기준으로 각 제품(원가대상)으로 노무원가를 할당하며, 이 할당된 노무원가는 직접노무원가에 해당한다.

제조활동에 직접 종사하는 인력들의 노무원가 중에 야간(공휴일)근무수당과 초과근무수당이 발생할 경우, 그중에 정상적인 시간당 급여를 초과하는 금액은 성격상 특정 제품으로 귀속시킬 수 없는 원가이므로 간접노무원가에 속한다[2]. 마찬가지로, 기계고장이나 작업일정 관리 잘못으로 인한 일시적 유휴시간(idle time)에 대한 노무원가도 특정 제품으로 직접 귀속시킬 수 없는 간접원가에 해당한다. 그림 3-3은 노무원가의 분류를 정리한 것이다.

2 예를 들어, 조립부서 근무자 김씨는 이번 달에 제품 A, 제품 B와 관련된 작업을 수행했으며, 작업량이 많아 여러 차례 야간근무를 했다고 하자. 야간근무 시간에는 주로 제품 B와 관련된 작업을 했다. 만약 제품 B를 반드시 야간에 제조해야 하는 것이 아니라면, 김씨의 야간근무로 인한 수당을 제품 B의 원가로만 간주하기 어려우므로 제품 A와 제품 B에 배분해야 한다.

그림 3-3 제조원가 중 노무원가의 분류

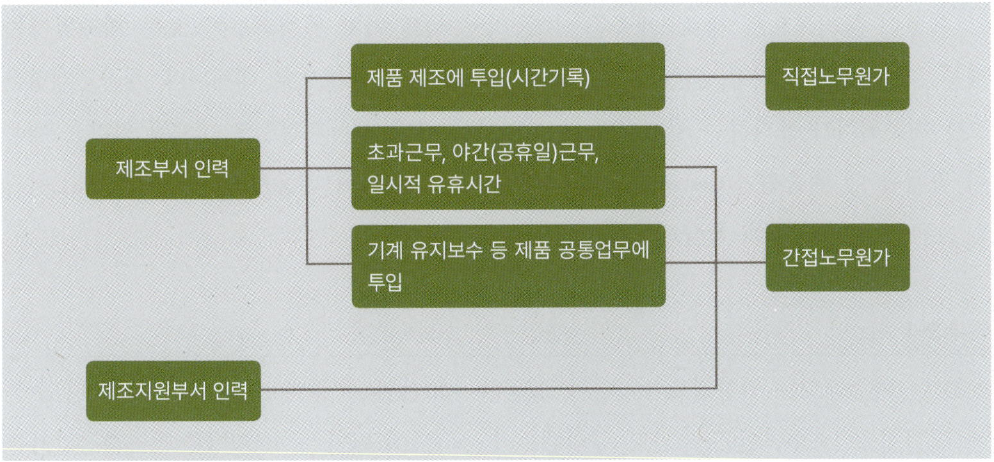

2. 제조원가의 흐름

이제 제조원가의 흐름에 대해 구체적으로 살펴보자. 제조원가의 흐름을 이해하는 데 가장 중요한 계정이 바로 **재공품**(Work-in-Process)계정이다. 그림 3-4에 나타난 바와 같이, 재공품계정은 재료가 투입되어 가공되기 시작하는 순간부터 제품으로 완성되기 직전까지 모든 작업단계에서 발생하는 원가가 집계되는 계정이다.

예를 들어, 책상을 제조하는 회사에서, 재료인 나무가 창고를 나와 공장으로 이동하면 재공품계정으로 대체된다. 노무원가와 제조경비도 투입(발생) 시에 재공품계정에 집계된다. 물리적으로는 재료가 창고를 떠난 시점부터 완성되지 않은 중간단계의 각종 반제품은 모두 재공품에 속한다. 즉, 바로 판매될 수 있는 상태에 도달하지 못한 모든 중간 형태는 재

그림 3-4 제조원가 흐름 도식

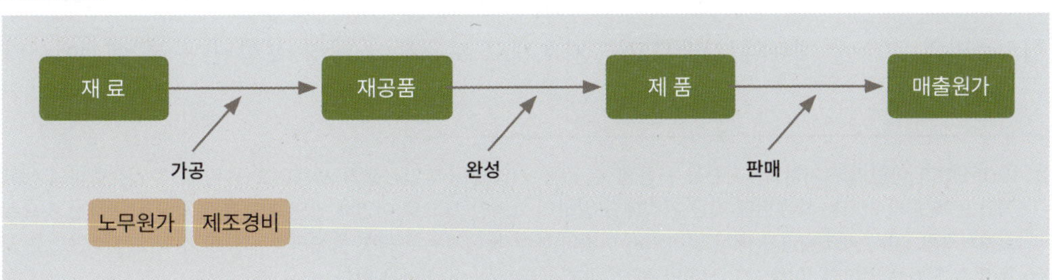

공품이다.

제품이 물리적으로 재료-재공품-제품의 순서를 거쳐 완성되듯이, 모든 제조원가는 재공품계정을 거친 다음, 완성시점에 **제품**(Finished Goods)계정으로 대체된다. 재공품계정은 모든 제조원가가 통과하는 깔때기와 같은 역할을 한다. 제품계정으로 대체된 원가는 제품이 판매될 때 **매출원가**(Cost of Goods Sold)계정으로 대체되어 비용처리된다. 이제 제조원가의 흐름을 예제를 통해 학습해보자.

예제 3-1

202X년 기초재고는 직접재료 300만원, 재공품 400만원, 제품 500만원이다. 202X년도 중에 직접재료 1,000만원을 추가로 구입했으며, 직접노무원가는 400만원, 제조간접원가는 200만원이 발생했다. 당년도 말에 파악된 직접재료 재고는 600만원, 재공품 재고는 500만원, 제품 재고는 400만원이다. 202X년도의 원가흐름을 분석하고 관련 용어를 학습해보자.

직접재료원가는 당기에 사용한 직접재료의 금액으로서, 그림 3-5와 같이 직접재료의 기초재고와 당기 매입액을 합한 다음, 기말재고를 차감하여 계산하면 700만원이 된다. 실제로 직접재료원가 계산을 위해서는 원가흐름에 대한 가정이 필요하다. 재료를 사용할 때 기초재고 보유분을 먼저 사용한 뒤 당기에 구입한 재료를 사용할 수도 있고, 당기에 새로 구입한 재료를 먼저 사용한 뒤 기초재고를 사용할 수도 있다. 전자의 원가흐름을 **선입선출법**(FIFO, first-in-first-out method)이라 하고, 후자의 흐름을 **후입선출법**(LIFO, last-in-first-out method)이라 한다. 이들이 혼합된 형태로서 기초재고와 당기에 매입한 재료를 일정한 비율로 사용하는 것을 **가중평균법**(WA, weighted average method)이라 한다. 한국채택국제회계기준(K-IFRS)의 적용대상이 되는 기업들은 후입선출법을 사용할 수 없다[3].

선입선출법의 경우에 재료의 기말재고는 대체로 당기에 구입한 재료들로 구성되며, 후입선출법의 경우에 재료의 기말재고는 기초재고 보유분이 항상 포함된다. 본 예제에서의

---

3 K-IFRS가 아닌 일반기업회계기준을 사용할 수 있는 기업들은 후입선출법 사용이 허용된다. 후입선출법의 대표적인 문제 중의 하나는 오래전에 낮은 가격에 구입하여 그동안 재고로 이연해 왔던 재료를 일시에 사용하는 것으로 회계처리할 경우, 제조원가가 매우 낮아져서 이익이 매우 높아지는 현상이 발생하게 되므로 이익조정 수단으로 사용될 수 있다는 것이다. 이를 후입선출법 청산(LIFO liquidation)이라고 한다.

그림 3-5 직접재료 투입/산출 관계

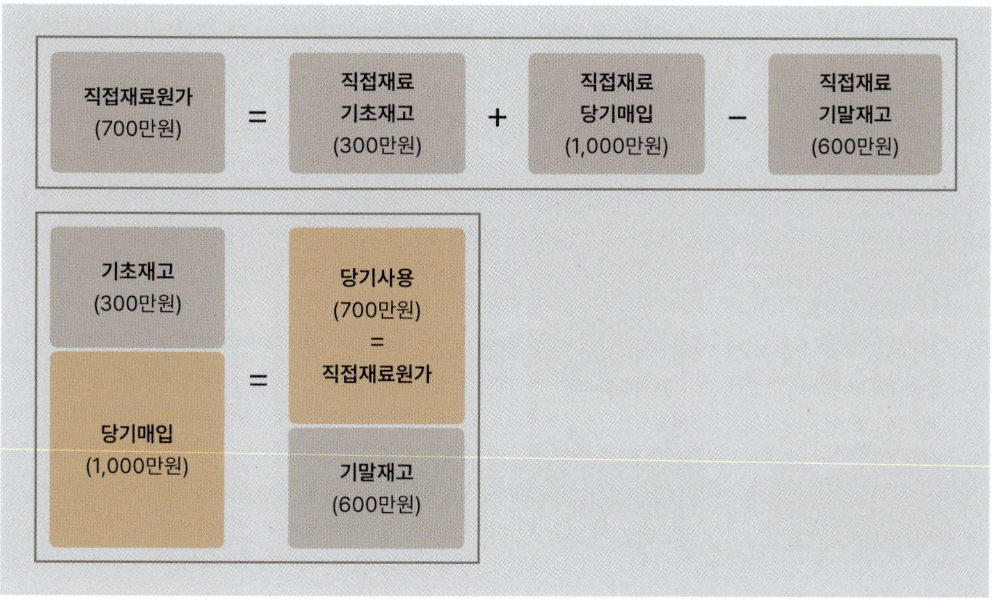

직접재료 기말재고도 이런 원가흐름 가정을 통해 산출된 금액이다.

당기에 발생한 제조원가는 직접재료원가 700만원, 직접노무원가 400만원, 제조간접원가 200만원 등 총 1,300만원으로서, 이를 **당기총제조원가**(Total Manufacturing Costs)라고 한다(그림 3-6). 본 예제에서 당기총제조원가는 1,300만원이다. 따라서 재공품계정에는 기초재

그림 3-6 당기총제조원가의 구성

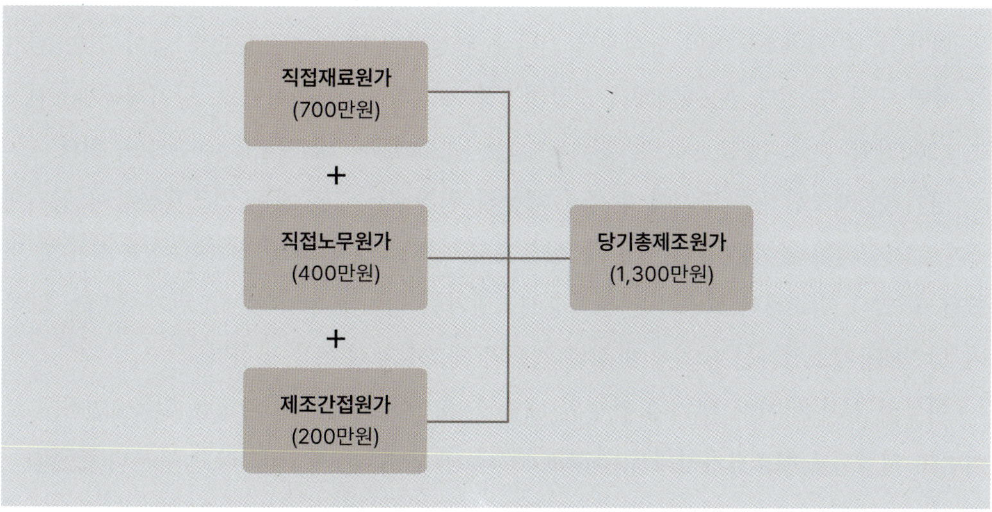

그림 3-7 재공품 투입/산출 관계

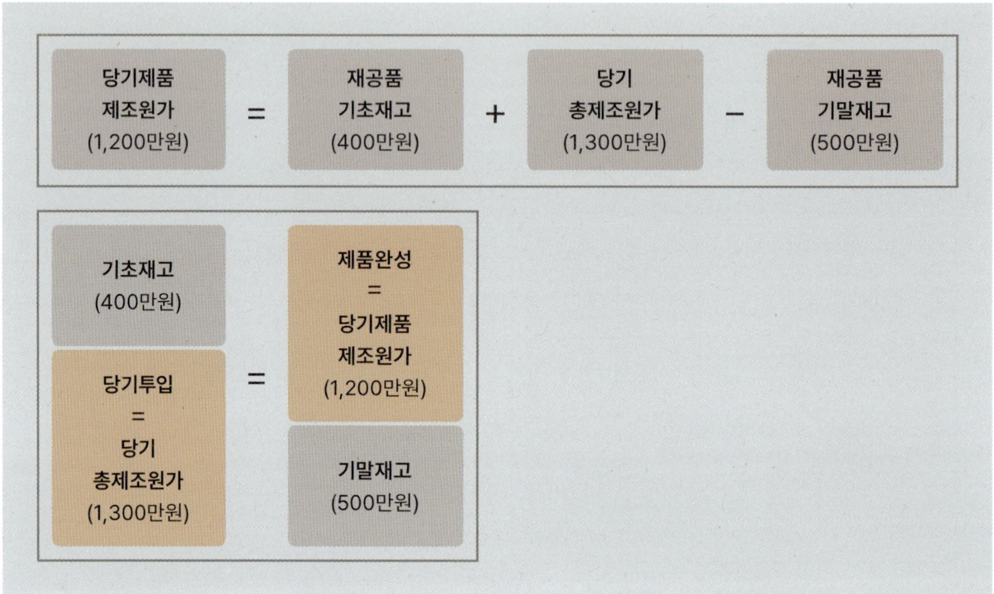

고 400만원에 당기총제조원가 1,300만원이 추가로 흘러 들어가게 된다.

당기총제조원가는 당기에 투입된 총제조원가로서, 기초에 재공품 재고의 형태로 남아 있던 것을 계속해서 추가로 가공하는 데 투입될 수도 있고, 당기에 새로이 재료를 투입하여 가공하는 데 투입될 수도 있다. 그 가공순서는 재료와 마찬가지로 원가흐름 가정에 따라 다르다. 재공품 중에서 당기에 완성된 제품의 원가를 **당기제품제조원가**(Cost of Goods Manufactured)라고 부른다. 그림 3-7과 같이 당기제품제조원가는 기초재공품과 당기에 투입된 원가(즉, 당기총제조원가)의 합계에서 기말에 완성되지 않고 재공품으로 남아 있는 원가를 빼면 구할 수 있다. 본 예제에서 기말재공품 재고가 500만원이므로, 당기제품제조원가는 1,200만원(=기초재공품 400만원+당기총제조원가 1,300만원−기말재공품 500만원)이 된다.

당기제품제조원가는 당기에 완성된 제품의 원가로서, 그중에는 기초재공품이 당기에 추가로 가공되어 완성된 것도 있을 수 있으므로, 전기에 투입된 원가(기초재공품 원가)도 포함될 수 있다. 비교해서 설명하면, 당기총제조원가는 당기에 투입된 제조원가 총액을 말하며, 당기제품제조원가는 당기에 완성된 제품의 제조원가 총액을 말한다.

이상의 절차를 거쳐, 당기에 완성된 제품의 원가를 계산하는 과정을 일목요연하게 보여주는 계산서를 **제조원가명세서**(Schedule of Costs of Goods Manufactured)라고 부른다(표 3-1).

표 3-1 제조원가명세서

(단위 : 만원)

직접재료원가		
기초재고	300	
당기매입	1,000	
기말재고	(600)	700
직접노무원가		400
제조간접원가		200
당기총제조원가		1,300
기초재공품재고		400
합 계		1,700
기말재공품재고		(500)
당기제품제조원가		1,200

회사는 제품 생산을 하면서 동시에 판매한다. 202X년도 중에 판매된 제품의 총원가를 **매출원가**(Cost of Goods Sold)라고 한다. 매출원가 계산에도 제품의 기초재고와 당기제조분의 판매순서와 관련된 원가흐름 가정이 필요하다. 그림 3-8과 같이, 202X년 매출원가는 제품

그림 3-8 제품 투입/산출 관계

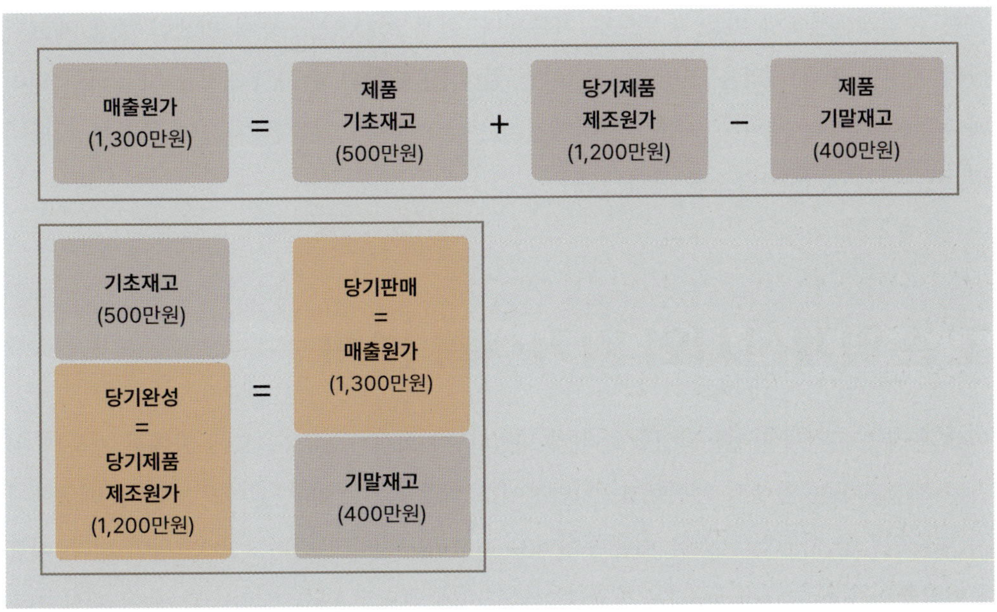

그림 3-9 주요 자산계정과 매출원가의 원가흐름도

직접재료

기초재고	300만	당기사용	700만
당기매입	1,000만	기말재고	600만
합 계	1,300만	합 계	1,300만

재공품

기초재고	400만	제품완성	1,200만
당기총제조원가			
• 직접재료원가	700만	기말재고	500만
• 직접노무원가	400만		
• 제조간접원가	200만		
합 계	1,700만	합 계	1,700만

제 품

기초재고	500만	당기판매	1,300만
당기완성 (당기제품 제조원가)	1,200만	기말재고	400만
합 계	1,700만	합 계	1,700만

매출원가

매출원가	1,300만	

의 기초재고에 당기제조분(즉, 당기제품제조원가)를 더한 다음 기말재고를 빼면, 1,300만원이 된다.

연도 말 재무상태표에 재고자산은 재료, 재공품, 제품으로 구분해서 기록하며, 매출원가는 손익계산서에서 비용 항목으로 기록된다. 이제 202X년도 중에 발생한 주요 재고자산의 계정별 변화 내역을 정리해보자. 이를 위해 그림 3-9와 같이 T계정을 사용하면 편리하다. 매출원가를 제외하고 모두 자산계정이므로 T계정의 왼쪽은 자산의 증가를 나타내고, 오른쪽은 자산의 감소를 나타낸다.

3. 손익계산서와 원가흐름 분개

이제 우리는 손익계산서를 작성할 준비가 되었다. 이 회사가 202X년도에 판매한 제품의 원가(즉, 매출원가)는 앞에서 계산한 1,300만원이다. 매출액은 2,500만원이라고 하자. 매출액에서 매출원가를 차감한 금액을 **매출총이익**(Gross Margin)이라고 하며 1,200만원이 된다. **매출총이익률**(gross margin percentage)은 매출총이익을 매출액으로 나누어 다음과 같이 계산한다.

매출총이익률 = 매출총이익 ÷ 매출 = 1,200만원 ÷ 2,500만원 = 48%

매출총이익에서 영업활동을 위해 지출한 비용(판매비와관리비)을 차감하면 **영업이익**(Operating Income)이 된다. **영업이익률**(operating income percentage)은 영업이익을 매출액으로 나누어 다음과 같이 계산한다.

영업이익률 = 영업이익 ÷ 매출 = 500만원 ÷ 2,500만원 = 20%

다음으로, 영업이익에서 기타 영업외 활동으로 인해 발생한 수입과 비용 등을 가감하면 당기순이익이 된다. 판매비와관리비는 기업의 가치사슬활동 중에서 제조활동에 투입된 원가를 제외한 나머지 활동들의 원가이다. 판매비와관리비는 700만원으로 가정하였다(표 3-2).

표 3-2 제조기업의 손익계산서 | 예제 3-1

(200X. 1. 1~202X. 12. 31) (단위 : 천원)

매출액		25,000
매출원가		
기초제품재고액	5,000	
당기제품제조원가	12,000	
판매가능액	17,000	
기말제품재고액	(4,000)	(13,000)
매출총이익		12,000
판매비와관리비		(7,000)
영업이익		5,000

지금까지 설명한 202X년에 이 회사에서 발생한 원가의 흐름을 분개로 표시하면 다음과 같다.[4]

4 분개에서 자산항목(현금, 외상매출금, 직접재료, 재공품, 제품 등)은 차변에 기록되면 자산의 증가를 나타내고, 반대로 대변에 기록되면 감소를 나타낸다. 부채항목(외상매입금, 미지급임금, 미지급비용 등)은 자산항목과 반대로 차변은 감소를, 대변은 증가를 나타낸다. 비용항목(매출원가, 판매비와관리비 등)은 차변이 증가를 나타내며, 수익항목(매출)은 대변이 증가를 나타낸다.

직접재료 1,000만원 외상 구매

(차) 직접재료 1,000만 (대) 외상매입금 1,000만

직접재료 700만원 사용

(차) 재공품 700만 (대) 직접재료 700만

직접노무원가 400만원 발생

(차) 재공품 400만 (대) 미지급임금 400만

제조간접원가 200만원 발생(감가상각비 110만원, 전기료 20만원, 수도광열비 70만원)[5]

(차) 제조간접원가 200만 (대) 감가상각누계액 110만

미지급비용 90만

제조간접원가 200만원을 해당 제품(재공품)별로 배부

(차) 재공품 200만 (대) 제조간접원가 200만

제품 1,200만원 완성

(차) 제품 1,200만 (대) 재공품 1,200만

제품 1,300만원을 외상으로 2,500만원에 판매

(차) 매출원가 1,300만 (대) 제품 1,300만

(차) 외상매출금 2,500만 (대) 매출 2,500만

판매비와관리비 700만원 현금 지출(제조원가가 아님을 명심하자.)

(차) 판매비와관리비 700만 (대) 현금 700만

우리는 지금까지 제조기업의 원가흐름과 손익계산에 대해 알아보았다. 상기업에서는 제조를 하지 않고 제조기업으로부터 상품을 구입한 다음, 이를 가공하지 않고 판매하기 때문에 원가흐름이 제조기업에 비해 간단하다. 상기업의 손익계산서는 **표 3-3**과 같다. 제조기업과 비교해 보면 제품계정이 상품계정으로 바뀐 것을 알 수 있다. 또한, 제조기업에서 당기에 자체적으로 제조한 제품의 원가를 나타내는 당기제품제조원가 대신에 당기매입액이 등장한다.

서비스기업의 경우에는 일반적으로 제품이나 상품의 재고가 없으므로 매출원가를 별

5 제조간접원가는 발생시점에 특정 제품(재공품)으로 직접 추적할 수 없으므로 '제조간접원가'라는 임시계정에 기록한 뒤, 배부시점에 가서 관련된 제품(재공품)으로 배분하게 되며, 이때 직접원가와 마찬가지로 재공품계정으로 대체된다. 자세한 사항은 제4장 개별원가계산에서 학습한다.

도로 계산하지 않는 경우도 많다. 이때는 매출원가와 판매비와관리비를 묶어서 영업비용이라는 하나의 항목으로 처리하기도 한다.

표 3-3 상기업의 손익계산서

매출액		xxx
매출원가		
기초상품재고액	xxx	
당기매입액	xxx	
판매가능액	xxx	
기말상품재고액	(xxx)	(xxx)
매출총이익		xxx
판매비와관리비		(xxx)
영업이익		xxx

연습문제

객관식

01 제조원가의 분류 (2004 세무사)

㈜서울은 5월 중 ₩43,000의 직접재료를 구입하였다. 5월 중 제조간접비의 합은 ₩27,000이었고 총제조원가는 ₩106,000이었다. 직접재료의 5월 초 재고가 ₩8,000이었고 5월 말 재고가 ₩6,000이었다면 5월 중 직접노무비는 얼마인가?

① ₩34,000 ② ₩38,000 ③ ₩36,000 ④ ₩45,000 ⑤ ₩35,000

02 제조원가의 개념 (2022 감정평가사)

원가에 관한 설명으로 옳지 않은 것은?

① 가공원가(전환원가)는 직접노무원가와 제조간접원가를 합한 금액이다.
② 연간 발생할 것으로 기대되는 총변동원가는 관련범위 내에서 일정하다.
③ 당기제품제조원가는 당기에 완성되어 제품으로 대체된 완성품의 제조원가이다.
④ 기초고정원가는 현재의 조업도 수준을 유지하는 데 기본적으로 발생하는 고정원가이다.
⑤ 회피가능원가는 특정한 의사결정에 의하여 원가의 발생을 회피할 수 있는 원가로서 의사결정과 관련 있는 원가이다.

03 기초원가와 전환원가 (2015 국가직 9급)

다음은 ㈜한국의 2014년 중에 발생한 원가 및 비용에 관한 자료이다. 이 자료를 이용하여 기초원가와 전환원가를 계산하면?

• 직접재료원가	₩60,000	• 간접재료원가	₩15,000
• 직접노무원가	₩15,000	• 간접노무원가	₩7,500
• 공장건물감가상각비	₩10,000	• 영업사원급여	₩12,000
• 공장수도광열비	₩7,000	• 본사비품감가상각비	₩10,500
• 공장소모품비	₩5,000	• 본사임차료	₩15,000

	기초원가	전환원가
①	₩75,000	₩59,500
②	₩75,000	₩97,000
③	₩97,500	₩44,500
④	₩97,500	₩82,000

04 제조원가의 흐름 (2021 CPA)

㈜대한의 20X1년 재고자산과 관련된 자료는 다음과 같다.

	원재료	재공품	제 품
기초금액	₩23,000	₩30,000	₩13,000
기말금액	12,000	45,000	28,000

20X1년 원재료 매입액은 ₩55,000이며, 가공원가는 ₩64,000이다. 이 경우 ㈜대한의 20X1년 당기제품제조원가에서 매출원가를 차감한 금액은 얼마인가?

① ₩12,000 ② ₩15,000 ③ ₩23,000
④ ₩28,000 ⑤ ₩30,000

05 제조원가의 이해 (2006 세무사)

2005년 1월 5일에 영업을 시작한 서울상회는 2005년 12월 31일에 재공품 ₩10,000, 제품 ₩20,000을 가지고 있었다. 2006년에 영업실적이 부진하자 이 회사는 동년 6월 말에 재공품 재고를 남겨두지 않고 전량 제품으로 생산한 뒤 싼 가격으로 전부 처분하고 공장을 폐쇄하였다. 이 회사의 2006년도 원가를 큰 순서대로 정리한 것으로 옳은 것은?

① 매출원가, 당기제품제조원가, 당기총제조원가
② 매출원가, 당기총제조원가, 당기제품제조원가
③ 당기총제조원가, 당기제품제조원가, 매출원가
④ 모두 금액이 같다.
⑤ 매출원가만 높고, 당기제품제조원가와 당기총제조원가는 같다.

06 기초 재공품의 추정 (2011 세무사)

㈜국세의 4월 매출액은 ₩20,000이며, 매출총이익률은 30%이다. ㈜국세의 공장에서 4월에 발생한 원가 관련 자료는 다음과 같다. ㈜국세의 4월 1일 재공품 금액은 얼마인가?

• 재고자산 현황

일 자	직접재료	재공품	제 품
4월 1일	₩1,000	?	₩3,000
4월 30일	₩2,000	₩3,000	₩4,000

• 4월에 매입한 직접재료금액은 ₩4,500이다.
• 4월 1일에 미지급임금은 ₩2,000이며, 4월 30일 미지급임금은 ₩4,000이다.
• 4월에 지급한 임금은 ₩6,000이다.

- ㈜국세의 공장에서 발생한 임금의 50%는 생산직 종업원의 임금이다.
- 4월에 발생한 제조간접원가 중 임금을 제외한 나머지 부분은 ₩1,500이다.

① ₩2,500 ② ₩3,000 ③ ₩3,500 ④ ₩4,000 ⑤ ₩5,000

07 당기제품제조원가 (2012 세무사)

㈜국세의 20X1년도 매출총이익은 ₩120,000이며, 매출총이익률은 30%이다. 기말제품재고는 기초제품재고에 비해 ₩50,000 감소하였다. ㈜국세의 20X1년도 당기제품제조원가는 얼마인가?

① ₩130,000 ② ₩180,000 ③ ₩230,000 ④ ₩280,000 ⑤ ₩330,000

08 제조간접원가 (2019 세무사)

다음은 ㈜세무의 당기 및 전기 제조간접원가에 관련된 자료이다. 이 자료에 의할 때 ㈜세무의 당기 제조간접원가 발생액은?

	당기 지급액	당기말 잔액		전기말 잔액	
		선급비용	미지급비용	미지급비용	선급비용
공장관리비	₩250,000	₩150,000	–	₩25,000	–
수도광열비	300,000	–	₩100,000	25,000	–
복리후생비	150,000	–	100,000	–	₩35,000

① ₩615,000 ② ₩735,000 ③ ₩765,000 ④ ₩965,000 ⑤ ₩1,065,000

09 기본원가 (2022 세무사)

㈜세무의 20X1년 1월의 재고자산 자료는 다음과 같다.

	직접재료	재공품	제 품
20X1. 1. 1.	₩80,000	₩100,000	₩125,000
20X1. 1. 31.	60,000	75,000	80,000

20X1년 1월 중 직접재료의 매입액은 ₩960,000이고, 직접노무원가는 제조간접원가의 40%이다. 1월의 매출액은 ₩2,500,000이며, 매출총이익률은 16%이다. 20X1년 1월의 기본원가(prime costs)는?

① ₩1,050,000 ② ₩1,160,000 ③ ₩1,280,000
④ ₩1,380,000 ⑤ ₩1,430,000

10 당기제품제조원가 (2015 감정평가사)

㈜감평의 20X5년 1월 1일 재공품 재고액은 ₩50,000이고, 1월 31일 재공품 재고액은 ₩100,000이다. 1월에 발생한 원가자료가 다음과 같을 경우, ㈜감평의 20X5년 1월 당기제품제조원가는?

• 직접재료 사용액	₩300,000	• 영업직원 급여	₩300,000
• 공장건물 감가상각비	₩100,000	• 공장감독자 급여	₩400,000
• 공장기계 수선유지비	₩150,000	• 공장근로자 급여	₩500,000
• 본사건물 감가상각비	₩200,000	• 판매자 수수료	₩100,000

① ₩1,000,000　② ₩1,400,000　③ ₩1,450,000
④ ₩1,600,000　⑤ ₩1,900,000

11 제조원가 분류와 영업이익 (2018 관세사)

당해 연도에 설립된 ㈜관세는 당기에 제품 1,000개를 생산하여 800개를 판매하였다. 이 과정에서 판매비인 화재보험료를 제조간접원가로 처리하였다. 화재보험료를 판매비로 회계처리한 경우와 비교하여 동 회계처리가 당기손익에 미치는 영향은?

① 매출총이익은 증가하고, 영업이익은 감소한다.
② 매출총이익과 영업이익이 모두 증가한다.
③ 매출총이익과 영업이익이 모두 변하지 않는다.
④ 매출총이익과 영업이익이 모두 감소한다.
⑤ 매출총이익은 감소하고, 영업이익은 증가한다.

12 직접재료원가 (2014 국가직 9급)

㈜한국은 단일 제품을 생산 판매하고 있다. ㈜한국의 1월 중 생산활동과 관련된 정보가 다음과 같을 때, 1월의 직접재료원가는?

- 당월총제조원가는 ₩2,000,000이고 당월제품제조원가는 ₩1,940,000이다.
- 1월 초 재공품은 1월 말 재공품원가의 80%이다.
- 직접노무원가는 1월 말 재공품원가의 60%이며, 제조간접원가는 직접재료원가의 40%이다.

① ₩1,000,000　② ₩1,100,000　③ ₩1,200,000　④ ₩1,300,000

13 제조원가의 흐름 (2015 국가직 9급)

다음은 ㈜한국의 제품제조 및 판매와 관련된 계정과목들이다 ㉠~㉣ 중 옳지 않은 것은?

• 직접재료원가	₩900	• 당기제품제조원가	₩13,000
• 직접노무원가	₩700	• 기초제품재고액	₩8,000
• 제조간접원가	(㉠)	• 기말제품재고액	(㉢)
• 당기총제조원가	₩2,000	• 매출원가	(㉣)
• 기초재공품재고액	₩14,000	• 매출액	₩25,000
• 기말재공품재고액	(㉡)	• 매출총이익	₩8,000

① ㉠ : ₩400　　② ㉡ : ₩3,000　　③ ㉢ : ₩5,000　　④ ㉣ : ₩17,000

14 매출총이익 (2016 국가직 9급)

다음 자료를 토대로 계산한 ㈜대한의 매출총이익은?

- 당기 중 직접재료원가는 전환원가의 50%이다.
- 직접노무원가 발생액은 매월 말 미지급임금으로 처리되며 다음 달 초에 지급된다. 미지급임금의 기초금액과 기말금액은 동일하며, 당기 중 직접노무원가의 지급액은 ₩450이다.
- 재공품 및 제품의 기초금액과 기말금액은 ₩100으로 동일하다.
- 기타 발생비용으로 감가상각비(생산현장) ₩100, 감가상각비(영업점) ₩100, CEO 급여 ₩150, 판매수수료 ₩100이 있다. CEO 급여는 생산현장에 1/3, 영업점에 2/3 배부된다.
- 매출액은 ₩2,000이다.

① ₩1,050　　② ₩1,100　　③ ₩1,150　　④ ₩1,200

15 제조원가 종합 (2010 CPA)

㈜원가는 기계장치를 생산, 판매하는 기업으로 사업 첫 해에 다음과 같은 원가가 발생했다. 이 자료를 바탕으로 원가계산을 했을 경우 (가)~(마)까지의 설명 중 타당하지 않은 것을 모두 고르면? (단, 기초재공품재고액은 없고, 기말재공품재고액이 ₩10 존재한다.)

직접재료원가	₩110	간접재료원가	₩30	판매직급여	₩30
직접노무원가	120	간접노무원가	60	관리직급여	70
간접경비	200	광고선전비	20	이자비용	10

(가) 당기제품제조원가는 ₩510이다.

(나) 기본원가(기초원가, prime costs)는 ₩230이다.

(다) 제조간접원가에는 어떤 재료원가도 포함되지 않으므로 간접노무원가와 간접경비를 합한 ₩260이다.
(라) 당기총제조원가는 ₩520으로, 기본원가에 가공원가를 합한 금액이다.
(마) 기간원가는 ₩130으로, 재고가능원가라고 부르기도 한다.

① (가), (나) ② (다), (라) ③ (라), (마)
④ (나), (다), (마) ⑤ (다), (라), (마)

16 제조간접원가 (2022 CPA)

㈜대한은 의료장비를 생산하고 있으며, 20X1년 2월 원가 관련 자료는 다음과 같다.

- 재료 구입액은 ₩4,000, 재료 기말재고액은 ₩1,400이다.
- 노무원가는 공장에서 발생한 것이며, 노무원가의 80%는 생산직 종업원의 임금이다.
- 지급한 노무원가는 ₩3,700, 기초 미지급노무원가는 ₩200, 기말 미지급노무원가는 ₩500이다.
- 기본원가(기초원가, prime costs)는 ₩5,700이다.
- 제조경비는 ₩2,100이며, 전액 제조간접원가이다.

20X1년 2월 ㈜대한의 제조간접원가는 얼마인가? (단, 기초재고자산은 없다.)

① ₩2,100 ② ₩2,200 ③ ₩2,800 ④ ₩3,000 ⑤ ₩3,100

17 직접재료재고 (2020 관세사)

㈜관세의 20X1년 6월 매출액은 ₩400,000이며, 매출총이익률은 25%이다. 원가 관련 자료가 다음과 같을 때 6월 말 직접재료재고액은?

	6월 초	6월 말
직접재료	₩20,000	?
재공품	₩50,000	₩40,000
제 품	₩90,000	₩100,000
직접재료매입액	₩180,000	
전환(가공)원가	₩130,000	

① ₩20,000 ② ₩30,000 ③ ₩40,000 ④ ₩50,000 ⑤ ₩60,000

18 기초원가 (2021 국가직 7급)

다음은 ㈜한국의 20X1년 기초 및 기말 재고자산과 관련한 자료이다.

	기 초	기 말
직접재료	₩2,000	₩7,000
재공품	₩8,000	₩5,000
제 품	₩7,000	₩10,000

㈜한국은 매출원가의 20%를 매출원가에 이익으로 가산하여 제품을 판매하고 있으며, 20X1년 매출액은 ₩60,000이다. ㈜한국의 20X1년 직접재료 매입액은 ₩15,000이고, 제조간접원가는 가공원가의 40%일 때, 20X1년의 기초원가는?

① ₩24,000　② ₩32,800　③ ₩34,000　④ ₩40,000

주관식

01 매출원가와 영업이익 (2009 세무사 1차 수정)

본사와 생산공장이 동일 건물에 소재하는 ㈜대한의 3월 중 발생한 원가(비용)과 재고자산 자료는 다음과 같다. 3월 중 직접재료 매입액은 ₩1,200,000이며, 매출액은 ₩7,400,000이다.

〈3월 중 발생원가(비용)〉

직접노무원가	₩3,000,000
공장감독자급여	100,000
기타 제조간접원가	200,000
전기료(본사에 40%, 공장에 60% 배부)	200,000
감가상각비(본사에 20%, 공장에 80% 배부)	500,000
본사의 기타 판매관리비	400,000
합 계	₩4,400,000

〈재고자산〉

	3월 초	3월 말
재공품재고	₩1,000,000	₩800,000
직접재료재고	300,000	100,000
제품재고	700,000	400,000

요구사항

▶ 물음 1. 3월 중 발생한 제조간접원가를 구하라.

▶ 물음 2. 3월 중 매출원가를 구하라.

▶ 물음 3. ㈜대한의 3월 1일부터 3월 31일까지의 영업이익을 구하라.

02 손익계산서 작성오류 수정 및 재작성 (2015 CPA 1차 수정)

다음은 회계지식이 부족한 인턴직원이 작성한 ㈜한국제조의 손익계산서이다.

손익계산서

㈜한국제조 20X1. 1. 1 ~ 20X1. 12. 31 (단위 : 원)

• 매출액		900,000
• 영업비용 :		
간접노무원가	24,000	
수도광열비	30,000	
직접노무원가	140,000	
감가상각비(공장설비)	42,000	
감가상각비(본사건물)	36,000	
당기 원재료 매입액	330,000	
보험료	8,000	
임차료	100,000	
판매 및 관리부서의 직원급여	64,000	
광고선전비	150,000	924,000
• 영업이익		(24,000)

그러나 위의 손익계산서에 표시된 매출액 및 영업비용 내역은 모두 올바른 자료이다. 만약 당신이 ㈜한국제조의 20X1년도 손익계산서를 정확하게 작성하고자 하는 경우 필요한 추가 자료는 다음과 같다.

(1) 수도광열비의 60%, 보험료의 75%와 임차료의 80%는 공장설비와 관련된 것이며, 나머지는 판매 및 일반관리활동과 관련하여 발생한 것이다.

(2) 20X1년도 재고자산의 기초 및 기말잔액은 다음과 같다.

	기 초	기 말
원재료	₩16,000	₩26,000
재공품	₩32,000	₩42,000
제 품	₩80,000	₩120,000

요구사항

▸ **물음 1. 정확한 당기제품제조원가를 구하라.**

▸ **물음 2. 정확한 판매관리비를 구하라.**

▸ **물음 3. 정확한 영업이익을 구하라.**

CHAPTER

4

개별원가계산

본 장에서는 제1장에서 설명한 원가집계방법에 따른 원가계산시스템의 분류(개별원가계산, 종합원가계산) 중에서 개별원가계산에 대해 학습한다. 개별원가계산의 절차를 설명하고, 원가측정방법에 따른 구분(실제원가계산, 정상원가계산, 표준원가계산)에 따라 개별원가계산이 어떻게 실시되는지에 대해 설명한다. 제조간접원가 배부와 관련된 여러 주제를 학습하며, 연도 말 실제 발생원가와의 차이조정방법에 대해 자세하게 학습한다. 본 장에서 다루는 주제들은 원가회계 전반에 걸쳐 매우 중요한 토대가 된다.

CHAPTER

4

개별원가계산

1. 개별원가계산의 기초

원가계산을 어떻게 할 것인가는 제품(서비스)이 생산(제공)되는 방식에 의해 영향을 받는다. **개별원가계산(job costing)**은 **작업(job)**별로 원가를 계산할 때 사용하는 방식으로서, 각 작업은 다른 작업과 명확히 구분되며, 일정한 기간이 경과하면 해당 작업이 완전히 종료된다는 특징이 있다. 따라서 선박 제조나 광고 제작 등 주문형 제품(서비스)의 원가계산에 적합하다. 각 작업의 원가를 계산하기 위해서는 각 작업이 시작되는 시점부터 완료되는 시점까지 발생하는 모든 제조원가(직접재료원가, 직접노무원가, 제조간접원가 배분액)를 작업별로 누적하여 집계하며, 작업이 완료되는 시점에 가면 해당 작업의 총원가를 알 수 있게 된다. 이 과정에서 핵심은 제조간접원가를 집계하여, 관련된 작업별로 배분하는 일이다.

작업의 구분 방식은 원가계산을 하는 목적에 따라 다를 수 있다. 예를 들어, 어떤 조선회사가 카타르에 있는 고객 A로부터 LNG선박(대, 중, 소 각 5척씩)의 제조를 의뢰받았으며, 호주에 있는 고객 B로부터 동일한 규모의 컨테이너선 5척의 제조를 의뢰받았다고 하자. 이 경우, LNG선과 컨테이너선은 고객 A와 고객 B에게 인도하는 시기가 다르고, 가격과 제조원가도 다를 것이므로 각각 별도의 작업으로 구분하는 것이 바람직하다. 또한, 고객 A로부터 제작을 의뢰받은 LNG선도 대, 중, 소로 구분해서 각각의 원가를 별도로 파악하고 싶다면, 이들도 각각 개별적인 작업으로서 별개의 **원가대상(cost object)**으로 구분하여 설정할 수 있다.

광고 제작 기업도 마찬가지이다. 어떤 광고회사가 LG전자로부터 시그니처 올레드TV 광고 제작을 의뢰받고, 현대자동차로부터는 전기자동차 광고 제작을 의뢰받았다고 하자.

두 광고는 광고주가 다르고, 가격과 인도 시기가 다를 뿐만 아니라, 광고에 등장하는 연예인이나 촬영장소 등이 달라서 두 광고의 제작원가는 차이가 나게 마련이다. 따라서 올레드TV 광고와 자동차 광고를 각각 개별적인 작업(job)으로 설정하는 것이 일반적일 것이다. 이처럼 개별원가계산은 작업의 종료시점이 있고 작업별로 원가가 다른 경우에 적합한 원가계산방법이다. 개별원가계산과 비교되는 방식으로 제품의 생산종료 시점이 별도로 정해지지 않는 연속 대량생산 제품의 원가계산에 적합한 **종합원가계산**이 있다. 이 방식은 제8장에서 학습한다.

개별원가계산이 적용될 수 있는 경우를 예로 들면 표 4-1과 같다.

표 4-1 개별원가계산 기업유형별 적용 예시

제조기업	상기업*	서비스기업
• 선박 제조, 항공기 제조	• 인터넷의 상품 판매	• 광고제작
• 아파트 건설	• 백화점의 상품 판매	• 회계감사
• 주문형 반도체 제조	• 홈쇼핑의 상품 판매	• 컨설팅
• 주문형 사무용 가구 제조	• 마트의 상품 판매	• 법률 자문

* 상기업의 경우 판매비와관리비의 배분이 주요 관심사항이 된다.

개별원가계산에서는 작업 내에 속한 하나하나의 제품(서비스) 단위가 아닌 작업 전체 단위로 원가계산을 실시한다. 예를 들어, 고객회사로부터 직원들에게 기념품으로 지급할 회사 로고 모양의 커피콩 그라인더 1,500개를 제작해 달라는 주문을 받았다고 하자. 이 주문을 하나의 작업(작업 #101)으로 인식하여 원가계산을 하고자 할 경우, 제품 1,500개 제작이 모두 완료되는 시점까지 투입되는 모든 제조원가는 작업 #101의 재공품계정에 누적으로 집계한다. 비록 일부 그라인더가 완성되더라도 1,500개가 모두 완성될 때까지는 투입된 제조원가가 제품계정으로 대체되지 않는다는 사실에 유의해야 한다. 다시 말해서, 작업 전체가 완전히 종료되어야 비로소 재공품계정에 집계된 원가가 제품계정으로 대체된다는 것이다. 따라서 개별원가계산에서는 하나의 작업의 원가는 재공품계정과 제품계정에 동시에 등장하지 않으며, 해당 작업의 원가는 재공품계정이나 제품계정 둘 중의 한 곳에만 나타나게 된다.

2. 개별원가계산의 절차

그림 4-1에 나타난 바와 같이, 모든 원가계산은 먼저 **원가대상**(cost object)을 정한 뒤 관련된 모든 원가를 **직접원가**(direct costs)와 **간접원가**(indirect costs)로 구분한다(제2장 참고). 직접원가는 해당 원가대상으로 직접 추적하여 할당하고, 간접원가는 먼저 **원가집합**(cost pool)이라 부르는 소그룹별로 원가를 집계한 다음, 원가집합별로 적합한 **원가배부기준**(cost allocation base)을 사용하여 원가대상으로 배부한다. 개별원가계산에서 원가대상은 작업(job)이 된다. 따라서, 해당 작업에 직접 추적가능한 직접원가는 해당 작업으로 바로 할당하고, 다른 작업들과도 관련된 간접원가는 원가집합을 이용하여 배부한다.

그림 4-1 일반적인 원가계산의 원가할당 과정

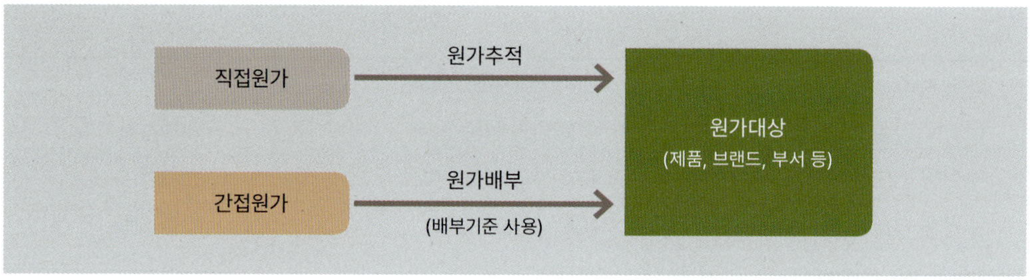

제조기업에서 개별원가계산의 구체적인 과정은 다음과 같다.

첫째, [원가대상 결정] 원가를 계산하고자 하는 원가대상(cost object)인 작업(job)을 결정한다.

둘째, [원가집계 및 직접원가 할당] 각 작업의 직접원가와 간접원가를 확인하고, 구분하여 집계한다. **작업원가표**(job cost record 또는 job cost sheet)를 이용하여 작업별로 원가를 기록하고, 집계한다. 작업원가표는 표 4-2에 나타난 바와 같이 개별 작업별로 하나씩 작성되며, 작업의 고객명, 제조착수일자, 종료일자 등 작업에 대한 기본 정보와 함께 해당 작업과 관련해서 발생하는 모든 제조원가들이 집계된다. 예를 들어, 작업원가표에서 작업번호 SS30은 미라전자로부터 제작을 의뢰받은 사무용 책상 500개를 제작하는 작업이다. SS30 작업원가표에는 해당 작업의 작업착수일자부터 종료일자까지 발생한 모든 제조원가를 기록한다.

제조원가는 직접재료원가, 직접노무원가, 제조간접원가로 구분하여 기록한다.

직접재료원가는 **재료청구서**(materials requisition record)를 토대로 날짜순으로 작성한다. 재료청구서는 작업별로 재료를 청구할 때마다 작성하며, 청구재료 종류, 청구부서, 청구일자, 개수, 단가, 총원가 등 재료청구와 관련된 상세내역이 기록되는 자료로서, 직접재료원가에 대한 원천자료 역할을 한다. 예를 들어, 표 4-2에 나타나 있는 재료청구서 202312-230에는 작업 SS30과 관련하여 직접재료 MK-22 400개를 청구한 내역이 기록된다. 다른 관련된 자료로서 **재료기록표**(material records)가 있다. 재료기록표는 재료의 종류별로 작성하며, 재료의 입고와 작업별 출고 내역을 기록하는 자료이다.

직접노무원가는 근로자별 **작업시간표**(labor time sheet)를 토대로 작성한다. 근로자별 작업시간표는 각 근로자에 대해 날짜별로 작업별 시간투입 내역을 기록한다. 근로자는 특정 작업에 시간을 투입할 수도 있고, 기계유지보수 등 특정 작업에 귀속시킬 수 없는 활동에도 시간을 투입할 수도 있다.

투입시간 중에서 특정 작업과 관련된 시간에 대한 노무원가(시간당 임률을 이용해서 계산)는 해당 작업의 작업원가표에 직접노무원가로 기록한다. 예를 들어, 표 4-2에서 작업시간표(LT-L20)는 근로자 김철수(사번 630311)의 시간 투입 내역을 기록한 표로서, 12월 2일부터 9일까지 작업 SS30에 30시간을 투입하였으므로, 작업 SS30으로 할당될 직접노무원가는 ₩900,000이다. 작업시간표(LT-L20)에는 김철수가 다른 작업들에 투입한 시간도 기록되며, 이들 시간에 대한 노무원가는 각각 해당 작업의 작업원가표에 직접노무원가로 기록된다.

김철수가 투입한 시간 중에서 특정 작업에 귀속시킬 수 없는 활동에 투입한 시간에 대한 노무원가는 제조간접원가로 별도로 집계한다. 이렇게 모든 근로자에 대해 투입한 시간을 기준으로 직접노무원가와 제조간접원가(간접노무원가)를 별도로 구분해서 기록한다. 이렇게 집계된 제조간접원가는 추후 배부기준을 사용하여 관련된 작업별로 배분되어 각 작업원가표에 나타나게 된다.

직접재료원가와 직접노무원가를 제외한 모든 제조원가는 제조간접원가로 분류되어, 회사가 설정한 방식에 따라 원가집합(cost pool)별로 집계된다. 전통적인 원가계산 방식에서 제조간접원가의 집계와 원가집합의 구성은 일반적으로 공장의 부서(문)별로 실시하며, 활동기준원가계산(ABC)에서는 활동별로 실시한다(활동기준원가계산은 제6장에서 자세하게 학습한다).

표 4-2 작업원가표

작업번호	SS30			**고객명**	미라전자
작업착수일	2023. 12. 2			**작업종료일**	2024. 6. 5
직접재료원가					
수령일	재료청구서번호	재료번호	수 량	단가(원)	총원가(원)
2023. 12. 2	202312-230	MK-22	400	20,000	8,000,000
2023. 12. 5	202312-252	XY-03	600	50,000	30,000,000
2024. 1. 4	……	……	….	…..	…….
…..					
합 계					6.5억원
직접노무원가					
작업기간	작업시간표번호	작업자번호	작업시간	임률(원)	총원가(원)
2023. 12. 2-9	LT-L20	630311	30	30,000	900,000
2023. 12. 2-15	LT-L11	771223	50	20,000	1,000,000
2024. 1. 4-13	……….	…….	..	…….	…….
…..					
합 계					3.5억원
제조간접원가					
날 짜	원가집합	배부기준	배부기준 사용량	배부율(원)	총원가(원)
2023. 12. 31	절단부	기계시간	300	40,000	12,000,000
2023. 12. 31	조립부	직접노동시간	400	60,000	24,000,000
2024. 1. 31	절단부	기계시간	…	……	………
2024. 1. 31	조립부	직접노동시간	…	……	………
….					
합 계					1.8억원
제조원가 총계					11.8억원

최근 들어 IT 기술의 발달과 함께 원가집계를 포함한 위 과정의 대부분은 물리적인 종이 장부가 아닌 기업의 정보시스템을 통해 진행되는 경우가 많다.

셋째, [제조간접원가 원가집합별 집계와 원가배부기준 결정] 제조간접원가는 발생시점부터 원가집합별로 구분하여 집계하거나, 추후 원가집합별로 다시 집계한다. 이와 함께 원가집합별로 **원가배부기준**(cost allocation base)을 정한다. 예를 들어, 제조간접원가의 원가집합을 절단부, 조립부 등 공장 부서 단위로 설정한 뒤, 절단부의 제조간접원가가 각 작업이 사용하는 기계시간과 관련성이 높다면 기계시간을 배부기준으로 사용하고, 조립부의 제조간접원가는 직접노동시간과 관련성이 높다면 직접노동시간을 배부기준으로 사용한다. 원가집합을 정할 때에는 적절한 원가배부기준을 찾을 수 있는지를 함께 고려해야 한다.

넷째, [원가배부율 계산] 원가집합별로 **제조간접원가 배부율**(indirect cost rate)을 계산한다. 원가배부율은 원가배부기준 한 단위당 간접원가 배부액이다. 예를 들어, 일정 기간 동안 절단부의 총제조간접원가가 1억원이며, 절단부의 총기계시간이 2,500시간이라고 하자. 절단부 제조간접원가를 기계시간으로 나누면, 절단부의 기계시간당 제조간접원가 배부율은 다음과 같이 계산된다.

절단부 제조간접원가 배부율 = 절단부 총제조간접원가 ÷ 절단부 총기계시간
= 1억원 ÷ 2,500시간
= 기계시간당 ₩40,000

다섯째, [제조간접원가 배부] 원가집합별로 계산된 제조간접원가 배부율을 이용하여 각 작업에 제조간접원가를 배부한다. 제조간접원가의 배부는 일정한 주기별로(예를 들어, 1개월) 실시하며, 작업이 종료되는 시점(SS30은 2024년 6월 5일)에도 실시한다. 작업 SS30의 작업원가표에 나타난 바와 같이, 12월 말에 작업 SS30에 배부되는 절단부 제조간접원가는 작업 SS30이 12월 중에 사용한 절단부 기계시간 300시간에 절단부 원가배부율인 시간당 ₩40,000을 곱해서 다음과 같이 계산한다. 유사한 배부과정을 조립부 등 다른 원가집합에 대해서도 실시한다.

작업 SS30에 배부될 절단부 제조간접원가(12월분) = 300시간 × ₩40,000 = ₩12,000,000

여섯째, [작업의 총제조원가 계산] 작업이 종료되면, 직접재료원가, 직접노무원가, 제조간접원가 배부액을 합하여 해당 작업의 총제조원가를 계산한다. 2024년 6월 5일에 종료된 SS30의 총제조원가는 다음과 같다.

작업 SS30의 총제조원가 = 직접재료원가 + 직접노무원가 + 제조간접원가
= 6.5억원 + 3.5억원 + 1.8억원
= 11.8억원

이상의 절차를 마치면 작업 SS30에 대한 원가계산이 종료되며, 작업 SS30의 총제조원가 11.8억원은 재공품계정에서 제품계정으로 대체된다. 작업별 원가의 정확성은 제조간접원가를 작업별로 어떻게 배부하느냐에 달려 있다. 즉, 개별원가계산의 정확성은 원가집합과 배부기준의 선택에 달려 있다고 할 수 있다.

3. 개별원가계산시스템의 종류

본 장에서는 원가집계방법 중의 하나인 개별원가계산에 대해 설명하고 있다. 제1장에서 설명한 바와 같이, 원가계산시스템은 원가집계방법과 무관하게 원가측정방법에 따라(즉, 어떤 원가를 사용하느냐에 따라) **실제원가계산**(actual costing), **정상원가계산**(normal costing), **표준원가계산**(standard costing)으로 구분된다. 따라서, 개별원가계산도 실제 실행 과정에서 어떤 원가를 사용하느냐에 따라 다음과 같은 세 가지 유형의 원가계산시스템으로 분류할 수 있다.

1) 실제개별원가계산(actual job costing)

모든 제조원가(직접재료원가, 직접노무원가, 제조간접원가)에 대해 실제 발생한 원가를 측정하여 원가계산을 실시하는 방식이다. 제조간접원가의 배부도 **실제배부율**(actual indirect cost rate)

을 사용하여 실시하게 된다.

제조간접원가 실제배부율 = 제조간접원가 실제발생액 ÷ 배부기준 총 실제사용량

2) 정상개별원가계산(normal job costing)

제조원가 중에서 직접원가(직접재료원가, 직접노무원가)는 실제 발생한 원가를 작업별로 추적하여 할당한다. 그러나 제조간접원가는 **예정배부율**(**budgeted indirect cost rate, budgeted manufacturing overhead rate**)을 사용하여 배부한다. 예정배부율은 다음과 같이 계산한다.

제조간접원가 예정배부율 = 제조간접원가 예산 ÷ 배부기준 총 예산(예정)사용량

정상원가계산에서 제조간접원가 배부율은 예정배부율을 사용하지만, 각 작업별로 배부를 실시할 때에는 각 작업이 실제로 사용한 배부기준 사용량을 곱해서 다음과 같이 배부액을 계산한다.

작업별 제조간접원가 배부액 = 예정배부율 × 작업별 배부기준 실제사용량

3) 표준개별원가계산(standard job costing)

모든 제조원가를 미리 설정한 표준원가를 이용하여 원가계산을 하는 방식이다. 각 원가요소(직접재료원가, 직접노무원가, 제조간접원가)별로 제품 한 단위당 표준 투입량과 투입량 한 단위당 표준원가를 미리 설정하게 된다.

세 가지 유형을 정리하면 표 4-3과 같다. 세 가지 유형 중에서 본 장에서는 **실제개별원가계산**과 **정상개별원가계산**을 학습하고, **표준개별원가계산**은 제12장에서 학습한다.

표 4-3 개별원가계산시스템의 종류

원가요소	실제개별원가계산	정상개별원가계산	표준개별원가계산
직접재료원가	실제발생원가	실제발생원가	표준원가
직접노무원가	실제발생원가	실제발생원가	표준원가
제조간접원가	실제배부율× 배부기준 실제사용량	예정배부율× 배부기준 실제사용량	표준배부율× 배부기준 표준사용량

4. 제조간접원가 배부율

1) 배부율 계산 주기

실제개별원가계산과 정상개별원가계산은 제조간접원가 배부에 있어서만 차이가 있다. 따라서, 두 원가계산제도의 차이를 이해하기 위해 배부율 계산과 관련된 사항을 먼저 이해할 필요가 있다.

제조간접원가 배부율(manufacturing overhead cost rate)은 제조간접원가 총금액을 배부기준 총수량으로 나누어서 계산하는데, 계산을 위해 분자와 분모 값의 대상 기간을 정해야 한다. 즉, 얼마 동안의 기간을 대상으로 배부율을 계산할지를 결정해야 한다. 1개월 또는 1분기 단위로 제조간접원가 금액을 집계하고, 그 기간 동안의 배부기준 총수량으로 나누어 배부율을 계산할 수도 있고, 1년 단위로 계산할 수도 있을 것이다(배부율 산정 대상기간(계산 주기)은 일반적인 회계기간과 일치할 필요는 없다).

대상 기간이 짧은 경우(예를 들어, 1개월, 1분기)에는 배부율의 변동성이 커진다는 단점이 있다. 먼저, 분자(제조간접원가 금액) 요인을 살펴보면, 배부대상 원가는 계절적인 변동(예 냉난방비)이 심하게 나타날 수 있다. 또한, 1년 중 특정 기간에만 집중적으로 발생하는 원가(예 기계수선유지비, 보너스)도 있을 수 있다. 따라서, 배부대상 원가의 총액을 월별 또는 분기별로 집계할 경우, 총액이 월별[분기별]로 상당한 차이가 있을 수 있다. 이로 인해 분모(배부기준 총수량)의 숫자가 매월[매분기] 같은 경우에도, 배부율은 월별[분기별]로 상당한 차이가 발생할 수 있다. 예를 들어, 1월에 난방비 지출이 많고 대규모 기계수선도 이루어진다면, 1월의 배부율은 매우 높을 수 있다.

표 4-4 제조간접원가 배부율 산정 주기와 배부율의 안정성

	제조간접원가			배부기준	배부기준 단위당 원가		배부율
	변동원가	고정원가	합 계	직접노동시간	변동원가	고정원가	
생산량이 많은 달	5억원	6억원	11억원	5,000	10만원	12만원	22만원
생산량이 적은 달	2억원	6억원	8억원	2,000	10만원	30만원	40만원

이제 분모(배부기준 총수량) 요인을 살펴보면, 수요의 계절적 변동 등으로 인해 배부기준 사용량이 월별[분기별]로 차이가 클 수 있다. 분자 금액 중에는 조업도(배부기준 수량)와 비례하여 발생하지 않는 고정제조간접원가도 상당히 존재하므로, 분모의 변동이 커지면 배부율의 월별[분기별] 변동이 커질 수 있다. 변동제조간접원가의 경우에도 특정 월[분기]에 제품 수요가 매우 많을 경우 정상급여보다 시간당 임률이 더 높은 야간수당이나 잔업수당을 지급해야 하는 등의 이유로 인해 배부율이 증가할 가능성도 있다.

표 4-4에 나타나 있듯이, 조업도의 월별 변동이 심할 때 배부기준 단위당 고정제조간접원가의 변동성이 커서(12만원, 30만원), 월별 배부율에 큰 차이가 나타나게 된다(22만원, 40만원). 분모와 분자 요인이 결합되면, 제품의 단위당 원가는 더욱 불안정한 수치를 나타낼 수도 있다. 이 경우 같은 작업도 실시하는 시기에 따라 원가 차이가 크게 발생하는 문제가 발생할 수 있다(같은 아이스크림 제품도 겨울에 생산할 때와 여름철에 생산할 때 개당 원가가 크게 차이가 날 수 있다).

이처럼 월[분기] 단위의 제조간접원가 배부율은 매우 불안정하기 때문에, 대상 기간을 확대하여 1년 단위로 제조간접원가 배부율을 산정하는 것이 배부율과 제품원가의 안정성 측면에서 바람직하다. 1년 단위로 배부율을 산정하면, 제조간접원가 금액(분자)의 변동성이 감소하고, 계절적 요인 등으로 인한 배부기준 수량(분모)의 변동성도 줄일 수 있게 된다. 그렇다고 해서 2, 3년 단위로 배부율을 산정하는 것은 현실적으로 분모, 분자에 대한 추정과 집계가 어려우므로 실질적인 대안이 아니다.

2) 실제배부율과 예정배부율

제조간접원가 배부율 계산 주기를 1년 단위로 설정하는 경우에 배부율은 안정되지만, 다른 문제가 발생한다. 실제개별원가계산에서 사용되는 **실제배부율**은 제조간접원가 실제발생액을 배부기준의 총실제사용량으로 나누어 계산하는데, 금액과 사용량을 1년 단위로 집계할 경우 연말에 가서야 비로소 실제배부율을 계산할 수 있다. 따라서, 회계기간(연도) 중에는 실제배부율을 계산할 수 없어서 작업별 제조간접원가의 배부도 실시할 수 없게 된다.

기업은 다양한 이유로 제조간접원가를 포함한 제조원가에 관한 정보를 연중에 수시로 획득하기를 원한다. 연도 중에도 작업이 진행됨에 따라 작업별 제조간접원가의 예상 규모를 파악할 필요가 있으며, 연도 말 이전에 특정 작업이 종료되면 즉시 그 작업의 총제조원가를 파악할 필요가 있다. 그러나, 1년 단위로 계산되는 실제배부율을 사용하는 실제개별원가계산은 이런 원가정보를 제공하지 못한다[1].

실제개별원가계산의 대안으로 사용되는 방식이 정상개별원가계산이다. 정상개별원가계산은 실제배부율 대신에 **예정배부율**을 사용한다. 여기서도 예정배부율은 월 또는 분기 단위보다 1년 주기로 계산하여 배부율의 안정성을 확보한다. 예정배부율은 기초에 설정된 1년 단위 제조간접원가 예산과 배부기준의 1년 단위 예산사용량을 이용하여 계산하므로, 기초에 예정배부율을 미리 계산할 수 있다.

정상개별원가계산에서 작업별 배분액은 예정배부율에 배부기준의 실제사용량을 곱해서 계산하는데, 배부기준의 실제사용량은 연도 중 언제라도 획득할 수 있는 정보이다. 따라서, 연도 중 언제라도 작업별 제조간접원가 배부액을 계산할 수 있다. 즉, 정상개별원가계산에서는 작업완료 시점을 포함하여 언제라도 작업의 제조원가 정보를 획득할 수 있어서, 회계정보의 적시성 측면에서 바람직하다고 할 수 있다. 표 4-2에서 작업 SS30에 대한 제조간접원가의 매월 말 배부도 정상개별원가계산을 통해 실시한 것이다. 정상개별원가계산을 사용하면, 작업별로 배부된 제조간접원가의 총액이 실제로 발생한 금액과 차이가 발생하게 되므로, 연도말에는 이에 대한 조정이 필요할 수 있다. 이에 대해서는 아래에서 자세히 설명한다.

종합하면, 개별원가계산에는 세 가지 형태가 있다. 실제로 발생한 원가를 할당하여 작

---

1 작업원가표(표 4-2)에서 작업번호 SS30의 경우, 실제개별원가계산을 사용하면 2024년도분 배부액을 알기 위해서는 6월 중에 작업이 종료되었음에도 불구하고 2024년도 말까지 기다려야 한다.

업의 실제원가를 계산할 수도 있으며(실제개별원가계산), 제조간접원가 예정배부율을 사용하여 주기적으로(예 월별) 제조간접원가 배부를 안정적으로 실시하여 작업이 종료되기 전에도 작업별 제조원가의 대체적인 규모를 파악할 수도 있고(정상개별원가계산), 작업별로 모든 원가에 대해 표준원가를 미리 설정할 수도 있다(표준개별원가계산).

5. 개별원가계산의 원가흐름과 분개

개별원가계산에서 원가의 흐름(재공품-제품-매출원가)은 제3장에서 부분적으로 학습한 바 있다. 여기서는 원가흐름에 대한 분개를 좀 더 구체적으로 설명한다[2]. 실제개별원가계산과 정상개별원가계산에서의 원가흐름 분개를 비교하여 설명하고, 표준개별원가계산은 제12장에서 상세하게 설명한다.

예를 들어 설명해보자. 다음은 (주)옥정의 2023년 10월 한 달 동안의 원가흐름에 대한 분개의 일부를 나타낸 것이다.

재료(직접재료 및 간접재료) 200만원 외상 구입

(차) 재료 200만 (대) 외상매입금 200만

직접재료 210만원 사용

(차) 재공품 210만 (대) 재료 210만

직접노무원가 150만원 발생

(차) 재공품 150만 (대) 미지급임금 150만

위의 분개에 대해 몇 가지 설명이 필요하다. 앞에서 설명한 바와 같이, 원가계산에서 재공품 계정은 모든 제조원가가 흘러 들어가는 통로로서 원가계산에 핵심적인 역할을 하

2 분개에서 자산항목(직접재료, 재공품, 제품, 외상매출금, 현금 등)은 차변에 기록되면 자산의 증가를 나타내고, 대변에 기록되면 감소를 나타낸다. 반대로, 부채항목(외상매입금, 미지급임금, 미지급비용 등)은 자산항목과 달리 차변은 감소를, 대변은 증가를 나타낸다. 비용항목(매출원가, 판매비와관리비 등)은 차변이 증가를 나타내며, 수익항목(매출)은 대변이 증가를 나타낸다.

는 계정이다. 투입된 모든 제조원가는 재공품계정에 일단 집계되고, 작업이 종료되면 비로소 제품계정으로 대체된다. 위 분개에 나타난 바와 같이, 직접재료원가와 직접노무원가의 발생은 재공품계정에 기록하게 된다.

재공품 계정에는 아직 종료되지 않은 여러 작업들의 제조원가가 포함되어 있다. 이런 계정을 **통제(control)계정**이라고 부르는데, 통제계정은 **총계정원장(general ledger)** 과목에 대해 설정하며, 관련된 하위 **보조원장(subsidiary ledger)**들이 존재하여 그 상세한 내역을 별도로 알 수 있다. 앞서 설명한 바와 같이, 재공품 계정에 포함되어 있는 여러 재공품들의 상세 내역은 각 작업의 작업원가표(재공품 계정의 보조원장)를 보면 자세히 알 수 있다. 마찬가지로 제품, 재료, 미지급임금, 제조간접원가 등 대다수의 계정들도 통제계정으로서, 관련 보조원장이 별도로 존재한다[3]. 따라서, 위 분개에 나타난 재료구입, 노무원가 투입, 재공품 대체 등은 여러 종류의 재료와 노무원가와 관련되어 있다.

기업은 재료 사용, 노무원가 투입 등 원가가 발생하는 시점에는 해당 보조원장에 기록하고 있다가, 일정한 주기별로(예 월말) 위 분개에 표시된 것처럼 총계정원장에 거래를 기록하게 된다. 최근 들어 IT 시스템의 도입과 활용이 보편화되어, 각종 거래의 기록과 집계 등이 시간 또는 일 단위로 단축되어 이루어지는 경우도 많이 있다.

다음은 제조간접원가와 관련된 분개이다. (주)옥정은 2023년 10월 한 달 동안 제조간접원가 130만원이 발생하였으며, 구체적 내역은 간접재료원가 10만원, 간접노무원가 40만원, 전기료 10만원, 수도광열비 20만원, 감가상각비 50만원이라고 하자. 이에 대한 분개는 다음과 같다.

제조간접원가 130만원 발생

(차) 제조간접원가	130만	(대)	재료	10만
			미지급임금	40만
			미지급비용	30만
			감가상각누계액	50만

3 통제계정임을 표시하기 위해 재료통제, 재공품통제, 제품통제, 제조간접원가통제 등으로 쓰기도 한다.

위 분개에 나타난 바와 같이, 제조간접원가는 직접재료원가, 직접노무원가와는 다른 방식으로 회계처리된다. 제조간접원가는 간접원가로서 발생한 금액을 특정한 작업에 바로 귀속시킬 수 없으므로, 작업별로 원가를 집계하는 재공품 계정으로 바로 대체할 수 없다. 따라서 연도말까지 발생액을 제조간접원가라는 임시 계정에 따로 집계한다. 제조간접원가의 발생을 기록하는 위의 분개는 실제개별원가계산과 정상개별원가계산에서 동일하다.

두 방식은 제조간접원가의 배부에서 차이가 난다. 앞에서 설명한 바와 같이, 실제개별원가계산은 실제배부율을 사용하고 정상개별원가계산은 예정배부율을 사용한다. 두 방식의 차이를 예제를 이용해서 자세히 학습해보자.

예제 4-1

위 ㈜옥정의 2023년 제조간접원가 예산 및 발생 내역은 **표 4-5**와 같다. 제조간접원가는 모두 직접노동시간을 이용하여 배부하며, 배부율은 1년(1월 1일~12월 31일) 단위로 계산한다. 이 회사에서 수행한 여러 작업 중에 작업 6은 2023년 8월 중에 착수하였으며, 10월 중에 완성되어 650만원에 판매되었다. 작업 6에 투입된 직접재료원가와 직접노무원가는 총 400만원이다. 10월 제조간접원가 배부와 작업 6의 완성 및 판매에 대한 회계처리를 해보자. 표에 제시되어 있는 10월의 제조간접원가 실제발생액 130만원은 위에서 이미 발생내역을 분개하였다.

표 4-5 ㈜옥정의 2023년 제조간접원가 및 배부기준의 예산과 발생 내역

	제조간접원가(원)		배부기준(직접노동시간)		
	예산액	발생액	예정조업도	총실제조업도	작업 6의 실제조업도
1월	.	.	.	.	–
……	…..	…..	…..	…..	–
8월	.	.	.	.	100
9월	.	.	.	.	160
10월	.	1,300,000	450	440	150
11월	.	.	.	.	–
12월	.	.	.	.	–
1년 총계	15,000,000	14,300,000	6,000	5,500	410

1) 정상개별원가계산

정상개별원가계산에서 제조간접원가 처리에 대해 먼저 학습해보자. 2023년도분 제조간접원가 예정배부율은 연도 초에 다음과 같이 계산된다.

2023년도 예정배부율 = 2023년도 제조간접원가 총예산 ₩15,000,000 ÷ 2023년 예정 직접노동시간 총계 6,000시간
= 직접노동시간당 ₩2,500

우리는 현재 10월 말 시점에 있으며, 10월 중에 모든 작업에 대해 발생한 실제 직접노동시간의 총계는 440시간이다. 정상개별원가계산에서는 예정배부율을 사용하므로, 10월 말에 작업별로 배부되어 재공품계정으로 대체되는 제조간접원가 총계는 110만원(=₩2,500 ×440시간)이다. 제조간접원가 배부는 다음과 같이 **제조간접원가배부**라는 계정을 별도로 이용한다.

10월 말 제조간접원가의 작업별 배부(재공품 대체) [4]

(차) 재공품 110만 (대) 제조간접원가배부 110만

위에서 재공품계정으로 대체된 제조간접원가 110만원은 모든 작업에 배분된 금액의 합계로서, 상세 내역은 각 작업의 작업원가표에서 확인할 수 있다. 여기서 예정배부율을 사용하여 배분한 10월분 제조간접원가 배부액 110만원은 실제발생액 130만원과 차이가 있다. 이 차이는 매월 조정하지 않고, 연도 말에 총차이를 계산하여 한꺼번에 처리한다.

이제 개별 작업에 대한 제조간접원가 배분에 대해 구체적으로 알아보자. 작업 6에 실제 투입된 직접노동시간은 표 4-5에 나타난 바와 같이 8월, 9월, 10월에 각각 100시간, 160

4 제조간접원가배부 계정을 별도로 이용하지 않고 제조간접원가 계정 자체를 이용하여 다음과 같이 분개하는 경우도 있다. 이 경우 제조간접원가 배부를 실시할 때마다 제조간접원가가 감소되므로 총발생액에 대한 정보를 잃어버릴 우려가 있다.

(차) 재공품 110만 (대) 제조간접원가 110만

시간, 150시간이다. 10월 중 작업이 종료되는 시점에 작업 6에 배부되는 10월분 제조간접원가는 37.5만원(=₩2,500×150시간)이다. 이 배부액은 위에 있는 10월 중 전체 작업에 대한 배부액 110만원의 일부이다.

작업 6에는 8월 말과 9월 말에 이미 제조간접원가가 각각 25만원(=₩2,500×100시간)과 40만원(=₩2,500×160시간)이 배분되어 있다. 따라서, 작업 종료시점에 작업 6에 대한 제조간접원가 배분액 총액은 102.5만원(=25만원+40만원+37.5만원)이 된다. 작업 6의 총제조원가는 직접재료원가와 직접노무원가를 포함하여 502.5만원(=400만원+102.5만원)이 된다. 이처럼 예정배부율을 사용하는 정상개별원가계산에서는 작업종료 즉시 작업의 총제조원가를 알 수 있게 된다. 10월 중 작업 6의 완성에 따른 분개는 다음과 같다.

작업 6 완성

(차) 제품 502.5만	(대) 재공품 502.5만

즉, 작업 6이 종료됨에 따라 작업 6의 총제조원가는 재공품계정에서 제품계정으로 대체된다. 제품계정 또한 통제계정이므로 완성된 여러 작업들의 원가가 포함된다.

10월 중 작업 6 제품의 판매(고객인도)와 관련된 분개는 다음과 같다.

작업 6 제품을 고객에게 전량 인도

(차) 매출원가 502.5만	(대) 제품 502.5만
(차) 외상매출금 650만	(대) 매출 650만

위에서 작업 6과 관련된 제품과 매출원가 모두 정상원가계산에 의한 원가로 기록되어 있음을 기억하자. 지금까지 제조원가의 흐름과 분개에 대해 알아보았다.

정상개별원가계산에서는 우리가 위에서 10월에 실시했던 작업별 제조간접원가 배부과정을 매월 말일에 실시하며, 어떤 작업이 완성되는 경우에는 그 작업의 완성일에도 그 작업에 제조간접원가를 배부한다. 이런 과정을 거쳐 (주)옥정에서 2023년도에 1년 동안 배부한 제조간접원가 총액은 1,375만원(=예정배부율 ₩2,500×실제 총직접노동시간 5,500시간)이 된다. 이 배부된 총액은 1년 동안 실제로 발생한 제조간접원가 총액 1,430만원과 차이가 있다. 이 차이는 회계연도 말에 조정하는 절차를 거치게 되며, 아래에서 구체적으로 설명한다.

2) 실제개별원가계산

실제개별원가계산에서 작업별 제조간접원가 배부액은 실제배부율에다 작업별 배부기준의 실제사용량을 곱하여 계산한다. ㈜옥정의 2023년 제조간접원가 실제배부율은 회계연도 말에 가서야 비로소 계산할 수 있으므로, 2023년 회계연도 말이 도래하기 전에는 연도 중에 제조간접원가를 각 작업으로 배분할 수 없다. 즉, 제조간접원가의 실제 발생액은 발생할 때마다 분개를 통해 기록하지만, 작업별 배분은 회계연도 말까지 이루어지지 않는다.

작업 6의 경우에도, 10월 중에 완성되었지만 완성 시점에 제조간접원가 배분액을 알 수 없어서 작업의 총원가를 알 수가 없다.

2023년 회계연도 말에 ㈜옥정의 연간 제조간접원가 실제 발생액은 총 1,430만원, 실제 직접노동시간은 총 5,500시간으로 확인된다. 이를 이용하여 실제배부율은 다음과 같이 계산한다.

2023년 실제배부율 = 2023년 제조간접원가 실제 발생액 ₩14,300,000 ÷ 2023년 실제직접노동시간 5,500시간
= 직접노동시간당 ₩2,600

회계연도 말에 작업 6에 배부되는 제조간접원가 총액은 106.6만원(=실제배부율 ₩2,600 ×작업 6의 연간 총직접노동시간 410시간)이 된다. 따라서, 연말에 작업 6의 총원가는 506.6만원(=직접원가 400만원+제조간접원가 106.6만원)으로 계산된다.

실제개별원가계산에서 ㈜옥정의 2023년도 전체 작업에 대한 제조간접원가 배부 분개는 다음과 같이 실시할 수 있다. 실제원가계산이므로 2023년도 제조간접원가의 작업별 총 배분액은 실제 발생액과 같은 금액이 된다.

제조간접원가의 재공품 대체

(차) 재공품 1,430만	(대) 제조간접원가배부 1,430만

2023년도 10월 중에 완성되어 판매된 작업 6과 관련된 분개는 다음과 같이 실시할 수 있다.

작업 6 완성 및 판매

(차) 제품 506.6만 (대) 재공품 506.6만
(차) 매출원가 506.6만 (대) 제품 506.6만
(차) 외상매출금 650만 (대) 매출 650만

위 분개 중에서 매출인식과 관련된 마지막 분개를 제외하고는 연도 중에 분개를 실시할 수 없다. 이처럼 실제개별원가계산에서는 작업이 연도 중에 완성되고 판매된 경우에도 해당 작업의 완성과 판매에 대한 회계처리를 연도 말까지 실시하지 못하는 한계가 있다. 따라서, 실제개별원가계산은 실제발생원가를 반영한다는 장점이 있으나 현실적으로 사용하기 어려우므로, 대신에 정상개별원가를 사용하고 연말에 실제원가와의 차이를 조정하는 것이 일반적이다.

작업 6의 제조원가는 **표 4-6**과 같이 실제개별원가계산과 정상개별원가계산에서 차이가 발생하며, 그 차이는 모두 제조간접원가 배부액의 차이에서 발생한 것이다.

표 4-6 (주)옥정의 작업 6 제조원가 비교

(단위 : 원)

	실제개별원가계산	정상개별원가계산
직접원가	4,000,000	4,000,000
제조간접원가	1,066,000	1,025,000
합 계	₩5,066,000	₩5,025,000

마지막으로, ㈜옥정에서 10월 중 판매비와관리비가 200만원이 발생한 경우 분개는 다음과 같다.

(차) 판매비와관리비 200만 (대) 현금 200만

판매비와관리비는 제조원가가 아니므로 발생시점에서 재공품계정으로 집계되지 않고 해당 비용 계정(예 광고비의 경우 광고홍보비 계정)에 기록되어 2023년도 손익계산서에서 모두 당기비용으로 처리하게 된다. 이것은 모든 제품원가계산에서 동일하다.

6. 회계연도 말 배부차이 조정

정상개별원가계산에서 2023년도 ㈜옥정의 제조간접원가 발생과 작업별 배분에 대한 기록을 종합하면 다음과 같이 나타낼 수 있다.

제조간접원가 발생(연간)

(차) 제조간접원가	14,300,000	(대) 재료	xxx
		미지급임금	xxx
		미지급비용	xxx
		감가상각누계액	xxx

제조간접원가 작업별 배부(연간)

(차) 재공품	13,750,000	(대) 제조간접원가배부	13,750,000

정상개별원가계산을 사용하는 경우에 예정배부율을 사용하므로, 이처럼 제조간접원가의 연간 실제발생액 총액(1,430만원)과 작업별 배분액 총액(1,375만원)이 일치하지 않을 가능성이 크다. 그 차이를 **배부차이**라고 한다.

제조간접원가 배부차이 = 제조간접원가 총발생액 – 제조간접원가 총배부액

실제 발생액이 배부액보다 큰 경우에는 **과소배부**라고 하고, 그 반대의 경우를 **과다배부(과대배부)**라고 한다. 배부차이는 실제배부율과 예정배부율의 차이로 인해 발생할 수 있지만, 배부기준의 실제사용량과 예정사용량의 차이로 인해서도 발생할 수도 있다. 위의 ㈜옥정의 예제에서 제조간접원가 실제발생액은 1,430만원이며 배부액은 1,375만원이므로, 55만원의 배부차이가 발생했으며, 과소배부에 해당한다.

제조간접원가 배부차이 = 1,430만원 – 1,375만원 = 55만원(과소배부)

원가계산준칙에 의하면, 외부공표용 재무제표 작성을 위해서는 실제 발생원가를 보고하는 것이 원칙이다. 따라서, 연도 중 원가정보의 획득 목적으로 정상개별원가계산을 채택한 경우 회계연도 말에 가서 배부차이를 조정하여 실제원가와 유사하게 조정해야 한다. 배부차이의 회계연도 말 조정방법으로는 안분법, 수정배부율법, 비안분법이 있다.

1) 안분법

정상원가계산에서 회계연도 말 시점에 재공품, 제품, 매출원가에 포함되어 있는 제조간접원가 금액과 실제개별원가계산에서 이들 계정에 포함될 제조간접원가 금액이 다를 경우 배부차이가 발생한다. **안분법**(proration method)은 제조간접원가 배부차이를 재공품, 제품, 매출원가의 회계연도 말 잔액에 비례하여 배분하는 방법이다.

위의 예제 4-1에서 제조간접원가가 55만원 과소배부되었다. 실제배부율을 사용하여 배부했다면, 과소배부된 금액 55만원은 처음에 각 작업에 모두 배분되어 재공품 계정으로 대체되었을 것이다. 그 후 55만원 중에서 작업 6 등 완성된 작업에 포함되어 있던 금액은 제품으로 대체되고, 나머지는 재공품에 남아 있게 된다. 최종적으로, 제품이 판매되면 해당 금액은 매출원가로 대체되게 된다. 따라서, 과소배부된 55만원을 재공품, 제품, 매출원가 계정의 기말잔액에 비례하여 해당 계정으로 추가로 배분하면 실제원가와 유사하게 조정된다.

과소배부인 경우 차이 조정의 방향은 이들 계정에 있는 제조간접원가의 잔액들을 증가시키고, 과다배부인 경우에는 이들 계정에 있는 제조간접원가의 잔액들을 감소시키면 된다. 과소배부/과다배부된 금액을 어떤 기준으로 비례배분하느냐에 따라 안분법은 다시 **총원가기준법**과 **원가요소기준법**으로 나누어진다. 다음 예제를 이용해서 학습하자.

예제 4-2

(주)옥정의 예제 4-1을 계속 이용하자. 추가로, 표 4-7에는 정상개별원가계산을 사용하고 있는 (주)옥정의 2023년도 계정별(재공품, 제품, 매출원가) 각 원가요소의 회계연도 말 잔액이 나타나 있다. 2023년도 제조간접원가 실제발생액은 1,430만원이다(표 4-5). 계정별 차이조정 금액을 계산하고 분개를 해보자.

표 4-7 (주)옥정의 2023년 말 계정별 원가요소 잔액(정상원가계산)

(단위 : 원)

관련 계정	직접재료원가	직접노무원가	제조간접원가	합 계
재공품	5,875,000	6,000,000	4,125,000	16,000,000
제 품	6,250,000	7,000,000	2,750,000	16,000,000
매출원가	18,125,000	23,000,000	6,875,000	48,000,000
합 계	30,250,000	36,000,000	13,750,000	80,000,000

(1) 총원가기준법

이 방법은 배부차이를 회계연도 말에 재공품, 제품, 매출원가 계정의 제조원가 합계(총원가)에 비례하여 배부하는 방법이다. 연도 말 재공품, 제품, 매출원가 계정의 총원가비율은 20%, 20%, 60%로서, 배부차이 55만원의 배부내역은 표 4-8과 같다.

표 4-8 (주)옥정의 2023년도 말 계정별 총원가 비율 및 총원가기준법 배부 | 예제 4-2

관련 계정	총원가(원)	총원가비율	총원가기준법 배부(원)
재공품	16,000,000	20.00%	110,000
제 품	16,000,000	20.00%	110,000
매출원가	48,000,000	60.00%	330,000
합 계	80,000,000	100.00%	550,000

총원가기준법을 사용한 경우, 차이 조정 후의 계정별 세부내역은 표 4-9와 같다. 본 예제는 과소배부가 발생한 경우로서 재공품, 제품, 매출원가를 상향 조정한다.

표 4-9 (주)옥정의 2023년도 말 조정 후 계정별 세부내역(총원가기준법) | 예제 4-2

(단위 : 원)

관련 계정	직접재료원가	직접노무원가	제조간접원가	합 계
재공품	5,875,000	6,000,000	4,235,000	16,110,000
제 품	6,250,000	7,000,000	2,860,000	16,110,000
매출원가	18,125,000	23,000,000	7,205,000	48,330,000
합 계	30,250,000	36,000,000	14,300,000	80,550,000

총원가기준법은 총원가에 비례하여 배분하는 방법이므로 실제개별원가계산을 사용했을 경우의 재공품, 제품, 매출원가의 잔액과 달라 정확성이 다소 떨어지나, 편리하고 간단하다는 장점이 있다.

(2) 원가요소기준법(제조간접원가기준법)

원가요소기준법은 제조원가 총액이 아니라 해당 원가요소인 제조간접원가의 회계연도 말 잔액에 비례하여 배분하는 방식이다. 배부차이 55만원은 30%, 20%, 50%의 비율로 표 4-10과 같이 배분된다.

표 4-10 ㈜옥정의 2023년도 말 계정별 제조간접원가 비율 및 원가요소기준법 배부 | 예제 4-2

관련 계정	제조간접원가(원)	제조간접원가비율	원가요소기준법 배부(원)
재공품	4,125,000	30.00%	165,000
제 품	2,750,000	20.00%	110,000
매출원가	6,875,000	50.00%	275,000
합 계	13,750,000	100.00%	550,000

원가요소기준법을 사용한 경우, 차이조정 후의 각 계정별 내역은 표 4-11과 같다.

표 4-11 ㈜옥정의 2023년도 말 조정 후 계정별 세부내역(원가요소기준법) | 예제 4-2

(단위 : 원)

관련 계정	직접재료원가	직접노무원가	제조간접원가	합 계
재공품	5,875,000	6,000,000	4,290,000	16,165,000
제 품	6,250,000	7,000,000	2,860,000	16,110,000
매출원가	18,125,000	23,000,000	7,150,000	48,275,000
합 계	30,250,000	36,000,000	14,300,000	80,550,000

원가요소기준법을 사용하여 배부차이를 조정하면, 재공품, 제품, 매출원가에 포함되는 제조간접원가의 회계연도 말 조정 후 잔액은 실제배부율을 사용하여 배부했을 때의 잔액들과 같게 된다[5].

안분법(총원가기준법, 원가요소기준법)은 총계정원장을 수정하는 방법으로서 재공품, 제품, 매출원가 금액을 조정하여 재무보고 시에 재고자산과 비용을 실제원가와 유사하게 조정한다. 그러나, 각 작업의 보조원장(작업원가표 등)은 수정하지 않는다. 즉, 재공품과 제품 및 매출원가의 작업(제품) 종류별 원가는 수정하지 않고, 합계 금액만 수정하는 방식이다. 따라서, 안분법에서는 총계정원장 과목과 보조원장 과목의 합계는 서로 일치하지 않게 된다.

5 본 예제에서 회계연도 초에 재공품과 제품의 재고가 없는 것으로 가정하였다. 회계연도 초에 재공품과 제품의 재고가 있는 경우 당년도 분 재공품, 제품, 매출원가를 기준으로 배분해야 하는 것이 원칙이나, 계산이 복잡해진다.

(주)옥정의 2023년도 말 원가요소기준법을 이용하여 회계연도 말 과소배부의 차이를 조정하는 분개는 다음과 같다.

정상개별원가계산에서 회계연도 말 배부차이 조정

(차) 재공품	165,000	(대) 제조간접원가	14,300,000
제품	110,000		
매출원가	275,000		
제조간접원가배부	13,750,000		

대변의 제조간접원가 1,430만원은 발생 당시에 차변에 기록한 제조간접원가 발생액 1,430만원을 제거하는 분개이며, 차변의 제조간접원가배부 1,375만원은 연도 중에 작업별로 배부한 금액 1,375만원을 제거하는 분개이다. 이 조정분개를 마치고 나면, 제조간접원가 및 제조간접원가배부의 연도 말 계정 잔액은 모두 "0"이 된다[6].

위에서는 과소배부인 경우에 대해 자산과 매출원가를 상향 조정하는 분개를 나타낸 것이다. 반대로 과대배부가 발생한 경우에는 위와 반대로 다음과 같이 자산과 매출원가의 금액을 하향 조정하는 분개를 한다.

(차) 제조간접원가배부	xxxxxxxxxxx	(대) 재공품	xxxx
		제품	xxxx
		매출원가	xxxx
		제조간접원가	xxxxxxxxx

2) 수정배부율법

수정배부율법(adjusted allocation-rate approach)은 모든 회계장부의 수치를 실제개별원가계산에

6 제조간접원가의 재공품 대체 분개를 제조간접원가배부 계정을 사용하지 않고 제조간접원가 계정 자체를 사용한 경우(각주 4), 회계연도 말 조정을 위한 분개는 다음과 같이 해야 한다. 어느 방식이든 회계연도 말 배부차이 조정 후에는 제조간접원가(배부)의 계정 잔액은 모두 "0"이 된다.

(차) 재공품	165,000	(대) 제조간접원가	550,000
제품	110,000		
매출원가	275,000		

서의 수치와 동일하게 수정하는 방법이다. 총계정원장은 물론 보조원장까지 모두 수정하여 제조간접원가 배부액을 실제발생액 기준으로 조정하는 방법이다. 따라서 재공품, 제품, 매출원가의 회계연도 말 잔액이 모두 실제원가계산과 같은 금액으로 수정될 뿐 아니라, 작업별(제품별) 내역도 모두 실제원가계산과 동일하게 수정된다.

먼저, 연도 말에 실제배부율을 계산하고, 이를 이용해서 모든 작업에 배부될 제조간접원가를 다시 계산한다. 그 후 기말 조정분개를 실시하여 내역을 조정한다. 조정이 끝나면, 총계정원장(재공품, 제품, 매출원가)은 물론, 각종 보조원장(작업원가표, 제품원장 등)도 모두 수정되어 실제원가로 전환된다.

위 (주)옥정의 예제 4-2에서 실제배부율은 ₩2,600이었으며, 예정배부율은 ₩2,500으로서, 실제배부율은 예정배부율의 1.04(=₩2,600÷₩2,500)배이다. 따라서, 예정배부율을 곱해서 배부되어 있는 각 작업의 제조간접원가 금액에 1.04를 곱해 주면 실제배부율로 배부한 것과 같아진다. 이렇게 조정한 후 총계정원장에도 반영한다.

총계정원장 과목의 금액은 개별 작업별 조정결과를 반영하지 않고 계정별로 바로 조정할 수도 있다. 제조간접원가의 배부액 대비 발생액의 비율(발생액 1,430만원÷배부액 1,375만원 =1.04)을 이용해서 계정별로 조정해도 결과는 같다[7]. 조정내역은 표 4-12와 같다.

표 4-12 (주)옥정의 2023년도 말 조정 후 세부내역(수정배부율법) | 예제 4-2

(단위 : 원)

관련 계정	직접재료원가	직접노무원가	제조간접원가 (조정 전)	제조간접원가* ((조정 전)×1.04)	합 계
재공품	5,875,000	6,000,000	4,125,000	4,290,000	16,165,000
제 품	6,250,000	7,000,000	2,750,000	2,860,000	16,110,000
매출원가	18,125,000	23,000,000	6,875,000	7,150,000	48,275,000
합 계	30,250,000	36,000,000	13,750,000	14,300,000	80,550,000

* 각 작업의 세부 내역을 모두 조정

7 실제배부율과 예정배부율의 비율은 발생액과 배부액의 비율과 같다.
실제배부율 ÷ 예정배부율 = (실제발생액 ÷ 실제조업도) ÷ (예산 ÷ 예정조업도)
= (실제발생액 × 예정조업도) ÷ (실제조업도 × 예산)
= 실제발생액 ÷ (실제조업도 × (예산 ÷ 예정조업도))
= 실제발생액 ÷ 배부액

수정배부율법에 따른 재공품, 제품, 매출원가의 조정 후 금액은 원가요소기준법과 동일하다는 것을 알 수 있다. 다만, 수정배부율법은 보조원장들도 모두 수정하는 방법이므로 재공품, 제품, 매출원가의 작업별(제품별) 세부 내역들도 모두 실제원가로 수정된다. 이러한 전반적인 수정이 매우 번거로운 일이 될 수 있지만, 회계에서 컴퓨터 활용이 보편화됨에 따라 비교적 간단하게 수정작업이 이루어질 수 있을 것이다.

3) 비안분법

비안분법(write-off)은 배부차이를 자산(재공품, 제품)에는 배분하지 않고 전액 당기 비용(손익)에서 조정하는 방법이다. **매출원가조정법**과 **영업외손익법**이 있다.

(1) 매출원가조정법

이 방법은 배부차이 전액을 매출원가에서 조정하는 방법이다. 위에서 과소배부된 ₩550,000은 매출원가를 증가시키는 방향으로 조정하며, 분개는 다음과 같다.

(차) 매출원가	550,000	(대) 제조간접원가	14,300,000
제조간접원가배부	13,750,000		

과대배부가 발생했을 경우에는 매출원가를 감소시키는 방식(대변)으로 조정한다.

(2) 영업외손익법

이 방법은 배부차이 전액을 영업외손익으로 처리하는 방법이다. 위에서 과소배부된 ₩550,000은 **제조간접원가배부차이**라는 계정을 이용하여 영업외비용으로 처리한다. 과대배부가 발생한 경우에는 영업외수익으로 처리한다. 과소배부된 위의 예제에서 조정 분개는 다음과 같다.

(차) 제조간접원가배부차이	550,000	(대) 제조간접원가	14,300,000
제조간접원가배부	13,750,000		

제조간접원가배부차이가 차변에 등장하면 비용이 증가하는 것을 의미하며, 대변에 등장하면 수익이 증가(비용이 감소)하는 것을 의미하는 것으로 이해하면 된다.

4) 차이조정 방법의 비교

지금까지 설명한 회계연도 말 배부차이 조정방법을 요약하면 표 4-13과 같다.

표 4-13 제조간접원가 배부차이 회계연도 말 조정방법

	조정방법	조정 대상계정	비례 배부 시 배부기준
안분법	총원가기준법	재공품, 제품, 매출원가	계정별 제조원가 합계
	원가요소기준법	재공품, 제품, 매출원가	계정별 제조간접원가
수정배부율법	–	재공품, 제품, 매출원가	실제배부율 사용
비안분법	매출원가조정법	매출원가	–
	영업외손익법	영업외손익	–

비안분법은 배부차이를 일시에 당기 수익(비용)으로 처리하는 방법이다. 과소배부 시에 비안분법을 사용하면, 실제원가와 비교해서 비용이 많이 계상되고 자산이 적게 평가된다. 반대로, 과다배부 시에는 비용이 적게 계상되고, 자산이 크게 평가된다.

따라서 비안분법은 배부차이 금액이 크지 않거나, 재고(재공품, 제품)가 매우 적은 경우에만 사용하는 것이 바람직하다. 이 경우에는 안분법과 비안분법이 손익과 자산평가에 있어서 차이가 별로 없기 때문이다. 배부차이가 크고, 재고가 많은 경우에 비안분법을 사용하게 되면 자산의 과대(또는 과소) 평가 결과를 초래하게 된다. 또한, 작업(제품)별 실제발생원가를 정확하게 파악하는 것이 중요한 경우에는 다소 복잡하더라도 수정배부율법을 사용해야 한다.

우리는 위에서 편의상 제조간접원가를 모두 하나의 원가집합에 집계하여 배부하는 경우에 대해 설명하였다. 만약 두 개 이상의 부문(서)별로 원가집합을 설정하고 원가를 집계하여 배부하는 경우에는 부서(문)별로 위의 배부차이 조정을 각각 실시해야 한다.

7. 개별원가계산 종합예제

지금까지 학습한 내용을 바탕으로, 다음 예제를 이용하여 개별원가계산에서의 원가흐름과 회계처리에 대해 다시 한번 학습해보자.

예제 4-3

도곡세미콘㈜은 차량용 반도체를 고객 주문에 따라 제조하여 판매하는 회사이다. 고객과 주문 시기에 따라 반도체 제품의 사양이 각기 달라 별도의 작업으로 회계처리한다. 202X년 9월 초에 작업 A와 작업 B의 제조가 진행되고 있었으며, 이 중에서 작업 A는 9월 중에 완성되어 고객에게 인도되었고, 작업 B는 9월 말 현재 아직 미완성이다. 또 다른 고객사로부터 9월 초에 제작을 의뢰받은 작업 C는 9월 말에 완성되었으나, 아직 고객에게 인도되지 않고 있다. 이 회사는 정상개별원가계산 제도를 사용하고 있다. 세 작업과 관련된 구체적인 정보는 다음과 같다.

(1) 9월 초 기초재공품 상태인 작업 A와 작업 B의 총원가는 각각 ₩135,000, ₩94,000이며, 구체적인 내역은 표 4-14와 같다.

표 4-14 도곡세미콘㈜의 202X년 9월 초 기초재공품 원가

(단위 : 원)

	직접재료원가	직접노무원가	제조간접원가	합 계
작업 A	55,000	15,000	65,000	135,000
작업 B	28,000	16,000	50,000	94,000
합 계	83,000	31,000	115,000	229,000

(2) 9월 1일 현재 재료 재고는 ₩90,000이다.

(3) 9월 중에 재료 ₩200,000어치를 외상으로 구입하였다.

(4) 9월 중에 작업 A와 작업 B에 추가로 투입된 직접재료원가는 각각 ₩26,000, ₩62,000이며, 작업 C에는 ₩45,000이 투입되었다.

(5) 9월 중에 작업 A와 작업 B에 추가로 투입된 직접노무원가는 각각 ₩12,000, ₩28,000이며, 작업 C에는 ₩15,000이 투입되었다.

(예제 계속)

표 4-15 도곡세미콘㈜의 202X년 9월 당기투입 직접원가

(단위 : 원)

	직접재료원가	직접노무원가
작업 A	26,000	12,000
작업 B	62,000	28,000
작업 C	45,000	15,000
합 계	133,000	55,000

(6) 9월 중에 투입된 간접재료원가는 총 ₩75,000이다.

(7) 9월 중에 투입된 간접노무원가는 총 ₩45,000이다.

(8) 9월 중에 발생한 제조경비는 총 ₩60,000으로서, 보험료 ₩10,000, 감가상각비 ₩45,000, 수도료 및 전기료 총 ₩5,000이다.

제조간접원가 배부에 관한 사항은 다음과 같다. 도곡세미콘㈜은 제조간접원가의 배부기준으로 기계시간을 사용하고 있으며, 9월 중 작업별로 사용한 실제 기계시간은 작업 A가 200시간, 작업 B가 250시간, 작업 C가 150시간이다. 202X 회계연도 초에 추정한 연간 제조간접원가 예산은 ₩2,400,000이며, 예산기계시간은 7,500시간이다. 1년 동안 실제 발생한 제조간접원가는 ₩2,584,000이며, 실제 기계시간은 8,500시간이다. 이상의 자료를 이용하여 도곡세미콘㈜의 202X년 9월 회계처리와 연도 말 조정분개를 해보자.

도곡세미콘㈜의 9월 중 회계처리는 다음과 같이 실시한다.

(1), (2) 분개 없음

(3)	(차) 재료	200,000	(대) 외상매입금	200,000
(4)	(차) 재공품	133,000	(대) 재료	133,000
(5)	(차) 재공품	55,000	(대) 미지급임금	55,000

앞에서 설명한 바와 같이, 재공품계정은 통제계정으로서, 모든 작업에 투입된 직접재료원가와 직접노무원가가 포함된다. 각 작업별 원가 투입내역은 작업원가표에 기록된다.

(6)	(차) 제조간접원가	75,000	(대) 재료	75,000
(7)	(차) 제조간접원가	45,000	(대) 미지급임금	45,000

위 분개는 간접재료원가와 간접노무원가는 제조간접원가 계정에 기록된다는 것을 나타낸다. 제조경비의 발생도 다음과 같이 제조간접원가 계정에 기록된다.

(8)	(차) 제조간접원가	60,000	(대) 미지급비용	15,000
			감가상각누계액	45,000

이상은 재료 구입과 원가 투입에 관한 분개이다. 계속해서 제조간접원가의 배부를 분개해보자. 회계연도 초에 설정된 연간 단위의 제조간접원가 예정배부율은 다음과 같이 계산된다.

제조간접원가 예정배부율 = 제조간접원가 예산 ₩2,400,000 ÷ 예산기계시간 7,500시간
= 기계시간당 ₩320

이 예정배부율에 9월 중에 발생한 각 작업의 실제 기계시간을 곱하여 각 작업별로 제조간접원가를 배부한다. 9월 중에 작업 A에는 작업 완성시점에 ₩64,000(=₩320×200시간)이 배부되고, 작업 B는 아직 종료되지 않았으므로 9월 말에 ₩80,000(=₩320×250시간)이 배부된다. 마찬가지로, 9월 중에 완성되었지만 9월 말 현재 고객에게 인도되지 않은 작업 C에는 작업완료 시점에 ₩48,000(=₩320×150시간)이 배부된다. 9월에 세 작업에 배부되는 제조간접원가 총액은 ₩192,000(=₩64,000+₩80,000+₩48,000)이다. 9월 중 세 작업에 대한 제조간접원가 배부를 통합하여 나타내면 다음과 같다.

(9)	(차) 재공품	192,000	(대) 제조간접원가배부	192,000

9월 중 제조간접원가 실제 발생액은 총 ₩180,000(위 (6), (7), (8)의 합계)이므로 배부액과 차이가 발생한다. 이제 9월 중 일부 작업의 완성과 판매에 대한 분개를 위해 작업별로 총

원가를 집계하면 표 4-16과 같다.

표 4-16 도곡세미콘(주)의 202X년 9월 작업별 원가내역

(단위 : 원)

작업 종류	원가요소	기초잔액	당기투입	합 계	9월 말 계정
작업 A	직접재료원가	55,000	26,000	81,000	매출원가
	직접노무원가	15,000	12,000	27,000	
	제조간접원가	65,000	64,000	129,000	
	합 계	135,000	102,000	237,000	

작업 종류	원가요소	기초잔액	당기투입	합 계	9월 말 계정
작업 B	직접재료원가	28,000	62,000	90,000	재공품
	직접노무원가	16,000	28,000	44,000	
	제조간접원가	50,000	80,000	130,000	
	합 계	94,000	170,000	264,000	

작업 종류	원가요소	기초잔액	당기투입	합 계	9월 말 계정
작업 C	직접재료원가	0	45,000	45,000	제품
	직접노무원가	0	15,000	15,000	
	제조간접원가	0	48,000	48,000	
	합 계	0	108,000	108,000	

작업 A와 작업 C는 9월 중에 완성되었으며(따라서 9월 중 제품으로 대체되는 금액은 그 합계인 ₩345,000), 작업 A는 고객에게 최종 인도되었으므로 관련 분개는 다음과 같다.

(10)	(차) 제품	345,000	(대) 재공품	345,000
(11)	(차) 매출원가	237,000	(대) 제품	237,000

이상으로 9월 중 도곡세미콘(주)의 정상개별원가계산에 의한 분개가 종료된다. 9월에 제조간접원가의 발생액과 배부액에 차이가 있지만 이를 조정하는 회계처리는 9월 말에 실시하지 않고, 연도 말에 누적해서 한꺼번에 실시한다. 이제 202X 회계연도 말에 도곡세미

그림 4-2 도곡세미콘㈜의 202X년 9월의 주요 총계정원장 과목의 T계정(정상개별원가계산)

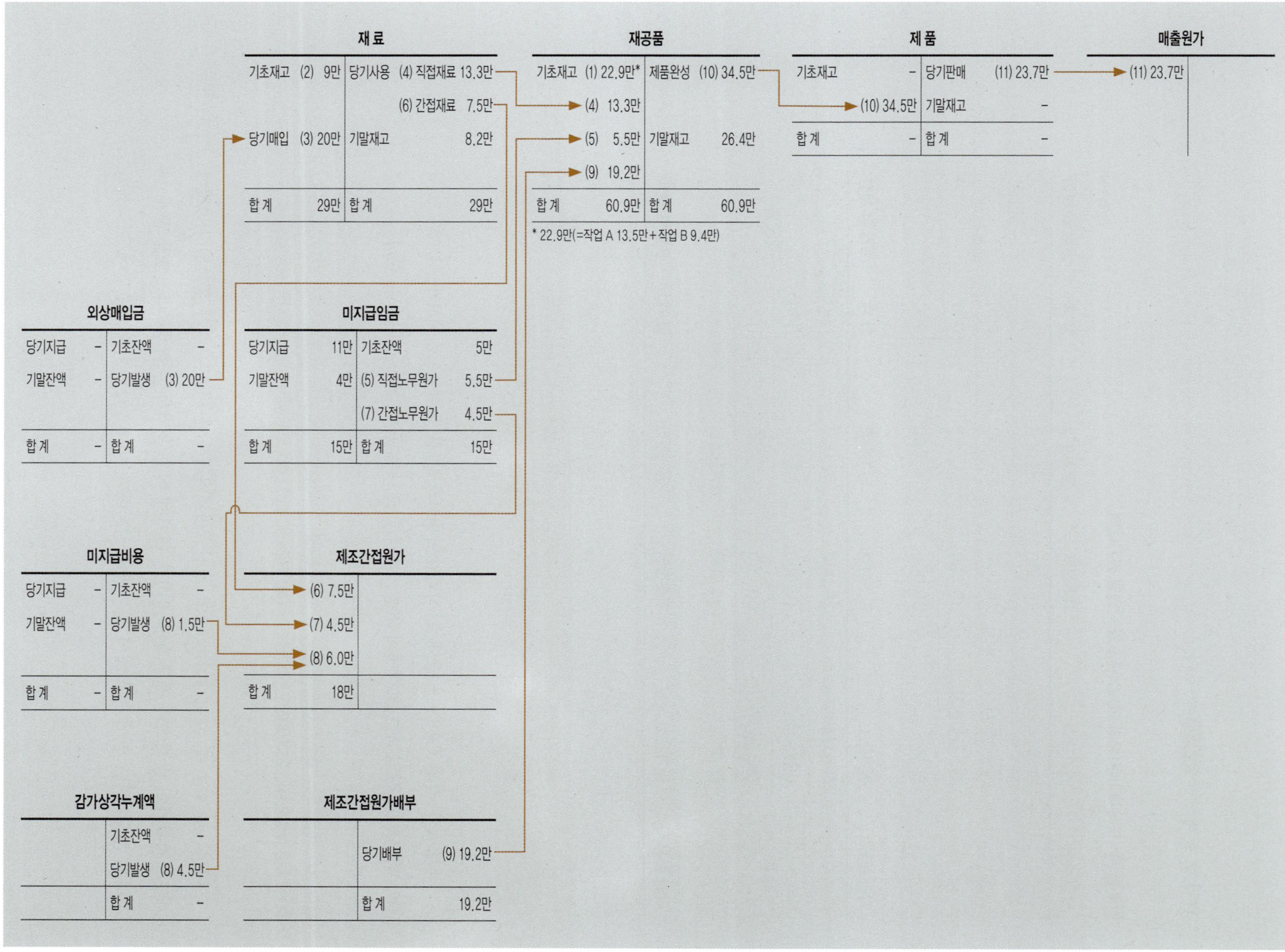

콘(주)의 제조간접원가 조정분개를 해보자. 1년 동안에 모든 작업에 배부된 제조간접원가 배부액 총계는 다음과 같을 것이다.

연간 제조간접원가 총배부액 = 예정배부율 ₩320 × 실제 총 8,500기계시간 = ₩2,720,000

위의 배부액에는 9월 중에 세 작업에 배부된 금액 ₩192,000이 포함되어 있다. 202X 회계연도의 제조간접원가 배부차이는 다음과 같다.

제조간접원가 배부차이 = 실제발생액 ₩2,584,000 − 배부액 ₩2,720,000 = ₩136,000 과다배부

정상개별원가계산 제도를 사용함으로 인해 발생한 과다배부액 ₩136,000은 회계연도 말에 앞에서 설명한 방법을 이용하여 실제개별원가계산의 결과와 유사하게 조정하게 된다. 안분법 사용 시 관련 분개는 다음과 같은 형태를 취한다.

(차) 제조간접원가배부	2,720,000	(대) 재공품	xxxx
		제품	xxxx
		매출원가	xxxx
		제조간접원가	2,584,000

위 분개를 마치면 제조간접원가계정과 제조간접원가배부계정의 연도 말 잔액은 "0"이 된다.

이제 마지막으로, 도곡세미콘(주)의 202X년 9월 총계정원장 과목의 원가흐름을 T계정을 이용하여 일목요연하게 나타내어 보자. 그림 4-2에서 미지급임금 계정의 완전한 형태를 보여주기 위해 미지급임금의 기초잔액은 5만원, 당기지급은 11만원으로 가정하였다. 금액에 대한 정보가 없는 경우는 "–"로 표시하여 비워두었다.

연습문제

객관식

01 개별원가계산의 특징

다음 중 개별원가계산제도의 특징이 아닌 것은?

① 조선업에서 사용하기에 적합하다.
② 몇 년이 걸리더라도 작업이 종료될 때까지 계속 원가를 집계한다.
③ 모든 제조원가를 작업별로 직접 추적할 수 있다.
④ 실제원가, 정상원가, 표준원가를 사용할 수 있다.

02 개별원가계산 (2005 세무사)

우진회사는 개별원가계산제도를 채택하고 있다. 제품 A의 제조와 관련한 다음의 자료를 토대로 당기에 발생한 제품 A의 직접재료원가를 구하면 얼마인가?

- 당기총제조원가 ₩6,000,000
- 당기제품제조원가 ₩4,900,000
- 제조간접원가는 직접노무원가의 60%가 배부되었는데 이는 당기총제조원가의 25%에 해당한다.

① ₩4,125,000 ② ₩2,000,000 ③ ₩4,500,000
④ ₩3,600,000 ⑤ ₩900,000

03 개별원가계산 (2021 국가직 9급)

다음은 ㈜한국이 생산하는 제품에 대한 원가자료이다. ㈜한국의 제품 단위당 기초(기본)원가와 단위당 가공(전환)원가를 순서대로 나열한 것은? (단, 고정제조간접원가는 월간 총생산량 20단위를 기초로 한 것이다.)

- 단위당 직접재료원가 ₩28,000
- 단위당 직접노무원가 ₩40,000
- 단위당 변동제조간접원가 ₩60,000
- 월간 총고정제조간접원가 ₩200,000

① ₩68,000, ₩110,000 ② ₩68,000, ₩128,000
③ ₩110,000, ₩68,000 ④ ₩128,000, ₩68,000

04 개별원가계산에서 제조간접원가 배부 (2018 감정평가사)

실제개별원가계산제도를 사용하는 ㈜감평의 20X1년도 연간 실제 원가는 다음과 같다.

• 직접재료원가	₩4,000,000
• 직접노무원가	₩5,000,000
• 제조간접원가	₩1,000,000

㈜감평은 20X1년 중 작업지시서 #901을 수행하였는데 이 작업에 320시간의 직접노무시간이 투입되었다. ㈜감평은 제조간접원가를 직접노무시간을 기준으로 실제배부율을 사용하여 각 작업에 배부한다. 20X1년도 실제 총직접노무시간은 2,500시간이다. ㈜감평이 작업지시서 #901에 배부하여야 할 제조간접원가는?

① ₩98,000 ② ₩109,000 ③ ₩128,000 ④ ₩160,000 ⑤ ₩175,000

05 개별원가계산에서 제조간접원가 배부

제조간접원가의 배부에 관한 다음 설명 중 틀린 것을 모두 묶은 것은?

a. 한 부문(서)에서 발생한 제조간접원가는 한 개의 원가집합에 집계한다.
b. 제조간접원가 실제배부율은 회계연도 말에 가야 알 수 있다는 단점이 있다.
c. 제조간접원가 배부율은 매월 변하는 원가규모를 반영하여 월단위로 계산하는 것이 좋다.
d. 제조간접원가의 작업별 배부는 매일 또는 적어도 일주일 단위로 실시하는 것이 일반적이다.
e. 제조간접원가 예정배부율을 사용하면 배부액이 실제 발생액과 달라질 수 있다.

① a, c ② b, c, e ③ a, c, d ④ b, c, d

06 개별원가계산에서 제조간접원가 배부 (2020 세무사)

㈜세무는 개별원가계산제도를 채택하고 있으며, 제품 A와 제품 B를 생산하고 있다. 기초재공품은 없으며, 제품이 모두 기말에 완성되었다. ㈜세무의 20X1년 원가자료는 다음과 같다. 제조간접원가를 직접노무원가 발생액에 비례하여 배부하는 경우, 제품 A와 제품 B의 제조원가는?

	제품 A	제품 B
직접재료원가		
기초재고액	₩20,000	₩10,000
당기매입액	40,000	30,000
기말재고액	10,000	15,000
직접노무원가		
전기 말 미지급액	₩22,000	₩30,000

당기지급액	45,000	60,000
당기말 미지급액	20,000	27,000
제조간접원가		₩30,000

① 제품 A : ₩94,900 제품 B : ₩110,100
② 제품 A : ₩99,100 제품 B : ₩105,900
③ 제품 A : ₩105,900 제품 B : ₩94,900
④ 제품 A : ₩105,900 제품 B : ₩99,100
⑤ 제품 A : ₩110,100 제품 B : ₩94,900

07 개별원가계산에서 제조간접원가 배부 (2023 국가직 9급)

20X1년도에 설립된 ㈜한국은 개별원가계산방법을 적용하고 있으며, 20X1년도 제품 생산과 관련된 정보는 다음과 같다. ㈜한국이 직접노무원가의 140%를 제조간접원가에 배부할 경우 C 제품 생산에 투입된 직접노무원가는?

	A 제품	B 제품	C 제품
제품 관련 정보	생산 완료 및 판매	생산 미완료	생산 완료 및 미판매
제조원가 대비 가공원가 비율	60%	40%	40%
당기총제조원가	₩240,000		
당기제품제조원가	₩180,000		
매출원가	₩60,000		

① ₩16,000 ② ₩20,000 ③ ₩24,000 ④ ₩28,000

08 개별원가계산의 회계처리

개별원가계산의 회계처리와 관련된 다음 설명 중 틀린 것을 모두 묶은 것은?

a. 모든 작업(job)의 원가를 한 개의 작업원가표에 체계적으로 집계한다.
b. 작업원가표는 재공품계정의 상세내역을 나타내는 보조원장이다.
c. 제조간접원가의 실제발생내역은 작업원가표를 통해 확인할 수 있다.
d. 제조간접원가의 배부는 기말 및 작업완성 시점에 실시한다.
e. 특정 근로자의 급여는 모두 직접원가로 분류되거나 모두 간접원가로 분류된다.

① a, d ② b, c, e ③ a, c, e ④ a, d, e

09 개별원가계산 종합문제 (2016 세무사)

㈜세무는 개별원가계산방법을 적용한다. 제조지시서 #1은 전기부터 작업이 시작되었고, 제조지시서 #2와 #3은 당기 초에 착수되었다. 당기 중 제조지시서 #1과 #2는 완성되었으나, 당기 말 현재 제조지시서 #3은 미완성이다. 당기 제조간접원가는 직접노무원가에 근거하여 배부한다. 당기에 제조지시서 #1 제품은 전량 판매되었고, 제조지시서 #2 제품은 전량 재고로 남아 있다. 다음 자료와 관련된 설명으로 옳지 않은 것은?

	#1	#2	#3	합 계
기초금액	₩450	–	–	
[당기투입액]				
직접재료원가	₩6,000	₩2,500	₩( )	₩10,000
직접노무원가	500	( )	( )	1,000
제조간접원가	( )	1,000	( )	4,000

① 당기제품제조원가는 ₩12,250이다.
② 당기총제조원가는 ₩15,000이다.
③ 기초재공품은 ₩450이다.
④ 기말재공품은 ₩2,750이다.
⑤ 당기매출원가는 ₩8,950이다.

10 정상개별원가계산 (2021 감평사)

㈜감평은 제조간접원가를 기계작업시간 기준으로 예정배부하고 있다. 20X1년 실제 기계작업시간은?

• 제조간접원가(예산)	₩928,000
• 제조간접원가(실제)	960,000
• 제조간접원가 배부액	840,710
• 기계작업시간(예산)	80,000시간

① 70,059시간 ② 71,125시간 ③ 72,475시간
④ 73,039시간 ⑤ 74,257시간

11 정상개별원가계산 (2021 국가직 9급)

㈜한국은 정상(예정)개별원가계산을 적용하며, 기계시간을 기준으로 제조간접원가를 예정배부한다. 20X1년 예정기계시간이 10,000시간이고 원가 예산이 다음과 같을 때 제조간접원가 예정배부율은?

항 목	금 액
직접재료원가	₩25,000
간접재료원가	₩5,000
직접노무원가	₩32,000
공장건물 임차료	₩20,000
공장설비 감가상각비	₩7,000
판매직원 급여	₩18,000
공장설비 보험료	₩13,000
광고선전비	₩5,000

① ₩4/기계시간 ② ₩4.5/기계시간 ③ ₩7.2/기계시간 ④ ₩10.2/기계시간

12 정상개별원가계산에서 원가흐름 (2017 세무사)

㈜세무는 단일 제품을 생산하며 개별정상원가계산을 사용한다. 제조간접원가는 직접노무시간당 ₩6을 예정 배부한다. 재료계정의 기초금액은 ₩10,000이며, 기말금액은 ₩15,000이다. 재료는 모두 직접재료로 사용되고 간접재료로 사용되지 않는다. 당기총제조원가는 ₩650,000이며, 당기제품제조원가는 ₩640,000이다. 직접노무원가는 ₩250,000이며, 실제 발생한 직접노무시간은 20,000시간이다. ㈜세무가 당기에 매입한 재료금액은?

① ₩270,000 ② ₩275,000 ③ ₩280,000 ④ ₩285,000 ⑤ ₩290,000

13 정상개별원가계산에서 원가흐름 (2013 감평사)

㈜감평은 제조원가 항목을 직접재료원가, 직접노무원가 및 제조간접원가로 분류한 후, 개별-정상원가계산을 적용하고 있다. 기초재공품(작업No.23)의 원가는 ₩22,500이며, 당기에 개별 작업별로 발생된 직접재료원가와 직접노무원가를 다음과 같이 집계하였다.

작업번호	직접재료원가	직접노무원가
No.23	₩2,000	₩6,000
No.24	9,000	10,000
No.25	14,000	8,000

제조간접원가는 직접노무원가에 비례하여 예정배부한다. 기초에 직접노무원가는 ₩20,000으로 예측되었으며, 제조간접원가는 ₩30,000으로 예측되었다. 기말 현재 진행 중인 작업은 No.25뿐이라고 할 때, 당기제품제조원가는?

① ₩34,000 ② ₩39,500 ③ ₩56,500 ④ ₩62,000 ⑤ ₩73,500

14 제조간접원가 배부차이 (2019 국가직 7급)

㈜대한은 정상개별원가계산을 적용하고 있으며, 제조간접원가 배부기준은 직접노무시간이다. 20X1년 제조간접원가 예산은 ₩2,000이고, 예정 직접노무시간은 200시간이었다. 20X1년 실제 직접노무시간은 210시간, 제조간접원가 과대배부액이 ₩200이었다. 제조간접원가 실제발생액은?

① ₩1,700 ② ₩1,800 ③ ₩1,900 ④ ₩2,000

15 제조간접원가 배부차이 (2022 국가직 9급)

㈜한국은 정상개별원가계산을 적용하고 있으며, 직접노무시간을 기준으로 제조간접원가를 예정배부하고 있다. 다음 자료를 이용할 경우, 당기 말 제조간접원가 과소 또는 과대 배부액은?

항목	금액
• 제조간접원가 예산	₩130,000
• 예상 직접노무시간	10,000시간
• 실제제조간접원가 발생액	₩120,000
• 실제직접노무시간	9,000시간

① 과소배부 ₩3,000 ② 과대배부 ₩3,000
③ 과소배부 ₩10,000 ④ 과대배부 ₩10,000

16 제조간접원가 배부차이 (2018 관세사)

㈜관세는 제조간접원가를 직접노동시간에 따라 예정배부한다. 20X1년 예산 및 동년 3월의 자료가 다음과 같을 때 3월의 제조간접원가 실제발생액은?

항목	금액
• 연간 직접노동시간(예산)	3,700시간
• 연간 제조간접원가(예산)	₩192,400
• 3월 직접노동시간(실제)	450시간
• 3월 제조간접원가 배부차이	₩1,300(과대배부)

① ₩21,200 ② ₩22,100 ③ ₩23,200 ④ ₩23,400 ⑤ ₩24,700

17 제조간접원가 배부차이 (2020 세무사)

㈜세무는 단일 제품을 생산하며, 정상원가계산제도를 채택하고 있다. 제조간접원가는 기계시간을 기준으로 배부한다. 20X1년 제조간접원가 예산은 ₩40,000이고, 예정 기계시간은 2,000시간이다. 20X1년 실제 기계시간은 2,100시간, 제조간접원가 과대배부액은 ₩3,000이다.

20X1년 ㈜세무의 제조간접원가 실제발생액은?

① ₩39,000 ② ₩40,000 ③ ₩41,000 ④ ₩42,000 ⑤ ₩45,000

18 제조간접원가 배부차이 (2018 관세사)

㈜수원은 제조간접원가 배부기준으로 기계작업시간을 사용하여 정상개별원가계산을 적용하고 있다. ㈜수원의 20X1년 연간 고정제조간접원가 예산은 ₩690,000이고, 실제 발생한 제조간접원가는 ₩1,618,000이다. 20X1년 연간 예정조업도는 27,600기계작업시간이고, 실제 기계작업시간은 총 28,800시간이다. 20X1년의 제조간접원가 배부차이가 ₩110,000(과대배부)일 때 변동제조간접원가 예정배부율은 얼마인가?

① ₩27.4 ② ₩29.6 ③ ₩35.0 ④ ₩36.4 ⑤ ₩37.6

19 총원가기준법 (2022 관세사)

㈜관세는 정상개별원가계산을 채택하고 있으며, 제조간접원가 배부차이를 총원가비례배분법에 의해 기말재고자산과 매출원가에 배분한다. 다음은 당기 말 제조간접원가 배부차이를 조정하기 전 각 계정의 잔액이다.

항목	금액
• 재고자산	
원재료	₩250,000
재공품	90,000
제 품	230,000
• 매출원가	680,000

당기에 발생한 제조간접원가 배부차이가 ₩150,000(과소배부)일 경우, 배부차이 조정 후 기말재고자산은?

① ₩358,400 ② ₩368,000 ③ ₩608,400 ④ ₩618,000 ⑤ ₩638,400

20 총원가기준법 (2020 국가직 9급)

㈜한국은 정상원가계산을 적용하여 제조간접원가 배부차이 금액을 재공품, 제품, 매출원가의 조정 전 기말잔액의 크기에 비례하여 배분한다. 다음 자료를 이용하여 제조간접원가 배부차이 조정 전후 설명으로 옳지 않은 것은?

	조정 전 기말잔액
재공품	₩500,000
제 품	₩300,000
매출원가	₩1,200,000
합 계	₩2,000,000

- 실제발생 제조간접비 ₩1,000,000
- 예정배부된 제조간접비 ₩1,100,000
- 재공품과 제품의 기초재고는 없는 것으로 가정한다.

① 조정 전 기말잔액에 제조간접원가가 과대배부되었다.
② 제조간접원가 배부차이 금액 중 기말 재공품에 ₩25,000이 조정된다.
③ 제조간접원가 배부차이 조정 후 기말 제품은 ₩315,000이다.
④ 제조간접원가 배부차이 조정 후 매출원가 ₩60,000이 감소된다.

21 매출원가조정법 (2021 세무사)

㈜세무는 정상개별원가계산을 사용하고 있으며, 제조간접원가는 직접노무시간을 기준으로 배부하고, 제조간접원가 배부차이는 전액 매출원가에 조정하고 있다. 당기의 직접재료매입액은 ₩21,000이고, 제조간접원가 배부차이는 ₩7,000(과소배부)이며, 제조간접원가 배부차이 조정 전 매출원가는 ₩90,000이다. 당기 재고자산 관련 자료는 다음과 같다.

	직접재료	재공품	제 품
기초재고	₩3,000	₩50,000	₩70,000
기말재고	4,000	45,000	60,000

직접노무원가가 기초원가의 60%인 경우, 당기에 실제 발생한 제조간접원가는?

① ₩18,000 ② ₩25,000 ③ ₩30,000 ④ ₩32,000 ⑤ ₩37,000

22 매출원가조정법 (2013 관세사)

다음은 정상개별원가계산제도를 채택하고 있는 ㈜관세의 20X3년도 원가계산 자료이다. 제조지시서 #1은 완성되어 판매되었고 제조지시서 #2는 완성되었으나 판매되지 않았으며, 제조지시서 #3은 미완성되었다.

원가항목	제조지시서 #1	제조지시서 #2	제조지시서 #3
기초재공품	₩30,000	₩20,000	-
직접재료원가	22,000	12,000	₩6,000
직접노무원가	30,000	25,000	15,000

제조간접원가는 직접노무원가의 200%를 예정배부하며, 20X3년도에 발생한 실제 총제조간접원가는 ₩120,000이다. 제조간접원가의 배부차이를 매출원가에서 전액 조정한다고 할 때, 제조간접원가 배부차이를 조정한 후의 매출원가는 얼마인가?

① ₩82,000 ② ₩122,000 ③ ₩132,000 ④ ₩142,000 ⑤ ₩202,000

23 매출원가조정법 (2015 관세사)

• 기초재공품	₩30,000	• 기말재공품	₩45,000
• 기초제품	₩20,000	• 기말제품	₩40,000
• 직접재료원가	₩20,000	• 직접노무원가	₩36,000
• 배부차이 조정 후 매출원가	₩70,000		

정상원가계산제도를 채택하고 있는 ㈜관세는 직접노무원가의 150%를 제조간접원가로 예정배부하고 있으며, 제조간접원가 배부차이는 기말에 매출원가에서 전액 조정한다. 다음 자료를 이용하여 당기에 실제 발생한 제조간접원가를 구하면 얼마인가?

① ₩45,000 ② ₩49,000 ③ ₩52,000 ④ ₩56,000 ⑤ ₩59,000

24 매출원가조정법 (2019 감평사)

㈜감평은 정상원가계산을 사용하고 있으며, 직접노무시간을 기준으로 제조간접원가를 예정배부하고 있다. ㈜감평의 20X1년도 연간 제조간접원가 예산은 ₩600,000이고, 실제 발생한 제조간접원가는 ₩650,000이다. 20X1년도 연간 예정조업도는 20,000시간이고, 실제 직접노무시간은 18,000시간이다. ㈜감평은 제조간접원가 배부차이를 전액 매출원가에서 조정하고 있다. 20X1년도 제조간접원가 배부차이 조정 전 매출총이익이 ₩400,000이라면, 포괄손익계산서에 인식할 매출총이익은?

① ₩290,000 ② ₩360,000 ③ ₩400,000 ④ ₩450,000 ⑤ ₩510,000

25 원가요소기준법 (2018 세무사)

㈜세무는 정상원가계산을 적용하고 있으며, 제조간접원가는 기본원가(prime costs)의 50%를 예정 배부한다. ㈜세무는 제조간접원가 배부차이를 원가요소기준 비례배부법으로 조정한다. 9월의 기본원가, 매출액과 배부차이 조정 후 기말재고자산은 다음과 같다.

• 기본원가	₩750,000	• 매출액	₩1,000,000
• 기말재공품	₩120,000	• 기말제품	₩180,000

9월의 배부차이 조정 후 매출원가율이 80%일 때, 배부차이는? (단, 기초재고 자산은 없다.)

① ₩10,000 과대배부 ② ₩15,000 과소배부 ③ ₩15,000 과대배부
④ ₩25,000 과소배부 ⑤ ₩25,000 과대배부

26 원가요소기준법 (2019 CPA)

㈜대한은 정상개별원가계산을 사용하고 있으며, 제조간접원가 배부기준은 기본원가(prime costs)이다. 20X1년 제조간접원가 예정배부율은 기본원가의 40%이었다. 20X1년도 생산 및 판매 자료는 다음과 같다.

(1) 기초재고자산 중 재공품 및 제품의 작업별 원가는 다음과 같다.

	기초재공품		기초제품
	작업 #102	작업 #103	작업 #101
기본원가	₩4,000	₩3,500	₩5,000
제조간접원가	2,000	1,750	2,500
합 계	₩6,000	₩5,250	₩7,500

(2) 당기에 작업 #102와 #103에 소비된 기본원가는 각각 ₩1,500과 ₩1,000이었다.
(3) 당기에 신규로 착수된 작업은 없었고, 작업 #102와 #103은 완성되었다.
(4) 당기에 작업 #101과 #102는 각각 ₩8,300과 ₩10,000에 판매되었다.
(5) 당기에 제조간접원가 실제발생액은 ₩1,250이었다.
(6) ㈜대한은 배부차이를 원가요소기준비례배부법으로 조정한다.

배부차이 조정 후 매출총이익은 얼마인가?

① ₩2,210 ② ₩2,320 ③ ₩2,440 ④ ₩2,520 ⑤ ₩2,550

27 정상개별원가계산과 실제개별원가계산의 비교 (2009 세무사)

㈜대한은 사업 첫 해에 정상개별원가계산을 사용하며, 제조간접비는 직접노무시간기준으로 배부한다. 제조간접비 배부차이 조정 전 매출원가에 포함된 제조간접비 배부액은 ₩1,400,000이다. 다음의 자료를 사용하여 제조간접비 배부차이를 매출원가에서 전액 조정한다면, 정상개별원가계산의 영업이익과 실제 개별원가계산의 영업이익의 차이는 얼마인가?

- 예상총제조간접비 ₩2,500,000
- 예상총직접노무시간 500,000시간
- 실제총제조간접비 ₩1,800,000
- 실제총직접노무시간 300,000시간

① 정상개별원가계산의 영업이익이 ₩20,000만큼 더 적다.
② 정상개별원가계산의 영업이익이 ₩50,000만큼 더 적다.
③ 정상개별원가계산의 영업이익이 ₩100,000만큼 더 많다.
④ 정상개별원가계산의 영업이익이 ₩300,000만큼 더 많다.
⑤ 영업이익에 차이가 없다.

주관식

01 회계연도 말 제조간접원가 배부차이 안분 및 조정분개 (2014 CPA 수정)

한국회사는 공기청정기를 뱃치(batch)로 생산하여 판매하고 있다. 회사는 각 뱃치 작업별로 정상개별원가계산을 적용하며, 계속기록법과 선입선출법(FIFO)을 이용하여 재고자산을 평가하고 있다. 회사는 두 개의 제조부문인 기계부문과 조립부문을 운영하고 있으며, 제조간접원가의 배부에 있어서 부문별 예정배부율을 사용한다. 제조간접원가의 부문별 배부기준으로 기계부문에 대해서는 기계가동시간, 조립부문에 대해서는 직접노무시간을 사용한다. 한국회사의 당기 회계연도는 20X1년 1월 1일부터 20X1년 12월 31일이다. 회사는 기말에 제조간접원가 배부차이를 재공품과 제품 및 매출원가 총액을 기준으로 안분한다.

(1) 20X1년 1월 초 당기 회계연도의 각 제조부문에 대한 원가 및 생산에 관한 예측은 다음과 같다.

	기계부문	조립부문
제조간접원가	₩160,000	₩320,000
직접노무시간	20,000시간	40,000시간
기계가동시간	10,000시간	40,000시간

(2) 20X1년 1월 초부터 11월 말까지의 제조간접원가 실제발생액은 ₩522,000이며, 배부액은 ₩420,200이다.

(3) 20X1년 11월 말 현재 재공품, 제품 및 매출원가 계정의 내역은 다음과 같다.

계 정	수 량	항 목	총원가
재공품	800단위	#101	₩246,800
제 품	1,000단위	–	₩413,000
매출원가	–	–	₩3,156,800

(4) 전월로부터 이월된 작업 #101은 20X1년 12월 중 생산이 완료되었으나, 당월 중 생산에 착수한 작업 #102은 20X1년 12월 말 현재 미완성 상태이다.

(5) 20X1년 12월 중 제조 및 판매활동에 대한 자료는 다음과 같다.

① 각 작업별 제조원가 발생액

	#101	#102	합 계
직접재료원가	₩54,000	₩18,400	₩72,400
직접노무원가	48,000	15,000	63,000
제조간접원가			46,200

② 각 제조부문에서 사용된 기계가동시간과 직접노무시간

작 업	기계부문		조립부문	
	기계가동시간	직접노무시간	기계가동시간	직접노무시간
#101	600	1,100	2,800	3,200
#102	200	300	1,200	1,200
	800	1,400	4,000	4,400

③ 20X1년 12월 중 실제생산량은 800단위(#101)이며, 판매량은 1,500단위이다.

요구사항

▸ **물음 1. 당기 회계연도의 각 제조부문별 제조간접원가 예정배부율을 구하라.**

▸ **물음 2. 당기 회계연도 말 제조간접원가 배부차이 조정 전에 다음 각 계정의 총계정원장상의 잔액은 얼마인가?**

계정과목	잔 액
재공품	
제 품	
매출원가	

▸ **물음 3. 당기 회계연도 말 제조간접원가 배부차이 금액을 계산하고, 그 배부차이가 초과배부(과대배부) 혹은 부족배부(과소배부)인지 표시하라.**

▸ **물음 4. 당기 회계연도 말 제조간접원가 배부차이조정에 대해 분개하라.**

02 회계연도 말 제조간접원가 배부차이조정, 선입선출법과 평균법 (2022 CPA)

㈜한국은 제품 A, 제품 B, 제품 C를 각각 생산하여 판매하고 있다. ㈜한국은 각 작업별로 정상개별원가계산(평준화개별원가계산: normal job-order costing)을 적용하며, 선입선출법으로 재고자산을 평가하고 있다. ㈜한국은 두 개의 제조부문인 절단부문과 조립부문을 운영하고 있다. 제조간접원가의 부문별 배부기준으로 절단부문에 대해서는 기계가동시간, 조립부문에 대해서는 직접노무시간을 사용한다. ㈜한국은 20X1년 말에 제조간접원가 배부차이를 재공품과 제품 및 매출원가에 포함된 원가요소(제조간접원가 예정배부액)의 비율에 따라 조정한다.

(1) 20X0년 12월 31일 재공품 ₩617,000의 내역은 다음과 같다.

작 업	수 량	항 목	총원가
#101	4,000단위	제품 A	₩259,000
#102	4,800단위	제품 B	₩358,000

(2) 20X0년 12월 31일 제품 ₩1,032,500은 다음의 두 가지 항목으로 구성되어 있다.

항 목	수 량	총원가
제품 A	11,500단위	₩977,500
제품 B	500단위	₩55,000

(3) 20X1년 1월 초에 예측한 당회계연도의 각 제조부문에 대한 원가 및 생산 자료는 다음과 같다.

	절단부문	조립부문
직접노무원가	₩65,000	₩100,000
제조간접원가	₩40,000	₩75,000
기계가동시간	500시간	180시간
직접노무시간	1,000시간	2,000시간

(4) 20X1년에 ㈜한국은 제품 C 1,000단위를 생산하기 위해 새롭게 작업 #103을 착수하였다.

(5) 20X1년 말 현재 #101은 작업이 진행 중이며, 나머지 작업은 완료되었다.

(6) 20X1년의 각 작업별 제조원가 발생액은 다음과 같다.

	#101	#102	#103
직접재료원가	₩30,000	₩105,000	₩46,000
직접노무원가	₩39,000	₩84,000	₩37,500
총제조간접원가 : ₩137,400			

(7) 20X1년의 각 제조부문에서 사용된 기계가동시간과 직접노무시간은 다음과 같다.

작 업	절단부문		조립부문	
	기계가동시간	직접노무시간	기계가동시간	직접노무시간
#101	200시간	300시간	50시간	400시간
#102	100시간	250시간	90시간	1,200시간
#103	100시간	150시간	60시간	600시간

(8) 20X1년의 제품 A 판매량은 10,000단위, 제품 B 판매량은 4,400단위, 그리고 제품 C 판매량은 1,000단위이다.

요구사항

▸ **물음 1. 20X1년의 각 제조부문별 제조간접원가 예정배부율을 구하라.**

▸ **물음 2. 20X1년 말 제조간접원가 배부차이 금액을 계산하고, 그 배부차이가 과대배부 또는 과소배부인지 표시하라.**

▸ **물음 3. 20X1년 말 제조간접원가 배부차이 조정 전에 다음 각 계정의 잔액은 얼마인가?**

계정과목	잔 액
재공품	
제품	
매출원가	

▸ 물음 4. 20X1년 말 제조간접원가 배부차이조정에 대해 분개하라.

▸ 물음 5. ㈜한국이 재고자산 평가를 위해 선입선출법 대신 평균법을 사용할 경우, 20X1년 말 제조간접원가 배부차이 조정 전 재공품, 제품 및 매출원가의 잔액이 각각 증가, 동일 또는 감소하는가를 밝히고, 그 논리적 근거를 4줄 이내로 서술하라. (다만, 계산할 필요는 없음)

CHAPTER

5

원가배분

본 장에서는 원가계산의 핵심주제 중의 하나인 간접원가의 배분에 대해 학습한다. 제조원가는 물론 판매비와관리비에 대해서도 간접원가 배분은 중요하다. 간접원가 배분에 사용되는 일반적인 배부기준에 대해 먼저 살펴보고, 제조간접원가를 제품별로 배부하는 전통적인 3단계 부문별 제조간접원가 배부에 대해 자세하게 학습한다. 또한, 제조간접원가의 배부율과 관련된 주제들(예정배부율, 실제배부율, 단일배부율, 이분배부율 등)이 제품원가계산과 경영관리에 미치는 영향을 살펴보고, 공통원가의 배분에 대해서도 학습한다. [보론]에서는 상호배부법이 외부구입 의사결정에 어떻게 활용될 수 있는지와 보조부문이 용역을 자가소비할 때 상호배부법을 어떻게 적용하는지에 대해 살펴본다.

CHAPTER

5

원가배분

1. 경영관리와 원가배분

원가를 계산하고자 하는 원가대상(cost object)은 제품이나 서비스가 될 수도 있고, 회사 내의 부문이나 활동, 회사 외부의 유통채널 고객이 될 수도 있다. 또한 원가계산 목적에 따라 이들 원가대상의 원가에는 제조원가는 물론 기업의 가치사슬(연구개발, 디자인, 제조, 마케팅, 배송, 고객서비스, 일반관리 등)활동 전체의 원가가 포함될 수도 있다.

예를 들어, 제품의 가격결정과 수익성 분석을 위해서는 판매비와관리비도 제품원가에 포함된다. 판매비와관리비도 제조원가 못지않게 제품마다 큰 차이를 보여 이들을 고려하지 않을 경우 제품 가격이 왜곡될 가능성이 크기 때문이다.

그 밖에 외부 유통채널 고객들의 수익성 분석, 회사 내부 단위조직들의 운영 효율성 분석과 성과평가 등 다양한 경영관리 목적으로도 판매비와관리비를 할당해야 하는 경우가 많다. 이 과정에서 간접원가(비용)의 배분이 필수적으로 요구된다. 이처럼 기업에서 간접원가의 배분은 매우 광범위하게 발생하는 사안으로서, 원가회계와 관리회계에서 매우 중요하게 다루는 주제이다.

본 장에서는 제품원가계산에 필수적인 제조간접원가의 배분을 중심으로 학습한다. 제4장 개별원가계산에서 간략하게 다룬 제조간접원가 배분에 대해 구체적인 절차와 방법을 학습하는 것이다. 먼저, 판매비와관리비를 포함한 일반적인 간접원가 배분에 적용할 수 있는 배분기준에 대해 살펴보자.

2. 간접원가 배분기준

간접원가를 **원가대상**(cost object)으로 배분할 때 적용할 수 있는 **원가배분기준**(cost allocation criteria)에 대해 살펴보자. 원가배분기준은 다음 네 가지로 구분할 수 있다.

첫째, **인과관계기준**(Cause-and-Effect criterion)이다. 이 기준은 원가를 발생시키는 인과관계에 있는 원인(cause) 요소를 찾아서 이에 비례하여 배분하는 기준이다. 예를 들어, 기계부서의 간접원가를 제품별로 배분할 때, 각 제품이 사용한 기계시간에 비례하여 배분하는 것이다. 제품이 사용하는 기계시간이 기계부서의 원가(기계감가상각비, 엔지니어 급여, 소모품비 등)에 인과관계적으로 영향을 미친다고 볼 수 있기 때문이다.

인과관계기준을 이용한 배분은 원가를 발생시키는 요인에 기초하여 원가를 배분하는 방법으로서, 원가발생에 대한 책임에 기초한 배분방법이므로 가장 합리적이라고 할 수 있다. 따라서, 모든 경제적 의사결정에서 최우선적으로 적용해야 하는 가장 중요한 기준이다[1]. 일반적으로 원가계산이 정확하다는 말은 인과관계에 기초한 경우에 사용되는 표현이다. 인과관계기준이 아닌 다른 기준들은 가치판단이 어느 정도 개입된 기준으로서 다소 자의적이고 임의적(arbitrary)이라는 비판에서 벗어나기 어렵다.

활동기준원가계산(ABC)을 비롯한 제품원가계산에서 사용되는 대부분의 원가배분기준은 인과관계기준을 우선적으로 사용한다. 그러나 인과관계기준을 사용할 수 없는 경우에는 다음과 같은 다른 배분기준들을 고려해야 한다.

둘째, **수혜기준**(Benefits Received criterion)이다. 이 기준은 원가대상이 받은 혜택의 크기에 비례하여 배분하는 기준이다. 예를 들어, 복수의 제품을 생산하는 기업이 실시한 기업 이미지 광고의 비용을 각 제품의 매출액에 비례하여 배분하는 것이다. 이는 매출액이 큰 제품은 적은 제품에 비해 기업 이미지 광고의 혜택을 더 많이 받은 것으로 볼 수 있으므로, 광고비를 더 많이 부담해야 한다는 논리에 근거한 것이다.

---

1 그럼에도 불구하고, 특정 목적 달성을 위해 의도적으로 인과관계 기준이 아닌 다른 배분기준을 적용하는 경우도 있다. 예를 들어, 1980년대에 일본에서 일부 대규모 제조기업들은 본사 비용을 각 공장에 배분할 때, 인력을 감축하고 공장 자동화를 유도하기 위해, 의도적으로 각 공장의 근로자 수에 비례하여 배분하기도 하였다.

이미지 광고는 제품의 매출에 영향을 미칠 수 있지만, 반대로 제품의 매출이 이미지 광고 비용에 인과관계적인 영향을 미친다고 할 수는 없다. 따라서 이미지 광고 비용을 제품의 매출액에 따라 배분하는 것은 수혜기준에 근거한 것이라 할 수 있다. 인과관계 기준을 적용하기 어려울 때 차선으로 고려하는 배분기준이 수혜기준이다.

셋째, **공정성기준(Fairness or Equity criterion)**이다. 이 기준은 관련된 당사자들이 합리적이고(reasonable), 공정하다고(fair) 간주하는 방법을 사용하여 간접원가를 배분하는 기준이다. 공정성이라는 용어가 가치판단이 개입된 용어이므로, 이 방법은 논리적인 방법이라기보다는 관련 당사자들이 상호 만족할 수 있는 결과를 유도할 수 있는 기준을 적용하여 원가를 배분하는 것을 의미한다.

예를 들어, 정부와 계약을 통해 제품을 공급하는 방위산업체에서 계약당사자들에게 상호 만족스러운 기준을 적용하여 간접원가를 배분하는 경우이다. 이때 간접원가 배분은 계약 쌍방이 최종적으로 상호 만족스러운 가격에 도달할 수 있는 수단을 찾는 것과 같은 것이다. 많은 경우에 상호 만족할 수 있는 공정한 기준을 찾기 어려울 수도 있으므로, 이 기준을 적용하는 것이 현실적으로 쉽지 않을 수도 있다.

넷째, **부담능력기준(Ability to Bear criterion)**이다. 이 기준은 원가대상들이 부담할 수 있는 능력에 비례하여 간접원가를 배분하는 기준이다. 예를 들어, 본사의 관리비용을 각 사업부문에 배분할 때 각 부문의 영업이익에 비례하여 배분하는 것이다. 영업이익이 큰 사업부문이 본사 관리비용을 더 많이 흡수할 수 있는 능력이 있다고 간주하는 것이다.

결론적으로, 인과관계기준이 가격결정, 원가통제 등 경제적 의사결정 시에 가장 우선적으로 적용해야 하는 기준이다. 다른 기준들은 경제적 의사결정에 필요한 원가정보를 왜곡하는 결과를 초래할 우려가 있으므로, 인과관계기준을 적용할 수 없는 경우에만 고려하는 것이 바람직하다. 유사한 한글 표현으로 구분 없이 사용하는 용어로서, 원가를 배부할 때 사용하는 구체적인 기준인 기계시간, 매출액 등을 칭하는 **원가배부기준(cost allocation base)**이 있다.

3. 제조간접원가의 배분

1) 부문별 원가계산제도

이제 **제조간접원가**(manufacturing overhead costs)를 제품으로 배분하는 방법에 대해 본격적으로 학습해보자. 제조간접원가는 제조원가(manufacturing costs)를 발생시키는 생산현장(공장)에서 발생하는 원가 중에서 간접원가를 말한다. 공장에서의 생산은 복잡한 과정을 거쳐 이루어지고 여러 가지 형태의 간접원가가 발생하므로, 이를 체계적으로 배분할 필요가 있다. 제조간접원가의 배분도 앞에서 설명한 인과관계기준을 우선적으로 고려해야 한다.

인과관계를 반영하기 위해 전통적인 원가계산제도가 일반적으로 채택하는 방식은 **부문별 원가계산제도**(departmental costing system)이다. 이 방식은 제조간접원가를 집계할 때 부서(문) 단위로 집계하여 최종적으로 제품으로 배분하는 방식이다. 이와 비교되는 방식이 활동기준원가계산제도로서, 부문 구조를 이용하지 않고 활동이라는 개념을 이용하여 간접원가를 배부하는 방식이다. 이에 대해서는 제6장에서 자세하게 설명한다.

2) 제조부문과 보조부문

부문별 원가계산제도에서는 부서(문)별로 집계된 간접원가를 최종 제품으로 배분하기 위해, 먼저 공장 내의 모든 부서(문)를 개념적으로 제조부문과 보조부문으로 구분한다. **제조부문**(operating departments 또는 production departments)은 재료를 투입하고 가공하여 제품을 제조하는 활동을 수행하는 부문으로서, 재료 절단부서, 기계작업부서, 조립부서, 도색부서 등을 예로 들 수 있다.

이에 반해, **보조부문**(support departments 또는 service departments)(**지원부문** 또는 **서비스부문**이라고도 한다.)은 제조활동을 직접 수행하지 않고 다른 부문을 보조하는 역할을 한다. 보조부문의 예로는 재료를 저장하는 창고부서, 공장 전체 직원의 급여와 회계 업무를 담당하는 총무부서, 공장의 전기관리를 담당하는 전력부서, 공장 유지보수 부서, IT 부서 등을 들 수 있다.

보조부문의 지원대상 부서는 제조부문과 타 보조부문은 물론 자기부서일 수도 있다. 예를 들어, 전력부서에서 생산하는 전력을 전력부서도 일부 소비할 수 있다. 보조부문이

그림 5-1 부문별 원가계산제도의 부문 구성 개념도

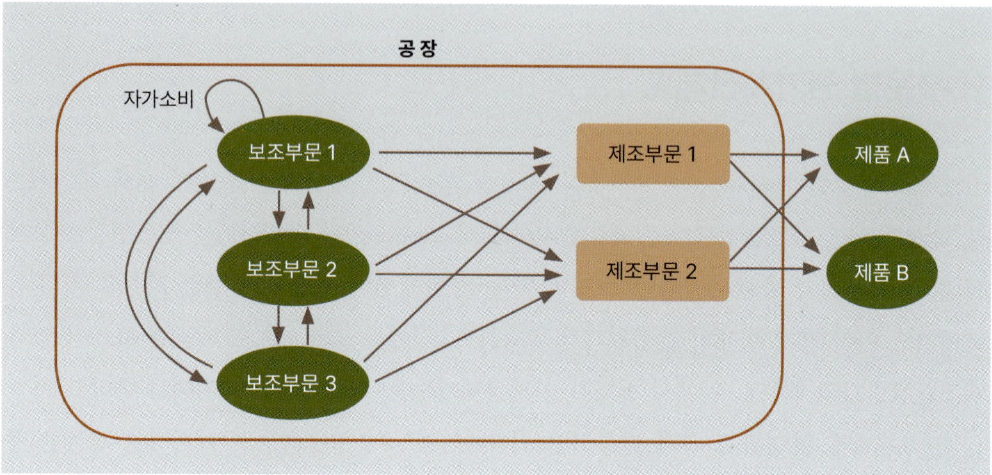

제공하는 서비스의 자체 소비를 **자가소비**라고 부른다. 그림 5-1은 부문별 원가계산제도에서 제조와 관련된 부문의 개념도를 나타낸 것이다.

보조부문은 제조활동을 직접 수행하지 않으므로, 보조부문 원가는 모두 제조간접원가에 속한다. 보조부문의 원가는 제품과의 직접적인 관련성을 찾기 어려운 경우가 많기 때문이다. 예를 들어 절단부서, 기계부서 및 조립부서의 기계설비들을 유지보수하는 부서의 원가는 제품과 직접적인 관련성을 찾기 어렵다. 따라서 보조부문의 원가는 제조부문으로 먼저 배부한 다음, 최종적으로 제품으로 배부하게 된다.

반면에 **제조부문**은 제품을 직접 제조하는 활동에 종사하므로, 제품 제조와 관련된 직접원가(직접재료원가, 직접노무원가)와 제조간접원가가 모두 발생할 수 있다. 예를 들어, 기계부서에서는 특정 제품의 기계작업과 관련해서 직접재료원가도 발생하지만, 기계감가상각비 등 제조간접원가도 발생한다. 보조부문과 달리, 제조부문의 제조간접원가는 제품과의 직접적인 관련성을 찾을 수 있어서 제품으로 바로 배부할 수 있다. 이를 요약하면 표 5-1과 같다.

표 5-1 부문별 원가계산에서 부문과 원가의 관계

부문 구분	제조원가의 구분		원가와 제품의 직접적 관련성
	직접원가	제조간접원가	
보조부문	×	o	찾기 어려움
제조부문	o	o	찾기 쉬움

3) 제조간접원가의 3단계 배부

부문별 원가계산제도는 위에서 설명한 부문 구조를 이용하여 제조간접원가를 제품으로 배부하며, 다음과 같은 **3단계 배부** 절차를 거친다.

■ **제1단계 : 공장에서 발생하는 모든 원가를 부서(문)별로 집계하고, 여러 부서에 공통으로 발생하는 원가는 관련된 부서들에 배분한다.**

제조간접원가 중에는 각 부서에서 개별적으로 발생하는 원가도 있지만, 여러 부서에 공통으로 발생하는 원가도 있다. 예를 들어, 공장에 있는 사무실 건물에 여러 부서의 사무직 직원들이 근무하고 있다면, 이 건물의 감가상각비, 보험료, 냉난방비 등은 여러 부서에 공통으로 발생하는 원가이므로 관련 부서들에 먼저 배부한다. 이 경우 인과관계기준에 의한 적절한 배부기준은 각 부서가 차지하는 공간면적이 될 수 있을 것이다. 공장건물 내에 여러 제조부서들이 함께 있을 때 공장건물의 감가상각비, 공장장 급여, 공장 보험료 등도 여러 부서에 공통으로 발생하는 원가이다.

여러 부서에 공통으로 발생하는 이런 원가를 **부문공통원가**(**부문간접원가**)라고 하며, 특정 부서 단위에서만 발생하는 원가를 **부문개별원가**(**부문직접원가**)라고 한다[2]. 제1단계가 종료되고 나면, 각 부서에는 해당 부서의 부문개별원가와 부문공통원가 중에서 배분받은 원가가 모이게 된다.

■ **제2단계 : 보조부문의 원가를 제조부문으로 배분한다.**

보조부문에 집계된 제조간접원가를 그 부서가 지원하는 제조부문으로 배분한다. 예를 들어, 기계유지보수부서의 원가를 절단부서, 기계부서, 조립부서에 배분한다. 이 단계가 종료되면, 보조부문의 모든 제조간접원가는 제조부문에 할당되고, 보조부문에는 원가가 남아 있지 않게 된다.

■ **제3단계 : 제조부문의 원가를 최종 원가대상인 제품으로 배분한다.**

예를 들어, 기계부서에 집계된 제조간접원가를 공장에서 생산하는 여러 제품으로 배분한

2 여러 부문에 공통으로 관련된 단위를 명시적으로 보조부문으로 정의할 수도 있다.

그림 5-2 부문별 원가계산제도에서 제조간접원가의 3단계 배분

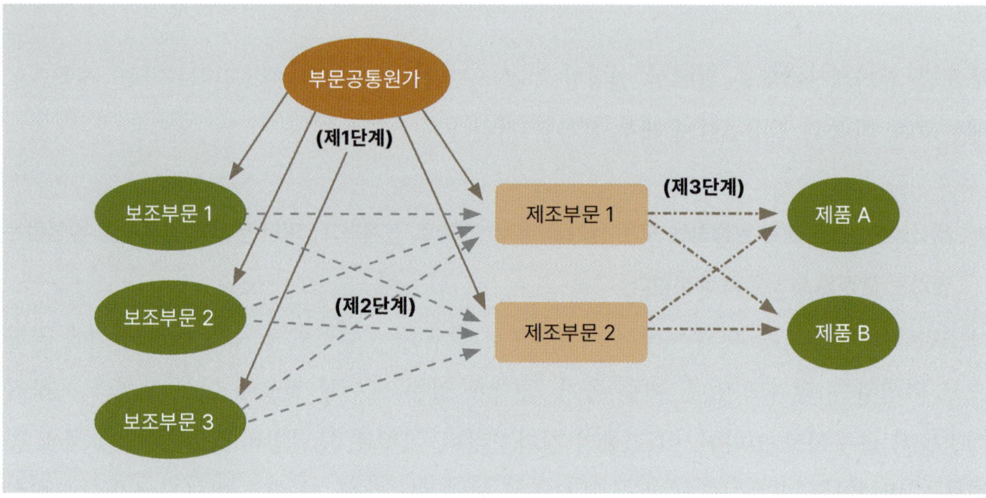

다. 이 단계가 종료되고 나면, 공장에서 발생하는 모든 제조간접원가는 제품으로 배분이 완료된다.

이상의 3단계 제조간접원가 배부 과정은 그림 5-2와 같이 나타낼 수 있다. 제조간접원가의 3단계 배분과는 별도로, 각 제조부문에서 발생하는 직접원가(직접재료원가, 직접노무원가)는 각 제품으로 직접 추적하여 할당한다. 이제 단계별로 배부 과정에 대해 자세하게 학습해보자.

(1) 제1단계 : 원가의 부문별 집계와 부문공통원가의 배부

부문별로 원가를 집계하고, 부문공통원가를 관련된 보조부문과 제조부문에 배분하는 단계이다. 제1단계에서 부문공통원가와 배부기준의 예시는 표 5-2와 같다. 예를 들어, 공장장의 급여는 인과관계기준을 적용하기 어려워 차선책으로 수혜기준 등을 적용할 수 있다.

표 5-2 부문공통원가 및 배부기준 예시

부문공통원가	배부기준 예시	원가배분기준
공장장 급여	각 부문의 인원수	인과관계기준 적용 곤란(수혜기준 적용)
건물 감가상각비 및 유지관리비	각 부문의 공간점유 면적	인과관계기준 또는 수혜기준 적용
통신요금 및 수도요금	각 부문의 인원수	인과관계기준 적용
공장전기요금	각 부문의 기계 보유 대수	인과관계기준 적용

(2) 제2단계 : 보조부문 원가의 배부

제2단계는 보조부문의 원가를 제조부문으로 배부하는 단계이다. 이때 보조부문 간에 용역 상호수수가 없으면 제조부문으로 직접 배부하면 된다. 그러나 보조부문이 2개 이상이고, 보조부문 간에 용역의 상호수수(상호지원)가 있을 때는 원가배분방법이 다소 복잡하다. 다음의 예제를 이용해서 구체적으로 학습해보자. 연간 예정배부율을 사용하는 정상원가계산이 일반적이므로, 이하에서는 연간 예산과 예정조업도 자료를 이용해서 설명한다.

예제 5-1

㈜고려밸브는 고객의 주문에 따라 다양한 종류의 밸브를 제작하여 판매하는 회사이다. 이 회사의 공장에는 보조부문으로, 태양광을 이용해서 자체적으로 전력을 생산하는 전력부와 제품 제조에 필요한 각종 자재를 보관하는 창고부가 있으며, 제조부문으로는 절단부와 조립부가 있다. 202X년에 총 10개의 작업(job)이 예정되어 있으며, 보조부문의 용역 예정 사용량과 제조간접원가 예산은 표 5-3과 같다.

창고부 원가의 배부기준으로는 창고 공간 점유면적을 사용하며, 창고 공간 총 200m^{2}는 전력부, 절단부, 조립부가 각각 40, 80, 80m^{2}씩 사용할 예정이다. 전력부 원가의 배부기준은 사용전력량(kWh)으로서 창고부, 절단부, 조립부가 각각 1,000, 6,000, 3,000kWh씩을 사용할 예정이다(용역의 자가소비는 없는 것으로 가정하였다). 보조부문의 원가를 제조부문으로 배부해보자.

표 5-3 ㈜고려밸브의 202X년 보조부문 용역 예정 사용량 및 부문별 제조간접원가 예산

제공부문	배부기준	사용부문				합 계
		보조부문		제조부문		
		창고부	전력부	절단부	조립부	
창고부	점유면적	–	40m^2 (20%)	80m^2 (40%)	80m^2 (40%)	200m^2 (100%)
전력부	전력 사용량	1,000kWh (10%)	–	6,000kWh (60%)	3,000kWh (30%)	10,000kWh (100%)
제조간접원가	–	₩20,000	₩290,000	₩500,000	₩600,000	₩1,410,000

보조부문의 용역 상호수수가 있을 때 배부방법은 세 가지가 있다. 먼저, 예제에서 보조

그림 5-3 보조부문 용역의 사용 형태

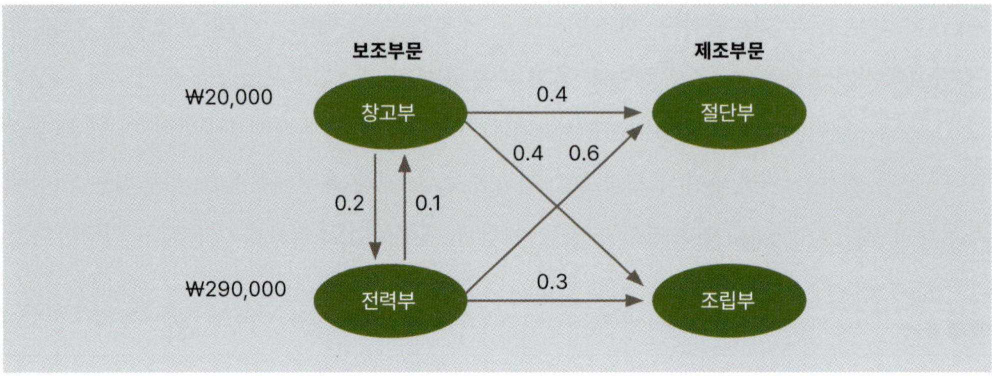

부문의 용역제공 비율을 그림 5-3과 같이 나타내면 이해하기 편리하다.

① **직접배부법(Direct Allocation Method)**

이 방법은 보조부문 상호 간의 용역 상호수수를 완전히 무시하고 보조부문의 원가를 제조부문으로 직접 배부하는 방법이다. 따라서 창고부의 경우, 원가 ₩20,000은 제조부문인 절단부와 조립부에만 직접 배부한다. 이때 배부비율은 절단부와 조립부의 용역사용량이 기준이 된다. 직접배부법에 의한 배부결과는 표 5-4와 같다.

표 5-4 보조부문원가의 배부(직접배부법) | 예제 5-1

(단위 : 원)

	보조부문		제조부문		합 계
	창고부	전력부	절단부	조립부	
부문제조간접원가	20,000	290,000	500,000	600,000	1,410,000
창고부원가 배부	(20,000)	0	10,000 (=₩20,000×40%÷(40%+40%))	10,000 (=₩20,000×40%÷(40%+40%))	0
전력부원가 배부	0	(290,000)	193,333 (=₩290,000×60%÷(60%+30%))	96,667 (=₩290,000×30%÷(60%+30%))	0
원가 합계	0	0	703,333	706,667	1,410,000

제2단계 배부가 종료되면, 절단부의 총제조간접원가 예산은 자체 원가 ₩500,000과 두 보조부문으로부터 배부받는 ₩203,333.3(=₩10,000+₩193,333.3)을 합해서 총 ₩703,333.3이

된다. 마찬가지로, 조립부의 총제조간접원가 예산은 자체 원가 ₩600,000과 두 보조부문으로부터 배부받은 ₩106,666.7(=₩10,000+₩96,666.7)을 합해서 ₩706,666.7이 된다.

직접배부법은 사용하기 쉽고 계산이 간단하다는 장점이 있으나, 보조부문 간의 용역 상호수수를 완전히 무시한 방법이므로 배부의 정확성이 매우 낮을 우려가 있다[3].

② 단계배부법(Step-down Allocation Method)

이 방법은 모든 보조부문에 대해 배부순서를 정한 다음, 순차적으로 보조부문의 원가를 배부하는 방법이다. 마치 계단을 내려가듯이 한 방향으로만 배부가 이루어지게 되며, 한 번 배부가 완료된 보조부문으로는 원가를 다시 배부하지 않는다.

예를 들어, 세 개의 보조부문(보조부문 1, 보조부문 2, 보조부문 3)과 두 개의 제조부문(제조부문 1, 제조부문 2)가 있을 때, 배부순서를 보조부문 2, 보조부문 3, 보조부문 1로 정했다고 하자. 그러면 그림 5-4와 같이, 먼저 보조부문 2의 원가를 보조부문(1, 3) 및 제조부문(1, 2)에 배분한다. 다음으로, 보조부문 3의 원가(배분받은 원가 및 자체 원가)를 보조부문 1과 제조부문(1, 2)에 배분한다. 마지막으로, 보조부문 1의 원가(배분받은 원가 및 자체 원가)를 제조부문(1, 2)에 배분한다.

그림 5-4 단계배부법(배부순서가 부문 2, 부문 3, 부문 1인 경우)

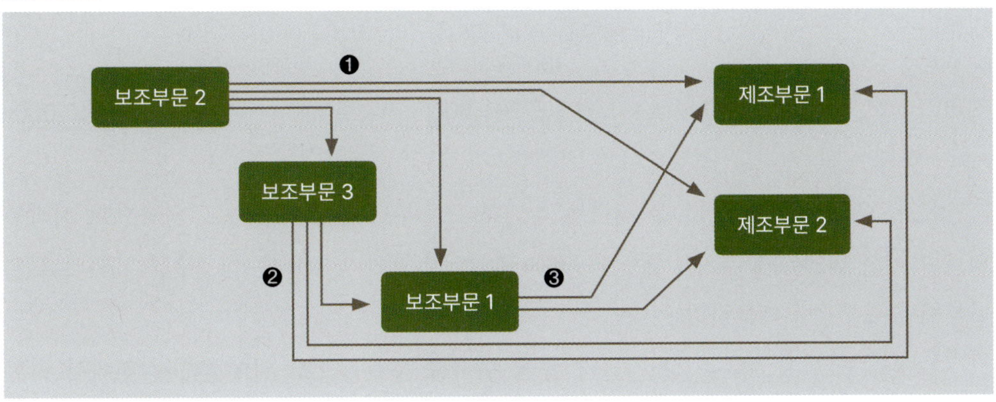

3 예를 들어, 만약 창고부의 용역을 전력부가 대부분 사용한다고 가정하면(동시에 창고부는 전력부의 용역을 매우 매우 적게 사용한다고 가정), 창고부의 원가는 사실상 전력부에 대부분 배분된 다음, 절단부와 조립부의 전력부 용역 사용비율에 따라 배분되는 것이 논리적일 것이다. 따라서, 창고부의 원가는 사실상 제조부문의 전력부 용역 사용비율에 따라 배분해야 한다. 그러나, 직접배부법을 사용하게 되면, 창고부의 원가가 전적으로 제조부문의 창고부 용역 사용비율에 따라 배분되므로 배분이 크게 왜곡될 수 있다.

단계배부법의 결과는 배부순서에 따라 달라지므로 배부순서를 정하는 것이 중요하다. 기본적으로 배부순서는 보조부문 상호 간의 용역 수수 형태를 가장 잘 반영하는 것이 원칙이지만, 여러 가지 요소들(각 부문의 원가의 규모, 타 보조부문에 대한 용역제공비율 등)이 영향을 미치므로 단순화하기 쉽지 않다. 일반적으로 타 보조부문들에 제공하는 용역의 비중이 가장 높은 부문부터 순차적으로 배부한다.

본 예제에서 창고부가 타 보조부문들(여기서 전력부)에 제공하는 용역의 비중은 총 20%이며, 전력부가 타 보조부문들(여기서 창고부)에 제공하는 용역의 비중은 총 10%이다. 따라서, 창고부 원가를 먼저 배분한 뒤, 전력부 원가를 배분하기로 하자. 창고부 원가를 먼저 배분할 경우의 단계배부법에 의한 배부결과는 표 5-5와 같다.

표 5-5 보조부문원가의 배부(단계배부법)(창고부 먼저) | 예제 5-1

(단위 : 원)

	보조부문		제조부문		합 계
	창고부	전력부	절단부	조립부	
부문제조간접원가	20,000	290,000	500,000	600,000	1,410,000
창고부원가 배부	(20,000)	4,000 (=₩20,000×20%÷ (20%+40%+40%))	8,000 (=₩20,000×40%÷ (20%+40%+40%))	8,000 (=₩20,000×40%÷ (20%+40%+40%))	0
전력부원가 배부	0	(294,000)	196,000 (=₩294,000×60%÷ (60%+30%))	98,000 (=₩294,000×30%÷ (60%+30%))	0
원가 합계	0	0	704,000	706,000	1,410,000

창고부 원가예산 ₩20,000을 전력부, 절단부, 조립부로 먼저 배분하고, 다음으로 전력부의 원가예산 ₩294,000(=자체 원가 ₩290,000+배분받은 원가 ₩4,000)은 창고부를 제외하고 절단부와 조립부로만 배분한다.

단계배부법은 보조부문 상호 간의 용역 수수를 부분적으로 반영한다는 점에서 직접배부법보다 더 나은 배부방법이라고 볼 수 있다. 그러나, 여전히 보조부문 상호 간의 용역 수수를 완전히 반영하지 못하는 방법이라는 한계가 있으며, 배부순서에 따라 배부결과가 달라지는 단점이 있다.

③ 상호배부법(Reciprocal Allocation Method)

이 방법은 보조부문 상호 간의 용역 수수를 완전히 반영하여 원가배부를 실시하는 방법으로서, 이론적으로 가장 우수하다. 창고부는 용역을 제공하기 위해 자체 원가(₩20,000)를 발생시키며, 전력부로부터 필요한 용역을 제공받아야 한다. 전력부 또한 용역을 제공하기 위해 자체 원가(₩290,000)를 발생시킴은 물론 창고부로부터 필요한 용역을 제공받아야 한다.

보조부문 간의 이런 용역 상호수수를 수식을 통해 표현해보자. 창고부와 전력부가 용역을 제공하는 데 필요한 총괄원가를 각각 C, J라고 하자. 그러면 C와 J는 다음과 같이 연립방정식을 통해 계산할 수 있다.

$$C = 20{,}000 + 0.1J$$

$$J = 290{,}000 + 0.2C$$

방정식을 풀면, C = ₩50,000, J = ₩300,000이다. 이제 창고부와 전력부의 원가배부는 자체 원가가 아닌 총괄원가인 C와 J의 값을 이용해서 실시한다. C와 J를 합하면, ₩350,000으로서 창고부와 전력부의 자체 원가 합계 ₩310,000(= ₩20,000 + ₩290,000)보다 당연히 많다. 이것은 C와 J에는 다른 부서의 용역을 사용함으로 인해 배분받는 원가(0.1 J, 0.2C)까지 포함되어 있기 때문이다. 상호배부법의 구체적인 배부결과는 표 5-6과 같다.

표 5-6 보조부문원가의 배부(상호배부법) | 예제 5-1

(단위 : 원)

	보조부문		제조부문		합 계
	창고부	전력부	절단부	조립부	
부문제조간접원가	20,000	290,000	500,000	600,000	1,410,000
창고부원가 배부	(50,000)	10,000 (=₩50,000×20%÷(20%+40%+40%))	20,000 (=₩50,000×40%÷(20%+40%+40%))	20,000 (=₩50,000×40%÷(20%+40%+40%))	0
전력부원가 배부	30,000 (=₩300,000×10%÷(10%+60%+30%))	(300,000)	180,000 (=₩300,000×60%÷(10%+60%+30%))	90,000 (=₩300,000×30%÷(10%+60%+30%))	0
원가 합계	0	0	700,000	710,000	1,410,000

창고부의 총괄원가 ₩50,000은 전력부, 절단부, 조립부로 배분하고, 전력부의 총괄원가 ₩300,000은 창고부, 절단부, 조립부에 배분한다. 자체 원가가 아닌 총괄원가를 이용해서 배부하지만, 배부 후 보조부문의 잔액은 "0"이 됨을 표에서 확인할 수 있다. 단계배부법과의 차이점은 원가 배부순서와 상관없이 나머지 모든 용역 이용부서에 배분한다는 점이다[4].

상호배부법은 보조부문 상호 간의 용역 수수를 완전히 반영하는 방법이므로 가장 정확하다는 장점이 있지만, 계산이 복잡하다는 단점이 있다. 보조부문의 숫자가 많아지면 수작업으로 방정식을 푸는 것이 어려우므로 컴퓨터를 이용하여 계산해야 한다.

(3) 제3단계 : 제조부문 제조간접원가의 배부

우리는 지금까지 부문 구조를 이용한 제조간접원가의 3단계 배부방법 중에서 제2단계 배부까지 학습하였다. 제2단계가 종료된 후에는 보조부문의 제조간접원가는 모두 제조부문으로 배분이 완료된 상태로서, 각 제조부문의 제조간접원가에는 부문 자체에서 발생하는 제조간접원가와 그 전 단계에서 배부받은 원가가 모두 모여 있는 상태이다.

이제 제조부문의 원가를 최종 제품(작업)으로 배부하는 제3단계에 대해 살펴보자. 이 단계에서도 배부기준으로는 인과관계기준을 우선적으로 고려해야 한다. 제3단계의 배부기준 예시는 표 5-7에 나타나 있다.

표 5-7 제조부문별 제조간접원가 배부기준 예시

제조부문	배부기준 예시	원가배분기준
기계부	기계시간	인과관계기준 적용
절단부	기계시간	인과관계기준 적용
조립부	직접노동시간	인과관계기준 적용
도색부	직접노동시간	인과관계기준 적용

4 상호배부법은 단계배부법의 변형된 형태로 이해할 수 있다. 만약 보조부문의 원가를 배부순서 없이 용역을 이용한 모든 상대부서로 계속 배분하면 배부결과가 상호배부법과 거의 동일해진다. 이 방법은 이론적으로는 배분이 영원히 계속되지만, 실제로는 몇 단계를 지나면 보조부문에 남는 금액이 급격히 줄어들고 대부분의 원가는 제조부문으로 배부된다.

예제 5-2

앞의 ㈜고려밸브 예제 5-1을 이용하자. 이 회사는 202X년에 작업 1, 2, 3을 포함하여 총 10개의 작업을 수행할 예정이다. 절단부와 조립부의 원가배부기준으로 각각 기계시간과 직접노동시간을 사용한다. 202X년 초에 추정한 작업 1, 2, 3의 제조부문 자원 예산사용량은 표 5-8과 같다. 제3단계 배분을 위해 제조부문별 예정배부율을 계산해보자.

표 5-8 ㈜고려밸브의 작업별 제조부문 자원 예산사용량

(단위 : 시간)

	작업 1	작업 2	작업 3	……	합 계
(1) 절단부 기계시간	30	50	25	……	400
(2) 절단부 직접노동시간	10	17	20	……	200
(3) 조립부 기계시간	6	25	5	……	200
(4) 조립부 직접노동시간	20	25	100	……	1,000

제2단계 배부에서 상호배부법을 사용한 것으로 가정하면, 절단부와 조립부의 제조간접원가 예산 총액은 각각 ₩700,000, ₩710,000이다(표 5-6).

제조부문별 예정배부율은 표 5-9에 나타난 바와 같이, 제조부문별로 예산을 배부기준의 예정조업도(즉, 배부기준 예산사용량)로 나누어 계산한다(제4장 개별원가계산에서 넷째 과정). 계산 결과, 절단부의 예정배부율은 ₩1,750, 조립부의 예정배부율은 ₩710이다.

표 5-9 제조부문의 예정배부율 계산(제3단계)(제2단계에서 상호배부법 사용 가정) | 예제 5-2

제조부문	제조간접원가예산(1) (표 5-6)	배부기준 예산사용량(2) (표 5-8)	예정배부율(3) (=(1)÷(2))
절단부	₩700,000	400기계시간	₩1,750
조립부	₩710,000	1,000직접노동시간	₩710

제조부문별 예정배부율은 연도 초에 계산하며, 실제 작업이 진행된 후에는 이 예정배부율을 이용하여 작업별로 제조간접원가를 배부한다(제4장 개별원가계산에서 다섯째 과정). 다음 예제를 이용하여 학습해보자.

예제 5-3

㈜고려밸브의 202X년 제조부문 배부기준과 관련하여 작업별 실제사용량(실제조업도)은 표 5-10과 같다. 예제 5-1과 예제 5-2의 자료를 이용하여 작업별로 제조간접원가를 배부해보자.

표 5-10 ㈜고려밸브의 202X년 제조부문 자원의 작업별 실제사용량

(단위 : 시간)

	작업 1	작업 2	작업 3	……	합 계
(1) 절단부 기계시간	35	48	26	……	450
(2) 절단부 직접노동시간	12	15	18	……	210
(3) 조립부 기계시간	7	24	6	……	205
(4) 조립부 직접노동시간	18	25	85	……	950

㈜고려밸브의 202X년 제조간접원가를 작업별로 배부하면 표 5-11과 같다.

표 5-11 ㈜고려밸브의 제3단계 작업별 원가배부 | 예제 5-3

(단위 : 원)

	작업 1	작업 2	작업 3	……	합 계
절단부원가 배부 (= 표 5-10의 (1)×₩1,750)	61,250	84,000	45,500	……	787,500
조립부원가 배부 (= 표 5-10의 (4)×₩710)	12,780	17,750	60,350	……	674,500
합 계	74,030	101,750	105,850	……	1,462,000

표 5-11에는 작업 1, 2, 3에 대한 원가 배부내역만 제시되어 있지만, ㈜고려밸브가 당해에 실제로 실시한 모든 작업에 대해 동일한 방식으로 배부한다(예산수립 시점에서 계획하지 않았던 신규 작업이 추가되었다면 그 작업에도 배부). 이 과정을 통해 절단부의 원가는 총 ₩787,500이 작업으로 배부되고, 조립부의 원가는 총 ₩674,500이 배부된다[5].

5 본 예제에 나타난 바와 같이, 정상원가계산에서 작업이 진행된 후 제품으로 원가를 배부할 때, 기초에 제조부문별로 계산한 예정배부율을 그대로 사용하며, 제1단계(부문공통원가를 부문별로 배부)와 제2단계(보조부문 원가를 제조부문으로 배부)는 새로 실시하지는 않는다.

작업이 종료되면, 그 작업의 총원가는 작업 시작 시점부터 종료 시점까지 투입된 직접재료원가와 직접노무원가 및 그동안 배부된 제조간접원가를 모두 합하여 계산한다. 예를 들어, 작업 1이 202X년에 착수하여 그해에 종료된 경우, 작업 1의 총제조원가는 다음과 같이 계산한다(제2단계에서 상호배부법 사용 가정)(제4장 개별원가계산에서 여섯째 과정).

직접재료원가	XXXXX
직접노무원가	XXXXX
제조간접원가	74,030
작업 1 총제조원가	XXXXX

4) 3단계 제조간접원가 배부와 개별원가계산

지금까지 우리는 3단계 배부법을 이용하여 제조간접원가를 작업으로 배분하는 방법에 대해 학습하였다. 이 과정에서 정상원가계산의 원리에 따라 원가를 작업으로 배부할 때 예정배부율을 사용하였으며, 배부는 원가계산 기말(예: 월말) 및 작업 종료시점에 실시한다(제4장 개별원가계산 참고).

정상원가계산을 사용하면, 연도 말에 외부 재무보고를 위해 실제원가와 유사하도록 제조간접원가 배부차이를 조정해야 한다. 이를 위해 연도 말에 다음과 같은 절차를 실시해야 한다.

첫째, 연도 말에 제1단계 배부(부문공통원가의 배부)와 제2단계 배부(보조부문 원가를 제조부문으로 배부)를 실제발생액과 배부기준의 실제조업도를 사용하여 **예제 5-1**에서 설명한 방법으로 다시 실시한다. 이 과정이 종료되면 제조간접원가 실제발생액이 제조부문별로 배부되어 집계가 완료된다.

둘째, 위 첫째 단계를 통해 각 제조부문에 집계된 제조간접원가 실제발생액과 그동안 예정배부율을 사용하여 각 제조부문에서 작업으로 배분한 배분액의 차이(즉, 배부차이)를 제조부문별로 계산한다.

셋째, 제조부문별 제조간접원가 배부차이는 제4장 개별원가계산에서 설명한 배부차이 조정방법을 사용하여 제조부문별로 조정한다.

4. 공장전체 배부율과 부문별 배부율

지금까지 학습한 3단계 제조간접원가 배부방법은 최종적으로 제조부문별로 배부기준을 각기 선정하여 배부율을 계산하는 것이다. 이는 인과관계기준으로 원가를 배부함으로써 정확성을 높이기 위한 것이다. 이처럼 제조부문별로 각기 계산한 제조간접원가배부율을 **부문별 제조간접원가 배부율**(departmental overhead rate)이라고 한다.

반면에, 3단계 배부 대신에 공장에서 발생하는 모든 제조간접원가를 하나의 원가집합에 모은 다음, 하나의 배부기준을 사용하여 계산한 배부율을 **공장전체 제조간접원가 배부율**(plant-wide overhead rate)이라고 한다. 이 경우, 부문공통원가와 부문개별원가의 구분이나 제조부문과 보조부문의 구분이 필요 없다. 이 방법은 계산이 간단하다는 장점이 있으나, 원가배분의 정확성이 낮아질 가능성이 크다.

예제 5-2에서 절단부는 기계작업을 많이 하는 부서로서 기계시간이 인과관계기준을 반영한 적절한 배부기준이며, 조립부는 수작업을 많이 하는 부서로서 직접노동시간이 배부기준으로서 적절할 수 있다. 그러나, 공장전체 제조간접원가 배부율을 사용하는 경우, 기계작업과 수작업을 주로 수행하는 부서들의 원가들이 혼재되어 배부되므로, 인과관계기준을 만족시키는 하나의 적절한 배부기준을 찾기 어렵다.

예제 5-4

㈜고려밸브 예제를 사용하여, 공장전체 제조간접원가 배부율을 계산하여 작업별로 원가를 배부해보자. 배부기준으로는 기계시간과 직접노동시간을 각각 사용하자.

표 5-12는 배부기준인 기계시간과 직접노동시간의 예산사용량을 제조부문 전체에 대해 집계한 다음, 각 배부기준에 대해 공장전체 예정배부율을 계산하여 나타낸 것이다. 공장전체 제조간접원가 예산은 ₩1,410,000이다(표 5-3). 기계시간을 배부기준으로 사용하는 경우, 공장전체 예정배부율은 ₩2,350, 직접노동시간을 배부기준으로 사용하는 경우에는 ₩1,175으로 계산된다.

표 5-12 제조부문 배부기준 총 예산사용량 및 공장전체 예정배부율

(단위 : 시간)

	작업 1	작업 2	작업 3	……	합 계	공장전체 예정배부율
제조부문 기계시간 (표 5-8의 (1)+(3))	36	75	30	……	600	₩2,350 (=₩1,410,000÷600시간)
제조부문 직접노동시간 (표 5-8의 (2)+(4))	30	42	120	……	1,200	₩1,175 (=₩1,410,000÷1,200시간)

이제 작업이 진행된 후, 이 공장전체 예정배부율을 이용하여 제조간접원가를 작업별로 배부해보자. 공장전체 배부기준의 작업별 실제사용량(표 5-10)을 표 5-13에 다시 정리하였다.

표 5-13 공장전체 배부기준의 작업별 실제사용량

(단위 : 시간)

	작업 1	작업 2	작업 3	……	합 계
제조부문 기계시간 (표 5-10의 (1)+(3))	42	72	32	……	655
제조부문 직접노동시간 (표 5-10의 (2)+(4))	30	40	103	……	1,160

공장전체 예정배부율(표 5-12)과 작업별 배부기준의 실제사용량(표 5-13)을 토대로 작업별로 제조간접원가를 배부한 결과는 표 5-14에 나타나 있다.

표 5-14 공장전체 배부율에 의한 작업별 배부 | 예제 5-4

(단위 : 원)

	작업 1	작업 2	작업 3	……	합 계
(1) 공장전체 배부율 배부 (기계시간 기준)	98,700	169,200	75,200	……	1,539,250
(2) 공장전체 배부율 배부 (직접노동시간 기준)	35,250	47,000	121,025	……	1,363,000

표 5-14에 나타난 바와 같이, 공장전체 배부율을 사용할 때, 기계시간을 기준으로 한 배부와 직접노동시간을 기준으로 한 배부가 작업별로 매우 큰 차이를 보이는 것을 알 수 있다. 또한, 부문별 배부율을 사용한 배부(표 5-11)와도 상당한 차이가 있는 것을 알 수 있

다. 이처럼 3단계 부문별 배부와 달리, 공장전체 배부율은 올바른 원가배부를 기대하기 어렵다.

5. 단일배부율법과 이분배부율법

1) 단일배부율법과 이분배부율법의 다양한 적용방법

우리는 지금까지 원가를 배부할 때 변동원가와 고정원가를 구분하지 않고 하나의 원가집합에 모아서 배분하였다. 이런 배부방법을 **단일배부율법(single rate method)**이라고 한다. 반면에 각 부문의 원가를 원가행태(cost behavior)에 따라 변동원가와 고정원가로 구분하여 별도의 원가집합에 집계하고 각기 다른 배부기준을 사용하여 배부하는 방법을 **이분배부율법(dual rate method)** 또는 **이중배부율법**이라고 한다.

본 절에서는 3단계 제조간접원가 배부에서 제2단계(보조부문 원가를 제조부문으로 배부)에서 단일배부율과 이분배부율의 사용에 관해 학습한다. 보조부문 원가의 배부는 부문 계획 수립과 부문의 운영효율성 평가에 중요한 자료가 될 수 있으므로 두 방법의 차이를 이해할 필요가 있다. 제3단계(제조부문 원가를 제품으로 배부)에서 이분배부율과 관련된 사항은 제7장 변동원가계산에서 학습한다.

보조부문 원가배부에서 단일배부율과 이분배부율의 핵심적인 차이는 단일배부율법에서는 고정원가도 변동원가와 마찬가지로 이용부문이 사용한 보조부문 서비스의 실제조업도에 따라 배부하지만, 이분배부율법에서는 변동원가와 달리 고정원가는 이용부문이 사용한 실제조업도와 무관하게 예정된 조업도에 따라 일정한 금액을 배부한다는 점이다. 고정원가는 관련범위(relevant range) 내에서는 실제조업도에 따라 변하지 않고 일정하므로 이분배부율이 이론적으로 우수하다고 할 수 있다.

일반적인 원가배부와 마찬가지로 보조부문 원가의 배부도 외부 재무보고를 위한 제품원가계산을 제외하고는 경영관리 목적에 부합하는 방향으로 다양한 방식을 선택하여 실시할 수 있다. 다음 예제를 통해 다양한 배부방법을 학습해보자.

예제 5-5

전력설비 중의 하나인 변압기를 생산하여 판매하는 ㈜매봉일렉트릭은 보조부문으로 전력부를 운영하고 있으며(보조부문이 한 개), 제조부문으로 절단부와 조립부를 운영하고 있다. 202X년 이 회사의 전력부 예산 및 이용부문의 조업도 자료는 표 5-15와 같다. 단일배부율과 이분배부율을 이용하여 예산수립 단계와 작업진행 후 배부단계에서 전력부의 원가를 배부해보자.

표 5-15 ㈜매봉일렉트릭의 202X년 전력부 관련 자료

[전력부 예산 및 실제 발생원가] (단위 : 원)

고정원가예산	5,500,000
변동원가예산	750/kWh
실제고정원가	5,500,000
실제변동원가	6,200,000

[전력부 용역 사용 관련 조업도] (단위 : kWh)

이용부문	당기예정조업도 (a)	실제최대조업도 (b)	실제조업도 (c)
절단부	5,000	5,400	4,900
조립부	3,000	3,400	3,200
합 계	8,000	8,800	8,100

(가) 단일배부율법

(가-1) (예산수립) 예산과 당기예정조업도를 사용하여 계산한 예정배부율을 사용하여 예산원가를 배부하자.

(가-2) (원가배부) 예산과 당기예정조업도를 이용하여 계산한 예정배부율을 사용하여, 실제조업도 기준으로 원가를 배부하자.

(가-3) (원가배부) 실제배부율을 사용하여 실제조업도 기준으로 원가를 배부하자.

(나) 이분배부율법

(나-1) (예산수립) 고정원가는 실제최대조업도 기준으로 배분하고, 변동원가는 당기예정조

(예제 계속)

업도 기준으로 예산원가를 배부하자.

(나-2) (원가배부) 고정원가는 예산을 실제최대조업도 기준으로 배부하고, 변동원가는 예정배부율을 사용하여 실제조업도 기준으로 배부하자.

(나-3) (원가배부) 고정원가는 예산을 당기예정조업도 기준으로 배부하고, 변동원가는 실제배부율을 사용하여 실제조업도 기준으로 배부하자.

예제의 단일배부율과 이분배부율을 이용한 배부는 각각 표 5-16, 표 5-17에 나타난 바와 같다.

표 5-16 단일배부율에 의한 전력부 원가의 배부 | 예제 5-5

(가-1) 단일배부율, 예산수립

예정배부율: ₩5,500,000÷8,000kWh+₩750=₩1,437.5

(당기예정조업도 예정배부율과 당기예정조업도 기준 배부)

이용부문	배부원가
절단부	₩1,437.5×5,000kWh=₩7,187,500
조립부	₩1,437.5×3,000kWh=₩4,312,500
합 계	₩11,500,000

(가-2) 단일배부율, 원가배부

(당기예정조업도 예정배부율과 실제조업도 기준 배부)

이용부문	배부원가
절단부	₩1,437.5×4,900kWh=₩7,043,750
조립부	₩1,437.5×3,200kWh=₩4,600,000
합 계	₩11,643,750

(표 계속)

(가-3) 단일배부율, 원가배부

202X년 전력부 총 발생원가 = ₩5,500,000 + ₩6,200,000 = ₩11,700,000
실제배부율 = ₩11,700,000 ÷ 8,100kWh = ₩1,444.44/kWh

(실제배부율과 실제조업도 기준 배부)

이용부문	배부원가
절단부	₩1,444.44×4,900kWh = ₩7,077,778
조립부	₩1,444.44×3,200kWh = ₩4,622,222
합 계	₩11,700,000

표 5-17 이분배부율에 의한 전력부 원가의 배부 | 예제 5-5

(나-1) 이분배부율, 예산수립

변동원가 예정배부율 = ₩750/kWh
고정원가 예정배부율 = ₩5,500,000 ÷ 8,800kWh = ₩625/kWh

(변동원가 : 당기예정조업도 기준, 고정원가 : 실제최대조업도 기준)

이용부문	변동원가	고정원가	합 계
절단부	₩750×5,000kWh = ₩3,750,000	₩625×5,400kWh = ₩3,375,000	₩7,125,000
조립부	₩750×3,000kWh = ₩2,250,000	₩625×3,400kWh = ₩2,125,000	₩4,375,000
합 계	₩6,000,000	₩5,500,000	₩11,500,000

(나-2) 이분배부율, 원가배부

변동원가 예정배부율 = ₩750/kWh
고정원가 예정배부율 = ₩5,500,000 ÷ 8,800kWh = ₩625/kWh

(변동원가 : 예정배부율과 실제조업도 기준, 고정원가 : 실제최대조업도 기준)

이용부문	변동원가	고정원가	합 계
절단부	₩750×4,900kWh = ₩3,675,000	₩625×5,400kWh = ₩3,375,000	₩7,050,000
조립부	₩750×3,200kWh = ₩2,400,000	₩625×3,400kWh = ₩2,125,000	₩4,525,000
합 계	₩6,075,000	₩5,500,000	₩11,575,000

(표 계속)

(나-3) 이분배부율, 원가배부

변동원가 실제배부율 = ₩6,200,000/8,100kWh = ₩765.43/kWh
고정원가 예정배부율 = ₩5,500,000 ÷ 8,000kWh = ₩687.5/kWh

(변동원가 : 실제배부율과 실제조업도 기준, 고정원가 : 당기예정조업도 기준)

이용부문	변동원가	고정원가	합 계
절단부	₩765.43×4,900kWh = ₩3,750,617.3	₩687.5×5,000kWh = ₩3,437,500	₩7,188,117.3
조립부	₩765.43×3,200kWh = ₩2,449,382.7	₩687.5×3,000kWh = ₩2,062,500	₩4,511,882.7
합 계	₩6,200,000	₩5,500,000	₩11,700,000

위 예제에 나타난 바와 같이, 작업 진행 후 원가를 배부할 때 일반적으로 단일배부율에서는 고정원가도 변동원가와 함께 실제조업도 기준으로 배부하지만, 이분배부율에서는 고정원가는 실제조업도에 영향을 받지 않는 이미 예정되어 있는 조업도 기준을 사용하여 배부한다는 특징이 있다.

이분배부율에서 고정원가 배부를 위해 사용하는 조업도에 대해 좀 더 살펴보자. 고정자원은 대체로 생산에 착수하기 전에 획득해야 하는 기정자원(committed resources)의 형태를 띠며, 기정자원은 필요할 때마다 세부적인 용량 단위로 구매할 수 없고 필요량보다 많은 덩어리로 미리 구매해야 하는 경우가 많아, 일반적으로 **미사용 생산용량(unused capacity)**이 발생한다(제2장 참고). 이때 확보한 고정자원의 실제적인 최대 생산용량(capacity)을 **실제최대조업도(practical capacity)**라고 한다(자세한 설명은 제7장 참고).

실제최대조업도를 이용부문별로 미리 할당할 수 있는 경우(예 건물의 층별 또는 구획별 할당)에는 고정원가를 부문별 실제최대조업도에 따라 배부할 수 있다(예제 5-5 (나-1), (나-2)). 그러나, 미리 할당하기 어려운 경우(예 공동 사용 설비)에는 **예정(산)조업도(budgeted usage)** 기준으로 고정원가를 배부해야 한다. 또한, 회사는 고정원가를 이용부문에 전액을 배부할 수도 있고, 미사용 생산용량의 원가를 별도로 구분하여 이용부문에 배부하지 않을 수도 있다(본 장의 [보론 3] 참고).

예정조업도는 고정자원에 대한 이용부문의 장기적 예상 사용량인 장기예정조업도(budgeted long-run usage)와 당기 예상 사용량인 당기예정조업도(master budget usage)로 구분할 수 있으며, 고정자원의 조달과 사용이 비교적 짧은 기간을 대상으로 주기적으로 반복되는 경우에는 두 예정조업도가 일치할 수도 있다(예 연 단위 인력고용, 연 단위 설비리스). 고정원가를 부문별 예정조업도를 기준으로 배부하고자 하는 경우, 고정자원이 장기적으로 사용되는 경우에는 당기예정조업도보다 장기예정조업도를 사용하는 것이 인과관계적으로 더 바람직할 수 있지만, 부문 관리자들이 고정원가 배부액을 줄이기 위해 장기예정조업도를 낮춰 보고하고자 하는 잘못된 유인이 발생하고, 이로 인해 고정자원의 조달이 왜곡될 수도 있다.

기업은 원가배부 목적에 따라 위 예제에 등장한 방법들 외에도 다양한 방법을 사용하여 보조부문의 원가를 배부할 수 있다(본 장의 [보론 3] 참고). 단일배부율과 이분배부율은 배부율을 계산할 때 실제배부율과 예정배부율을 모두 사용할 수 있지만, 실제배부율은 개념적으로 문제점이 있고 현실적으로도 잘 사용하지 않는다(아래에서 설명).

2) 단일배부율과 이분배부율의 장단점

단일배부율과 이분배부율의 가장 큰 차이는 고정원가의 배부에 있다. 이분배부율에서는 고정원가를 부문별 실제최대조업도 또는 예정조업도 기준으로 배부하여 연도초에 배부액을 미리 확정하게 된다. 이로 인해 이용부서의 배부액에 대한 불확실성이 사라지며, 이용부서는 이미 확정된 고정원가 배부액(매몰원가)을 고려할 필요 없이 다양한 의사결정을 내릴 수 있게 된다는 장점이 있다.

또한, 이분배부율은 부문별로 성과평가를 받는 사업부제에서 부문 이익과 회사 전체의 이익을 일치시킬 수 있다는 장점이 있다. 예제 5-5에서 ㈜매봉일렉트릭이 사업부제를 운영하고 있으며 보조부문 서비스의 외부구입이 허용된다고 하자. 전력부 원가를 배부할 때 단일배부율을 사용하여 ₩1,437.5/kWh을 부과하는 경우를 살펴보자(예제 5-5 방법 (가-2)). 이때 외부 전력공급업체가 절단부에게 내부 전력서비스 사용 시에 배부받을 금액보다 적은 가격인 ₩1,000/kWh에 전력서비스를 공급해주겠다고 제안한다고 하자.

단일배부율에서는 실제조업도에 따라 원가를 배부받으므로 절단부가 내부 전력서비스를 사용하지 않으면 전력부의 원가를 전혀 배부받지 않는다. 따라서, 절단부가 내부 전력서비스를 사용하지 않고 외부에서 전력을 구입하면 kWh당 ₩437.5의 원가를 줄일 수 있다. 그러나, 전력부에 현재 미사용설비가 있고 절단부가 내부 전력서비스를 사용하지 않더라도 전력부 고정원가 ₩5,500,000이 계속 발생한다면, 절단부가 전력부의 변동원가인

₩750/kWh을 초과하여 외부 전력업체에 지급하는 금액(₩250/kWh)은 모두 회사에 손해가 된다. 즉, 절단부는 내부에 부담할 금액보다 더 적은 금액으로 외부에서 전력서비스를 구입하여 혜택을 보게 되지만, 전력부의 변동원가를 초과하여 외부에 지급하는 금액만큼 회사에 손해가 되는 것이다. 이처럼 단일배부율에서는 부문 이익과 회사 전체의 이익이 일치되지 않는 **목표불일치**(goal incongruence) 문제가 발생할 수 있다.

이제 ㈜매봉일렉트릭이 이분배부율을 사용하며, 전력부 원가배부를 위해 변동원가에 대해 ₩750/kWh, 고정원가에 대해서는 실제최대조업도를 기준으로 절단부에 일정 금액(lump-sum)인 A(예제 5-5 방법 (나-2)에서는 ₩3,375,000)를 부과한다고 하자. 두 가지 경우로 나누어 생각해보자. 먼저, 전력의 외부구입 가격이 ₩1,000/kWh으로 전력부의 단위당 변동원가 ₩750/kWh보다 높은 경우를 생각해보자. 이때 절단부가 전력을 외부에서 구입하면 절단부가 부담해야 하는 금액은 예산기준으로 '당기예정조업도×₩1,000/kWh+A'이며, 내부 서비스를 이용할 경우 부담해야 할 금액은 '당기예정조업도×₩750/kWh+A'이다. 따라서, 절단부가 전력을 외부에서 구입하면 내부 전력서비스를 이용할 때보다 kWh당 ₩250 더 많이 부담하게 된다. 즉, 절단부가 전력을 외부에서 구입할 경우, 회사에 미치게 될 손해인 kWh당 ₩250을 고스란히 절단부가 떠안게 되는 것이다.

이제 회사 전력부의 단위당 변동원가가 ₩750/kWh이 아닌 ₩1,100/kWh인 경우를 생각해보자. 이 경우 전력부의 단위당 변동원가가 외부구입 가격 ₩1,000/kWh보다 높으므로, 외부구입이 회사 전체적으로 바람직하다. 이때 이분배부율법(변동원가 : 단위당 ₩1,100/kWh, 절단부 배부 고정원가 : A)을 사용한다면, 절단부가 전력을 외부에서 구입하는 경우 절단부가 부담해야 하는 금액은 예산기준으로 '당기예정조업도×₩1,000/kWh+A'이지만, 내부 서비스를 이용할 경우 부담해야 할 금액은 '당기예정조업도×₩1,100/kWh+A'이다. 따라서, 절단부는 외부구입 시에 kWh당 ₩100을 절감하게 된다. 절단부가 전력부 서비스를 사용하지 않고 외부에서 구입하면, 회사 전체적으로도 kWh당 ₩100을 절감할 수 있다. 즉, 이 경우에도 부문과 회사의 이익이 일치한다.

요약하면, 이분배부율에서는 내부에서 전력을 생산하는 데 따른 단위당 변동원가가 외부구입 단가보다 낮은 경우에는 내부 전력서비스를 이용하는 것이 그 단가 차이만큼 이용부문과 회사에 모두 이익이 되며, 반대의 경우에는 외부구입이 그 단가 차이만큼 이용부문과 회사에 모두 이익이 되는 것이다. 이처럼 이분배부율은 부문과 회사 전체의 이익을 일치시키는 **목표일치성**(goal congruence)을 유도할 수 있다. 이것은 이분배부율이 전력부의 고정원가 배부를 예산 수립단계에 미리 확정하여 이용부문 관리자의 의사결정에서 완전히 배제시키기 때문이다[6].

그러나, 이분배부율에서는 이용부서가 실제로 사용한 고정자원에 대한 원가를 측정하여 반영하지 않으므로 고정자원 사용의 장기적인 기회비용을 올바로 반영하지 않는다는 단점이 있으며, 이용부서가 고정원가를 실제사용량에 따라 부담하지 않으므로 고정원가에 대한 통제력이 전체적으로 약화될 수 있다.

또한, 이용부서들이 실제최대조업도와 예정조업도를 속여 낮춰 보고하고자 하는 유인이 있을 수 있으며, 이로 인해 보조부문 서비스에 대한 회사 전체의 총수요 예측과 생산용량 도입에 왜곡이 발생할 수도 있다. 마지막으로, 고정원가와 변동원가를 구분하는 것이 까다로울 수도 있다는 단점이 있다.

3) 보조부문 용역 상호수수와 이분배부율

이분배부율은 보조부문 간 용역 상호수수가 있는 경우에도 직접배부법, 단계배부법, 상호배부법과 함께 사용할 수 있다. 예를 들어, 보조부문의 원가를 배부할 때 이분배부율법과 상호배부법을 함께 사용할 수 있다. 다음 예제를 통해 학습해보자.

예제 5-6

㈜신라밸브는 ㈜고려밸브(예제 5-1)의 경쟁회사로서, 동일한 부문구조를 가지고 있다. ㈜신라밸브는 이분배부율을 사용하여 보조부문의 원가를 배분하며, 고정원가는 예산을 당기 예정조업도를 사용하여 배분하고, 변동원가는 실제발생액을 실제조업도를 사용하여 배분한다. 202X년 창고부의 고정원가 예산은 ₩14,000이며, 변동원가의 실제발생액은 ₩6,000이다. 또 전력부의 고정원가 예산은 ₩230,000이며, 변동원가의 실제발생액은 ₩60,000이다. 창고부와 전력부의 원가를 제조부문으로 배부할 때 직접배부법을 사용한다. 구체적인

(예제 계속)

6 여기서, 전력부의 고정원가는 전력의 외부구입 여부에 관한 의사결정에 아무런 영향을 미치지 않는다. 전력부의 고정원가가 모두 매몰원가이며, 미사용 생산용량이 있어서 전력부 서비스 사용에 따른 기회비용이 없다고 가정했기 때문이다. 고정원가가 있을 때 의사결정에 관한 자세한 설명은 「최신 관리회계」(홍철규, 2024) 참고.

조업도 내역은 표 5-18과 같다. 보조부문의 원가를 이분배부율법을 사용해서 배부해보자.

표 5-18 (주)신라밸브의 202x년 예정조업도 및 실제조업도

	창고부	전력부	절단부	조립부	합 계
예정조업도					
– 창고부(m^2)	–	40	80	80	200
– 전력부(kWh)	1,000	–	6,000	3,000	10,000
실제조업도					
– 창고부(m^2)	–	80	120	200	400
– 전력부(kWh)	2,000	–	8,000	5,000	15,000

고정원가 예산부터 배부해보자. 절단부와 조립부의 예정조업도를 기준으로 배부한다. 배부결과는 표 5-19와 같다.

표 5-19 (주)신라밸브의 직접배부법에 의한 고정원가의 배부 | 예제 5-6

(단위 : 원)

	창고부	전력부	절단부	조립부	합 계
부문 고정원가	14,000	230,000	–	–	244,000
창고부원가 배부	(14,000)	0	7,000 (=14,000×80÷(80+80))	7,000 (=14,000×80÷(80+80))	0
전력부원가 배부	0	(230,000)	153,333.3 (=230,000×6,000÷(6,000+3,000))	76,666.7 (=230,000×3,000÷(6,000+3,000))	0
합 계	0	0	160,333.3	83,666.7	244,000

이제 변동원가 발생액을 배부해보자. 절단부와 조립부의 실제조업도를 기준으로 배부한다. 배부결과는 표 5-20과 같다.

표 5-20 (주)신라밸브의 직접배부법에 의한 변동원가의 배부 | 예제 5-6

(단위 : 원)

	보조부문		제조부문		합 계
	창고부	전력부	절단부	조립부	
부문 변동원가	6,000	60,000	–	–	66,000
창고부원가 배부	(6,000)	0	2,250 (=6,000×120÷(120+200))	3,750 (=6,000×200÷(120+200))	0
전력부원가 배부	0	(60,000)	36,923.1 (=60,000×8,000÷(8,000+5,000))	23,076.9 (=60,000×5,000÷(8,000+5,000))	0
합 계	0	0	39,173.1	26,826.9	66,000

변동원가와 고정원가의 배부결과를 함께 정리하면 표 5-21과 같다.

표 5-21 (주)신라밸브의 202X년 이분배부율에 의한 배부결과 종합

(단위 : 원)

	제조간접원가	절단부	조립부	합 계
창고부				
– 고정원가	(14,000)	7,000	7,000	0
– 변동원가	(6,000)	2,250	3,750	0
전력부				
– 고정원가	(230,000)	153,333.3	76,666.7	0
– 변동원가	(60,000)	36,923.1	23,076.9	0
합 계	(310,000)	199,506.4	110,493.6	0

이처럼 보조부문 간 용역 상호수수가 있을 때도 단일배부율을 사용하든 이분배부율을 사용하든, 직접배부법, 단계배부법, 상호배부법과 함께 사용할 수 있다.

6. 실제배부율과 예정배부율 및 배부기준 선택

우리는 위에서 단일배부율과 이분배부율을 설명할 때 보조부문의 원가배부를 위해 대체로 **예정배부율**(budgeted rate)을 사용했다. 보조부문의 예정배부율은 연도 초 부문별 예산설정과 연도 말 부문의 원가효율성과 성과의 평가 등 경영관리 목적에 유용하게 사용될 수 있기 때문이다. 예정배부율을 사용하면, 보조부문 서비스를 이용하는 부문은 서비스 이용 가격을 미리 알 수 있으므로, 이용부문이 제공부문에 요청할 서비스의 수량에 관한 결정을 내리기가 쉬워진다. 또한, 서비스 외부구입이 허용되면 외부구입 여부에 대한 의사결정도 내릴 수 있게 된다.

또한, 예정배부율을 사용하면, 서비스 제공부문은 자기 부문에서 발생하는 (비)효율적 원가차이(cost variance)를 이용부문으로 전가하지 못하고 자기 부문이 부담해야 할 수 있으므로, 제공부문이 효율성을 향상시킬 유인을 가지게 된다.

그러나, **실제배부율**(actual rate)을 사용하면, 배부율을 연도 말까지 알 수 없으므로 이용부문의 관리자들이 보조부문으로부터 배부받을 배부액에 대한 불확실성이 높아져서 부문계획 수립이 어려워진다.

실제배부율을 고정원가 배분에 사용하면(예제 5-5 방법 (가-3)), 또 다른 문제가 발생한다. 실제배부율에서는 고정원가를 각 이용부문의 실제조업도에 비례하여 배분하게 되므로, 어떤 이용부문이 제공부문의 서비스 사용량을 늘리지 않더라도 다른 이용부문의 서비스 사용량이 줄어들면 배부받는 고정원가가 증가하게 된다. 이처럼 실제배부율에서는 고정원가 배부액이 다른 이용부문의 실제조업도에 의해 크게 영향을 받게 되는 문제가 발생한다.

다음으로, 배부기준 선택에 관해 살펴보자. 변동원가의 경우에는 예정배부율에다 실제조업도를 배부기준으로 해서 배부하는 것이 합리적이지만, 고정원가의 경우에는 예정배부율을 사용하더라도 실제조업도를 배부기준으로 사용하면(예제 5-5 방법 (가-2)), 목표불일치 등의 문제가 발생할 수 있다(위에서 설명한 단일배부율의 문제점).

7. 공통원가의 배부

둘 이상의 원가대상(이용자, 제품, 부문 등)이 설비나 활동 등을 공유함으로써 원가절감 시너지가 발생할 때, 함께 공유하는 설비나 활동 등의 원가를 **공통원가**(common costs)라고 한다. 즉, 각자 독립적으로 설비를 구축하거나 활동을 수행하는 것보다 함께 공유함으로써 원가를 절감할 수 있을 때 공통원가가 발생한다.

공통원가는 원가계산 측면에서 **간접원가**(indirect costs)의 일종으로서, 주위에서 매우 흔히 발견할 수 있다. 꽃집에서 커피나 액세서리를 함께 팔거나, 두 명 이상의 전문직 종사자들이 사무실 공간을 함께 임대해서 사용하는 경우를 예로 들 수 있다. 이때 공유하는 설비나 활동의 원가를 어떻게 배분할 것인가 하는 문제가 대두된다. 공통원가의 배부는 원가배분기준 중에서 인과관계기준이나 수혜기준을 적용하기 어려워 일종의 공정성기준을 적용하여 배부할 수 있다. 예를 들어, 월 임대료 375만원을 내고 꽃집에서 커피와 액세서리를 함께 판매한다고 하자. 임대료를 배부하는 방법에는 두 가지가 있다.

첫째, **독립원가배부법**(stand-alone cost allocation method)이다. 이 방법은 각 원가대상들이 해당 설비나 활동을 각자 독립적으로 구축하거나 수행할 때 발생하는 원가, 즉, 독립원가를 기준으로 공통원가를 배부하는 방법이다. 만약 현재 수준의 꽃, 커피, 액세서리 판매를 위해 각각 별도의 공간을 확보할 경우, 각각 월 250만원, 150만원, 100만원의 임대료가 발생한다고 하자. 이때 공통원가 375만원을 각각의 독립원가에 비례해서 배분하면 다음과 같다.

- **꽃 판매** : 250 ÷ (250 + 150 + 100) × 375만원 = 187.5만원
- **커피 판매** : 150 ÷ (250 + 150 + 100) × 375만원 = 112.5만원
- **액세서리 판매** : 100 ÷ (250 + 150 + 100) × 375만원 = 75만원

둘째, **증분원가배부법**(incremental cost allocation method)이다. 이 방법은 설비나 활동을 공유하는 대상 중에 공통원가의 발생에 가장 책임이 큰 대상(대상 1)은 자신이 혼자 해당 설비나 활동을 구축하거나 수행할 때 발생시킬 원가, 즉 대상 1의 독립원가에 해당하는 금액을 부담한다. 다음 순위로 책임이 큰 대상(대상 2)은 대상 1과 대상 2가 함께 설비나 활

동을 공유할 때 발생할 금액에서 대상 1이 독립적으로 발생시킬 원가(대상 1의 독립원가)를 제외한 증분원가를 부담한다. 그다음 대상 3은 마찬가지로 대상 1, 대상 2, 대상 3이 함께할 때 발생시킬 공통원가에서 대상 1과 대상 2가 함께할 때 발생시킬 공통원가를 제외한 원가, 즉 대상 3의 증분원가를 부담한다. 공유하는 대상이 더 많으면 이와 같은 과정을 계속해서 계산하면 된다.

위의 꽃집의 예에서 공통원가 발생에 대한 책임이 꽃, 액세서리, 커피 판매의 순이라고 하자. 그리고, 꽃과 액세서리를 함께 판매할 경우에 발생할 공통원가는 320만원이라고 하자. 이 경우, 증분원가배부법에 따른 공통원가 배부는 다음과 같다.

- **꽃 판매** : 250만원(독립원가)
- **액세서리 판매** : 320만원 − 250만원 = 70만원
- **커피 판매** : 375만원 − 320만원 = 55만원

증분원가배부법의 단점은 관련된 원가대상들에 대한 순서를 정하기 쉽지 않을 수 있다는 것이다. 대상들은 가능한 한 후순위를 주장하여 적은 원가를 부담하고자 할 것이다.

위 두 방법이 가지고 있는 한계점이 있다. 일부 원가대상들이 전체 설비와 활동의 공유를 포기하고, 소규모로 별도의 독립그룹을 형성할 가능성이 있다. 이런 현상은 소규모 그룹이 별도로 독립할 때 발생하는 원가가 이들이 전체 그룹에 속할 때 배분받는 원가의 합계보다 적을 때 일어날 수 있다. 이 문제를 해결하기 위해 게임이론을 이용한 배분방법을 사용할 수 있다.

8. 부문별 원가배분에 대한 찬반론

제조간접원가나 판매비와관리비를 이용부문에 배분하는 데 대해 여러 찬반 의견이 있다. 원가배분에 반대하는 가장 큰 이유는 원가배분이 임의적(arbitrary)이어서 배분결과가 담당

자별로 다를 수 있다는 것이다[7]. 원가배분을 찬성하는 측에서는 대체로 다음과 같은 이유를 들고 있다.

첫째, 제품 가격결정 시에 간접원가가 존재한다는 사실을 인식시킴으로써, 간접원가의 회수에 대한 책임을 부여할 수 있다.

둘째, 간접원가를 배분받는 부서(용역 이용부서)들이 용역 제공부서의 원가 발생을 감시하고 원가증가에 대해 압력을 행사하게 되어, 원가통제 측면에서 바람직하다.

셋째, 간접원가 배분을 함으로써 용역 이용부서들이 해당 서비스를 과다하게 사용하는 것을 방지할 수 있다.

7 특히, 공통원가의 배분이나 결합원가 배분(제10장)은 인과관계기준에 의한 배분이 불가능해서 임의성을 벗어나기 어렵다. 그러나, 그 외의 간접원가는 활동기준원가계산(제6장)을 이용하여 배분의 임의성을 크게 줄일 수 있다.

[보론 1] 상호배부법과 외부구입 의사결정

상호배부법을 이용한 보조부문 원가의 배부방법은 보조부문의 폐지와 용역의 외부구입에 관한 의사결정에 대해 유용한 정보를 제공한다. 앞의 ㈜고려밸브 예제 5-1에서 회사가 전력부를 폐지하고 외부에서 전력을 구매하는 것이 바람직한지를 검토하고 있다고 하자. 이 의사결정은 관리회계에서 아웃소싱(outsourcing) 여부 의사결정에 해당하는 분야이다. 전력부 폐지 여부는 202X년 예산 자료를 이용하여 결정한다고 하자.

먼저, 내부의 전력부를 폐지할 경우, 외부로부터 구입해야 하는 전기 용량은 다음과 같이 계산할 수 있다.

$$\text{절단부 } 6{,}000\text{kWh} + \text{조립부 } 3{,}000\text{kWh} + \text{창고부 } 1{,}000\text{kWh} \times (1-0.2) = 9{,}800\text{kWh}$$

여기서 창고부가 현재 사용하고 있는 전력 1,000kWh 전부가 필요하지는 않다는 것에 유의하자. 현재 전력부가 창고부의 서비스를 20% 사용하고 있기 때문에 전력부를 폐지할 경우 창고부가 제공해야 하는 용역은 20% 줄어들게 된다. 이로 인해, 창고부가 사용해야 하는 전력도 20% 줄어들게 된다. 따라서, 외부구입 필요 전력량은 총 9,800kWh이다.

다음으로, 외부구입 시에 지불할 용의가 있는 금액을 계산해보자. 외부에 지불할 용의가 있는 최대금액은 현재 전력부에서 발생하는 원가(예제에서 ₩290,000) 전부가 아니라, 전력의 내부 생산을 중단할 경우 절약할 수 있는 현금지출 감소액과 전력 내부 생산으로 인한 기회비용을 더한 값이 될 것이다. 여기서 현금지출 감소액을 회피가능원가(avoidable costs)라고 한다. 즉, 다음과 같이 표현할 수 있다.

$$\text{외부에 지불할 용의가 있는 최대금액} = \text{회피가능원가} + \text{기회비용}$$

문제를 단순화하기 위해 전력 내부생산으로 인한 기회비용은 없는 것으로 가정한다. 보조부문의 원가예산의 구성이 표(보론) 5-1과 같다고 하자[8].

표(보론) 5-1 보조부문의 원가구성

(단위 : 원)

	창고부	전력부	합 계
회피불능원가	14,000	216,000	230,000
회피가능원가	6,000	74,000	80,000
총원가	20,000	290,000	310,000

기회비용은 없는 것으로 가정했으므로 외부에 지불할 용의가 있는 최대금액은 다음과 같이 계산된다.

외부에 지불할 용의가 있는 최대금액 = 전력부 회피가능원가 ₩74,000 + 창고부 ₩6,000 × 0.2

= ₩75,200

전력의 내부생산을 중단할 경우, 내부적으로 절약할 수 있는 금액(회피가능원가)은 전력부에서 ₩74,000이며, 창고부에서 용역제공 규모 20% 축소로 인해 절약할 수 있는 금액이 ₩1,200으로서, 총 ₩75,200이다.

종합하면, 외부구입 필요전력 9,800kWh를 ₩75,200 이하의 가격으로 공급받을 수 있는 경우에 외부구입을 고려하게 된다. 이를 물량 한 단위당 원가로 계산해보면, ₩75,200 ÷ 9,800kWh = ₩7.6735/kWh이다. 즉, 외부 구입 시 지불할 용의가 있는 최대단가는 kWh당 ₩7.6735이다. 만약 외부 전력구입 가격이 이 금액보다 낮은 경우에는 전력부를 폐지하고 전력 외부구입을 고려하는 것이 바람직하다.

이처럼 다소 복잡한 과정을 통해 계산되는 외부 구입단가는 상호배부법의 결과를 이용하면 비교적 간단히 계산할 수 있다. 창고부의 총괄원가를 A, 전력부의 총괄원가를 B로

8 전력부의 원가를 예로 들어보자. 총 ₩290,000 중에 ₩216,000이 전력생산설비의 감가상각비라면, 이 비용은 전력생산을 중단하더라도 계속 발생하는 회피불능원가(unavoidable costs)이다. 또한, 설비를 다른 용도로 활용하거나 처분할 경우에도 이로 인해 발생할 수 있는 순현금유입이 없다면 기계사용에 따른 기회비용이 없다. 나머지 ₩74,000은 연료비 등 전력생산에 필요한 비용으로서, 생산 중단 시 발생하지 않게 되는 회피가능원가라고 하자. 회피불능원가는 전력 외부구입 시에도 계속 발생하는 원가로서 내부구입이든 외부구입이든 차이가 없으므로 의사결정 시에 고려할 필요가 없다. 회피가능원가/회피불능원가의 구분과 변동원가/고정원가의 구분이 항상 일치하는 것은 아니다. 고정원가 중에서도 회피가능원가가 있을 수 있다(제2장 참고).

하여 방정식을 세우면, 상호배부법의 계산식은 다음과 같다.

$$A = 6{,}000 + 0.1B$$
$$B = 74{,}000 + 0.2A$$

여기서 주의할 점은 위 방정식에서 보조부문의 자체 원가로 회피가능원가(₩6,000, ₩74,000)를 사용해야 한다는 것이다. 이를 풀면, A=₩13,673.5, B=₩76,734.7이 된다.

상호배부법을 사용하여 계산한 총괄원가를 이용하여, 전력 외부구입 최대 단가를 다음과 같이 계산할 수 있다.

전력 외부구입 단가(상호배부법) = B ÷ 내부공급물량
= ₩76,734.7 ÷ 10,000kWh
= ₩7.6735/kWh

위에서 분모의 물량은 외부구입 필요물량이 아닌 내부공급물량을 사용해야 한다는 점에 유의해야 한다. 상호배부법을 이용하여 계산한 단가와 외부구입 필요물량과 외부 지불 최대금액을 계산하여 구한 단가가 같다는 것을 알 수 있다. 따라서 상호배분법을 이용해서 계산한 단가를 외부 시장가격과 비교하여 서비스의 아웃소싱 여부를 결정하거나 내부 보조부문의 효율성을 판단할 수 있다.

참고로, 상호배부법을 이용한 배부결과는 **표(보론) 5-2**와 같다.

표(보론) 5-2 회피가능원가를 사용한 상호배부법

(단위 : 원)

	창고부	전력부	절단부	조립부	합 계
부문 원가	6,000	74,000	0	0	80,000
창고부원가 배부	(13,673.5)	2,734.7	5,469.4	5,469.4	0
전력부원가 배부	7,673.5	(76,734.7)	46,040.8	23,020.4	0
합 계	0	0	51,510.2	28,489.8	80,000

[보론 2] 보조부문 용역의 자가소비

우리는 앞에서 보조부문이 제공하는 용역의 일부를 자체에서 소비하는 **자가소비**가 없다고 가정하였다. 여기에서는 자가소비가 존재하는 경우에 보조부문의 원가를 제조부문으로 배부하는 방법에 대해 살펴보자.

이제 예제 5-1에서 창고부가 제공하는 용역을 전력부가 20% 소비하는 대신 15% 소비하며, 나머지 5%는 창고부가 자가소비한다고 하자. 이 경우 용역 소비비율은 표(보론) 5-3과 같다.

표(보론) 5-3 자가소비가 있을 경우의 용역이용 비율

	창고부	전력부	절단부	조립부	합 계
창고부	5%	15%	40%	40%	100%
전력부	10%	0	60%	30%	100%
부문 원가(원)	20,000	290,000	500,000	600,000	1,410,000

자가소비가 있을 때 원가배부는 다음 두 가지 방법 중에 하나를 사용할 수 있다. 어떤 방법을 사용하든 제조부문으로의 원가배부 결과는 같다. 상호배부법에 대해 설명해보자.

1 (자가소비 비인식법) 자가소비를 인식하지 않고 계산하는 방법이다.

상호배부법에서 창고부의 총괄원가를 A1, 전력부의 총괄원가를 B1이라고 하자.

$$A1 = 20{,}000 + 0.1B1$$

$$B1 = 290{,}000 + (0.15 \div 0.95)A1$$

전력부의 총괄원가를 나타내는 두 번째 식에서 (0.15 ÷ 0.95)는 창고부의 용역 중에서 자가소비 비율인 0.05를 제외한(비인식) 용역제공 총비율은 0.95이며, 이 중에서 전력부가 사용한 비율이 0.15임을 나타낸다. 위 방정식을 풀면, A1 = 49,786, B1 = 297,861이다. 비인식법에서 창고부와 전력부의 총괄원가는 표(보론) 5-4와 같이 각 부문에 배분한다.

표(보론) 5-4 자가소비 비인식법에 의한 배분(상호배부법)

	보조부문		제조부문		합 계
	창고부	전력부	절단부	조립부	
부문 원가	₩20,000	₩290,000	₩500,000	₩600,000	₩1,410,000
창고부원가 배부	(A1)	(0.15÷0.95)A1	(0.4÷0.95)A1	(0.4÷0.95)A1	0
전력부원가 배부	0.1B1	(B1)	0.6B1	0.3B1	0
합 계	0	0			₩1,410,000

창고부의 총괄원가 A1은 전력부, 절단부, 조립부에 각각 (0.15÷0.95)A1, (0.4÷0.95)A1, (0.4÷0.95)A1 배부된다. 전력부의 총괄원가 B1은 창고부, 절단부, 조립부에 각각 0.1B1, 0.6B1, 0.3B1으로 배부된다. 참고로, 세로 방향으로 창고부와 전력부의 원가배부 실시 후 합계가 "0"인데, 이는 위의 방정식과 같은 의미임을 알 수 있다. 위의 배부방식을 따라 각 부문으로 배부한 결과는 표(보론) 5-5와 같다(반올림 처리함).

표(보론) 5-5 자가소비 비인식법에 의한 배부(상호배부법)

(단위 : 원)

	보조부문		제조부문		합 계
	창고부	전력부	절단부	조립부	
부문 원가	20,000	290,000	500,000	600,000	1,410,000
창고부원가 배부	(49,786)	7,861	20,962	20,963	0
전력부원가 배부	29,786	(297,861)	178,717	89,358	0
합 계	0	0	699,679	710,321	1,410,000

2 (자가소비 인식법) 보조부문의 자가소비를 명시적으로 인식하여 계산하는 방법이다.

상호배부법에서 창고부의 총괄원가를 A2, 전력부의 총괄원가를 B2라고 하자.

$$A2 = 20,000 + 0.1B2 + 0.05A2$$

$$B2 = 290,000 + 0.15A2$$

창고부의 총괄원가를 나타내는 첫 번째 식은 창고부가 자가소비한 비율 0.05만큼 창고부로 다시 배부받는다는 것을 의미한다. 위 방정식을 풀면, A2=52,406.4, B2=297,860.9이다. 인식법에서 창고부와 전력부의 총괄원가를 각 부문에 배분하면 표(보론) 5-6과 같다.

표(보론) 5-6 자가소비 인식법에 의한 배분(상호배부법)

	보조부문		제조부문		합 계
	창고부	전력부	절단부	조립부	
부문 원가	₩20,000	₩290,000	₩500,000	₩600,000	₩1,410,000
창고부원가 배부	(A2)+0.05A2	0.15A2	0.4A2	0.4A2	0
전력부원가 배부	0.1B2	(B2)	0.6B2	0.3B2	0
합 계	0	0			₩1,410,000

창고부의 총괄원가 A2는 전력부, 절단부, 조립부에 각각 0.15A2, 0.4A2, 0.4A2 배부되며, 자신의 부서에도 다시 0.05A2 배부된다. 전력부의 총괄원가 B2는 창고부, 절단부, 조립부에 각각 0.1B2, 0.6B2, 0.3B2 배부되는데, 이는 비인식법과 동일한 것이다. 여기에서도, 세로 방향으로 창고부와 전력부의 원가배부 실시 후 합계가 "0"인데, 이는 위의 방정식과 같다는 것을 확인할 수 있다. 위의 배부방식을 따라 각 부문으로 배부한 결과는 표(보론) 5-7과 같다(반올림 처리함).

표(보론) 5-7 자가소비 인식법에 의한 배부(상호배부법)

(단위 : 원)

	보조부문		제조부문		합 계
	창고부	전력부	절단부	조립부	
부문 원가	20,000	290,000	500,000	600,000	1,410,000
창고부원가 배부	(49,786)	7,861	20,962	20,963	0
전력부원가 배부	29,786	(297,861)	178,717	89,358	0
합 계	0	0	699,679	710,321	1,410,000

자가소비 비인식법과 인식법의 배분결과를 비교해보면, 자가소비가 있는 창고부의 총괄원가 A1과 A2는 값이 다르지만, 자가소비가 없는 전력부의 총괄원가 B1과 B2는 값이 같음을 알 수 있다. 그리고, 제조부문인 절단부와 조립부로 원가를 배부한 최종 결과가 같

다는 것을 확인할 수 있다. 결론적으로, 비인식법과 인식법은 제2단계에서 같은 배부결과를 가져오므로 어느 방법을 사용하든 상관없으나, 정확하게 사용해야 한다.

[보론 3] 단일배부율과 이분배부율의 포괄적인 예제

여기에서는 본문에서 설명한 단일배부율과 이분배부율에 관해 포괄적으로 설명하고, **미사용 생산용량**(unused capacity)의 원가를 별도로 구분하는 방법도 설명한다. 다음 예제를 통해 학습해보자.

예제(보론) 5-1

본문의 예제 5-5의 ㈜매봉일렉트릭의 202X년 자료(표 5-15)를 다시 사용하자.

표 5-15 ㈜매봉일렉트릭의 202X년 전력부 관련 자료

[전력부 예산 및 실제 발생원가] (단위 : 원)

고정원가예산	5,500,000
변동원가예산	750/kWh
실제고정원가	5,500,000
실제변동원가	6,200,000

[전력부 용역 사용 관련 조업도] (단위 : kWh)

이용부문	당기예정조업도 (a)	실제최대조업도 (b)	실제조업도 (c)
절단부	5,000	5,400	4,900
조립부	3,000	3,400	3,200
합 계	8,000	8,800	8,100

표(보론) 5-8에 제시한 방법들은 부문별 예산수립, 원가배부 시에 고려할 수 있는 방법들이다. 각 방법을 사용하여 전력부의 원가를 이용부문에 배부해보자(방법 1가, 1다, 1마,

(예제 계속)

2가, 2라, 2자는 본문에 이미 설명한 방법이지만, 비교를 위해 모두 나열하였다.)

표(보론) 5-8 단일배부율법과 이분배부율법

1. 단일배부율법	[사용목적]
1가. 예배(당기예조), 당기예조	예산수립
1나. 예배(실제최조), 실제최조	예산수립
1다. 예배(당기예조), 실조	원가배부
1라. 예배(실제최조), 실조	원가배부
1마. 실배, 실조	원가배부
2. 이분배부율법	**[사용목적]**
2가. 고정원가는 예배(실제최조), 실제최조 / 변동원가는 예배, 당기예조	예산수립
2나. 고정원가는 예배(실제최조), 당기예조 / 변동원가는 예배, 당기예조	예산수립
2다. 고정원가는 예배(당기예조), 당기예조 / 변동원가는 예배, 당기예조	예산수립
2라. 고정원가는 예배(실제최조), 실제최조 / 변동원가는 예배, 실조	원가배부
2마. 고정원가는 예배(실제최조), 당기예조 / 변동원가는 예배, 실조	원가배부
2바. 고정원가는 예배(당기예조), 당기예조 / 변동원가는 예배, 실조	원가배부
2사. 고정원가는 예배(실제최조), 실제최조 / 변동원가는 실배, 실조	원가배부
2아. 고정원가는 예배(실제최조), 당기예조 / 변동원가는 실배, 실조	원가배부
2자. 고정원가는 예배(당기예조), 당기예조 / 변동원가는 실배, 실조	원가배부

* 당기예조 : 당기예정조업도, 실제최조 : 실제최대조업도, 실조 : 실제조업도, 예배 : 예정배부율, 실배 : 실제배부율

위의 각 방법에서 첫째 항목은 사용하는 배부율과 배부율 계산에 사용되는 조업도를 나타내며 뒷 항목은 배부기준 조업도를 나타낸다. 예를 들어, 방법 1다. "예배(당기예조), 실조"는 배부율은 당기예정조업도를 사용하여 계산한 예정배부율을 사용하며, 이 예정배부율에 실제조업도를 곱하여 부문별 배부액을 계산한다는 의미이다. **단일배부율법**을 이용한 전력부 원가의 배부결과는 **표(보론) 5-9**와 같다.

표(보론) 5-9 단일배부율법에 의한 전력부 원가의 배부 | 예제(보론) 5-1

(단위 : 원)

방법	배부율* (1)	절단부	조립부	(계산내역)**	합 계	비 고
1가	1,437.5	7,187,500	4,312,500	(1)×(a)	11,500,000	
1나	1,375	7,425,000	4,675,000	(1)×(b)	12,100,000	
1다	1,437.5	7,043,750	4,600,000	(1)×(c)	11,643,750	고정원가 배부차이 발생
1라	1,375	6,737,500	4,400,000	(1)×(c)	11,137,500	미사용 생산용량의 원가 별도 구분
1마	1,444.44	7,077,778	4,622,222	(1)×(c)	11,700,000	

* 1가, 1다 : ₩5,500,000÷8,000kWh+₩750, 1나, 1라 : ₩5,500,000÷8,800kWh+₩750,
1마 : (₩5,500,000+₩6,200,000)÷8,100kWh

** (a),(b),(c)는 표 5-15에 있는 조업도

방법 1다의 경우, 실제조업도의 합계와 당기예정조업도의 합계가 다른 경우에는 원가배부 단계에서 고정원가의 예산(발생액)과 배부액 간에 차이가 발생할 수 있다. 본 예제의 경우, 고정원가의 배부차이는 고정원가의 암묵적 예정배부율인 ₩687.5(=₩5,500,000÷8,000kWh)에다 조업도 수량의 차이 100kWh(=8,100kWh−8,000kWh)를 곱하면 ₩687,500으로 계산된다.

방법 1나와 1라에서 실제최대조업도를 사용한 예정배부율은 다음과 같이 계산한다.

[올바른 방법]

(고정원가 예산÷실제최대조업도)+단위당 변동원가 예산

=(₩5,500,000÷8,800kWh)+₩750

=₩625+₩750=₩1,375

여기서 고정원가 예산과 변동원가 예산을 합한 금액을 실제최대조업도로 나누어 예정배부율을 다음과 같이 계산하지 않도록 주의해야 한다.

[잘못된 방법]

(고정원가 예산 + 변동원가 예산) ÷ 실제최대조업도

= (₩5,500,000 + ₩750 × 8,000kWh) ÷ 8,800kWh

= ₩11,500,000 ÷ 8,800kWh = ₩1,306.8

고정원가 예산과 변동원가 예산을 합한 금액을 실제최대조업도로 나누면, 변동원가 예산마저 실제최대조업도 기준으로 단위당 배부율을 계산하는 결과를 가져오기 때문이다. 따라서, 실제최대조업도를 사용하여 예정배부율을 계산할 때는 항상 고정원가와 변동원가 각각에 대해 배부율을 먼저 계산한 다음, 단일배부율의 경우에는 이를 합하여 예정배부율로 사용하면 된다.

방법 1라에서는 고정원가가 실제최대조업도를 사용하여 계산한 예정배부율 ₩625을 통해 이용부문의 실제조업도를 기준으로 배부되므로, 고정원가 중에서 **미사용 생산용량(unused capacity)**에 해당하는 원가는 처음부터 배부대상에서 배제되고, 별도로 기록된다. 여기서 미사용 생산용량에 할당되는 고정원가 금액은 다음과 같이 계산된다. 미사용 생산용량은 실제최대조업도와 실제조업도의 차이로서, 사용되지 않고 남은 용량이다.

₩625 × (8,800kWh − 8,100kWh) = ₩437,500

이분배부율법을 이용한 전력부 원가의 배부결과는 **표(보론) 5-10**과 같다. 이분배부율법에서도 실제최대조업도를 이용하여 고정원가 배부율을 계산한 뒤 예산조업도 기준으로 배부하면, 미사용 생산용량의 원가가 예산수립 단계부터 별도로 분리된다(방법 2나, 2마, 2아)[9]. 이분배부율에서 고정원가 중에 미사용 생산용량의 원가는 다음과 같이 계산한다.

₩625 × (8,800kWh − 8,000kWh) = ₩500,000

9 본 예제는 이용부문별로 실제최대조업도를 알 수 있는 경우이지만, 이용부문별로 실제최대조업도가 할당되어 있지 않은 경우에는 부문별 실제최대조업도 기준으로 배분할 수 없다. 그 경우, 예정배부율은 제공부문의 총 실제최대조업도를 이용해서 계산할 수 있지만, 부문별 원가배부는 부문별 당기예정조업도 기준으로 실시해야 한다(추가 예제는 Datar and Rajan의 『Horngren's cost accounting』 참고).

이분배부율에서 미사용 생산용량은 실제최대조업도와 당기예정조업도의 차이로서, 예산수립 단계에서의 미사용 생산용량을 말한다(이와 달리, 단일배부율에서 미사용 생산용량은 작업 진행 후 실제최대조업도와 실제조업도와의 차이임). 이분배부율에서는 고정원가를 실제조업도 기준으로 배부하지 않고 예산수립 단계에서 배부가 확정되기 때문이다.

이처럼 실제최대조업도를 이용하여 고정원가 예정배부율을 계산한 뒤 다른 조업도(단일배부율에서는 실제조업도, 이분배부율에서는 예정조업도) 기준으로 배부하면, 미사용 생산용량에 대한 원가를 별도로 보고할 수 있다. 미사용 생산용량의 원가는 경영진의 주의를 환기시키는 효과가 있으며, 미사용 자원에 대한 원가를 이용부문에 부과하지 않음으로써 이용부문의 부담을 완화시켜준다. 원가를 기초로 제품의 가격을 산정하는 경우, 이용부문에 미사용 자원의 원가를 부담시키면 제품원가가 과다하게 증가하여 수요의 나선형 하방 추락(downward demand spiral)과 같은 심각한 문제가 발생할 수 있다(제7장 변동원가계산 참고).

표(보론) 5-10 이분배부율법에 의한 전력부 원가의 배부 | 예제(보론) 5-1

(단위 : 원)

			절단부	조립부		합 계	비 고
방법	원가	배부율* (1)			(계산내역)**		
2가	고정	625	3,375,000	2,125,000	(1)×(b)	5,500,000	
	변동	750	3,750,000	2,225,000	(1)×(a)	6,000,000	
2나	고정	625	3,125,000	1,875,000	(1)×(a)	5,000,000	미사용 ₩500,000
	변동	750	3,750,000	2,225,000	(1)×(a)	6,000,000	
2다	고정	687.5	3,437,500	2,062,500	(1)×(a)	5,500,000	
	변동	750	3,750,000	2,225,000	(1)×(a)	6,000,000	
2라	고정	625	3,375,000	2,125,000	(1)×(b)	5,500,000	
	변동	750	3,675,000	2,400,000	(1)×(c)	6,075,000	
2마	고정	625	3,125,000	1,875,000	(1)×(a)	5,000,000	미사용 ₩500,000
	변동	750	3,675,000	2,400,000	(1)×(c)	6,075,000	
2바	고정	687.5	3,437,500	2,062,500	(1)×(a)	5,500,000	
	변동	750	3,675,000	2,400,000	(1)×(c)	6,075,000	

(표 계속)

방법	원가	배부율* (1)	절단부	조립부	(계산내역)**	합 계	비 고
2사	고정	625	3,375,000	2,125,000	(1)×(b)	5,500,000	
	변동	765.4	3,750,617	2,449,383	(1)×(c)	6,200,000	
2아	고정	625	3,125,000	1,875,000	(1)×(a)	5,000,000	미사용 ₩500,000
	변동	765.4	3,750,617	2,449,383	(1)×(c)	6,200,000	
2자	고정	687.5	3,437,500	2,062,500	(1)×(a)	5,500,000	
	변동	765.4	3,750,617	2,449,383	(1)×(c)	6,200,000	

* (고정원가) 2가, 2나, 2라, 2마, 2사, 2아 : ₩5,500,000÷8,800kWh
2다, 2바, 2자 : ₩5,500,000÷8,000kWh
(변동원가) 2가, 2나, 2다, 2라, 2마, 2바 : ₩750
2사, 2아, 2자 : ₩6,200,000÷8,100kWh

** (a),(b),(c)는 표 5-15에 있는 조업도

연습문제

객관식

01 원가배분기준

다음 중 원가계산 목적상 원가배분기준으로 가장 적합한 기준은?

① 인과관계기준 ② 수혜기준 ③ 공정성기준 ④ 부담능력기준

02 원가배분기준

정부와 계약을 통해 제품을 공급하는 경우와 같이, 계약 쌍방이 최종적으로 상호 만족스러운 가격에 도달할 수 있는 수단을 찾을 때 사용하는 원가배분기준은?

① 인과관계기준 ② 수혜기준 ③ 공정성기준 ④ 부담능력기준

03 보조부문 원가의 배부

보조부문 원가의 배부에 관한 다음 설명 중 틀린 것을 모두 묶은 것은?

a. 보조부문 원가를 제조부문으로 먼저 배부하는 이유는 보조부문 원가와 원가대상의 직접적인 관계를 찾기 어렵기 때문이다.
b. 보조부문에서 발생하는 원가는 모두 간접원가이며, 제조부문에서 발생하는 원가는 모두 직접원가이다.
c. 보조부문이 한 개인 경우에도 상호배부법을 사용해야 정확한 원가배부가 이루어진다.
d. 보조부문 상호 간 용역수수가 없으면 직접배부법을 사용한다.
e. 보조부문 원가를 용역을 이용한 모든 부문에 연속적으로 배분하면 상호배부법과 동일한 결과가 나온다.

① a, c, e ② a, d, e ③ b, c. e ④ b, c

04 보조부문 원가의 배부 (2016 세무사)

부문별 원가계산에 관한 설명으로 옳지 않은 것은?

① 단계배부법은 보조부문의 배부순서가 달라져도 배부금액은 차이가 나지 않는다.
② 단계배부법은 보조부문 간의 서비스 제공을 한 방향만 고려하여 그 방향에 따라 보조부문의 원가를 단계적으로 배부한다.

③ 상호배부법은 보조부문 간의 상호배부를 모든 방향으로 반영한다.
④ 단계배부법은 한 번 배부된 보조부문의 원가는 원래 배부한 보조부문에는 다시 배부하지 않고 다른 보조부문과 제조부문에 배부한다.
⑤ 직접배부법은 보조부문 간에 주고받는 서비스 수수관계를 전부 무시한다.

05 직접배부법 2019 관세사

㈜관세는 제조부문(절단, 조립)과 보조부문(수선, 동력)을 이용하여 제품을 생산하고 있다. 수선부문과 동력부문의 부문원가는 각각 ₩250,000과 ₩170,000이며 수선부문은 기계시간, 동력부문은 전력소비량(kWh)에 비례하여 원가를 배부한다. 각 부문 간의 용역수수 관계는 다음과 같다.

사용부문 / 제공부문	제조부문		보조부문	
	절 단	조 립	수 선	동 력
수 선	60시간	20시간	8시간	12시간
동 력	350kWh	450kWh	140kWh	60kWh

㈜관세가 보조부문원가를 직접배부법으로 제조부문에 배부할 경우, 절단부문에 배부될 보조부문원가는? (단, 보조부문의 자가소비분은 무시한다.)

① ₩189,500 ② ₩209,500 ③ ₩226,341 ④ ₩236,875 ⑤ ₩261,875

06 직접배부법 2021 관세사

다음은 ㈜관세의 부문원가를 배부하기 위한 배부기준과 원가자료이다.

	보조부문		제조부문	
	S1	S2	P1	P2
기계시간	–	200	400	400
전력량(kWh)	100	–	300	200
점유면적(m^2)	10	20	30	40
부문개별원가	₩240,000	₩160,000	₩400,000	₩600,000
부문공통원가	₩100,000			

부문공통원가는 점유면적을 기준으로 배부한다. 보조부문원가는 S1은 기계시간, S2는 전력량을 기준으로 직접배분법을 사용하여 제조부문에 배부한다. 제조부문 P1의 배부 후 총원가는?

① ₩663,000 ② ₩674,000 ③ ₩682,000 ④ ₩686,000 ⑤ ₩694,000

07 단계배부법 (2016 국가직 9급)

㈜한국에는 보조부문에 수선부와 전력부가 있고, 제조부문에 A와 B가 있다. 수선부의 변동원가 당기 발생액은 ₩10,000이며, 전력부와 두 제조부문에 1,000시간의 수선 용역을 제공하였다. 전력부의 변동원가 당기 발생액은 ₩7,000이며, 수선부와 두 제조부문에 2,000kWh의 전력을 제공하였다. ㈜한국이 보조부문 원가 중 수선부 원가를 먼저 배부하는 단계배부법을 사용할 경우, 제조부문 A에 배부되는 보조부문의 원가는?

제공 \ 사용	수선부	전력부	제조부문 A	제조부문 B
수선부(시간)	–	200	500	300
전력부(kWh)	500	–	1,000	500

① ₩11,000　② ₩12,000　③ ₩13,000　④ ₩14,000

08 단계배부법 (2015 감정평가사)

㈜감평은 두 개의 보조부문(X부문, Y부문)과 두 개의 제조부문(A부문, B부문)으로 구성되어 있다. 각각의 부문에서 발생한 부문원가는 A부문 ₩100,000, B부문 ₩200,000, X부문 ₩140,000, Y부문 ₩200,000이다. 각 보조부문이 다른 부문에 제공한 용역은 다음과 같다.

제공부문 \ 사용부문	보조부문		제조부문	
	X부문	Y부문	A부문	B부문
X부문(kWh)	–	50,000	30,000	20,000
Y부문(기계시간)	200	–	300	500

㈜감평이 단계배부법을 이용하여 보조부문원가를 제조부문에 배부할 경우, A부문과 B부문 각각의 부문원가 합계는? (단, 배부 순서는 Y부문의 원가를 먼저 배부한다.)

	A부문 원가 합계	B부문 원가 합계
①	₩168,000	₩172,000
②	₩202,000	₩328,000
③	₩214,000	₩336,000
④	₩244,000	₩356,000
⑤	₩268,000	₩372,000

09 단계배부법 (2012 CPA)

㈜갑은 현재 보조부문의 원가를 생산부문의 부문직접원가를 기준으로 배부하고 있다. 생산부문과 보조부문의 관련 자료는 다음과 같다.

	생산부문		보조부문	
	A	B	C	D
부문직접원가	500만원	400만원	300만원	600만원
서비스 제공비율				
보조부문 C	40%	50%	–	10%
보조부문 D	30%	60%	10%	–

㈜갑은 보조부문 C의 원가를 우선 배부하는 단계배부법으로 보조부문의 원가배부방법을 변경하고자 한다. 이 변경이 생산부문 A에 배부되는 보조부문원가에 미치는 영향은?

① 90만원 감소 ② 120만원 증가 ③ 150만원 증가
④ 170만원 감소 ⑤ 190만원 증가

10 단계배부법 2020 세무사

㈜세무는 제조부문(금형, 조립)과 보조부문(유지, 동력)을 이용하여 제품을 생산하고 있다. 유지부문원가는 기계시간, 동력부문원가는 전력량을 기준으로 단계배부법을 사용하여 보조부문원가를 제조부문에 배부한다. 보조부문원가를 배부하기 위한 20X1년 원가자료와 배부기준은 다음과 같다.

	보조부문		제조부문	
	유 지	동 력	금 형	조 립
부문개별원가	₩120,000	₩80,000	₩200,000	₩300,000
부문공통원가	₩200,000			
기계시간(시간)	–	200	400	400
전력량(kWh)	100	–	300	200
점유면적(m^2)	10	20	30	40

㈜세무의 부문공통원가 ₩200,000은 임차료이며, 이는 점유면적을 기준으로 각 부문에 배부한다. 20X1년 ㈜세무의 배부 후, 금형부문의 총원가는? (단, 보조부문원가는 유지부문, 동력부문의 순으로 배부한다.)

① ₩144,800 ② ₩148,800 ③ ₩204,800 ④ ₩344,800 ⑤ ₩404,800

11 상호배부법 2020 관세사

㈜관세는 제조부문(성형, 조립)과 보조부문(수선, 동력)을 이용하여 제품을 생산하고 있다. 수선부문과 동력부문의 부문원가는 각각 ₩260,000과 ₩100,000이며, 각 부문 간의 용역수수관계는 다음과 같다.

제공부문 \ 사용부문	제조부문		보조부문	
	성 형	조 립	수 선	동 력
수 선	45%	35%	–	20%
동 력	55%	20%	25%	–

㈜관세가 보조부문원가를 상호배부법으로 제조부문에 배부할 경우, 조립부문에 배부될 보조부문원가 합계액은?

① ₩118,000 ② ₩121,400 ③ ₩137,000 ④ ₩172,000 ⑤ ₩223,000

12 상호배부법 (2018 세무사)

㈜세무는 세 개의 제조부문(P1, P2, P3)과 두 개의 보조부문(S1, S2)을 운영하고 있으며, 보조부문원가를 상호배분법에 의해 제조부문에 배분하고 있다. 각 부문의 용역수수관계는 다음과 같다.

제공부문 \ 사용부문	제조부문			보조부문	
	P1	P2	P3	S1	S2
S1	40%	20%	20%	–	20%
S2	30%	30%	30%	10%	–

두 개의 보조부문(S1, S2)으로부터 제조부문 P1, P2, P3에 배분된 금액이 각각 ₩150,000, ₩120,000, ₩120,000일 경우, 보조부문원가를 배분하기 이전의 각 보조부문 S1과 S2에 집계된 원가는?

	S1	S2		S1	S2
①	₩100,000	₩290,000	②	₩120,000	₩270,000
③	₩150,000	₩300,000	④	₩270,000	₩120,000
⑤	₩300,000	₩150,000			

13 상호배부법 (2022 감정평가사)

㈜감평은 두 개의 제조부문 X, Y와 두 개의 보조부문 S1, S2를 운영하고 있으며, 배부 전 부문발생원가는 다음과 같다.

부 문		부문발생원가
보조부문	S1	₩90
	S2	180
제조부문	X	158
	Y	252

보조부문 S1은 보조부문 S2에 0.5, 제조부문 X에 0.3, 보조부문 S2는 보조부문 S1에 0.2의 용역을 제공하고 있다. 보조부문의 원가를 상호배분법에 의해 제조부문에 배부한 후 제조부문 X의 원가가 ₩275인 경우, 보조부문 S2가 제조부문 X에 제공한 용역제공비율은?

① 0.2 ② 0.3 ③ 0.4 ④ 0.5 ⑤ 0.6

14 상호배부법과 자가소비 (2020 CPA)

㈜대한은 두 개의 제조부문(절단부문, 조립부문)과 두 개의 지원부문(전력부문, 수선부문을 통해 제품을 생산한다. ㈜대한은 상호배분법을 사용하여 지원부문의 원가를 제조부문에 배부하고 있다. 원가배부 기준은 전력부문은 전력(kW)이며, 수선부문은 수선(시간)이다. 제조 부문에 배부된 원가 및 배부기준과 관련된 내역은 다음과 같다. 전력부문에서 발생한 부문 원가는 얼마인가?

	제조부문		지원부문	
	절단부문	조립부문	전력부문	수선부문
배부 받은 원가(원)	7,400	4,200		
전력(kW)	100	60	50	40
수선(시간)	60	30	60	30

① ₩4,000 ② ₩6,300 ③ ₩7,600 ④ ₩10,000 ⑤ ₩12,500

15 상호배부법과 외부구입의사결정 (2018 CPA 2차 수정)

㈜매봉은 두 개의 보조부문(전력부, 창고부)과 두 개의 제조부문(조립부, 도색부)을 가진 공장을 건설하여 제품을 판매하고 있다. 연간 보조부문에서 제조부문으로 제공하는 용역의 양과 보조부문 원가에 대한 정보는 다음과 같다.

제공부문 \ 사용부문	보조부문		제조부문	
	전력부	창고부	조립부	도색부
전력부	–	30kWh	40kWh	30kWh
창고부	$40m^2$	–	$100m^2$	$60m^2$

구 분	전력부	창고부
변동원가	₩6,800	₩40,000
고정원가	₩11,200	₩11,000
합 계	₩18,000	₩51,000

보조부문의 변동원가와 고정원가는 모두 제공용역의 규모에 따라 비례하여 조정 가능한 회피가능원가이다. ㈜매봉이 전력부를 통해 자체 조달하고 있는 전력을 외부에서 공급해주겠다는 제안을 받았다. ㈜매봉이 전력 1kWh당 지불할 용의가 있는 최대금액은 얼마인가?

① ₩144 ② ₩180 ③ ₩260 ④ ₩282 ⑤ ₩300

16 제조간접원가 배부율

제조간접원가 배부율에 관한 다음 설명 중 옳은 것을 모두 묶은 것은?

a. 부문별 배부율보다 공장 전체 원가를 이용한 공장 전체 배부율이 더 정확한 배부결과를 가져온다.
b. 예정배부율은 실제 발생액과 다른 배부결과를 가져올 수 있으므로 가급적 사용하지 않아야 한다.
c. 예정배부율은 실제배부율과 달라서 부서의 계획수립에 혼란을 초래할 우려가 있다.
d. 이분배부율은 고정원가와 변동원가에 대해 다른 배부율을 사용하므로 원가변화 행태를 더 잘 반영한다.
e. 이분배부율은 사업부제에서 목표일치성을 유도하는 데 도움이 된다.

① a, c, d ② b, c, e ③ a, b, d, e ④ d, e

17 이분배부율 (2019 국가직 9급)

㈜한국은 제조부문인 조립부문과 도장부문이 있으며, 보조부문으로 전력부문이 있다. 20X1년 3월 중에 부문별로 발생한 제조간접원가와 제조부문이 사용한 전력의 실제사용량과 최대사용가능량은 다음과 같다.

	전력부문	조립부문	도장부문	합 계
제조간접원가	₩325,000	₩250,000	₩400,000	₩975,000
실제사용량	–	300kW	700kW	1,000kW
최대사용가능량	–	500kW	1,000kW	1,500kW

한편 전력부문에서 발생한 제조간접원가 ₩325,000은 변동원가가 ₩100,000이고 고정원가는 ₩225,000이다. ㈜한국이 이중배분율법을 적용하여 보조부문원가를 제조부문에 배부할 때, 조립부문에 배분되는 전력부문의 원가는?

① ₩97,500 ② ₩105,000 ③ ₩108,330 ④ ₩120,000

18 단일배분율과 이분배부율 비교 (2022 세무사)

㈜세무는 제조부문인 절단부문과 조립부문을 통해 제품을 생산하고 있으며, 동력부문을 보조부문으로 두고 있다. 각 부문에서 발생한 제조간접원가 및 각 제조부문의 전력 실제사용량과 최대사용가능량에 관한 자료는 다음과 같다.

	동력부문	절단부문	조립부문	합계
변동제조간접원가	₩240,000	₩400,000	₩650,000	₩1,290,000
고정제조간접원가	300,000	700,000	750,000	1,750,000
실제사용량	–	500kW	300kW	800kW
최대사용가능량	–	600kW	600kW	1,200kW

절단부문에 배부되는 동력부문의 원가는 이중배분율법을 적용하는 경우, 단일배분율법과 비교하여 얼마만큼 차이가 발생하는가?

① ₩30,000 ② ₩32,500 ③ ₩35,000 ④ ₩37,500 ⑤ ₩40,000

주관식

01 보조부문 제조간접원가 단계배부법 및 부문별 예정배부율 (2001 세무사)

㈜동해는 조립과 포장의 두 생산부문과 동력과 수선의 두 보조부문으로 구성되어 있다. 내년도 각 부분의 예상비용과 운영자료는 다음과 같으며 이는 생산부문의 제조간접비 예정배부율을 산정하기 위해 마련된 것이다.

	동력부문	수선부문	조립부문	포장부문
직접노무비	–	–	30,000	40,000
수선관련노무비	–	5,000(변동비)	–	–
직접재료비	–	–	50,000	80,000
수선관련재료비	–	7,536(변동비)	–	–
동력관련재료비	3,630(변동비)	–	–	–
기타간접비	7,500(고정비)	6,000(고정비)	104,000	155,000
합 계	11,130	18,536	184,000	275,000
직접노무시간	–	–	6,000	10,000
전력공급량(kW)				
현재전력공급량	300	800	3,800	6,400
장기전력공급량	300	1,000	6,000	8,000
점유 면적(m^2)	800	1,500	8,000	12,000

㈜동해는 제품의 원가를 산정하기 위해 변동비와 고정비를 구분하고 단계법(동력부문, 수선부문 순서)을 사용하여 보조부문의 비용을 생산부문에 배부하고 있다. 보조부문 비용 배부기준은 다음과 같다.

	비용형태	배부기준
동력부문	변동비	현재 전력공급량
	고정비	장기 전력공급량
수선부문	변동비	직접 노무시간
	고정비	점유면적(m^2)

요구사항

▶ **물음 1. 단계법을 사용하여 보조부문의 비용을 생산부문에 배부하라.**

▶ **물음 2. 각 생산부문(조립, 포장)의 제조간접비 예정배부율을 산정하라. 제조간접비 예정 배부율 산정 시 각 부문의 배부기준으로는 직접노무시간을 사용하라. (단, 소수점 셋째 자리에서 반올림하여 둘째 자리까지 계산할 것)**

▶ **물음 3. 내년도 포장생산부문에서의 제품의 생산량이 20,000단위일 경우 포장생산부문에서 생산되는 제품 한 단위의 원가를 산정하라. (단 제조간접비는 예정원가를 사용하고, 소수점 셋째 자리에서 반올림하여 둘째 자리까지 계산할 것)**

02 보조부문 원가배부 및 배부차이조정 (2020 세무사)

맞춤가구를 주문생산하여 아파트 신축공사 현장에 납품하는 ㈜세무는 하나의 보조부문(동력부문)과 두 개의 제조부문(절단부문, 조립부문)을 운영하며, 정상 개별원가계산(normal job costing)을 채택하고 있다. 동력부문의 원가는 전력사용량(kWh)을 기준으로 제조부문에 배부하며 단일배부율을 사용한다. 제조부문은 부문별 단일배부율을 이용하여 제조간접원가를 배부하며 절단부문의 경우 기계 가동시간을 기준으로, 조립부문의 경우 직접노무시간을 기준으로 제조간접원가를 각 작업에 배부한다. ㈜세무는 개별법을 이용하여 재고자산을 평가하며, 당기 회계연도는 20X2년 1월 1일부터 20X2년 12월 31일이다.

1) 동력부문의 20X2년도 연간 원가예산은 다음과 같다.

동력 부문의 원가 = ₩216,000 + ₩2 × 전력사용량(kWh)

2) 제조부문의 20X2년도 연간 예산자료는 다음과 같다.

	절단부문	조립부문
보조부문원가 배부 전 제조간접원가	₩600,000	₩311,000
직접노무시간	800시간	2,600시간
가계가동시간	5,000시간	800시간
기계가동시간당 전력사용량	2kWh	2.5kWh

3) 20X2년도 각 작업과 관련된 실제자료는 다음과 같다.

		#107	#201	#202
직접재료원가		₩300,000	₩100,000	₩200,000
직접노무원가		230,000	150,000	320,000
직접노무시간	절단부문	200시간	200시간	400시간
	조립부문	900	300	1,200
기계가동시간	절단부문	1,500시간	1,000시간	1,500시간
	조립부문	400	120	200

4) 전기로부터 이월된 작업 #107은 당기에 완성되어 판매되었으며, #201과 #202는 당기에 착수하여 당기 말 현재 #201은 미완성, #202는 완성되었다. ㈜세무의 기초제품 재고는 존재하지 않으며 기초재공품에 대한 원가자료는 다음과 같다.

	기초재공품
직접재료원가	₩160,000
직접노무원가	200,000
제조간접원가	60,000

요구사항

▶ 물음 1. 절단부문과 조립부문의 부문별 배부율은 각각 얼마인지 계산하고, 작업 #107, #201, #202에 배부되는 제조간접원가를 각각 계산하라.

▶ 물음 2. 당기 말 제조간접원가 배부차이 조정 전, 기말재공품, 기말제품 및 매출원가는 얼마인지 계산하라.

▶ 물음 3. 보조부문 원가를 제조부문에 배부한 후, 절단부문과 조립부문의 실제제조간접원가가 각각 ₩720,000과 ₩356,400으로 집계되었을 경우, 당기 말 제조간접원가 배부차이를 부문별로 계산하고, 그 차이가 과소배부(부족배부) 또는 과대배부(초과배부)인지 표시하라.

▶ 물음 4. ㈜세무가 제조간접원가 배부차이를 원가요소기준 비례배부법에 따라 배부하는 경우, 당기 말 배부차이 조정 후 기말재공품, 기말제품 및 매출원가는 얼마인지 계산하라.

CHAPTER

6

활동기준 원가계산

본 장에서는 전통적인 개별원가계산방식을 대신해서 등장한 활동기준원가계산에 대해 학습한다. 핵심 개념인 활동에 관해 구체적으로 설명하고, 활동기준원가계산의 진행절차와 전통적인 원가계산의 차이점에 관해 설명한다. 또한, 활동기준원가계산에서 새롭게 제시하는 원가(활동)계층에 대해 자세하게 학습하고, 전통적 원가계산이 체계적인 원가왜곡을 초래하는 이유에 대해 살펴본다. 활동기준원가계산에서 원가계산 절차는 비교적 단순하지만, 활동의 개념과 활동원가의 집계방법, 원가계층 등 이론적인 기반에 대한 충분한 이해가 중요하다.

CHAPTER

6

활동기준원가계산

1. 활동기준원가계산의 등장 배경

전통적인 개별원가계산시스템은 간접원가의 배분을 위해 **부문별 원가계산제도**(departmental costing system)를 주로 사용한다(제5장 참고). 부문별 원가계산제도는 간접원가를 배분하기 위해 부문(department)별로 원가를 집계하여 원가대상으로 배분하는 방식이다. 그러나, 경쟁이 증가하여 제품이 다양해지고 제조환경이 변함에 따라, 부문별 원가계산제도는 간접원가 배분의 정확성이 낮아지는 문제점을 노출하게 되었다. 이에 대한 대안으로 등장한 것이 **활동기준원가계산**(ABC, Activity-Based Costing)이다. 정확한 원가계산 필요성이 대두된 구체적인 배경은 다음과 같다.

첫째, 시장에서 경쟁이 치열해짐에 따라, 각 제품의 가격 결정과 수익성 분석을 위해서 보다 정확한 원가정보가 필요하게 되었다.

둘째, 기업이 경쟁에 대응하여 다양한 종류의 제품을 생산하게 됨에 따라, 간접원가가 급격히 증가하고 제품별 자원소요량의 차이도 증가하여, 각 제품의 원가를 정확하게 파악하기 어렵게 되었다. 제품의 원가는 단순히 생산량과 관련된 요소들에 의해서만 영향을 받는 것이 아니라, 제품의 복잡성(complexity)과 일(활동) 요구량에 의해 크게 영향을 받지만, 전통적인 원가계산제도는 이런 점을 반영하기에는 한계가 있는 것으로 평가되었다.

셋째, 공장에서 기계화, 자동화, 지능화, IT 시스템의 도입이 진전됨에 따라 제조원가의 구조가 크게 변화하게 되었다. 직접노무원가의 비중이 대폭 감소하는 대신 제조간접원가의 비중은 급격히 증가하였다. 기계가 인력을 대신하게 되어 인건비 비중은 감소하고, 기계설비의 감가상각비의 비중은 대폭 증가하게 되었기 때문이다.

이처럼 생산하는 제품 종류가 매우 많고 제조간접원가의 비중이 매우 높은 현대 기업 환경에서, 부문구조를 주로 사용하고 생산량과 관련된 요소들을 배부기준으로 사용하는 전통적 원가계산 방식은 대규모 원가왜곡을 초래할 가능성이 매우 크다. 활동기준원가계산을 처음 제시한 카플란(Kaplan) 교수는 여러 종류의 제품을 생산하는 대규모 제조업체에서 전통적인 원가계산방식을 사용해서 계산한 제품원가가 특정 제품만 생산하는 소규모 제조업체의 제품원가보다 오히려 높게 나타나는 원가왜곡 현상을 보고한 바 있다.

또한, 경쟁이 증가하고 제품의 다양성이 증가함에 따라, 본사 등 지원부서의 기능이 대폭 확대되어 판매비와관리비의 비중이 증가한 것도 전통적인 원가계산의 문제점을 더욱 부각하게 되었다[1]. 이와 같은 시장환경과 원가(비용) 발생 구조의 대폭적인 변화로 인해, 최근에는 제조업체에는 물론, 통신, 의료 등의 서비스 분야에도 활동기준원가계산이 광범위하게 도입되고 있다.

2. 활동기준원가계산의 기본개념

1) 원가계산의 정확성 제고방법

원가계산의 정확성은 간접원가 배부의 정확성에 달려 있다. 간접원가 배부의 정확성을 높이는 방향은 크게 다음의 세 가지이다.

첫째, 기존에 간접원가로 분류되던 원가 중에서 경제적으로(economically feasible) 추적가능한 범위 내에서 원가의 직접추적을 확대하여 배분의 필요성을 제거한다.

둘째, 간접원가를 배분하기 위해 원가집합(cost pool)을 구성할 때, 원가의 변화행태가 유사한 항목들의 원가를 같은 원가집합에 집계한다. 예를 들어, 기계시간 변화에 따라 비례

1 판매비와관리비는 재무보고 목적상 제품원가에 해당하지 않지만, 제품의 가격결정과 수익성 분석에 중요한 정보로서 제품별 정확한 배분이 요구된다. ABC는 제조간접원가는 물론 판매비와관리비의 정확한 배분을 위해서도 사용된다.

적으로 변하는 원가 항목들(예 기계감가상각비, 관련 소모품, 기계 작업 근로자의 급여 등)을 하나의 원가집합에 집계한다. 제품을 구성하는 부품수에 비례하여 변하는 원가 항목들도 하나의 원가집합에 집계한다.

즉, 같은 원가집합에 속하는 원가항목들은 조업도 변동에 따라 유사하게 변동하도록 구성해야 한다. 이를 **원가집합의 동질성**(homogeneity)이라고 한다. 만약 기계시간에 비례해서 변하는 원가들과 부품수에 비례하는 원가들을 하나의 원가집합에 집계하면 원가집합의 동질성이 낮아진다.

셋째, 원가집합별로 적절한 원가동인을 이용해서 **원가배부기준**(cost allocation base)으로 사용한다. 위에서 기계시간, 부품 수와 같이 각 원가집합의 원가를 발생시키는 원인을 적절히 설명하는 요소들을 **원가동인**(cost driver)이라고 한다. 원가동인과 원가집합의 구성은 서로 연결되어 있다. 만약 원가의 변화행태가 다른 원가 항목들을 하나의 원가집합에 집계하면, 적절한 원가동인을 찾기 어렵게 된다.

ABC는 둘째 방향과 관련해서, **활동**(activity)을 이용하여 원가집합을 구성하여 각 원가집합이 최대한 동질적인(homogeneous) 원가들로 구성될 수 있도록 한다. 셋째 방향과 관련해서는 활동으로 이루어진 원가집합의 원가배부기준으로 원가동인을 사용함으로써 원가배분의 정확성을 높이고자 한다.

그림 6-1에 나타난 바와 같이, 전통적인 원가계산은 다양한 이질적인 원가들이 포함된 부문을 하나의 원가집합으로 사용하므로(특히, 제조부문 원가의 집계), 적절한 원가동인을 찾기 어려워 원가배부의 정확성이 낮아질 우려가 크다.

그림 6-1 전통적인 부문별 원가계산제도

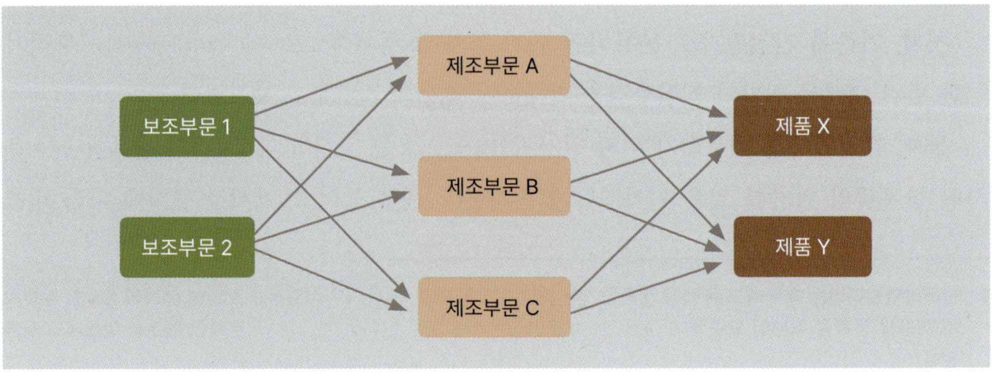

2) 활동의 개념

전통적인 원가계산과 활동기준원가계산의 핵심적인 차이는 전통적인 원가계산제도가 주로 부문(department)을 이용하여 간접원가를 배분하지만, ABC는 활동(activities)을 이용하여 간접원가를 배분하는 방식이라는 점이다.

여기서 **활동**이란 조직에서 수행하는 다양한 일(task)을 말한다. 전통적인 부문 개념을 이용해서 활동의 개념을 설명하자면, 하나의 부문(서) 내에 다양한 활동이 있을 수 있다. 예를 들어, 절단부문의 경우 절단용 기계를 정교하게 설정하는 기계셋업활동, 실제로 기계를 작동시켜서 재료나 부품을 절단하는 절단활동, 절단된 재료를 검사하는 검사활동 등이 있을 수 있다. 이렇게 활동을 이용하여 간접원가를 배분하면 원가집합의 동질성이 높아져서 전통적인 부문별 원가계산제도에 비해 원가계산의 정확성이 증가할 가능성이 크다.

활동은 매우 추상적인 개념이므로 실제로 활동을 정의할 때에는 담당자의 판단이 요구된다. 기업의 업무를 매우 세분화하여 많은 수의 활동을 정의할 수도 있고, 단순화하여 소수의 활동을 정의할 수도 있다. 정의된 활동의 숫자가 많아질수록 원가계산의 정확성이 증가할 수도 있지만, 많은 데이터를 수집해야 하는 등 원가계산에 비용이 많이 소요될 수 있으므로, 적절한 수의 활동을 정의하는 것이 바람직하다.

3) ABC에서 활동이 지니는 의미

제품을 생산하기 위해서는 인력, 소모품, 기계, 전기 등 다양한 자원이 소요된다. 즉, 원가가 발생한다. 따라서 정확한 제품 원가계산을 위해서는 제품생산과 자원소비의 관계를 이해할 필요가 있다. 전통적인 원가계산제도에는 이에 대한 이론적 기반이 존재하지 않으며 단순히 부문구조를 이용하여 배부만 실시한다.

그러나, ABC에서는 그림 6-2와 같이 제품생산과 자원소비의 관계를 활동이라는 개념을 도입하여 "제품–활동–자원"의 2단계 구조로 설명한다. 즉, "제품은 활동을 소비하며, 활동은 자원을 소비한다"는 소비구조를 설정하고 있다. 제품을 생산하기 위해서는 재료구매활동, 기계셋업활동, 기계작업활동, 품질검사활동 등 여러 가지 활동을 필요로 하며, 활동이 인력, 소모품, 기계, 전기 등 다양한 자원을 필요로 한다는 것이다. ABC는 이 **2단계 자**

그림 6-2 원가계산에서 제품과 자원의 관계

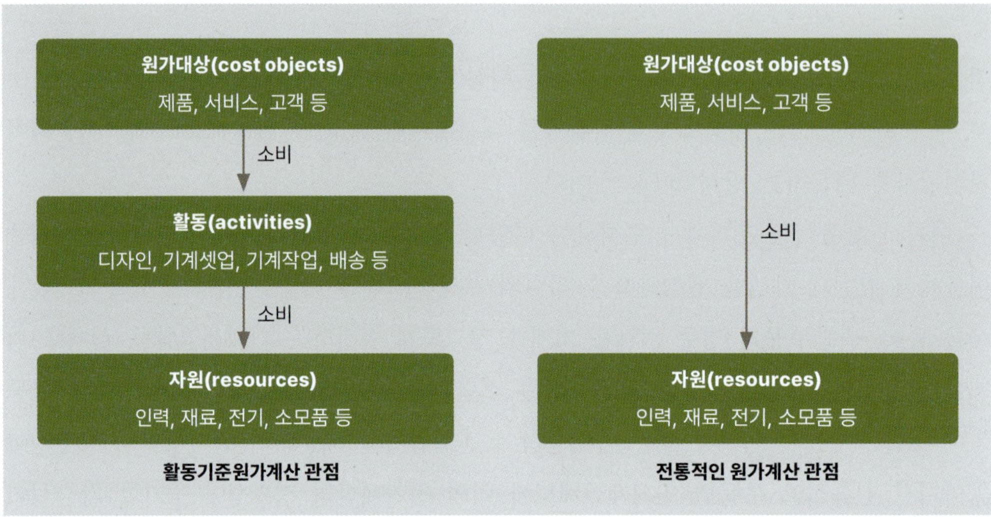

원소비 구조를 설정하여 제품과 자원소비 간의 모호한 관계를 활동이라는 개념으로 연결한 것이다. 2단계 자원소비 구조는 디자인, 배송, 마케팅 등 비제조활동에 대해서도 마찬가지로 적용된다.

3. ABC 원가계산 절차

ABC에서 원가계산 절차는 활동이라는 개념을 이용하는 방식이라는 점을 제외하고는 제4장에서 설명한 개별원가계산과 크게 다르지 않다. 구체적인 원가계산 절차는 다음과 같다.

첫째, 원가를 계산하고자 하는 원가대상(cost object)인 작업(job)을 결정한다.

둘째, 원가대상의 직접원가와 간접원가를 확인하며, 직접원가는 각 작업으로 직접 할당한다. 직접재료원가와 직접노무원가는 물론, 직접 추적이 가능한 간접원가도 직접원가로 분류하여 해당 작업에 직접 할당한다. 작업별 원가의 집계는 작업원가표를 이용할 수 있다.

셋째, 간접원가의 집계와 배부를 위해 활동을 정의한다. 이를 위해서는 조직이 수행하는 각종 업무에 대한 깊은 이해가 필요하므로 원가계산 부서의 인력은 물론, 여러 업무부서의 인력이 함께 참여하는 태스크포스(task force)를 구성하는 것이 바람직하다.

넷째, 활동별로 원가배부기준을 정한다. 원가배부기준으로 원가를 발생시키는 원가동인을 사용한다. 이 단계는 위의 세 번째 단계와 함께 실시하기도 한다.

다섯째, 활동별로 원가를 집계한다. ABC에서 간접원가의 배부는 기본적으로 **2단계 원가계산**(a two-stage costing)이다. 제1단계에서 모든 간접원가를 활동별로 집계하고, 제2단계에서 각 활동의 원가를 제품 등 최종 원가대상으로 배분한다.

활동별로 원가를 집계하는 제1단계에서도 원가배분이 많이 요구될 수 있다. 예를 들어, 엔지니어는 제품의 디자인활동, 기계셋업활동, 기계작업활동 등 다양한 활동에 관여할 수 있다. 이때 엔지니어의 급여는 엔지니어가 각 활동에 투입한 시간을 배부기준으로 사용하여 관련된 활동들에 배부해야 한다. 또한 전기, 수도, 공장 건물 등의 자원은 여러 활동에 공통으로 사용되는 자원이므로, 이들 자원의 원가도 관련 활동들에 배분해야 한다. 그 외에도 여러 활동을 공통으로 지원하는 총무, 유지보수, 공장 건물 등과 관련된 원가도 각 활동으로 먼저 배부해야 한다[2].

일반적으로 활동은 부문보다 작은 단위로서 활동의 숫자가 더 많아, 전통적인 원가계산에서 부문공통원가를 각 부문에 배부하는 경우에 비해 ABC에서 제1단계의 배부가 더 많을 수 있다. 이처럼 활동도 원가를 계산해야 하는 일종의 원가대상에 해당하므로 **기초원가대상**(fundamental cost objects)이라 부르기도 한다[3].

여섯째, 활동별로 원가동인의 총량을 집계하여, 활동별 원가배부율을 다음과 같이 계산한다.

활동의 원가배부율 = 활동의 총원가 ÷ 활동의 원가동인 총량

표 6-1은 활동별 원가배부율 계산 예시이다. 개별원가계산에서 설명한 바와 같이, 활동별 원가배부율도 실제배부율이 아닌 예정배부율을 이용한 정상개별원가계산을 사용하는 것이 바람직하다.

---

2 ABC는 전통적인 부문별 원가계산에서 사용하는 보조부문과 제조부문의 구분을 사용하지 않는다. ABC에서는 보조부문에서 수행하는 업무는 제품과의 관계가 명확한 경우에 독립적인 활동으로 정의할 수 있으나, 그렇지 않을 때는 그 원가를 다른 활동들로 먼저 배부한다.

3 ABC에서는 제1단계의 배부기준을 **자원동인**(resource driver)이라고 부르며, 제2단계의 배부기준을 **원가동인**(cost driver)이라고 구분하여 부르기도 한다.

표 6-1 활동별 원가동인 및 원가배부율 예시

활 동	배부기준 (원가동인)	활동원가(원) (1)	원가동인 총량 (2)	원가배부율(원) (3) (=(1)÷(2))
제품엔지니어링활동	부품수	300,000	30개	10,000
셋업활동	셋업시간	608,000	760시간	800
기계작업활동	기계작업시간	8,470,000	22,000시간	385

일곱째, 활동별로 원가배부율을 이용하여 각 원가대상에 원가를 배부한다.

여덟째, 작업이 종료되면, 직접원가와 활동별 간접원가 배부액을 합하여 해당 작업의 총원가를 계산한다.

이상에서 알 수 있듯이, ABC에서 원가계산은 부문구조를 이용하는 대신 활동을 이용하여 원가집합을 구성하고, 원가동인을 배부기준으로 사용한다는 점을 제외하고는 절차에 있어서 전통적인 방식과 큰 차이가 없다.

4. 원가계층(활동계층)

일반적으로, 원가는 일정한 관련범위(relevant range) 내에서 생산량에 따라 비례적으로 변하는 변동원가와 변하지 않는 고정원가로 구성된다고 가정한다. 전통적인 원가계산은 이러한 **원가행태**(cost behavior)에 따른 분류에 기반을 두고 있다. 그러나, ABC에서는 생산량 변화에 따라 원가가 변하는 형태가 다양할 수 있다는 점을 원가계산에 반영한다. 제품생산량과 원가의 다양한 관계를 **원가계층**(cost hierarchy) 또는 **활동계층**이라 부른다. ABC는 조직에서 발생하는 원가를 네 가지 유형으로 분류한다.

1) 제품단위수준활동

첫 번째 원가계층은 **제품단위수준활동(output unit level activities)**의 원가이다. 여기서 단위(output unit)는 생산량 한 단위를 말하는 것으로, 생산량이 한 단위 증가함에 따라 원가가 비례적으로 증가하는 활동의 원가를 말한다.

그림 6-3 제품단위수준활동의 원가와 생산량의 관계

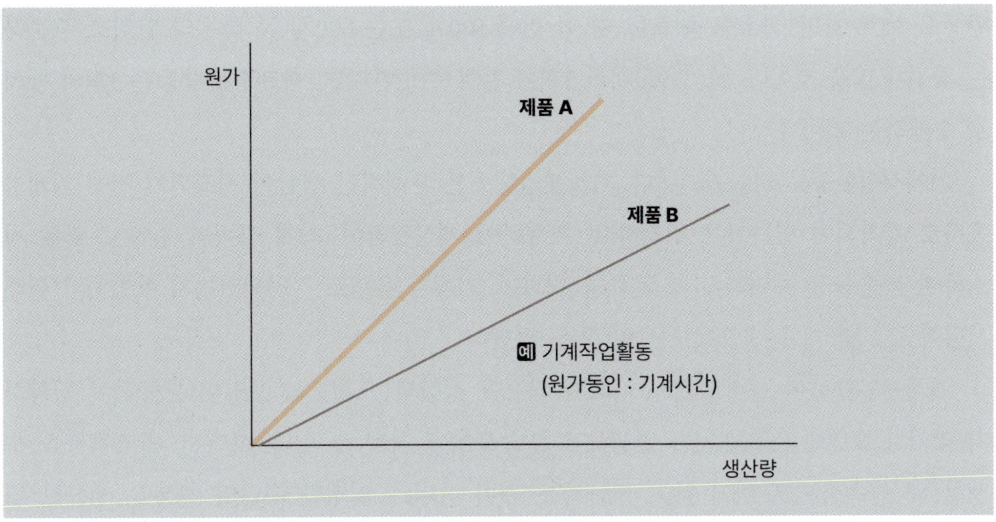

생산부서에서 기계설비를 조작하여 생산을 하는 기계작업활동을 예로 들어 보자. 기계작업활동의 원가에는 기계설비 감가상각비, 관련 장비 및 소모품 비용, 기계작업 근로자의 급여, 전력비용 등이 포함될 수 있다. 기계작업활동의 원가는 기계작업시간이 증가할수록 비례적으로 증가하므로, 기계작업시간이 원가동인이다[4]. 여기서 기계작업시간과 기계작업활동의 원가는 생산량(output volume)에 비례해서 변동한다. 이처럼 원가가 생산량에 비례해서 변하는 활동들을 제품단위수준활동이라고 부른다.

이를 그래프로 나타내면 그림 6-3과 같다. 제품 A는 제품 B보다 더 복잡하거나 더 커서, 한 단위 생산에 더 많은 기계작업시간이 소요되지만 두 제품 모두 생산량이 증가하면 기계작업활동의 원가도 비례적으로 증가한다.

2) 뱃치수준활동

두 번째 원가계층은 **뱃치수준활동(batch-level activities)**의 원가이다. 조직에서 작업(업무)을 수

4 기계설비 감가상각비와 기계작업 근로자의 급여는 단기적으로는 기계작업시간에 따라 변동하지 않지만, 장기적으로는 기계작업시간이 증가하면 기계설비 추가도입과 인력 추가채용으로 인해 증가한다. 따라서 ABC는 단기고정원가도 원가동인(cost driver)이 있다는 관점을 가지고 원가동인을 이용해서 배부한다. ABC에서 원가동인은 장단기와 무관하게 원가변화의 근인(root cause)를 의미한다.

행할 때 종종 묶음 단위로 수행한다. 이때 이 묶음 단위를 **뱃치**(batch)라고 한다. 재료주문활동을 예로 들면, 재료를 주문할 때 한 번에 500개 또는 600개 등 복수의 단위로 주문하는 경우가 많을 것이다. 만약 500개씩 3회에 걸쳐 주문한다면, 재료주문활동은 3회의 뱃치로 수행하는 것이다.

기계셋업활동도 마찬가지이다. 기계셋업활동은 본격적인 생산이 시작되기 전에 기계가 올바로 장착되어 있는지를 점검하고, 조정하여 재설정하며, 기계 사이의 접촉 부위를 청소하여 불순물을 제거하고, 윤활유를 칠하며, 기계가 올바로 장착되었는지 확인하기 위해 시범적으로 몇 개를 생산해보는 일 등을 말한다.

기계셋업활동이 올바르게 수행되지 않으면 생산되는 제품의 모양이나 규격이 정확하지 않거나 표면에 스크래치가 발생하고 불순물이 흡착될 수 있다. 따라서, 제조활동을 수행할 때 연속적으로 쉬지 않고 생산하는 것이 아니라, 일정한 수량의 제품을 생산한 뒤 생산을 중단하고 기계를 재점검하는 기계셋업활동을 실시한 후에 다시 일정한 수량의 제품을 생산하는 과정을 반복하게 된다. 제품 5,000개를 생산하기 위해 제품을 500개 생산할 때마다 기계셋업이 이루어진다면, 뱃치횟수는 총 10회가 된다. 여기서 기계셋업을 한 후, 다음 셋업이 있을 때까지 생산하는 제품의 수량, 즉 뱃치 1회에 포함된 생산량을 **뱃치 규모**(batch size)라고 한다.

위에서 설명한 재료주문활동의 원가에는 주문부서의 사무용품비용, 컴퓨터 등의 감가상각비, 주문인력의 인건비 등이 포함될 수 있으며, 기계셋업활동의 원가에는 셋업장비의 감가상각비, 소모품 비용, 셋업작업 근로자와 엔지니어의 급여 등이 포함될 수 있다. 이들 활동의 원가는 제품 생산량이 증가할 때마다 비례적으로 증가하는 것이 아니라, 뱃치작업의 수행횟수에 비례해서 증가한다. 따라서, 이들 활동의 원가동인은 뱃치횟수가 될 수 있다. 즉, 재료주문활동의 원가동인은 주문횟수가 적절하며, 기계셋업활동의 원가동인으로는 기계셋업횟수가 적절할 것이다.

정확하게 표현하면, 위에서 설명한 뱃치수준활동의 원가는 뱃치작업의 총수행시간(뱃치작업시간)에 비례하여 발생한다. 예를 들어, 셋업활동을 수행하는 시간이 길어지면 셋업장비의 사용과 엔지니어의 시간 투입 등이 증가하기 때문이다.

뱃치수준의 활동을 수행할 때, 제품별로 뱃치활동 1회 수행시간이 다를 수도 있다. 예를 들어, 매우 복잡한 제품을 생산할 때 기계셋업활동 1회를 수행하는 데 소요되는 시간은 단순한 제품의 기계셋업활동 1회에 걸리는 시간보다 더 길 수도 있다. 이 경우 원가배

그림 6-4 뱃치수준활동의 원가와 생산량의 관계

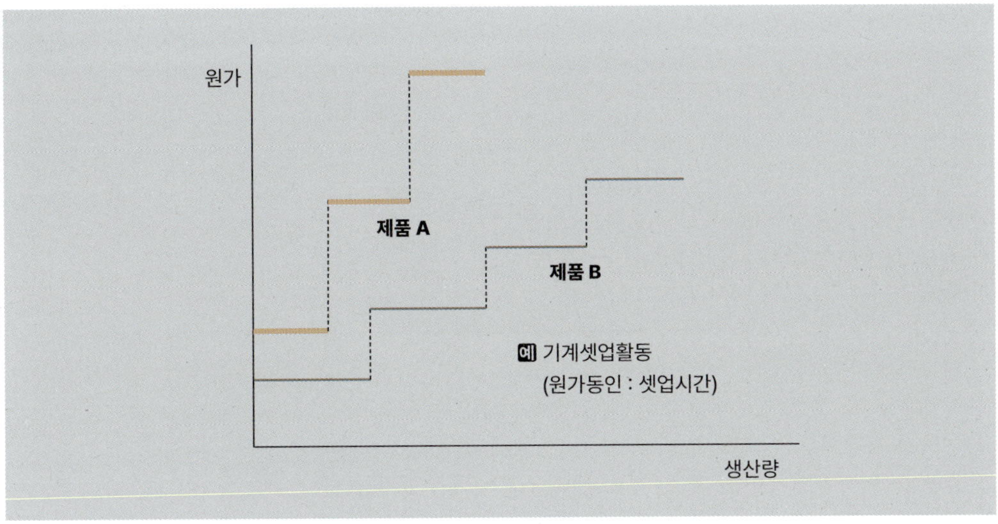

부기준은 셋업횟수보다 셋업시간이 더 적절하다.

종합하면, 복잡한 제품은 뱃치규모가 적을 가능성이 커서 생산량에 비해 뱃치횟수가 더 많고, 뱃치활동 1회 수행에도 더 많은 시간이 소요될 수 있다. 따라서 뱃치활동 1회에 소요되는 시간이 제품들 사이에 크게 차이가 날 때는 소요시간을, 차이가 크지 않을 때는 뱃치횟수를 배부기준으로 사용하는 것이 좋다. 이처럼 제품의 생산량이 아닌 뱃치횟수(시간)와 관련된 활동의 원가를 뱃치수준활동의 원가라고 한다.

그림 6-4에 나타난 바와 같이, 뱃치수준활동에서 뱃치횟수는 생산량에 비례하지 않고 계단식으로 증가하는 형태를 취한다. 뱃치규모(뱃치 1회당 생산량)가 크면 뱃치횟수가 적어져서 원가가 적게 발생할 것이다. 그림에서 제품 A는 제품 B보다 뱃치규모(계단의 폭)가 더 작고, 뱃치작업 1회당 소요되는 시간(계단의 높이)도 더 많다는 것을 알 수 있다. 이처럼 뱃치수준활동의 원가는 제품의 생산량보다는 **제품의 복잡성**에 의해 크게 영향을 받는다.

3) 제품수준활동

세 번째 원가계층은 **제품수준활동(product level activities)**(또는 **제품유지수준활동(product sustaining level activities)**)의 원가이다. 대표적인 예로는 디자인(설계)활동을 들 수 있다. 디자인활동의 원가는 제품의 생산량이나 뱃치횟수와 무관하게 발생하는 원가로서, 그림 6-5에 나

그림 6-5 제품수준활동의 원가와 생산량의 관계

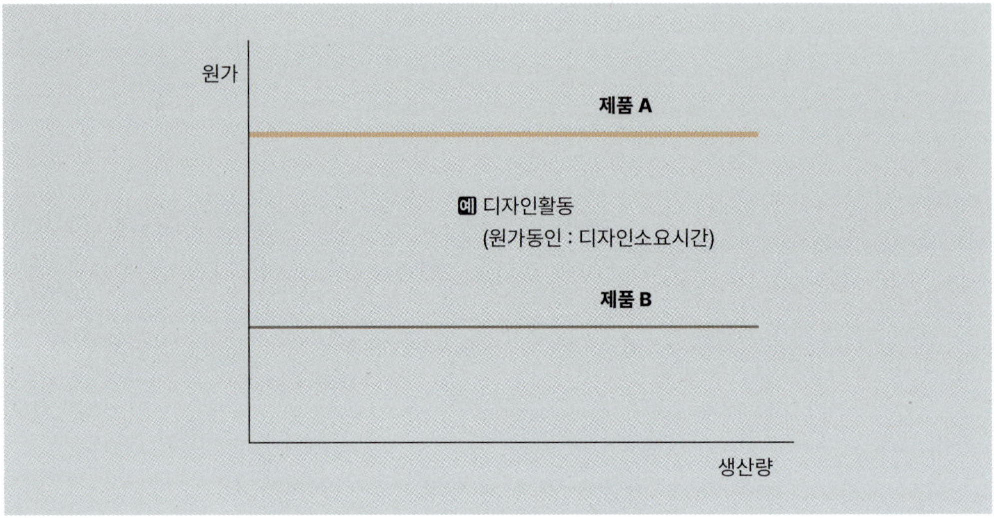

타난 바와 같이 제품 생산량과 무관하게 일정하다.

이 활동의 원가도 제품의 크기나 복잡성에 의해 크게 영향을 받는다. 디자인활동의 원가는 디자인 장비와 공간의 감가상각비, 관련 소모품, 디자이너 급여 등을 들 수 있는데, 이들 원가는 디자인 소요시간에 비례해서 발생한다. 따라서, 디자인 소요시간이 원가동인이 될 수 있다.

그러나, 제품별로 디자인에 소요되는 시간을 별도로 측정하는 것은 현실적으로 매우 힘든 일이므로, 다른 대안 측정치를 사용하는 것이 편리하다. 예를 들어, 각 제품에 포함된 부품의 수는 제품의 복잡성을 초래하는 요소로서, 제품의 디자인 시간에 크게 영향을 미칠 수 있다. 이 경우 부품수를 원가동인으로 사용할 수 있다. 제품의 크기도 디자인 소요시간에 영향을 미칠 수 있으며. 그 경우에는 부품 수와 크기를 동시에 고려해서 측정할 수 있다.

제품 엔지니어링과 관련된 활동의 원가도 제품수준활동의 원가에 해당한다. 표에 나타낸 바와 같이, 제품 A는 제품 B보다 더 복잡한 제품으로서 디자인 활동에 더 많은 원가가 발생하지만, 제품의 생산량과는 전혀 무관하게 일정하다.

4) 설비수준활동

네 번째 원가계층은 **설비수준활동**(facility level activities)(또는 **설비유지수준활동**(facility sustaining level activities))의 원가이다. 이 활동은 개별 제품의 생산에 관련된 원가라기보다 공장설비 전체를 유지하는 것과 관련된 원가이다. 예를 들어, 공장보험료, 공장임차료 또는 공장감가상각비, 공장장 급여, 공장보안비용 등이 이에 해당한다.

이들은 공장에서 생산되는 전체 제품의 생산과 관련된 원가로서, 모든 제품의 생산이 중단되기 전에는 일부 종류의 제품 생산을 중단하거나 생산량을 줄이더라도 감소하지 않는 원가들이다. 그림 6-6에 나타낸 바와 같이, 이들 원가는 제품별 생산량과 무관하게 일정하게 발생함은 물론, 생산되는 제품의 종류와도 무관하게 발생하는 고정원가의 성격을 띤다[5].

설비수준활동의 원가는 제품수준활동의 원가와 구분된다. 공장감가상각비는 개별 제품과 관련성을 찾기 어렵지만, 디자인활동의 원가는 개별 제품과 관련되어 있다. 또한, 제품단위수준활동 중에서 공장 전체와 관련되어 발생하는 활동의 원가(예 전기요금)와도 구분된다. 공장감가상각비는 생산량에 따라 변하지 않지만, 공장 전체에 걸쳐 발생하는 전기요금은 제품의 생산량에 따라 변하기 때문이다.

그림 6-6 설비수준활동의 원가와 생산량의 관계

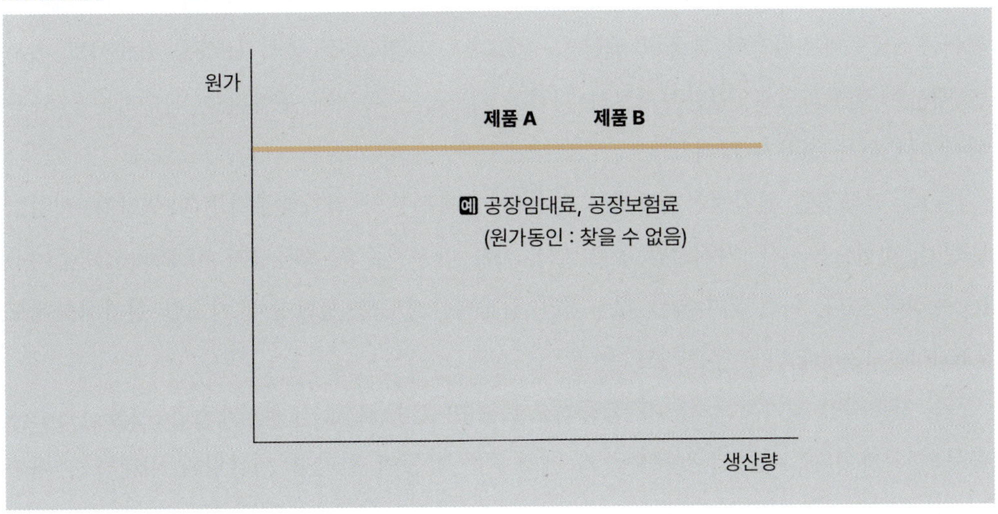

5 판매비와관리비 중에서 설비수준활동의 원가에 해당하는 비용으로는 대표이사 급여, 기업이미지 광고비 등을 들 수 있다.

마지막으로, 설비수준활동의 원가라고 해서 기계 장치와 같은 생산설비(equipment)의 원가를 의미하는 것이 아니라, 공장 전체 설비(facilities)의 유지와 관련된 원가를 의미한다는 점에 유의해야 한다.

설비수준활동의 원가의 가장 큰 특징은 위에서 설명한 세 가지 원가계층과 달리, 제품별로 배부할 적절한 원가동인을 찾을 수 없다는 것이다.

5) 원가계층에 대한 이해의 중요성

이제 위에서 설명한 네 가지 원가계층의 의미에 관해 구체적으로 살펴보자.

첫째, 네 가지 원가계층 중에서 설비수준의 원가는 일종의 **결합원가(joint costs)**로서 간접원가 중에서도 특별한 종류에 속한다. 이들 원가는 **인과관계기준(cause and effect criterion)**에 따라 배부할 수 있는 적절한 원가동인이 존재하지 않는다는 특징이 있다. 따라서 설비수준원가는 다른 원가배부기준(예 수혜기준, 부담능력기준, 공정성기준 등)을 사용해서 배부하더라도 다소 임의적(arbitrary)일 수밖에 없다.

따라서, ABC에서는 불가피한 경우를 제외하고는 이들 설비수준의 원가를 개별 제품에 배부하지 않고 제품 공통의 원가로 보고하도록 권장한다. 그러나, 재무제표 작성을 위해서는 모든 제조원가의 제품별 배분이 필요하며, 가격 결정 등의 목적을 위해서도 제품별 배분이 필요하므로, 일반적으로는 기업이 의도하는 목적에 부합하는 배부기준을 사용해서 배부하는 경우가 많다.

둘째, 전통적인 원가계산제도에서 사용하는 대부분의 원가배부기준은 생산량, 직접노무원가, 직접노동시간, 기계시간 등으로서, 이들 배부기준은 생산량과 비례하는 기준이라는 특징이 있다. 이런 의미에서 전통적인 원가계산제도를 **생산량에 기초한 원가계산제도(volume-based costing)**라고 부르기도 한다.

즉, 전통적인 원가계산제도가 암묵적으로 기반을 두고 있는 원가계층은 제품단위수준활동의 원가이다[6]. 따라서 뱃치수준과 제품수준 활동의 원가를 생산량과 비례하는 배부

6 제품단위수준활동을 제외한 나머지 세 활동을 비단위수준활동(non-volume based activities)이라고 부르기도 한다.

기준을 사용하여 배부함으로써 **원가왜곡**을 발생시킬 수 있다. 전통적인 원가계산제도가 초래하는 원가왜곡의 크기는 조직에서 뱃치수준과 제품수준활동의 원가가 차지하는 비중에 달려 있다. 일부 연구에 의하면, 뱃치수준 원가는 대부분의 조직에 광범위하게 존재하는 것으로 알려져 있다.

셋째, 제품의 생산량뿐만 아니라 **제품의 복잡성**이 중요한 원가동인이다. 제품의 복잡성은 단위수준활동 원가에도 영향을 미치지만, 뱃치수준활동과 제품수준활동에도 큰 영향을 미친다. 이들 두 활동의 원가의 중요한 원가동인은 활동시간이며, 활동시간은 제품의 복잡성에 의해 크게 영향을 받는다.

단위수준에서 제품수준으로 갈수록 생산량의 영향이 감소하고 복잡성의 영향이 증가한다. 일반적으로 생산량이 많은 대량생산제품은 비교적 단순한 제품인 반면, 틈새시장을 공략하기 위한 소량생산제품들은 비교적 복잡한 제품들인 경우가 많다. 따라서, 생산량에 기초한 배부기준을 주로 사용하는 전통적인 원가계산제도에서 뱃치수준과 제품수준활동의 원가를 배분하는 과정에서, 대량생산제품에는 원가를 과다배부하고, 소량생산제품에는 원가를 과소배부하는 **원가상호보조**(cost cross-subsidization) 현상이 발생하는 경향이 있다. 이러한 현상은 제품별 수익성을 왜곡함으로써, 기업의 제품별 가격정책과 제품배합(product mix)에 심각한 왜곡을 초래할 우려가 있다.

5. ABC 종합예제

예제 6-1

정선(주)은 가스관 특수 밸브를 제조하는 회사로서 두 종류의 제품(단밸, 복밸)을 생산하고 있다. 단밸은 비교적 작고 단순한 제품이며, 복밸은 크고 복잡한 제품이다. 202X년도 단밸의 예산생산량(판매량)은 80,000개, 복밸의 예산생산량(판매량)은 20,000개이다. 이 회사는 현재 전통적인 원가계산제도를 사용하고 있으며, 모든 간접원가는 기계작업시간을 이용하여 배부하고 있다. 202X년도 간접원가 예산은 ₩13,569,600이며, 단밸과 복밸의 예산 기계작업시간은 각각 16,000시간, 6,000시간으로서, 총 22,000시간이다. 최근 정선(주)은 단밸을

(예제 계속)

저가로 판매하는 기업들과의 경쟁에 직면하여 제품원가의 정확한 계산을 위해 ABC의 도입을 검토하고 있다. 본부 관리비용은 금액이 적어 제품원가계산에서 제외하고 있다.

전통적인 원가계산과 ABC 계산결과를 비교해보자. ABC 도입준비팀이 제시한 자료는 아래에서 설명한다.

1) 기존의 전통적 원가계산

전통적 원가계산에 의한 제품 원가계산 결과는 표 6-2에 나타나 있다. 간접원가 예정배부율은 기계작업시간당 ₩616.8(=₩13,569,600÷22,000시간)이며, 단밸과 복밸의 간접원가 배부액은 각각 ₩9,868,800, ₩3,700,800이다.

표 6-2 정선㈜의 202X년 전통적 원가계산에 의한 제품 예산 원가계산 결과 | 예제 6-1

(단위 : 원)

	단 밸	복 밸	합 계
간접원가배분 (기계작업시간)	9,868,800 (=16,000시간×₩616.8)	3,700,800 (=6,000시간×₩616.8)	13,569,600
직접재료원가 (단위당 ₩120; ₩210)	9,600,000	4,200,000	13,800,000
직접노무원가 (단위당 ₩1.5; ₩2.25)	120,000	45,000	165,000
총원가	19,588,800	7,945,800	27,534,600
제품 단위당 원가	244.86 (=₩19,588,800÷ 80,000개)	397.29 (=₩7,945,800÷ 20,000개)	

직접원가를 포함하여, 전통적 원가계산에 의한 제품 단밸과 복밸의 제품 단위당 예산원가는 각각 ₩244.86, ₩397.29이다.

2) ABC를 이용한 원가계산

이 회사의 ABC 도입준비팀은 두 제품과 관련된 업무를 종합적으로 분석하여, 회사의 업무를 다음과 같은 여섯 가지 활동으로 정의하였다: 제품엔지니어링활동, 셋업활동, 기계작업활동, 품질검사활동, 배송활동, 공장관리활동.

도입준비팀이 보고한 각 활동의 특징을 살펴보면 다음과 같다.

정선(주)에서 제품엔지니어링활동은 제품의 디자인이나 성능을 개선하는 것과 관련된 활동으로서, 원가가 생산량과는 무관하게 발생하는 제품수준활동으로 제품을 구성하는 부품수가 적절한 원가동인으로 선정되었다. 단밸의 생산량은 복밸보다 4배 많지만, 부품수는 단밸과 복밸이 각각 10개와 20개로서 복밸이 오히려 2배 많다.

셋업활동의 구체적인 내역은 표 6-3에 나타나 있다. 단밸의 경우, 1회 뱃치로 생산하는 생산량(뱃치규모)은 250개이지만, 복밸은 제품이 복잡하여 뱃치규모가 50개에 불과하다. 이로 인해 단밸과 복밸의 총뱃치수는 각각 320회, 400회로서, 복밸이 오히려 더 많다. 더욱이 셋업 1회에 소요되는 시간도 복밸이 훨씬 더 길어서, 단밸과 복밸의 셋업 1회당 소요시간은 각각 0.5시간, 1.5시간이다. 이로 인해 단밸과 복밸의 총셋업시간은 각각 160시간, 600시간으로, 생산량은 복밸이 단밸에 비해 1/4에 불과하지만 셋업시간은 3배 이상 길다. 이로 인해 뱃치수준활동인 셋업활동의 원가배부기준으로 셋업시간을 사용하기로 했다.

표 6-3 정선(주)의 202X년 제품별 예산 셋업활동 내역

	제품 단밸	제품 복밸
(1) 총생산량	80,000개	20,000개
(2) 뱃치규모	250개	50개
(3) 뱃치수(=(1)÷(2))	320회	400회
(4) 뱃치당 셋업시간	0.5시간	1.5시간
(5) 총셋업시간(=(3)×(4))	160시간	600시간

기계작업활동은 제품단위수준 활동의 원가로서, 전통적인 원가계산과 마찬가지로 기계작업시간을 배부기준으로 사용하기로 했다. 단밸과 복밸의 예산 기계작업시간은 각각 16,000시간과 6,000시간이다. 평균적으로, 단밸 1개당 기계작업시간은 0.2시간(=16,000시간÷80,000개)이 소요되며, 복밸 1개당 0.3시간(=6,000시간÷20,000개)이 소요된다.

정선(주)에서 품질검사활동은 각 뱃치작업이 종료될 때마다 일정한 수량의 제품을 추출하여 검사하는 활동이다[7]. 따라서 검사활동은 뱃치수준활동으로 분류되었다. 원가동인으로는 검사시간이 적절하지만, 검사시간이 제품의 복잡성과 밀접한 관련이 있으므로 복잡성을 나타내는 셋업시간을 배부기준으로 대신 사용하기로 결정했다.

배송활동은 완성된 제품을 각 판매처에 트럭으로 배송하는 활동으로서, 트럭 운송거리가 원가동인이 될 수 있다. 이 회사의 고객은 한 군데로서 각 제품의 총운송거리는 각 제품의 총적재부피와 관련되어 있다. 적재부피는 제품 판매량에 비례해서 증가하므로, 배송활동은 제품단위수준활동으로 분류되었다. 단밸과 복밸의 총적재부피는 각각 17,500m^3, 14,500m^3이다. 제품별 적재부피는 각 제품의 개당 부피에 적재수량(판매량)을 곱하여 계산한다.

마지막으로, 공장관리활동은 나머지 다섯 개 활동들을 관리하고, 공장을 유지관리하는 활동이다. 이 활동은 설비수준활동으로서 적절한 인과관계가 있는 원가동인을 찾기 어려워, 회사업무에서 원가비중이 가장 큰 기계작업활동의 원가동인인 기계작업시간을 배부기준으로 사용하기로 했다.

이 회사의 ABC 도입준비팀이 제시한 202X년 활동별 배부기준과 예산 및 활동별 배부율 계산내역은 표 6-4와 같다.

표 6-4 정선(주)의 202X년 활동별 상세 계산내역

활 동	원가계층	예산 활동원가(원)	배부기준(원가동인)	배부기준 소비량		합 계	예산 원가배부율 (원)
		(1)		단밸(2)	복밸(3)	(4)(=(2)+(3))	(5)(=(1)÷(4))
제품엔지니어링 활동	제품수준	300,000	부품수(개)	10	20	30	10,000
셋업활동	뱃치수준	608,000	셋업시간(시간)	160	600	760	800
기계작업활동	제품단위수준	8,470,000	기계작업시간(시간)	16,000	6,000	22,000	385
품질검사활동	뱃치수준	159,600	셋업시간(시간)	160	600	760	210
배송활동	제품단위수준	1,920,000	적재부피(m^3)	17,500	14,500	32,000	60
공장관리활동	설비수준	2,112,000	기계작업시간(시간)	16,000	6,000	22,000	96
간접원가 총계		13,569,600					

7 검사 샘플이 제품생산량에 비례해서 추출될 경우 품질검사활동은 제품단위수준 활동으로 분류될 수 있다.

이를 토대로, 최종적으로 ABC에 의한 제품별 배부내역은 표 6-5와 같다[8].

표 6-5 정선(주)의 202X년 ABC에 의한 제품 예산 원가계산 결과 | 예제 6-1

			단 밸		복 밸		합계(원)
간접원가배분	활 동	원가 배부율(원) (1)	원가동인 소비량 (2)	배부액(원) (3) (=(1)×(2))	원가동인 소비량 (4)	배부액(원) (5) (=(1)×(4))	(6) (=(3)+(5))
	제품엔지니어링활동	10,000	10	100,000	20	200,000	300,000
	셋업활동	800	160	128,000	600	480,000	608,000
	기계작업활동	385	16,000	6,160,000	6,000	2,310,000	8,470,000
	품질검사활동	210	160	33,600	600	126,000	159,600
	배송활동	60	17,500	1,050,000	14,500	870,000	1,920,000
	공장관리활동	96	16,000	1,536,000	6,000	576,000	2,112,000
	간접원가 합계			9,007,600		4,562,000	13,569,600
직접재료원가				9,600,000		4,200,000	13,800,000
직접노무원가				120,000		45,000	165,000
합 계				18,727,600		8,807,000	27,534,600

표에 나타난 바와 같이, 제품엔지니어링활동 원가의 경우, 복밸은 단밸보다 생산량이 1/4에 불과하지만, 원가는 2배 배부된다. 복밸이 크고 복잡해서 원가동인인 부품수는 오히려 2배이기 때문이다.

단밸과 복밸에 배부되는 셋업활동의 원가는 각각 ₩128,000, ₩480,000으로서, 복밸에 3.75배 많이 배부된다. 만약 셋업활동의 원가를 전통적인 원가계산방식으로 배분하면(기계작업시간을 이용해서 배분), 단밸과 복밸의 기계작업시간이 각각 16,000시간과 6,000시간이므로, 오히려 단밸에 2.67(=6,000시간÷16,000시간)배 많이 배부될 것이다.

8 외부보고용 재무제표 작성을 위해서는 제조활동이 아닌 배송활동의 원가는 제품에 배부하지 않고 판매비와관리비로서 기간비용으로 처리해야 한다.

3) 전통적 원가계산의 위험성 및 ABC의 의미

정선(주)의 ABC와 전통적 원가계산의 결과를 비교하면 표 6-6과 같다. ABC를 이용해서 계산하면, 비교적 단순하고 대량으로 생산하는 단벨의 원가는 ₩861,200 더 적어진다. 반대로 복잡하고 소량으로 생산하는 복벨은 ₩861,200 더 증가한다.

표 6-6 정선(주)의 202X년 ABC와 전통적 원가계산의 제품원가 비교

(단위 : 원)

		단벨	복벨
ABC	(1) 총원가	18,727,600	8,807,000
	(2) 제품단위당	234.095	440.35
전통적 원가계산	(3) 총원가	19,588,800	7,945,800
	(4) 제품단위당	244.86	397.29
원가차이	(5) 총원가(=(1)−(3))	−861,200	861,200
	(6) 제품단위당(=(2)−(4))	−10.765	43.06

이처럼 전통적 원가계산제도에서는 복잡한 제품의 원가가 과소계상되고, 단순한 제품의 원가가 과다계상되는 현상이 보편적으로 발생한다. 전통적인 원가계산제도가 뱃치수준활동과 제품수준활동의 원가를 마치 제품단위수준활동의 원가처럼 생산량에 비례하는 배부기준을 사용해서 배부하기 때문이다.

이로 인해 전통적 원가계산을 사용할 경우, 주력 상품인 대량생산 제품의 수익성을 실제보다 낮게 평가하고, 소량생산(흔히, 틈새시장 제품)의 수익성은 실제보다 과대평가하는 오류를 범할 우려가 있다. 표에서 제품 단위당 원가를 비교해보면, 소량생산 제품인 복벨은 대량생산 제품인 단벨에 비해 생산량이 적으므로 단위당 원가의 왜곡이 더 크다는 것을 알 수 있다(복벨과 단벨, 각각 ₩43.06, ₩10.765). 이것은 전통적 원가계산에서 복잡한 소량생산 제품의 가격이 잘못 책정될 가능성이 크다는 것을 의미한다.

제품의 원가는 생산량은 물론, **제품의 복잡성**(complexity)에 의해 크게 영향을 받는다. 그러나, 전통적인 원가계산은 제품의 복잡성을 올바로 반영하지 못하는 한계가 있다. ABC는 생산량과 비례하지 않는 다양한 원가동인들을 이용하여 이러한 왜곡을 방지하고자 하는 것이다.

정선(주)은 새로운 ABC 원가정보를 바탕으로, 고객과 협의하여 경쟁이 치열한 단밸의 가격은 인하하고, 복밸은 가격인상을 고려하거나 원가관리를 강화해야 할 것이다.

6. 활동기준원가계산 마무리

지금까지 설명한 ABC와 전통적인 원가계산제도를 간단히 비교하면 표 6-7과 같다.

표 6-7 전통적 원가계산과 ABC 비교

	전통적 원가계산	ABC
원가집합 구성단위	공장 전체, 부문 등	활동
원가집합의 수	적다	많다
원가배부율	금액이 크다	금액이 작다
원가집합의 특성	이질적인 원가항목들 존재	동질적인 원가항목들로 구성
원가배부기준	생산량에 비례하는 기준(생산량, 기계시간, 직접노동시간, 직접노무원가 등)	다양한 원가동인(기계시간, 직접노동시간, 셋업횟수, 셋업시간, 부품수 등)
원가계층	제품단위수준	제품단위수준, 뱃치수준, 제품수준, 설비수준
원가왜곡 가능성	복잡한 소량생산 제품 원가과소(단순 대량생산 제품 원가과다)	낮다

ABC 원가계산제도는 전통적인 원가계산제도에 비해 많은 원가집합과 배부기준을 사용하므로, 시스템을 구축하고 데이터를 수집하는 데 비용이 많이 들 수 있다. 따라서, 관련 비용-효익을 고려하여 도입여부와 도입수준을 결정해야 한다. 경쟁이 치열하여 제품 원가계산이 중요한 경우나 제품의 크기, 복잡성, 제조공정 등이 매우 다양하여 제품별로 자원소비가 크게 차이가 날 때는 ABC 도입을 적극적으로 고려하는 것이 바람직하다.

본서에서는 제조기업을 중심으로 ABC를 설명했지만 병원, 통신, 은행 등 다양한 산업에서도 ABC가 폭넓게 사용되고 있다. ABC의 핵심 개념인 활동은 원가관리와 경영관리에도 활용된다. **활동기준경영관리(ABM, Activity-Based Management)**와 **활동기준예산수립(ABB, Activity-Based Budgeting)**이 대표적이다.

연습문제

객관식

01 전통적 원가계산의 원가왜곡

다음 중 전통적 원가계산시스템이 원가를 과소계산(undercosting)을 하게 될 가능성이 가장 큰 제품은?

① 생산량이 적고, 복잡한 제품
② 생산량이 적고, 단순한 제품
③ 생산량이 많고, 복잡한 제품
④ 생산량이 많고, 단순한 제품

02 원가계층과 원가동인

다음 중 서로 연결이 잘못된 것은?

① product unit-level cost —— 기계감가상각비
② batch-level cost —— 셋업비용
③ product-level cost —— 디자인비용
④ facility-level cost —— 재료주문비용

03 원가계층과 원가동인

다음 중 인과관계기준을 적용하기 어려워 개별 제품에 대한 적절한 원가동인을 찾기 어려운 원가계층은?

① 제품단위수준 ② 뱃치수준 ③ 제품수준 ④ 설비수준

04 원가계산의 정확성 개선

다음 중 원가계산의 정확성을 높이기 위해 취할 수 있는 방법으로서 가장 부적합한 것은?

① 간접원가로 분류되던 원가 중에서 직접추적이 가능한 원가는 직접추적한다.
② 동질적인 원가집합(cost pool)을 구성한다.
③ 인과관계가 있는 배부기준을 선택한다.
④ 한 부서의 원가는 하나의 원가집합에 포함시킨다.

05 뱃치수준 원가의 배부기준

다음 중 뱃치수준 원가인 셋업원가를 제품별로 배부할 때 비용/효익 측면에서 고려해야 할 배부기준으로 순서대로 올바로 열거한 것은? (단, 우선적으로 고려되는 배부기준이 가장 먼저이다.)

① 생산량 – 셋업시간　② 생산량 – 셋업횟수
③ 셋업시간 – 셋업횟수　④ 셋업횟수 – 셋업시간

06 제품단위수준활동 원가의 배부기준

다음 중 제품단위수준활동(product unit-level activity) 원가의 배부기준의 예로서 잘못된 것은?

① 기계시간　② 직접노동시간　③ 부품 수　④ 직접노무비

07 활동기준원가계산 등장 배경 (2010 CPA)

다음 중 활동기준원가계산제도가 생겨나게 된 배경으로 타당하지 않은 것은?

① 수익성 높은 제품의 선별을 통한 기업역량 집중의 필요성
② 산업구조의 고도화 및 직접노동 투입량의 증가
③ 제품 및 생산공정의 다양화
④ 원가정보의 수집 및 처리기술의 발달
⑤ 개별 제품이나 작업에 직접 추적이 어려운 원가의 증가

08 활동기준원가계산 절차 (2001 세무사)

아래에서 올바른 활동기준원가계산(ABC)의 절차를 나타낸 것은?

ⓐ 활동중심점의 설정	ⓑ 원가동인의 선택	ⓒ 활동분석
ⓓ 제조간접비의 배부	ⓔ 활동별 제조간접비 배부율의 계산	

① ⓒ→ⓐ→ⓔ→ⓑ→ⓓ
② ⓒ→ⓐ→ⓓ→ⓑ→ⓔ
③ ⓒ→ⓐ→ⓑ→ⓔ→ⓓ
④ ⓒ→ⓑ→ⓐ→ⓓ→ⓔ
⑤ ⓒ→ⓑ→ⓐ→ⓔ→ⓓ

09 활동기준원가의 배부 (2022 세무사)

㈜세무는 20X1년에 제품 A 1,500단위, 제품 B 2,000단위, 제품 C 800단위를 생산하였다. 제조간접원가는 작업준비 ₩100,000, 절삭작업 ₩600,000, 품질검사 ₩90,000이 발생하였다. 다음 자료를 이용한 활동기준원가계산에 의한 제품 B의 단위당 제조간접원가는?

활 동	원가동인	제품 A	제품 B	제품 C
작업준비	작업준비횟수	30	50	20
절삭작업	절삭작업시간	1,000	1,200	800
품질검사	검사시간	50	60	40

① ₩43 ② ₩120 ③ ₩163 ④ ₩255 ⑤ ₩395

10 활동기준원가의 배부 (2019 감정평가사)

㈜감평은 활동기준원가계산방법에 의하여 제품의 원가를 계산하고 있다. 다음은 ㈜감평의 연간 활동제조간접원가 예산자료와 작업 #203의 원가동인에 관한 자료이다.

• 연간 활동제조간접원가 예산자료

활 동	활동별 제조간접원가	원가동인	원가동인수량
생산준비	₩200,000	생산준비시간	1,250시간
재료처리	₩300,000	재료처리횟수	1,000회
기계작업	₩500,000	기계작업시간	50,000시간
품질관리	₩400,000	품질관리횟수	10,000회

• 작업 #203의 원가동인 자료

작 업	생산준비시간	재료처리횟수	기계작업시간	품질관리횟수
#203	60시간	50회	4,500시간	500회

작업 #203의 제조원가가 ₩300,000이라면, 작업 #203의 기본(기초)원가는?

① ₩210,400 ② ₩220,000 ③ ₩225,400 ④ ₩230,400 ⑤ ₩255,400

11 활동기준원가의 배부 (2022 감정평가사)

제품 A와 B를 생산, 판매하고 있는 ㈜감평의 20X1년 제조간접원가를 활동별로 추적한 자료는 다음과 같다.

	원가동인	제품 A	제품 B	추적가능원가
자재주문	주문횟수	20회	35회	₩55
품질검사	검사횟수	10회	18회	84
기계수리	기계가동시간	80시간	100시간	180

제조간접원가를 활동기준으로 배부하였을 경우 제품 A와 B에 배부될 원가는?

	제품 A	제품 B
①	₩100	₩219
②	₩130	₩189
③	₩150	₩169
④	₩189	₩130
⑤	₩219	₩100

12 활동기준원가계산의 도입 효과 (2002년 CPA)

활동기준원가계산(activity based costing)시스템은 조업도기준 원가계산(volume based costing)시스템에 비하여 보다 정확한 제품원가를 제공할 수 있다. 다음 중에서 활동기준원가계산시스템을 도입함에 따라서 그 효과를 크게 볼 수 있는 기업의 일반적 특성에 해당되지 않는 것은?

① 생산 과정에 거액의 간접원가가 발생하는 경우
② 제품, 고객 및 생산공정이 매우 복잡하고 다양한 경우
③ 회사가 치열한 가격경쟁에 직면한 경우
④ 제품의 제조와 마케팅 원가에 대해서 생산작업자와 회계담당자 사이에 심각한 견해차이가 있는 경우
⑤ 생산과 판매에 자신 있는 제품의 이익은 높고 생산과 판매에 자신 없는 제품의 이익이 낮은 경우

13 활동기준원가 배부 (2008 CPA수정)

㈜한호기계는 활동기준원가계산(activity-based costing)을 적용하고 있다. 회사는 제품 생산을 위해 세 가지 활동을 수행하고 있다. 당기에 발생된 활동별 실제원가는 기계가동활동 ₩84,000, 엔지니어링활동 ₩60,000, 품질검사활동 ₩41,000이었다. 당기에 두 종류의 제품 A와 B를 생산하였으며, 생산 관련 실제자료는 다음과 같았다.

항 목	제품 A	제품 B
생산량	500단위	1,200단위
기계가동(기계시간)	2,000시간	3,000시간
엔지니어링(작업시간)	500시간	700시간
품질검사(품질검사횟수)	10회	15회

※ 괄호 안은 각 활동의 원가동인을 의미함

활동기준원가계산 및 위의 자료와 관련된 ㈜한호기계의 원가계산결과에 대한 설명이다. 제품 A에 배부되는 총활동원가는?

① ₩85,000 ② ₩83,200 ③ ₩75,000 ④ ₩74,000 ⑤ ₩72,000

14 활동기준원가계산의 배부기준 (2009 CPA)

㈜호남은 두 종류의 제품(X와 Z)을 생산하고 있다. 이 회사의 원가담당자는 간접비 중 엔지니어링 변경원가에 관심을 가지고 있다. 1회 엔지니어링 변경에 소요되는 원가는 ₩600이다. 제품별 생산량, 엔지니어링 변경횟수, 기계시간은 다음과 같다.

항 목	제품 X	제품 Z
생산량	1,000단위	1,000단위
엔지니어링 변경횟수	14회	6회
생산량 단위당 기계시간	1시간	2시간

엔지니어링 변경원가를 엔지니어링 변경횟수가 아닌 기계시간을 기준으로 배부한다면, 제품 X에 과대배부 혹은 과소배부되는 금액은 얼마인가?

① ₩15,000 과소배부 ② ₩14,400 과대배부
③ ₩12,200 과소배부 ④ ₩ 7,200 과대배부
⑤ ₩ 4,400 과소배부

15 활동기준원가계산 종합 (2013 CPA)

㈜하나는 당기에 제품 A를 1,500단위, 제품 B를 1,000단위, 제품 C를 500단위 생산하였으며, 이와 관련하여 기계절삭작업에 ₩100,000, 조립작업에 ₩80,000, 품질검사에 ₩40,000의 제조간접원가가 소요되었다. 당사는 활동기준원가계산을 시행하고 있으며, 관련 자료는 아래와 같다. 다음 설명 중 옳지 않은 것은?

	원가동인	제품 A	제품 B	제품 C
기계절삭작업	기계시간	2,240	3,380	4,380
조립작업	조립시간	330	660	1,010
품질검사	횟 수	12	13	15

① 제품 B 전체에 배부되는 기계절삭작업 활동원가는 제품 A 전체에 배부되는 기계절삭작업 활동원가의 약 1.5배이다.
② 제품 B 전체에 배부되는 조립작업 활동원가보다 제품 C 전체에 배부되는 조립작업 활동원가가 더 크다.

③ 제품 A 전체에 배부되는 품질검사 활동원가보다 제품 C 전체에 배부되는 품질검사 활동원가가 25% 더 크다.
④ 제품 단위당 총활동원가가 가장 큰 것은 제품 C이다.
⑤ 각 제품의 단위당 활동원가를 계산하면 제품 A는 ₩31.73, 제품 B는 ₩73.20, 제품 C는 ₩138.40이다.

16 활동기준원가계산의 개념 (2022 CPA)

활동기준원가계산에 대한 다음 설명 중 옳지 않은 것은?

① 활동기준원가계산은 발생한 원가를 활동중심점별로 집계하여 발생한 활동원가동인수로 배부하는 일종의 사후원가계산제도이다.
② 활동기준원가계산을 활용한 고객수익성분석에서는 제품원가뿐만 아니라 판매관리비까지도 활동별로 집계하여 경영자의 다양한 의사결정에 이용할 수 있다.
③ 제조간접원가에는 생산량 이외의 다른 원가동인에 의하여 발생하는 원가가 많이 포함되어 있다.
④ 활동이 자원을 소비하고 제품이 활동을 소비한다.
⑤ 원재료구매, 작업준비, 전수조사에 의한 품질검사는 묶음수준활동(batch level activities)으로 분류된다.

17 고정원가가 포함된 활동기준원가계산 (2006 세무사)

묘향기업은 활동기준원가계산을 사용하며, 제조 과정은 다음의 세 가지 활동으로 구분된다.

활 동	원가동인	연간 원가동인 수	연간 가공원가 총액
세 척	재료부피	100,000리터	₩300,000
압 착	압착기계시간	45,000시간	₩900,000
분 쇄	분쇄기계시간	21,000시간	₩1,050,000

분쇄활동의 원가 중 ₩504,000은 고정원가이다. X제품 한 단위당 재료부피는 20리터, 압착기계시간은 30시간, 분쇄기계시간은 10시간이다. X제품의 단위당 판매가격과 단위당 재료비가 각각 ₩2,000, ₩300이면 제품의 단위당 제조공헌이익은 얼마인가?

① ₩560　② ₩540　③ ₩700　④ ₩780　⑤ ₩800

18 활동기준원가의 배부 (2011 세무사)

다음은 단일제품을 생산하여 판매하는 ㈜국세의 연간 활동원가 예산자료와 4월의 활동원가자료이다.

• 연간 활동원가 예산 자료

활 동	활동별 제조간접원가	원가동인	원가동인수량
재료이동	₩5,000,000	이동횟수	1000회
성 형	₩3,000,000	제품생산량	24,000단위
도 색	₩1,500,000	직접노동시간	6,000시간
조 립	₩2,000,000	기계작업시간	2,000시간

• 4월 중에 생산한 제품의 활동원가 자료

제품생산량 : 2,000단위, 직접노동시간 : 500시간, 기계작업시간 : 200시간

활동기준원가계산에 의할 경우, ㈜국세가 4월 중에 생산한 제품의 활동원가 금액은 ₩1,050,000으로 계산되었다. ㈜국세가 4월 중 제품을 생산하는 과정에서 발생한 재료의 이동횟수는 얼마인가?

① 95회 ② 96회 ③ 97회 ④ 98회 ⑤ 99회

19 활동기준원가의 배부 (2012 세무사)

㈜국세는 활동기준원가계산방법에 의하여 제품의 가공원가를 계산하고 있다. ㈜국세의 각 활동과 활동별 원가배부율은 다음과 같다.

활 동	원가동인	단위당배부율
재료처리	부품수	₩10
기계작업	기계시간	120
조립작업	조립시간	75
검 사	검사시간	100

제품 A 1단위를 제조하기 위해서는 부품 200개, 기계잡업 10시간, 조립작업 20시간, 검사 5시간이 요구된다. ㈜국세는 50단위의 제품 A를 단위당 ₩50,000에 판매하여 ₩1,500,000의 매출총이익을 달성하였다. 이 경우, 제품 A의 단위당 직접재료원가는 얼마인가? (단, 기초재고자산과 기말재고자산은 없다고 가정한다.)

① ₩5,200 ② ₩14,800 ③ ₩15,250 ④ ₩20,000 ⑤ ₩30,000

20 활동기준원가계산의 원가계층 (2019 세무사 변형)

㈜세무는 단일 제품을 생산하여 단위당 ₩150에 판매한다. 연간 생산가능 수량 2,000단위에 근거한 제품 단위당 원가는 다음과 같다.

직접재료원가	₩10
직접노무원가	15
단위수준 활동원가	25
제품수준 활동원가	14
설비수준 활동원가	6
	₩70

위 원가 항목 중 제품수준 활동원가와 설비수준 활동원가는 고정원가로, 나머지는 변동원가로 가정한다. 600단위 판매했을 때 영업이익은?

① ₩15,000 ② ₩20,000 ③ ₩39,600 ④ ₩48,000 ⑤ ₩60,000

21 활동기준원가계산의 이해 (2022 세무사)

활동기준원가계산(ABC)에 관한 설명으로 옳지 않은 것은?

① 제조기술이 발달되고 공장이 자동화되면서 증가되는 제조간접원가를 정확하게 제품에 배부하고 효과적으로 관리하기 위한 원가계산기법이다.

② 설비유지원가(facility sustaining cost)는 원가동인을 파악하기가 어려워 자의적인 배부기준을 적용하게 된다.

③ 제품의 생산과 서비스 제공을 위해 수행하는 다양한 활동을 분석하고 파악하여, 비부가가치활동을 제거하거나 감소시킴으로써 원가를 효율적으로 절감하고 통제할 수 있다.

④ 원가를 소비하는 활동보다 원가의 발생행태에 초점을 맞추어 원가를 집계하여 배부하기 때문에 전통적인 원가계산보다 정확한 제품원가 정보를 제공한다.

⑤ 고객별·제품별로 공정에서 요구되는 활동의 필요량이 매우 상이한 경우에 적용하면 큰 효익을 얻을 수 있다.

22 활동기준원가의 배부 (2016 감정평가사)

㈜감평은 활동기준원가계산에 의하여 간접원가를 배부하고 있다. 20X6년 중 고객 갑은 10회를 주문하였다. 20X6년도 간접원가 관련 자료가 다음과 같을 때, 고객 갑에게 배부될 간접원가 총액은?

(1) 연간 간접원가

	금 액
급여	₩500,000
임대료	200,000
통신비	120,000
합 계	820,000

(2) 활동별 간접원가 배부비율

	주문처리	고객대응
급 여	60%	40%
임대료	50%	50%
통신비	70%	30%

(3) 활동별 원가동인과 연간 활동량

활 동	원가동인	활동량
주문처리	주문횟수	1,600회
고객대응	고객수	120명

① ₩3,025 ② ₩3,235 ③ ₩5,125 ④ ₩5,265 ⑤ ₩5,825

23 활동기준원가 배부 (2018 감정평가사)

다음은 활동기준원가계산을 사용하는 제조기업인 ㈜감평의 20X1년도 연간 활동원가 예산자료이다. 20X1년에 회사는 제품 A를 1,000단위 생산하였는데 제품 A의 생산을 위한 활동원가는 ₩830,000으로 집계되었다. 제품 A의 생산을 위해서 20X1년에 80회의 재료이동과 300시간의 직접노동시간이 소요되었다. ㈜감평이 제품 A를 생산하는 과정에서 발생한 기계작업시간은?

연간 활동원가 예산자료

활 동	활동원가	원가동인	원가동인총수량
재료이동	₩4,000,000	이동횟수	1,000회
성 형	₩3,000,000	제품생산량	15,000단위
도 색	₩1,500,000	직접노동시간	7,500시간
조 립	₩1,000,000	기계작업시간	2,000시간

① 400시간 ② 500시간 ③ 600시간 ④ 700시간 ⑤ 800시간

24 전통적원가계산과 활동기준원가계산의 비교 (2013 감정평가사)

감평회계법인은 컨설팅과 회계감사서비스를 제공하고 있다. 지금까지 감평회계법인은 일반관리비 ₩270,000을 용역제공시간을 기준으로 컨설팅과 회계감사서비스에 각각 45%와 55%씩 배부해 왔다. 앞으로 감평회계법인이 활동기준원가계산을 적용하기 위해, 활동별로 일반관리비와 원가동인을 파악한 결과는 다음과 같다.

활 동	일반관리비	원가동인
스태프지원	₩200,000	스태프수
컴퓨터지원	50,000	컴퓨터사용시간
고객지원	20,000	고객수
합 계	₩270,000	

컨설팅은 스태프수 35%, 컴퓨터사용시간 30% 그리고 고객수 20%를 소비하고 있다. 활동기준원가계산을 이용하여 컨설팅에 집계한 일반관리비는 이전 방법을 사용하는 경우보다 얼마만큼 증가 또는 감소하는가?

① ₩32,500 감소 ② ₩32,500 증가
③ ₩59,500 감소 ④ ₩59,500 증가
⑤ 변화 없음

25 활동기준원가의 배부 (2019 관세사)

세 종류의 스키를 생산, 판매하는 ㈜관세의 제조간접원가를 활동별로 분석하면 다음과 같다.

활 동	제조간접원가	원가동인	원가동인수		
			초급자용 스키	중급자용 스키	상급자용 스키
절 단	₩70,000	절단횟수	150회	250회	300회
성 형	180,000	제품생산량	400대	300대	200대
도 색	225,000	직접노무시간	400시간	600시간	500시간
조 립	88,000	기계작업시간	100시간	?	150시간

㈜관세가 활동기준원가계산에 의해 중급자용 스키에 제조간접원가를 ₩208,000 배부하였다면 중급자용 스키 생산에 소요된 기계작업시간은?

① 100시간 ② 120시간 ③ 150시간 ④ 200시간 ⑤ 300시간

26 활동기준원가의 배부 (2020년 관세사)

활동기준원가계산을 적용하는 ㈜관세는 두 종류의 제품 A, B를 생산하고 있다. 활동 및 활동별

전환(가공)원가는 다음과 같다.

활 동	원가동인	배부율
선반작업	기계회전수	회전수당 ₩150
연마작업	부품수	부품당 ₩200
조립작업	조립시간	시간당 ₩50

500단위의 제품 B를 생산하기 위한 직접재료원가는 ₩150,000, 재료의 가공을 위해 소요된 연마작업 부품수는 300단위, 조립작업 조립시간은 1,000시간이다. 이렇게 생산한 제품 B의 단위당 제조원가가 ₩760이라면, 제품 B를 생산하기 위한 선반작업의 기계회전수는?

① 200회　② 300회　③ 800회　④ 1,000회　⑤ 1,200회

27 전통적 원가계산과 활동기준원가계산의 비교 2007 CPA

㈜대한은 휴대전화기를 생산한다. 현재 회사는 제조간접원가를 단일 배부율을 사용하여 공장 전체에 배부하고 있다. 회사의 경영진은 제조간접원가를 좀 더 정교하게 배부할 필요가 있다고 판단하고, 회계담당부서로 하여금 주요 생산활동과 그 활동에 대한 원가동인을 파악하라고 지시하였다. 다음은 활동, 원가동인 그리고 배부율에 대한 자료이다.

활 동	원가동인	배부율
재료취급	부품의 수	부품당 ₩1,000
조 립	직접노무시간	시간당 ₩40,000
검 사	검사부문에서의 검사시간	분당 ₩10,000

현재의 전통적인 원가계산방법은 직접노무시간에 기초하여 1시간당 ₩150,000의 배부율을 사용한다. 휴대전화 제작을 위하여 한 번의 작업(batch)으로 50대의 휴대전화가 제조되었다. 전통적인 원가계산방법과 활동기준원가계산방법을 사용할 경우 휴대전화 한 대당 배부될 제조간접원가는 각각 얼마인가? 한 번의 작업(batch)에는 1,000개의 부품, 직접노무시간 8시간, 그리고 검사시간 15분이 필요하다.

① 전통적방법 : ₩24,000　활동기준방법 : ₩29,400
② 전통적방법 : ₩640　활동기준방법 : ₩29,400
③ 전통적방법 : ₩24,000　활동기준방법 : ₩24,000
④ 전통적방법 : ₩24,000　활동기준방법 : ₩24,900
⑤ 전통적방법 : ₩24,000　활동기준방법 : ₩47,000

28 원가동인의 변동 (2010 세무사)

㈜서울은 가전제품을 생산하여 판매하는 기업니다. ㈜서울의 경영자는 현재 생산하고 있는 양문냉장고의 설계를 변경하는 경우 원가를 얼마나 절감할 수 있는지 알아보려 한다. 20X2년의 양문냉장고 예상판매량 100대를 현재 설계된 대로 생산하는 경우 직접재료원가 ₩100,000, 직접노무원가 ₩50,000, 그리고 제조간접원가 ₩350,000이 발생할 것으로 추정된다. ㈜서울은 활동기준원가계산(activity-based costing)을 적용하고 있는데 제조간접원가를 발생원인에 따라 항목별로 구분한 결과는 다음과 같다.

제조간접원가항목	금 액	원가동인 및 발생 현황	
기계가동원가	₩100,000	기계가동시간	100시간
작업준비원가	50,000	작업준비시간	10시간
검사원가	100,000	검사시간	10시간
재작업원가	100,000	재작업시간	20시간

설계를 변경하는 경우 기계가동시간과 재작업시간은 20% 감소되며, 작업준비시간은 25% 감소될 것으로 예상된다. 그러나 검사시간은 현재보다 20% 늘어날 것으로 예상된다. ㈜서울이 설계를 변경하는 경우 단위당 제조간접원가를 얼마나 절감할 수 있는가? (단, 상기 자료외의 원가는 고려하지 않는다.)

① ₩275 ② ₩325 ③ ₩375 ④ ₩425 ⑤ ₩475

29 판매관리비의 활동기준원가계산 (2019 세무사)

㈜세무는 고객별 수익성 분석을 위하여 판매관리비에 대해 활동기준원가계산을 적용한다. 당기초에 수집한 관련 자료는 다음과 같다.

(1) 연간 판매관리비 예산 ₩3,000,000(급여 ₩2,000,000, 기타 ₩1,000,000)

(2) 자원소비단위(활동)별 판매관리비 배분비율

	고객주문처리	고객관계관리	계
급 여	40%	60%	100%
기 타	20%	80%	100%

(3) 활동별 원가동인과 연간 활동량

활 동	원가동인	활동량
고객주문처리	고객주문횟수	2,000회
고객관계관리	고객수	100명

㈜세무는 당기 중 주요 고객인 홍길동이 30회 주문할 것으로 예상하고 있다. 홍길동의 주문 1회당 예상되는 ㈜세무의 평균 매출액은 ₩25,000이며, 매출원가는 매출액의 60%이다. 활동기

준원가계산을 적용하여 판매관리비를 고객별로 배분하는 경우, ㈜세무가 당기에 홍길동으로부터 얻을 것으로 예상되는 영업이익은?

① ₩255,000 ② ₩265,000 ③ ₩275,000 ④ ₩279,500 ⑤ ₩505,000

주관식

01 활동별 원가의 배부 (2013 CPA 수정)

2013년 초 한국회사는 2012년의 실제원가 및 운영자료를 이용하여 활동기준원가계산을 적용함으로써 보다 정확한 제품원가계산을 통해 제품별 수익성 분석을 하고자 한다. 이를 위해 2012년 중 한국회사에서 발생한 제조간접원가 ₩210,000과 판매관리비 ₩230,000에 대한 활동분석을 수행함으로써, 다음 4개의 활동원가를 식별하였다.

제조간접원가	생산작업준비활동원가	₩120,000
	품질검사활동원가	₩90,000
판매관리비	고객주문처리활동원가	₩180,000
	고객관리활동원가	₩50,000

각 제품의 판매량은 제품 X는 5,000단위, 제품 Y는 3,000단위, 제품 Z는 800단위이고 각 제품에 대한 고객의 1회 주문수량은 제품 X는 100단위, 제품 Y는 50단위, 제품 Z는 20단위였다.

생산작업준비활동원가는 생산작업준비시간에 비례하여 발생한다. 각 고객주문마다 한 번의 뱃치생산이 필요하며, 각 제품별 뱃치생산에 소요되는 생산작업준비시간은 제품 X는 2시간, 제품 Y는 3시간, 제품 Z는 5시간이었다.

품질검사활동원가는 품질검사에 소요되는 시간에 비례하여 발생한다. 품질검사는 매회 뱃치생산된 제품들 중 첫 5단위에 대해서만 실시되며, 품질검사에 소요되는 시간은 제품 종류에 관계없이 동일하다.

고객주문처리활동원가는 각 제품에 대한 고객주문횟수에 비례하여 발생한다.

고객관리활동은 제품종류에 관계없이 각 고객에게 투입되는 자원은 동일하다. 2012년 제품별 관리대상 고객 수는 제품 X는 10명, 제품 Y는 15명, 제품 Z는 25명으로 파악되었다.

요구사항

- **물음 1. 생산작업준비활동의 원가를 배부하라.**
- **물음 2. 품질검사활동의 원가를 배부하라.**
- **물음 3. 활동기준원가계산을 적용한 단위당 판매관리비를 계산하라.**

02 전통적 원가계산과 활동기준원가계산 비교 (2018 CPA 수정)

스타카페는 음료, 샌드위치를 판매하고 있다(제조와 동시에 판매하므로 재고는 없음). 스타카페는 5월 중 음료, 샌드위치에 대하여 전통적 원가계산방식 및 ABC 원가계산방식을 이용하여 손익분석을 실시한다.

전통적 원가계산방식에서 제조판매활동원가는 재료원가에 비례 배분하며, 관리활동원가(고정원가)는 직접노동시간에 비례 배분한다. 5월 중 스타카페 자료는 다음과 같다.

〈자료 1〉

	음 료	샌드위치
판매가격	₩1,000	₩2,000
5월 중 판매개수	5,000개	1,000개
단위당 재료원가	₩300	₩500
주문횟수	3,000회	1,000회
직접노동시간	150시간	50시간
전산작업횟수	200회	300회
회의횟수	5회	5회

〈자료 2〉

(단위 : 원)

	활 동	원가동인	발생원가
제조판매활동원가	판매기록활동	주문횟수	500,000
	재료처리활동	직접노동시간	500,000
	제조판매활동원가 계		1,000,000
관리활동원가	전산활동	전산작업 횟수	500,000
	회의활동	회의보고 횟수	500,000
	관리활동원가 계		1,000,000

요구사항

- ▶ 물음 1. 전통적 원가계산방식을 활용하여 5월 스타카페의 영업이익을 구하라.
- ▶ 물음 2. ABC 원가계산방식을 활용하여 5월 스타카페의 영업이익을 구하라.
- ▶ 물음 3. 전통적 원가계산방식과 ABC 원가계산방식의 차이를 설명하고, ABC 원가계산방식의 효익을 서술하라.

CHAPTER

7

변동원가계산

1 변동원가계산의 개요

2 변동원가계산과 전부원가계산 비교

3 정상원가계산에서 변동원가계산과 전부원가계산

4 정상원가계산을 이용한 전부원가계산에서 생산량의 영향

5 기준조업도의 선택과 영업이익에 대한 영향

6 쓰루풋 원가계산

7 전부원가계산과 변동원가계산 논쟁

[보론 1] 정상원가계산에서 전부원가계산과 변동원가계산의 비용(손익) 비교

[보론 2] 기준조업도 선택과 재고자산 측정(K-IFRS)

본 장에서는 제1장에서 설명한 원가범위에 따른 원가계산시스템의 분류(전부원가계산, 변동원가계산) 중에서 변동원가계산에 대해 자세하게 학습한다. 변동원가계산은 전부원가계산에서 고정제조간접원가를 배제한 원가계산이라는 점에서 표면적으로 단순해 보이지만, 매우 중요한 여러 특징을 가지고 있다. 또한, 내부보고용으로 변동원가계산을 사용한 경우, 연도 말 외부 재무보고를 위해 전부원가계산으로 변환하는 방법에 대해서도 학습한다. 연도 말 전부원가계산으로의 변환이 실제원가계산과 정상원가계산에서 어떻게 차이가 있는지에 대해서도 자세하게 학습한다. 끝으로, 변동원가의 극단적 형태인 쓰루풋(초변동)원가계산에 대해 학습한다.

CHAPTER

7

변동원가계산

1. 변동원가계산의 개요

1) 전부원가계산과 변동원가계산

우리는 지금까지 제조활동에서 발생하는 모든 제조원가를 제품의 원가로 인정하여 **제품원가**(product costs)를 계산하였다. 이런 원가계산방식을 **전부원가계산**(absorption costing)이라고 한다. 전부원가계산은 기업의 재고자산 평가와 손익계산 등 외부 재무보고(financial reporting)에 사용되는 원가계산방식이다. 전부원가계산과 비교되는 다른 원가계산방식으로는 **변동원가계산**(variable costing)(또는 **직접원가계산**(direct costing))이 있다.

변동원가계산은 제조원가 중에 **변동제조원가**(variable manufacturing costs)만 제품원가로 인정하고, **고정제조원가**(fixed manufacturing costs)는 제품원가로 인정하지 않는 방식이다. 기본적으로 고정제조원가는 제품의 생산량과 무관하게 고정적으로 발생하기 때문이다. 변동원가계산에서는 직접재료원가, 직접노무원가, 변동제조간접원가가 제품원가에 포함되며[1], 고정제조간접원가는 비제조활동의 원가인 판매비와관리비와 마찬가지로 **기간비용**(period costs)으로 처리한다.

여기서 용어의 의미를 혼동하지 않아야 한다. 변동원가계산이라고 해서 모든 변동원가가 제품원가의 대상이 되는 것이 아니라, 제조원가 중에서 변동원가를 대상으로 한다. 따라서 판매비와관리비는 대상이 아니다. 또한, 직접원가계산이라고 부르기도 하지만 간접원

1 직접원가 중에서도 상당 부분(특히, 직접노무원가)이 고정원가 성격을 지니고 있지만, 전통적으로 변동원가로 간주되고 있으므로, 특별한 언급이 없는 한 본서에서는 직접원가는 모두 변동원가로 간주한다.

가인 변동제조간접원가는 포함된다.

전부원가계산과 변동원가계산의 핵심적인 차이는 고정제조간접원가를 재고자산(제품과 재공품)의 원가에 포함하는지, 기간비용으로 처리하는지에 있다. 재무보고용 재무제표 작성을 위해서는 전부원가계산방식을 사용해야 하지만, 내부 경영관리 목적으로 변동원가계산을 사용할 수 있다. 내부보고 목적으로 변동원가계산을 사용하는 경우, 회계연도 말에 재무보고를 위해 전부원가계산으로 변환해야 한다.

2) 손익계산서 비교

변동원가계산이 전부원가계산과 비교하여 손익에 어떤 영향을 미치는지 다음 예제를 이용하여 학습해보자[2].

예제 7-1

골린이(주)는 골프공을 제조해서 판매하는 회사이다. 이 회사는 **실제원가계산제도**를 사용하고 있으며, 202X년도 1, 2, 3월의 제조 및 판매와 관련된 활동 내역은 표 7-1과 같다. 골린이(주)의 전부원가계산과 변동원가계산에 의한 손익계산서를 월 단위로 작성해보자.

표 7-1 골린이(주)의 202X년도 1, 2, 3월의 영업활동 자료

	1월	2월	3월
기초재고	0개	0개	30,000개
생산량	50,000	80,000	40,000
판매량	50,000	50,000	70,000
기말재고	0	30,000	0
단위당 변동제조원가	₩20	₩20	₩20
고정제조간접원가	400,000	400,000	400,000
단위당 변동판매비와관리비	5	5	5
고정판매비와관리비	100,000	100,000	100,000
단위당 판매가격	50	50	50

2 본 장에서는 불필요한 복잡성을 피하기 위해 재공품의 기초, 기말재고는 없다고 가정하여 제품 위주로 설명한다.

먼저, 전부원가계산에 의한 월별 손익계산서를 작성해보자. 전부원가계산에서 당기제품제조원가는 변동과 고정제조원가를 모두 포함하며, 1월에는 ₩1,400,000(=50,000개×₩20+₩400,000), 2월에는 ₩2,000,000(=80,000개×₩20+₩400,000), 3월에는 ₩1,200,000(=40,000개×₩20+₩400,000)이 된다. 월별 단위당 제품원가 및 기말재고는 표 7-2와 같이 계산된다. 생산량이 가장 많은 2월에 단위당 고정제조간접원가가 가장 적어, 단위당 제품원가도 가장 적음을 확인할 수 있다.

표 7-2 골린이(주) 전부원가계산에 의한 월별 단위당 당기제품제조원가와 기말재고

(단위 : 원)

	1월	2월	3월
(1) 단위당 변동제조원가	20	20	20
(2) 단위당 고정제조원가 (=고정제조간접원가÷생산량)	8(=₩400,000÷ 50,000개)	5(=₩400,000÷ 80,000개)	10(=₩400,000÷ 40,000개)
(3) 단위당 제품원가 (=(1)+(2))	28	25	30
(4) 기말재고 (=(3)×기말재고수량)	0	750,000*	0

* 2월에 기초재고가 없으므로 FIFO, WA 등 물량흐름 가정과 무관하게 동일함

전부원가계산에 의한 골린이(주)의 월별 손익계산서는 표 7-3과 같다.

표 7-3 전부원가계산에 의한 월별 손익계산서 | 예제 7-1

(단위 : 원)

	1월	2월	3월	합 계
매 출	2,500,000	2,500,000	3,500,000	
매출원가	1,400,000	1,250,000	1,950,000	
– 기초재고	0	0	750,000	
– 당기제품제조원가	1,400,000	2,000,000	1,200,000	
– 기말재고	0	750,000	0	
매출총이익	1,100,000	1,250,000	1,550,000	
판매비와관리비	350,000	350,000	450,000	
영업이익	750,000	900,000	1,100,000	2,750,000

다음으로, 변동원가계산에 의한 월별 손익계산서를 작성해보자. 이제 당기제품제조원가와 기말재고에는 변동제조원가(단위당 ₩20)만 포함되며, 고정제조간접원가 ₩400,000은 당기에 전액 비용화된다. 변동원가계산 손익계산서는 전통적인 손익계산서 작성방식과 달리 공헌이익 손익계산서의 형태로 작성한다.

공헌이익 손익계산서는 모든 원가(비용)(제조원가와 판매비와관리비)를 변동원가(비용)와 고정원가(비용)로 구분하며, 전통적인 매출총이익 대신에 **공헌이익(contribution margin)**을 중요시한다. 공헌이익은 매출에서 모든 변동원가(변동제조원가, 변동판매비와관리비)를 차감하여 계산한다. 공헌이익 손익계산서에서 영업이익은 다음과 같이 계산한다.

공헌이익 = 매출 − 변동원가

영업이익 = 공헌이익 − 고정원가

변동원가계산에 의한 골린이(주)의 월별 손익계산서는 표 7-4와 같다.

표 7-4 변동원가계산에 의한 월별 손익계산서 | 예제 7-1

(단위 : 원)

	1월	2월	3월	합 계
매 출	2,500,000	2,500,000	3,500,000	
변동매출원가	1,000,000	1,000,000	1,400,000	
− 기초재고	0	0	600,000	
− 당기제품제조원가	1,000,000	1,600,000	800,000	
− 기말재고	0	600,000	0	
제조공헌이익	1,500,000	1,500,000	2,100,000	
변동판매비와관리비	250,000	250,000	350,000	
공헌이익	1,250,000	1,250,000	1,750,000	
고정제조간접원가	400,000	400,000	400,000	
고정판매비와관리비	100,000	100,000	100,000	
영업이익	750,000	750,000	1,250,000	2,750,000

두 손익계산서를 항목별로 비교해보자. 먼저, 변동제조원가는 매출원가를 통해 같은 금액이 비용화된다. 판매비와관리비의 경우, 변동원가계산에서 변동원가와 고정원가로 구분하여 처리되어 공헌이익에는 영향을 미치지만, 모두 당기에 비용으로 처리되므로 영업이익에 미치는 영향에는 전부원가계산과 차이가 없다.

고정제조원가의 경우에는 차이가 있다. 변동원가계산에서는 고정제조원가를 모두 당기에 비용으로 처리한다. 그러나, 전부원가계산에서는 먼저 재고자산의 원가(여기에서는 재공품이 없는 것으로 가정하고 있으므로 모두 당기제품제조원가)에 포함된 후, 재고자산이 판매되는 시점에 매출원가에 포함되어 비용으로 처리된다. 즉, 고정제조간접원가 중에서 매출원가화된 금액만 비용으로 처리되는 것이다. 따라서, 두 원가계산방식에서 당기 손익의 차이는 고정제조간접원가가 당기에 비용화된 금액의 차이에서 발생하는 것이다. 이에 대해서는 아래에서 자세하게 설명한다.

2. 변동원가계산과 전부원가계산 비교

1) 전통적 손익계산서와 공헌이익 손익계산서

이제 두 원가계산방식의 차이점에 대해 자세히 살펴보자. 위에서 설명한 바와 같이, 두 원가계산방법에서 손익계산서 작성방법이 다르다. 전부원가계산에서는 전통적인 손익계산서 작성방법에 따라 모든 원가(비용)를 제조원가와 판매비와관리비로 구분하고, **매출총이익**(gross margin)을 중요시한다. 매출총이익은 제품 획득에 필수적으로 소요되는 제조원가를 초과하여 고객으로부터 확보한 금액을 나타내는 이익지표이다. 매출총이익은 제조 외 다른 활동에 소요되는 비용을 회수할 수 있을 정도로 충분해야 한다.

반면에, 변동원가계산에서는 제조원가와 판매비와관리비를 원가행태(cost behavior)에 따라 변동원가와 고정원가로 구분하고, **공헌이익**(contribution margin)을 중요시한다. 공헌이익은 매출액에서 변동원가를 차감한 금액으로서, 고정원가를 어느 정도 회수할 수 있느냐를 나타내는 이익지표이다. 고정원가는 생산량(판매량)과 무관하게 고정되어 있으므로, 고정원가를 회수할 수 있을 정도로 충분한 공헌이익을 확보하는 것이 중요하다.

2) 비용(손익) 비교

다음으로, 두 방식은 고정제조간접원가를 언제 비용으로 처리하느냐 하는 기간귀속에 있어서 차이가 난다. 변동원가계산에서는 고정제조간접원가가 발생한 당기에 모두 비용으로 처리하지만, 전부원가계산에서는 고정제조간접원가가 발생하는 시점에는 재고자산(제품 및 재공품)의 원가에 포함한 후, 제품이 판매되는 시점에 비로소 매출원가로 비용처리한다. 따라서, 전부원가계산에서는 고정제조간접원가의 비용처리를 판매시점까지 단순히 이연시키는 것이라고 할 수 있다. 이로 인해, 두 방식에서 재고자산의 금액에 차이가 발생하며, 비용처리 시점의 차이로 인해 기간별 영업이익도 차이를 보이게 된다.

전부원가계산과 변동원가계산에서 손익차이가 어떻게 발생하는지 좀 더 자세히 살펴보자. 두 방식은 수익에서는 차이가 없고 비용에서만 차이가 있다. 실제원가계산제도를 채택하는 경우에 두 방식 간의 비용차이는 고정제조간접원가 처리방식의 차이에 의해서만 발생하므로, 고정제조간접원가가 당기에 얼마나 비용화되느냐를 분석하면 두 방식의 손익차이를 알 수 있다.

분석의 편의를 위해 먼저 **실제원가계산제도**를 채택하고 있고 재공품은 없다고 가정하자. 이 경우 전부원가계산과 변동원가계산에서 고정제조간접원가 중에 당기에 비용화되는 금액은 다음과 같다.

변동원가계산에서 당기에 비용화되는 고정제조간접원가 = 당기발생 고정제조간접원가

전부원가계산에서 당기에 비용화되는 고정제조간접원가
= 매출원가에 포함된 고정제조간접원가
= 기초재고에 포함된 고정제조간접원가 + 당기발생 고정제조간접원가[3] − 기말재고에 포함된 고정제조간접원가

위 두 식을 비교해보면, 당기발생 고정제조간접원가는 양쪽 식에 모두 포함되어 있으므로 이를 제거하고 나면, 두 방식에서 당기에 비용화되는 고정제조간접원가의 차이는 다음과 같이 정리해서 나타낼 수 있다.

---

3 이 항목은 정확하게는 "당기제품제조원가에 포함된 고정제조간접원가"이지만, 여기에서는 실제전부원가계산에서 재공품이 없는 경우를 가정하고 있으므로 "당기발생 고정제조간접원가"와 같게 된다.

전부원가계산에서 비용 − 변동원가계산에서 비용
= 전부원가계산에서 당기비용화 고정제조간접원가 − 변동원가계산에서 당기비용화 고정제조간접원가
= 매출원가에 포함된 고정제조간접원가 − 당기발생 고정제조간접원가
= 기초재고에 포함된 고정제조간접원가 − 기말재고에 포함된 고정제조간접원가[4]

즉, 두 방식에서 비용 차이는 전부원가계산에서 기초재고와 기말재고에 포함된 고정제조간접원가 금액의 차이가 된다. 이것은 동전의 양면과 같은 원리이다. 제조원가가 발생하면 재고자산이 되든지 아니면 비용이 되므로, 비용의 차이는 재고자산의 차이를 통해서도 계산할 수 있는 것이다. 위 식에서 알 수 있듯이, 기말재고에 포함된 고정제조간접원가가 기초재고에 포함된 고정제조간접원가보다 더 크면 전부원가계산에서의 비용이 변동원가계산에서의 비용보다 더 작게 된다.

지금까지 두 방식의 비용 차이를 살펴보았는데, 이익차이는 이와 반대가 되므로 다음과 같이 나타낼 수 있다.

전부원가계산에서 이익 − 변동원가계산에서 이익[5]
= 당기발생 고정제조간접원가 − 매출원가에 포함된 고정제조간접원가
= 기말재고에 포함된 고정제조간접원가 − 기초재고에 포함된 고정제조간접원가

기말재고에 포함된 고정제조간접원가가 기초재고에 포함된 것보다 더 많으면, 전부원가계산에서의 이익이 변동원가계산에서의 이익보다 더 크다는 것을 기억해두자. 이제 앞에서 설명한 골린이(주) 예제 7-1을 이용하여 두 방식의 비용차이와 이익차이를 다시 한 번 확인해보자. 예제에 나타난 비용과 이익의 차이는 표 7-5와 같이 정리해서 나타낼 수 있다.

4 식에서 매출원가, 기초재고 또는 기말재고에 포함된 고정제조간접원가는 전부원가계산 방식에서의 수치를 말한다. 변동원가계산에서는 이들 항목에 고정제조간접원가가 포함되지 않는다.

5 두 식의 관계는 다음 항등식과 같은 것이다. 기초재고 + 당기발생 = 매출원가 + 기말재고

표 7-5 골린이(주)의 전부원가계산과 변동원가계산의 고정제조간접원가 비용화 금액 비교(실제원가계산) | 예제 7-1

	비용화 방식	1월	2월	3월	합 계
(a) 기초재고		0개	0개	30,000개	
(b) 기말재고		0개	30,000개	0개	
(c) 단위당 고정제조간접원가		₩8	₩5	₩10	
(1) 전부원가계산	매출원가*	₩400,000 (=0+400,000−0)	₩250,000 (=0+400,000−150,000)	₩550,000 (=150,000+400,000−0)	₩1,200,000
(2) 변동원가계산	기간비용	400,000	400,000	400,000	1,200,000
(3) 비용 비교 (=(1)−(2))		0 (전부 = 변동)	−150,000 (전부 < 변동)	+150,000 (전부 > 변동)	0 (전부 = 변동)
(4) 재고 비교** (기초−기말)		0 (=0−0)	−150,000 (=0−150,000)	+150,000 (=150,000−0)	0
(5) 이익 비교		0 (전부 = 변동)	+150,000 (전부 > 변동)	−150,000 (전부 < 변동)	0 (전부 = 변동)

* 매출원가화된 금액 : 기초재고에 포함된 고정제조간접원가 + 당기발생 고정제조간접원가 − 기말재고에 포함된 고정제조간접원가

** 재고 비교 : 기초재고에 포함된 고정제조간접원가 − 기말재고에 포함된 고정제조간접원가

1월에는 기초, 기말재고가 없어서 비용차이가 없으므로 전부원가계산과 변동원가계산의 이익차이도 없다. 2월에는 기초재고에 포함된 고정제조간접원가 금액은 없고 기말재고에 포함된 금액은 ₩150,000이므로, 전부원가계산에서 비용이 더 적고, 이익은 더 많게 된다. 기말재고가 없는 3월에는 이와 반대되는 현상이 나타나게 된다.

여기서 한 가지 주의깊게 볼 사항은 실제원가계산에서 기초재고가 없는 회기에서부터 기말재고가 없는 회기까지의 비용(이익)의 합계는 전부원가계산과 변동원가계산에서 같다는 것이다. 본 예제에서 1월(2월)에는 기초재고가 없고, 3월에는 기말재고가 없다. 전부원가계산에서는 고정제조간접원가의 비용화를 판매되는 시점까지 이연시키게 되므로 2월 말에 남아 있는 재고가 모두 팔리는 3월 말에는 그동안 자산에 포함되어 있던 고정제조간접원가가 모두 비용화된다. 따라서, 두 방식에서 1월(2월)부터 3월까지의 비용(이익)의 합계는 같게 되는 것이다. 판매가격이나 고정제조간접원가 총액이 월별로 다른 경우에도 결과는 마찬가지이다.

3) 전부원가계산에서의 재고 증대 유인

전부원가계산제도에서는 생산량 증대만으로도 이익을 증대시킬 수 있어서, 경영자에게 잘못된 유인을 제공할 우려가 있다. 골린이(주) 예제 7-1에서 1월과 2월의 자료를 살펴보면, 판매량과 가격 및 원가내역은 모두 동일하지만, 2월에는 1월보다 생산을 더 많이 했다는 점에서만 차이가 난다. 변동원가계산에서 1월과 2월의 영업이익은 동일하다. 그러나, 전부원가계산에서의 영업이익은 1월에 ₩750,000에서 2월에는 ₩900,000으로 증가하였다. 어떻게 이런 일이 발생할 수 있는 것일까?

전부원가계산의 경우, 1월에는 생산한 모든 제품이 팔렸기 때문에 고정제조간접원가 ₩400,000이 모두 매출원가화되어 비용화되지만, 2월에는 고정제조간접원가 ₩400,000이 당기에 생산한 제품 80,000개의 원가에 모두 포함된 다음, 그중에서 판매된 50,000개에 포함된 ₩250,000(=50,000개×₩5)만 매출원가가 되어 당기에 비용화되고, 나머지 ₩150,000은 제품의 기말재고에 그대로 남아 있게 된다. 이로 인해 1월과 2월의 비용차이가 ₩150,000 발생하게 되고 영업이익도 ₩150,000 차이가 나게 됨을 알 수 있다.

전부원가계산에서 생산량이 증가하면 단위당 고정제조간접원가가 감소하게 되어, 제품 단위당 원가가 감소하는 효과가 발생하게 되고, 따라서 단위당 매출원가도 감소하게 되어 이익이 증가하게 되는 것이다. 이와 반대로, 고정제조간접원가 중에 재고화되는 금액은 증가한다.

전부원가계산에서 1월보다 2월에 영업이익이 더 커진 것은 단순히 생산량 증가로 인해 고정제조간접원가가 적게 비용화되었기 때문이다. 남은 고정제조간접원가도 언젠가 모두 비용화되어야 하므로, 2월의 이익 증가는 경영성과가 더 좋다는 것을 의미하지 않는다. 사실 그 반대일 수도 있다. 재고 증가는 기업가치 측면에서 바람직하지 않다. 재고가 증가하면 창고비용, 보험료, 재고이동 비용 등 현금지출을 수반하는 비용들이 증가한다. 그 외에도 제품의 진부화 위험, 분실 또는 도난 위험이 증가하며, 재고자산 원가의 이자비용에 해당하는 기회비용도 증가한다.

경영자는 당기에 재고 증가로 인해 회계적 비용이 일부 증가하더라도, 고정제조간접원가를 더 많이 재고화함으로써 영업이익이 증가하는 규모가 더 큰 경우에는 생산을 증가시켜 재고를 증가시킬 잘못된 유인을 가질 수 있다. 반대로, 생산량을 줄여 재고를 감소시킴으로써 이익을 감소시킬 수도 있다. 요약하면, 전부원가계산에서는 재고를 통한 **이익조정**

(earnings management)이 가능하다는 것이다.

이에 반해 변동원가계산에서는 판매량이 같은 1월과 2월의 순이익은 ₩750,000으로 같다. 이것은 생산량 및 판매량과 관계없이 고정제조간접원가 발생액 ₩400,000이 모두 당기에 기간비용으로 처리되기 때문이다. 이처럼 변동원가계산에서는 단순히 생산량을 증가시켜 재고를 증가시키는 것으로는 이익을 증가시킬 수 없다는 장점이 있다.

4) 물량이 비용(손익)에 미치는 영향 비교(특수한 경우)

우리는 위에서 두 원가계산방식의 비용(손익) 차이에 대해 자세히 학습하였다. 이제 물량(생산량과 판매량)이 두 원가계산방식의 손익에 어떤 영향을 미치는지에 대해 좀 더 자세히 살펴보자. 이를 위해 전기에 생산한 제품과 당기에 생산한 제품의 단위당 고정제조간접원가가 같은 특수한 경우를 가정하자.

전기와 당기에 생산한 제품의 단위당 고정제조간접원가가 같다면, 다음과 같이 표현할 수 있다.

기초재고에 포함된 고정제조간접원가 = 기초재고수량 × 단위당 고정제조간접원가

기말재고에 포함된 고정제조간접원가 = 기말재고수량 × 단위당 고정제조간접원가

따라서, 두 원가계산방식에서 비용과 손익의 차이는 다음과 같이 다시 나타낼 수 있다.

전기분, 당기분 제품 한 단위당 고정제조간접원가가 같은 경우

전부원가계산에서 비용 – 변동원가계산에서 비용
= 기초재고에 포함된 고정제조간접원가 – 기말재고에 포함된 고정제조간접원가
= 단위당 고정제조간접원가 × (기초재고수량 – 기말재고수량)

전부원가계산에서 이익 – 변동원가계산에서 이익
= 단위당 고정제조간접원가 × (기말재고수량 – 기초재고수량)

이제 위 식을 이용하여 재고수량의 변동에 따라 두 원가계산방식에서 비용과 손익의

크기가 어떻게 달라지는지 살펴보자. 수량에 관한 다음 식을 이용하여 설명한다.

수량 항등식 : 기초재고수량 + 당기생산량 = 당기판매량 + 기말재고수량

첫째, 기초재고 수량보다 기말재고 수량이 더 많은 경우(즉, 생산량 > 판매량), 전부원가계산에서 비용이 변동원가계산의 비용보다 더 적게 된다. 이익은 반대로 전부원가계산에서 더 크게 된다.

둘째, 기초재고 수량보다 기말재고 수량이 더 적은 경우(즉, 생산량 < 판매량), 전부원가계산에서 비용이 변동원가계산의 비용보다 더 크게 된다. 이익은 반대로 변동원가계산에서 더 크게 된다.

셋째, 기초재고와 기말재고 수량이 같은 경우(즉, 생산량 = 판매량), 두 방식에서 비용과 이익은 같아진다.

이를 정리하면 **표 7-6**과 같다. 표는 실제원가계산을 사용한다는 것과 전기와 당기의 제품 단위당 고정제조간접원가가 같다는 두 가지 전제가 필요하다는 사실에 유의해야 한다. 이러한 유의점에도 불구하고, 재고(생산) 변화가 손익에 미치는 영향을 이해하는 데 매우 유용하다.

표 7-6 재고수량의 변동과 원가계산방식 손익 비교

	재고수량	생산량/판매량	비용 비교	이익 비교
Case 1	기초재고 < 기말재고	생산량 > 판매량	전부원가계산 < 변동원가계산	전부원가계산 > 변동원가계산
Case 2	기초재고 > 기말재고	생산량 < 판매량	전부원가계산 > 변동원가계산	전부원가계산 < 변동원가계산
Case 3	기초재고 = 기말재고	생산량 = 판매량	전부원가계산 = 변동원가계산	전부원가계산 = 변동원가계산

※ 두 가지 전제 : 실제원가계산 사용, 전기와 당기 제품 단위당 고정제조간접원가 동일

지금까지 학습한 핵심적인 내용은 세 가지로 요약된다. 첫째, 전부원가계산과 변동원가계산의 비용(손익)의 차이는 당기에 비용화되는 고정제조간접원가 금액의 차이이다. 둘째,

전부원가계산제도를 사용하는 경우에는 과다한 생산(재고 증가)만을 통해서도 이익을 증가시킬 수 있다. 셋째, 과다한 생산(재고 증가)은 전부원가계산에서의 이익을 변동원가계산에서의 이익보다 크게 만든다는 것이다.

5) 종합예제(실제원가계산)

이제 지금까지 학습한 내용을 종합예제를 통해 학습해보자.

예제 7-2

똑딱이(주)는 골린이(주)의 경쟁회사로서 202X년 4월 초에 설립되었으며, **실제원가계산제도**를 사용하고 있다. 고정원가와 단위당 변동원가 등 원가구조는 골린이(주)와 동일하다. 똑딱이(주)는 원가흐름 가정으로 선입선출법(FIFO)을 채택한다고 하자. 똑딱이(주)의 202X년 4, 5, 6월의 제조와 판매활동 내역은 표 7-7과 같다. 똑딱이(주)의 전부원가계산과 변동원가계산에 의한 202X년도 4, 5, 6월 손익계산서를 작성하고, 두 방식의 영업이익을 비교해보자.

표 7-7 똑딱이(주)의 202X년도 4, 5, 6월의 영업활동 자료

	4월	5월	6월
기초재고	0개	10,000개	15,000개
생산량	50,000	80,000	80,000
판매량	40,000	75,000	90,000
기말재고	10,000	15,000	5,000
단위당 변동제조원가	₩20	₩20	₩20
고정제조간접원가	400,000	400,000	400,000
단위당 변동판매비와관리비	5	5	5
고정판매비와관리비	100,000	100,000	100,000
단위당 판매가격	50	50	50

똑딱이㈜의 월별 단위당 당기제품제조원가와 기말재고는 표 7-8과 같다.

표 7-8 똑딱이㈜의 전부원가계산에 의한 월별 단위당 당기제품제조원가와 기말재고

(단위 : 원)

	4월	5월	6월
(1) 단위당 변동제조원가	20	20	20
(2) 단위당 고정제조원가 (=고정제조간접원가÷생산량)	8 (=₩400,000÷ 50,000개)	5 (=₩400,000÷ 80,000개)	5 (=₩400,000÷ 80,000개)
(3) 단위당 제품원가 (=(1)+(2))	28	25	25
(4) 기말재고 (=(3)×기말재고수량)	280,000 (=10,000개×₩28)	375,000* (=15,000개×₩25)	125,000* (=5,000개×₩25)

* FIFO 적용

똑딱이㈜의 전부원가계산에 의한 4, 5, 6월 손익계산서는 표 7-9와 같다.

표 7-9 똑딱이㈜의 202X년도 전부원가계산에 의한 월별 손익계산서 | 예제 7-2

(단위 : 원)

	4월	5월	6월
매 출	2,000,000	3,750,000	4,500,000
매출원가	1,120,000	1,905,000	2,250,000
− 기초재고	0	280,000	375,000
− 당기제품제조원가	1,400,000	2,000,000	2,000,000
− 기말재고	280,000	375,000	125,000
매출총이익	880,000	1,845,000	2,250,000
판매비와관리비	300,000	475,000	550,000
영업이익	580,000	1,370,000	1,700,000

똑딱이㈜의 월별 변동원가계산 손익계산서는 표 7-10과 같다.

표 7-10 똑딱이(주)의 202X년도 변동원가계산에 의한 월별 손익계산서 | 예제 7-2

(단위 : 원)

	4월	5월	6월
매 출	2,000,000	3,750,000	4,500,000
변동매출원가	800,000	1,500,000	1,800,000
– 기초재고	0	200,000	300,000
– 당기제품제조원가	1,000,000	1,600,000	1,600,000
– 기말재고	200,000	300,000	100,000
제조공헌이익	1,200,000	2,250,000	2,700,000
변동판매비와관리비	200,000	375,000	450,000
공헌이익	1,000,000	1,875,000	2,250,000
고정제조간접원가	400,000	400,000	400,000
고정판매비와관리비	100,000	100,000	100,000
영업이익	500,000	1,375,000	1,750,000

이제 변동원가계산과 전부원가계산 간의 비용과 손익차이를 월별로 비교해보자(표 7-11). 먼저 전부원가계산에서 기초와 기말재고에 포함된 고정제조간접원가(표의 (4))를 비교해 보자. 4월에는 기초재고가 없고 기말재고에 포함된 고정제조간접원가가 ₩80,000(=₩8 ×10,000개)이므로 직접원가계산보다 전부원가계산에서 이익이 ₩80,000 더 많음을 확인할 수 있다. 5월에는 기초재고에 포함된 고정제조간접원가는 4월에 발생한 금액인 ₩80,000(=₩8×10,000개)이며, 기말재고에 포함된 고정제조간접원가는 5월에 발생한 금액인 ₩75,000(=₩5×15,000개)으로서, 기초재고에 포함된 고정제조간접원가가 ₩5,000 더 많다. 따라서, 5월에 전부원가계산에서의 비용이 직접원가계산에서보다 더 많다.

5월에 기초재고수량이 10,000개, 기말재고수량이 15,000개로서 재고수량이 증가했지만, 제품 한 단위당 고정제조간접원가는 4월에는 ₩8이지만 5월에는 ₩5으로서 대폭 감소했기 때문에, 재고에 포함한 금액은 기말에 오히려 감소한 것이다. 단순히 재고수량의 변동이 아닌 재고에 포함된 고정제조간접원가 금액을 비교해야 손익의 크기를 올바로 비교할 수 있다는 사실을 확인할 수 있다.

6월의 경우에는 전기(5월)와 당기(6월)의 제품 한 단위당 고정제조간접원가가 ₩5으로 동일하다. 따라서, 재고수량의 변동을 통해 비용(이익)의 상대적 크기를 비교할 수 있다. 6월에 기초재고수량은 15,000개, 기말재고수량은 5,000개로서 재고가 10,000개 감소했으므로, 전부원가계산에서 비용이 변동원가계산의 비용보다 더 많고 이익은 더 적게 된다. 그 차이는 ₩50,000(=₩5×10,000개)이다[6].

표 7-11 똑딱이(주)의 실제원가계산에서 전부원가계산과 직접원가계산의 고정제조간접원가 처리 비교

| 예제 7-2

(단위 : 원)

	비용화 방식	4월	5월	6월
(a) 기초재고		0개	10,000개	15,000개
(b) 기말재고		10,000개	15,000개	5,000개
(c) 단위당 고정제조간접원가		₩8	₩5	₩5
(1) 전부원가계산	매출원가*	320,000 (=0+400,000−80,000)	405,000 (=80,000+400,000−75,000)	450,000 (=75,000+400,000−25,000)
(2) 직접원가계산	기간비용	400,000	400,000	400,000
(3) 비용 비교 (=(1)−(2))		−80,000 (전부 < 변동)	+5,000 (전부 > 변동)	+50,000 (전부 > 변동)
(4) 재고 비교** (기초−기말)		−80,000 (=0−80,000)	+5,000 (=80,000−75,000)	+50,000 (=75,000−25,000)
(5) 이익 비교		+80,000 (전부 > 변동)	−5,000 (전부 < 변동)	−50,000 (전부 < 변동)

* 매출원가화된 금액 : 기초재고에 포함된 고정제조간접원가 + 당기발생 고정제조간접원가 − 기말재고에 포함된 고정제조간접원가

** 재고 비교 : 기초재고에 포함된 고정제조간접원가 − 기말재고에 포함된 고정제조간접원가

6 선입선출법 등 원가흐름에 대한 가정은 두 원가계산방식 간의 비용과 손익의 차이를 계산할 때 재고에 포함된 고정제조간접원가를 비교하는 본문의 설명에 전혀 영향을 미치지 않는다. 단지 재고에 포함된 금액만 달라질 뿐이다. 즉, 비용(손익)을 비교할 때 선입선출법을 가정할 필요가 없다.

3. 정상원가계산에서 변동원가계산과 전부원가계산

1) 고정제조간접원가 배부차이

지금까지 우리는 실제원가계산제도를 사용하는 경우에 대해 전부원가계산과 변동원가계산방식의 비용과 손익을 비교하였다. 이제 **정상원가계산제도**를 채택하는 경우에 두 방식을 비교해보자. 여기서도 재공품은 없다고 가정한다. 정상원가계산제도를 사용하는 경우, 전부원가계산 방식에서는 고정제조간접원가는 예정배부율을 이용하여 먼저 배부한 다음, 회계연도 말에 가서 실제발생액과 배부액의 차이를 조정하게 된다(제4장 참고).

정상원가계산제도에서 전부원가계산방식을 사용할 경우, 고정제조간접원가의 총차이(발생액－배부액)를 **고정제조간접원가 배부차이**라고 한다. 배부차이는 다음과 같이 **예산차이(또는 소비차이)**와 **조업도차이**로 나누어진다[7].

고정제조간접원가 총차이(배부차이) = 고정제조간접원가 예산차이 + 고정제조간접원가 조업도차이

예산차이는 발생액과 예산액의 차이를 말하며, 조업도차이는 예산과 배부액의 차이를 말한다. 예산보다 발생액이 더 많을 경우 불리한 예산차이가 발생하며, 배부액보다 예산이 더 많을 경우 불리한 조업도차이가 발생한다.

다음은 정상원가계산제도에서 전부원가계산방식을 사용할 때 고정제조간접원가의 차이분석틀을 나타낸 것이다.

그림 7-1 고정제조간접원가 차이분석

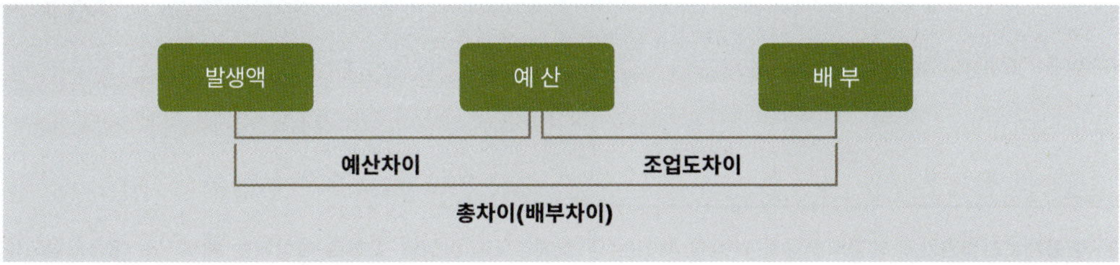

7 고정제조간접원가 차이의 의미와 분석방법에 대해서는 제11장 예산과 차이분석에서 자세히 학습한다.

이미 학습한 바와 같이, 정상원가계산에서는 제조간접원가를 배분할 때 회계연도 초에 설정한 예정(예산)배부율을 사용하여 배분하며, 예정배부율은 예산을 배부기준의 예정조업도로 나누어서 계산한다. 제조간접원가 중에서 고정제조간접원가의 예정배부율을 별도로 계산할 때에는 **기준조업도**를 사용하여 다음과 같이 계산한다[8].

고정제조간접원가 예정배부율 = 고정제조간접원가 예산 ÷ 기준조업도

작업이 진행된 후 예정배부율을 사용하여 고정제조간접원가를 작업으로 배부할 때는 각 작업의 실제조업도 기준으로 배부한다(주의 : 제6장에서 보조부문의 고정제조간접원가를 제조부문으로 배부할 때는 각 부문의 실제조업도가 아닌 실제최대조업도 또는 예산조업도 기준으로 배부하는 것이 바람직함을 설명하였다).

따라서 고정제조간접원가의 예산과 배부액 및 조업도차이는 다음과 같이 나타낼 수 있다.

고정제조간접원가
예산 = 기준조업도 × 예정배부율
배부 = 실제조업도 × 예정배부율
조업도차이 = 예산 − 배부 = (기준조업도 − 실제조업도) × 예정배부율

예제 7-3

202X 회계연도의 고정제조간접원가 총예산은 ₩1,500,000이며, 연간 기준조업도는 100,000개이다. 회계연도 말에 가서 확인한 결과, 고정제조간접원가 발생액은 ₩1,600,000이었으며, 1년 동안의 실제조업도는 120,000개였다. 고정제조간접원가 배부차이, 예산차이, 조업도차이를 계산해보자.

8 **변동제조간접원가**의 예정배부율을 계산할 때에는 당 회계연도에 발생할 것으로 예상되는 배부기준 **예정조업도**를 사용하지만, **고정제조간접원가**는 생산량의 변화에도 변하지 않는 고정원가이므로, 예정배부율을 계산할 때 **기준조업도(denominator-level capacity)**라는 개념을 사용한다. 기준조업도는 예상수요보다는 공급능력을 고려한 생산용량(capacity)을 바탕으로 설정한다('5. 기준조업도의 선택과 영업이익에 대한 영향' 참고).

먼저, 예정배부율은 개당 ₩15(=₩1,500,000÷100,000개)이며, 배부액은 ₩1,800,000(=₩15×120,000개)이다. 따라서, 배부차이는 −₩200,000(=₩1,600,000−₩1,800,000)으로서 과다배부(유리한 배부차이)가 발생하였다. 배부차이 중에서, 예산차이는 ₩100,000(=₩1,600,000−₩1,500,000)으로서 불리한 차이이며, 조업도차이는 −₩300,000(=₩1,500,000−₩1,800,000)으로서 유리한 차이에 해당한다. 조업도차이는 위 식에 나타난 바와 같이, 예정배부율과 조업도를 이용하여 ₩15×(100,000개−120,000개)로 계산할 수도 있다.

2) 정상원가계산에서 손익계산서 비교

정상원가계산에서 전부원가계산과 변동원가계산방식의 차이를 쉽게 이해하기 위해 변동제조간접원가가 없는 경우부터 먼저 학습해보자.

예제 7-4

양재천(주)의 202X년의 제조 및 판매활동과 관련된 정보는 다음과 같다. 이 회사는 **정상원가계산제도**를 채택하고 있으며, 선입선출법을 사용하고 있다. 전년도 및 당년도에 변동제조간접원가는 발생하지 않았다고 가정한다. 고정제조간접원가 예정배부율 계산에 사용되는 202X년도 기준조업도는 100,000개이다. 양재천(주)은 회계연도 말에 매출원가조정법을 이용하여 제조간접원가 배부차이를 조정한다. 구체적인 영업활동 자료는 표 7-12와 같다. 전부원가계산과 변동원가계산에 의한 손익계산서를 작성해보자.

표 7-12 202X년도 양재천(주)의 제조 및 판매활동 내역

기초재고	20,000개	고정제조간접원가 예산	₩1,200,000
생산량	80,000	고정제조간접원가 발생	1,200,000
판매량	90,000	변동제조간접원가 예산 및 발생	0
판매가격	₩150	기준조업도	100,000개
단위당 변동제조원가 발생액	90	기초재고 단위당 변동제조원가(실제)	₩85
단위당 변동판매비와관리비	20	기초재고 단위당 고정제조간접원가(배부)	15
고정판매비와관리비	500,000		

202X년도 고정제조간접원가 예정배부율은 단위당 ₩12(=예산 ₩1,200,000÷기준조업도 100,000개)이다. 따라서, 당년도에 생산한 제품에 대한 고정제조간접원가 배부액은 ₩960,000(=₩12×80,000개)이다. 고정제조간접원가 배부차이는 ₩240,000(=발생액 ₩1,200,000－배부액 ₩960,000)이며, 과소 배부차이(불리한 차이)가 발생하였다. 배부차이 중에서 예산차이는 0이며(예산과 실제 발생액 동일), 조업도차이는 ₩240,000이다. 이를 이용하여 두 원가계산방식에서의 손익계산서를 작성하면 **표 7-13**과 같다.

표 7-13 **202X년도 양재천㈜의 정상원가계산 손익계산서** | 예제 7-4

(단위 : 원)

전부원가계산 손익계산서		변동원가계산 손익계산서	
(1) 매출	13,500,000	(1) 매출	13,500,000
(2) 매출원가(조정 전) (=(a)+(b)−(c))	9,140,000	(2) 변동매출원가	8,000,000
− 기초재고(a)	2,000,000	− 기초재고	1,700,000
− 당기제품제조원가(b)	8,160,000	− 당기제품제조원가	7,200,000
− 기말재고(c)	1,020,000	− 기말재고	900,000
(3) 고정제조간접원가 배부차이 조정	240,000	(3) 제조공헌이익 (=(1)−(2))	5,500,000
(4) 매출원가(조정 후) (=(2)+(3))	9,380,000	(4) 변동판매비와관리비	1,800,000
(5) 매출총이익(=(1)−(4))	4,120,000	(5) 공헌이익(=(3)−(4))	3,700,000
(6) 판매비와관리비	2,300,000	(6) 고정제조간접원가	1,200,000
(7) 영업이익(=(5)−(6))	1,820,000	(7) 고정판매비와관리비	500,000
		(8) 영업이익 (=(5)−(6)−(7))	2,000,000

두 원가계산방식에서 직접재료원가와 직접노무원가는 모두 실제발생액이 제품원가가 되므로 차이가 없고, 예제에서 변동제조간접원가는 0이므로, 고정제조간접원가에 대해서만 주의를 기울이면 된다. 정상원가계산에서 매출원가(배부차이 조정 전)는 고정제조간접원가 배부액을 기초로 계산한다.

표 7-13의 전부원가계산 손익계산서에서 기초재고액은 ₩2,000,000(=20,000개×(₩85+₩15))이다. 당기제품제조원가는 ₩8,160,000(=80,000개×(₩90+₩12))이다. 기말재고는 선입

선출법에서 당기제조분에서 발생하므로 ₩1,020,000(=10,000개×(₩90+₩12))이다. 마지막으로 배부차이 ₩240,000(과소배부)은 모두 조업도차이로서, 매출원가에서 조정하므로 매출원가(조정 후)는 이를 더한 ₩9,380,000이 된다.

변동원가계산서에서는 매출원가 계산 시에 고정제조간접원가만 제외하면 된다. 변동원가계산에서 고정제조간접원가(표에서 (6))는 예산이 아닌 실제원가임에 유의해야 한다. 두 방식에서의 이익은 각각 ₩1,820,000과 ₩2,000,000으로서, 변동원가계산에서 이익이 ₩180,000 더 많다.

3) 정상원가계산에서 비용(손익) 비교

이제 전부원가계산과 변동원가계산방식 간의 비용차이와 손익차이에 대해 구체적으로 살펴보자. 정상원가계산제도에서도 변동원가계산을 사용하는 경우에는 고정제조간접원가는 발생액이 전액 당기에 기간비용으로 처리된다. 각 원가계산제도에서 제조간접원가의 처리는 표 7-14와 같이 정리해서 나타낼 수 있다.

표 7-14 원가계산제도의 조합별 제조간접원가 회계처리

		실제원가계산	정상원가계산
전부원가계산	변동제조간접원가	실제배부율 사용	예정배부율 사용 및 연도 말 차이조정
	고정제조간접원가	실제배부율 사용	예정배부율 사용 및 연도 말 차이조정
변동원가계산	변동제조간접원가	실제배부율 사용	예정배부율 사용 및 연도 말 차이조정
	고정제조간접원가	발생액을 기간비용 처리	발생액을 기간비용 처리

정상원가계산을 사용할 경우, 전부원가계산과 변동원가계산의 비용차이는 다음과 같이 정리할 수 있다[9].

9 자세한 설명은 본 장의 [보론 1] 참고

정상원가계산(모든 배부차이를 비용 항목에서 조정할 경우)

전부원가계산에서 비용 − 변동원가계산에서 비용
= 전부원가계산에서 당기비용화 고정제조간접원가 − 변동원가계산에서 당기비용화 고정제조간접원가
= 기초재고에 포함된 고정제조간접원가(배부액) − 기말재고에 포함된 고정제조간접원가(배부액)

정상원가계산에서 두 원가계산방식의 비용차이를 살펴보면, 앞에서 설명한 실제원가계산제도에서 두 원가계산방식의 비용차이와 매우 유사함을 알 수 있다. 실제원가계산과 정상원가계산에서 차이점은 후자의 경우 예정배부율을 이용한 배부액이라는 사실뿐이다. 다만, 모든 배부차이를 비용항목에서 조정한다는 전제가 필요하다. 안분법을 사용하는 경우에는 배부차이를 재고자산에도 배분하게 되므로 이 결과를 적용할 수 없다. 여기서 배부액은 전부원가계산에서 회계연도 말 배부차이 조정 전 금액이다.

양재천(주)의 **예제 7-4** 를 이용해서 확인해보자. 두 원가계산방식에서 이익차이는 ₩180,000(=변동원가계산 ₩2,000,000 − 전부원가계산 ₩1,820,000)으로서 변동원가계산에서 더 많다. 양재천(주)은 모든 배부차이를 매출원가에서 조정하므로, 이익차이는 위의 비용차이 식을 이용하여 계산할 수 있다. 비용차이는 다음과 같다.

전부원가계산에서 비용 − 변동원가계산에서 비용
= 기초재고 포함액 20,000개 × ₩15 − 기말재고 포함액 10,000개 × ₩12
= ₩180,000

전부원가계산에서의 비용이 변동원가계산에서의 비용보다 ₩180,000 더 많으므로, 이익은 변동원가계산에서 ₩180,000 더 많다. 즉, 두 방식에서의 비용과 손익차이는 재고에 포함된 고정제조간접원가 배부액의 차이로 계산할 수 있음을 확인할 수 있다.

지금까지 우리는 변동제조간접원가에 대해서는 언급하지 않았다. 정상원가계산에서 변동제조간접원가 배부차이가 존재하더라도, 회계연도 말 차이 조정 후에는 비용화되는 변동제조간접원가 금액이 두 원가계산방식에서 같다. 따라서, 변동제조간접원가는 위에서 설명한 두 방식 간의 비용과 손익 차이 비교에 전혀 영향을 미치지 않는다. 이에 대해서는 다음의 종합예제를 통해 확인해보자.

4) 종합예제(정상원가계산)

예제 7-5

매봉산(주)은 **정상원가계산제도**를 채택하고 있으며, 선입선출법을 사용하고 있다. 변동제조간접원가의 배부기준은 기계시간이다. 매봉산(주)은 회계연도 말에 매출원가조정법을 이용하여 모든 제조간접원가 배부차이를 조정한다. 매봉산(주)의 202X년의 제조 및 판매활동과 관련된 기타 정보는 표 7-15에 나타난 바와 같다. 전부원가계산과 변동원가계산에 의한 손익계산서를 작성해보자.

표 7-15 202X년도 매봉산(주)의 제조 및 판매활동 내역

기초재고	10,000개	고정제조간접원가 예산	₩900,000
생산량	60,000	고정제조간접원가 발생	1,000,000
판매량	55,000	변동제조간접원가 예산	400,000
단위당 직접제조원가 발생액	₩40	변동제조간접원가 발생	300,000
단위당 변동판매비와관리비	10	기준조업도	80,000개
고정판매비와관리비	125,000	기초재고 단위당 직접제조원가(실제)	₩38
판매가격	80	기초재고단위당 고정제조간접원가(배부)	12
당기예산생산량	50,000개	기초재고 단위당 변동제조간접원가(배부)	3.5
예산기계시간	500,000시간		
실제기계시간	660,000		

202X년도 고정제조간접원가 예정배부율은 단위당 ₩11.25(=예산 ₩900,000÷기준조업도 80,000개)이다. 따라서, 당년도에 제조한 제품에 대한 고정제조간접원가 배부액은 ₩675,000(=₩11.25×60,000개)이다. 고정제조간접원가 배부차이는 ₩325,000(=발생액 ₩1,000,000 − 배부액 ₩675,000)이며, 과소배부차이(불리한 차이)가 발생하였다. 배부차이 중에서 예산차이는 ₩100,000(=발생액 ₩1,000,000 − 예산 ₩900,000), 조업도차이는 ₩225,000(예산 ₩900,000 − 배부 ₩675,000)이다.

변동제조간접원가의 경우, 예정배부율은 기계시간 1시간당 ₩0.8(=예산 ₩400,000÷예산 기계시간 500,000시간)이다. 당기제품에 대한 변동제조간접원가 배부액은 ₩528,000(=₩0.8×660,000시간)이며, 배부차이는 −₩228,000(=발생액 ₩300,000 − 배부 ₩528,000)으로서 과다배부가 발생하였다. 이를 이용하여 두 원가계산방식에서의 손익계산서를 작성하면 표 7-16과 같다.

표 7-16 202X년도 매봉산㈜의 정상원가계산 손익계산서 | 예제 7-5

(단위 : 원)

전부원가계산 손익계산서		변동원가계산 손익계산서	
(1) 매출	4,400,000	(1) 매출	4,400,000
(2) 매출원가(조정 전) (=(a)+(b)−(c))	3,237,250	(2) 매출원가(조정 전) (=(a)+(b)−(c))	2,611,000
− 기초재고(a)	535,000	− 기초재고(a)	415,000
− 당기제품제조원가(b)	3,603,000	− 당기제품제조원가(b)	2,928,000
− 기말재고(c)	900,750	− 기말재고(c)	732,000
(3) 고정제조간접원가 배부차이 매출원가 조정*	+325,000	(3) 변동제조간접원가 배부차이 매출원가 조정**	−228,000
(4) 변동제조간접원가 배부차이 매출원가 조정**	−228,000	(4) 매출원가(조정 후) (=(2)+(3))	2,383,000
(5) 매출원가(조정 후) (=(2)+(3)+(4))	3,334,250	(5) 제조공헌이익(=(1)−(4))	2,017,000
(6) 매출총이익(=(1)−(5))	1,065,750	(6) 변동판매비와관리비	550,000
(7) 판매비와관리비	675,000	(7) 공헌이익(=(5)−(6))	1,467,000
(8) 영업이익(=(6)−(7))	390,750	(8) 고정제조간접원가	1,000,000
		(9) 고정판매비와관리비	125,000
		(10) 영업이익(=(7)−(8)−(9))	342,000

* 과소배부 가산, ** 과다배부 차감

두 방식에 의한 손익계산서에 대해 구체적으로 살펴보자. 전부원가계산 손익계산서에서 당기제품제조원가 ₩3,603,000은 직접제조원가 60,000개×₩40, 고정제조간접원가 배부 60,000개×₩11.25, 변동제조간접원가 배부 660,000시간×₩0.8으로 구성되어 있으며, 단위당 ₩60.05(=₩3,603,000÷60,000개)이다. 기말재고는 선입선출법을 사용하여 당기제조분에서 발생하므로 ₩900,750(=15,000개×₩60.05)이다. 마지막으로 과소배부된 고정제조간접원가 배부차이 ₩325,000을 매출원가에서 가산하고, 과다배부된 변동제조간접원가 ₩228,000은 매출원가에서 차감하면, 매출원가(조정 후)는 ₩3,334,250이 된다.

변동원가계산서에서는 재고자산과 매출원가계산 시에 고정제조간접원가만 제외하면 된다. 과다배부된 변동제조간접원가 배부차이 ₩228,000은 매출원가에서 차감한다. 즉, 변동제조간접원가는 전부원가계산과 변동원가계산에서 비용화되는 금액이 같다. 변동제조간접원가 배부차이를 당기에 모두 비용화하지 않는 안분법을 사용하여 조정하는 경우에도 마찬가지이다. 변동제조간접원가의 회계연도 말 차이조정은 변동원가계산과 전부원가계산에서 동일하게 이루어지기 때문이다.

두 방식에서의 이익은 각각 ₩390,750과 ₩342,000으로서, 전부원가계산에서 이익이 ₩48,750 더 많다. 모든 배부차이가 당기에 비용(매출원가)화되므로, 두 방식에서의 비용과 이익차이는 전부원가계산의 재고자산에 포함된 고정제조간접원가 배부액의 차이로 계산할 수 있다. 기초재고 포함액 ₩120,000(=₩12×10,000개)과 기말재고 포함액 ₩168,750(=₩11.25×15,000개)의 차이가 바로 ₩48,750으로서, 기말재고에 포함된 금액이 더 많으므로 전부원가계산에서의 이익이 더 크다.

4. 정상원가계산을 이용한 전부원가계산에서 생산량의 영향

우리는 앞에서 실제원가계산을 사용하는 전부원가계산제도에서는 단순히 생산량 증대만으로도 이익을 증가시킬 수 있다는 사실을 확인하였다(골린이(주) 예제 7-1 참고). 그러면 정상원가계산에서는 어떤지 살펴보자.

예제 7-6

(주)서종은 정상원가계산과 전부원가계산제도를 사용하고 있다. 3개년도(2024년, 2025년, 2026년)의 생산과 판매에 관한 자료는 표 7-17과 같다. 2025년은 2025년(1)과 2025년(2) 두 가지 경우를 상정하였다. 2025년(2)는 2024년과 판매량이 동일하지만 생산량이 더 많은 경

(예제 계속)

우이다. 변동제조간접원가는 없다고 가정한다. 고정제조간접원가의 배부차이는 매출원가에서 조정하며, 기준조업도는 70,000개이다. 생산량(조업도)의 변동이 영업이익에 어떤 영향을 미치는지 분석해보자.

표 7-17 (주)서종의 정상원가계산&전부원가계산 자료

	2024년	2025년(1)	2026년	2025년(2)
기초재고	0개	0개	10,000개	0개
생산량	50,000	80,000	70,000	60,000
판매량	50,000	70,000	75,000	50,000
기말재고	0	10,000	5,000	10,000
단위당 변동제조원가(발생)	₩32	₩32	₩32	₩32
고정제조간접원가 발생액	350,000	350,000	350,000	350,000
고정제조간접원가 예산	350,000	350,000	350,000	350,000
단위당 변동판매비와관리비	5	5	5	5
고정판매비와관리비	100,000	100,000	100,000	100,000
단위당 판매가격	50	50	50	50
연간 기준조업도	70,000개	70,000개	70,000개	70,000개

고정제조간접원가의 예정배부율은 3개년 모두 단위당 ₩5(=연간 예산 ₩350,000 ÷ 연간 기준조업도 70,000개)이다. 3개년 동안의 연도별 고정제조간접원가 배부차이(발생액 − 배부액)는 표 7-18과 같다.

표 7-18 (주)서종의 고정제조간접원가 배부차이

	2024년	2025년(1)	2026년	2025년(2)
생산량	50,000개	80,000개	70,000개	60,000개
고정제조간접원가 발생액	₩350,000	₩350,000	₩350,000	₩350,000
고정제조간접원가 배부액 (=₩5×생산량)	250,000	400,000	350,000	300,000
고정제조간접원가 배부차이	100,000	−50,000	0	50,000

이상의 자료를 이용하여 ㈜서종의 3개년도 손익계산서를 작성하면 표 7-19와 같다.

표 7-19 ㈜서종의 정상원가계산&전부원가계산 손익계산서 | 예제 7-6

(단위 : 원)

	2024년	2025년(1)	2026년	2025년(2)
(1) 매 출	2,500,000	3,500,000	3,750,000	2,500,000
(2) 매출원가(조정 전)	1,850,000	2,590,000	2,775,000	1,850,000
− 기초재고	0	0	370,000	0
− 당기제품제조원가	1,850,000	2,960,000	2,590,000	2,220,000
− 기말재고	0	370,000	185,000	370,000
(3) 고정제조간접원가 배부차이 매출원가 조정	100,000	−50,000	0	50,000
(4) 매출원가(조정 후) (=(2)+(3))	1,950,000	2,540,000	2,775,000	1,900,000
(5) 매출총이익(=(1)−(4))	550,000	960,000	975,000	600,000
(6) 판매비와관리비	350,000	450,000	475,000	350,000
(7) 영업이익(=(5)−(6))	200,000	510,000	500,000	250,000

㈜서종의 예제를 통해 다음과 같은 생산량의 영향을 확인할 수 있다.

첫째, 2024년도와 2025년(2)를 비교하면, 판매량은 동일하지만(공헌이익 동일), 생산량이 증가하였다(배부차이 감소로 매출원가(조정 후) 감소)[10]. 이로 인해 영업이익이 ₩200,000에서 ₩250,000으로 증가하였다. 영업이익 증가 ₩50,000은 고정제조간접원가 배부차이가 ₩50,000 감소함으로 인한 것이다.

둘째, 2024년과 2025년(1)을 비교하면, 판매량이 증가하고(공헌이익 증가), 생산량도 증가하여(배부차이 감소로 매출원가(조정 후) 감소), 영업이익이 급격히 증가하였다.

셋째, 2025년(1)과 2026년을 비교하면, 판매량은 증가하지만(공헌이익 증가), 생산량이 감소하여(배부차이 증가로 매출원가(조정 후) 증가) 영업이익이 오히려 감소하는 현상이 발생하였다. 즉, 전부원가계산에서는 판매량(매출)이 증가해도 생산량이 감소하면 이익이 감소할 수도 있다는 것이다.

10 생산량이 기준조업도보다 많은 경우에도 생산량이 증가할수록 조업도차이가 음(−)의 값을 가지면서 계속 적어진다.

실제전부원가계산에서는 생산량이 증가하면 기말재고가 증가하여 이익이 증가한다(고정제조간접원가의 재고화 증가). 그러나, 정상전부원가계산에서는 생산량이 증가하여 기말재고가 증가해도 재고증가 자체가 이익에 영향을 미치지는 않지만(예정배부율을 사용하므로), 생산량이 증가하면 고정제조간접원가 배부차이가 감소하여 매출원가(조정 후)가 감소하고 이익이 증가한다.

종합하면, 정상원가계산을 사용하는 전부원가계산에서도 실제원가계산을 사용하는 경우와 마찬가지로 생산량 증가 유인이 발생하며, 재고증가로 이어질 수 있다[11].

5. 기준조업도의 선택과 영업이익에 대한 영향

기업은 제조에 착수하기 훨씬 이전에 중장기적인 조업도(생산량) 예측을 토대로, 고정제조간접원가의 대부분을 차지하는 기계설비 등의 유형자산을 미리 구축한다. 이로 인해 기업의 제품 생산능력인 **제조용량**(capacity)은 사전적으로 결정되며, 기업의 제조용량과 실제 조업도 간에는 차이가 발생한다.

정상원가계산을 사용하는 전부원가계산에서는 고정제조간접원가 예정배부율을 계산하기 위해 **기준조업도**(denominator-level capacity)를 결정해야 한다. 기준조업도는 기업의 최대 생산능력에서부터 예상 생산량에 이르기까지 다양하게 정의될 수 있다.

기준조업도 수준은 예정배부율을 통해 손익에 영향을 미치게 되며, 전부원가계산과 변동원가계산 간의 손익차이에도 영향을 미치게 된다.

1) 기준조업도의 종류

기준조업도의 선택이 손익에 미치는 영향에 대해 살펴보기 전에 기준조업도의 종류에 대해 살펴보자. 다음 네 가지 종류가 있다.

---

11 예제 7-6에서 배부차이를 매출원가에서 조정하는 것으로 가정했으나, 안분법의 경우에도 재고증대 유인이 발생한다. 안분법을 사용하면 앞에서 설명한 실체원가계산과 같은 금액으로 조정되기 때문이다. 요약하면, 배부차이 조정방법과 상관없이, 정상원가계산을 사용하는 전부원가계산제도에서 재고 증대 유인이 발생한다.

(1) 이론적 조업도

이론적 조업도(theoretical capacity)는 항상 최대의 효율로 설비를 가동하여 생산할 때 달성할 수 있는 조업도 수준을 말한다. 기계 고장이나 유지보수, 작업 중간 휴식시간, 직원 휴가 등으로 인한 설비 가동 중지나 비효율적 가동을 전혀 고려하지 않은 조업도로서, 사실상 달성이 가능하지 않은 "이론적" 조업도이다. 예를 들어, 시간당 최대 10개를 생산할 수 있을 때, 1년 365일 동안 하루 총 16시간(총 2교대)을 생산한다면 이론적 조업도는 58,400개가 된다.

$$365일 \times 16시간 \times 10개 = 58,400개$$

(2) 실제최대조업도

실제최대조업도(practical capacity)는 공휴일, 직원 휴가, 작업 중의 휴식, 계획된 유지보수 등으로 인한 기계 가동 중단을 고려하여 현실적으로 달성 가능한 최대조업도를 말한다. 예를 들어, 공휴일과 직원 휴가, 유지보수 일정을 제외하고, 1년에 330일을 하루에 총 16시간(총 2교대) 생산하고 시간당 8개를 정상적으로 생산할 수 있는 경우에 실제최대조업도는 42,240개다.

$$330일 \times 16시간 \times 8개 = 42,240개$$

이론적 조업도와 실제최대조업도는 설비의 (이론적 또는 현실적) 생산능력에 초점을 둔 조업도로서, 공급 측면에 기초한 조업도이다. 반면에 다음에 설명할 두 가지 조업도는 소비자의 수요를 고려한 기업의 생산량에 초점을 둔 조업도로서, 수요 측면에 기초한 조업도이다. 일반적인 상황에서 공급 측면의 두 조업도는 수요 측면의 두 조업도에 비해 높은 경우가 많다.

(3) 정상조업도

정상조업도(normal capacity)는 향후 2~3년 동안에 걸쳐 예상되는 평균적인 수요를 반영한 조업도를 말하며, 소비자 수요의 계절적 변동, 연간 추세 등을 고려한 조업도이다. 1년간의 수요는 계절적 변동은 반영되지만, 추후 경기변동에 따른 수요 변화와 추세를 반영하는 데는 한계가 있으므로, 이를 고려하여 평준화한 조업도라고 할 수 있다.

(4) 예산조업도

예산조업도(master budget capacity)는 당면한 예산설정 기간(통상, 1년)에 예상되는 수요를 고려하여 설정한 당기예정조업도를 말한다. 경기에 민감하거나 추세의 영향을 많이 받는 산업의 경우에 예산조업도는 정상조업도와 많은 차이를 보일 수 있다. 예를 들어, 경기에 민감한 것으로 알려진 반도체 산업, 장기적인 성장산업으로 간주되는 전기차 핵심부품인 2차전지 산업 등은 당년도와 향후 2~3년의 수요에 큰 차이가 있을 수 있다.

2) 기준조업도가 영업이익에 미치는 영향

예제 7-7

매봉산(주)의 예제 7-5를 이용하자. 매봉산(주)의 202X년 이론적 조업도, 실제최대조업도, 정상조업도, 예산조업도는 각각 100,000개, 80,000개, 60,000개, 75,000개이다. 202X년도 실제 생산량은 60,000개이다. 202X년 기준조업도의 수준이 영업이익에 미치는 영향을 분석해보자.

정상원가계산에서 고정제조간접원가 예정배부율은 고정제조간접원가 예산(₩900,000)을 각 기준조업도로 나누어 계산한다. 기준조업도별 예정배부율과 배부차이는 표 7-20과 같다.

표 7-20 매봉산(주)의 202X년 기준조업도별 고정제조간접원가 예정배부율 및 배부차이

기준조업도	이론적 조업도	실제최대조업도	정상조업도	예산조업도
(1) 조업도	100,000개	80,000개	60,000개	75,000개
(2) 예정배부율 (=₩900,000÷(1))	₩9	₩11.25	₩15	₩12
(3) 배부차이*	460,000	325,000	100,000	280,000
– 예산차이**	100,000	100,000	100,000	100,000
– 조업도차이***	360,000	225,000	0	180,000

* 발생액 ₩1,000,000 – 배부액, 배부액 = (2)×생산량 60,000개
** 발생액 ₩1,000,000 – 예산 ₩900,000, 기준조업도 선택과 무관
*** 예산 ₩900,000 – 배부액, 배부액 = (2)×생산량 60,000개

202X년도 매봉산㈜의 정상원가계산제도에 의한 전부원가계산 손익계산서를 기준조업도별로 나타내면 표 7-21과 같다[12].

표 7-21 매봉산㈜의 202X년도 기준조업도별 손익계산서(전부원가계산&정상원가계산) | 예제 7-7

(단위 : 원)

	이론적 조업도	실제최대조업도	정상조업도	예산조업도
(1) 매 출	4,400,000	4,400,000	4,400,000	4,400,000
(2) 매출원가(조정 전)	3,136,000	3,237,250	3,406,000	3,271,000
– 기초재고	535,000	535,000	535,000	535,000
– 당기제품제조원가	3,468,000	3,603,000	3,828,000	3,648,000
– 기말재고	867,000	900,750	957,000	912,000
(3) 제조간접원가 배부차이 조정	232,000	97,000	−128,000	−52,000
– 고정제조간접원가 배부차이	460,000	325,000	100,000	280,000
– 변동제조간접원가 배부차이	−228,000	−228,000	−228,000	−228,000
(4) 매출원가(조정 후)(=(2)+(3))	3,368,000	3,334,250	3,278,000	3,323,000
(5) 매출총이익(=(1)−(4))	1,032,000	1,065,750	1,122,000	1,077,000
(6) 판매비와관리비	675,000	675,000	675,000	675,000
(7) 영업이익(=(5)−(6))	357,000	390,750	447,000	402,000

예제 7-7은 정상원가계산에서 생산량이 동일한 경우에 기준조업도 수준이 낮아질수록 영업이익이 증가한다는 것을 보여준다. 기준조업도가 낮을수록 고정제조간접원가 예정배부율이 증가하여 매출원가(조정 전)는 증가하지만, 조업도차이는 감소하므로 이를 매출원가에서 조정하면 매출원가(조정 후)는 오히려 감소하여, 영업이익이 증가한다. 앞의 ㈜서종 예제 7-6에서는 동일한 기준조업도에서 생산량이 증가하면, 영업이익이 증가한다는 사실을 살펴보았다. 같은 현상을 반대 각도에서 보여주는 것이다.

따라서, 정상전부원가계산에서 경영자는 연도 초에는 기준조업도를 낮게 설정하고, 연도 중에 생산량은 증가시킴으로써 영업이익을 높이고자 하는 유인이 발생할 수 있음을 알 수 있다.

12 고정제조간접원가 예산과 발생액이 같은 경우에는 예산차이가 발생하지 않으므로, 정상원가계산 손익계산서의 차이조정 항목에 배부차이 대신 조업도차이라는 표현을 사용하기도 한다.

매봉산(주)은 모든 배부차이를 매출원가에서 조정하므로, 표 7-22에 나타난 바와 같이 전부원가계산과 변동원가계산 간의 영업이익 차이는 재고에 포함된 고정제조간접원가의 차이와 동일하다.

표 7-22 매봉산(주)의 202X년도 전부&정상원가계산에서 기준조업도별 영업이익 비교 | 예제 7-7

(단위 : 원)

	이론적 조업도	실제최대조업도	정상조업도	예산조업도
(1) 영업이익	357,000	390,750	447,000	402,000
(2) 고정제조간접원가 예정배부율	9	11.25	15	12
(3) 기초재고에 포함된 고정제조간접원가 (=₩12×10,000개)	120,000	120,000	120,000	120,000
(4) 기말재고에 포함된 고정제조간접원가 (=(2)×15,000개)	135,000	168,750	225,000	180,000
(5) 재고에 포함된 고정제조간접원가 배부액의 차이 (=(4)−(3))	+15,000	+48,750	+105,000	+60,000
(6) 영업이익 차이 (=전부(1)−변동*)	15,000	48,750	105,000	60,000

* 변동원가계산서의 영업이익은 기준조업도와 무관하게 ₩342,000임(표 7-16 참고)

이상에서 학습한 것을 요약하면 다음과 같다. 정상원가계산을 사용하는 전부원가계산에서 연도 말에 배부차이를 비안분법으로 조정하는 경우, 기준조업도의 선택에 따라 손익이 달라지며, 변동원가계산과의 영업이익 차이도 달라진다. 그 차이는 재고에 포함된 고정제조간접원가 금액의 차이와 같다.

3) 기준조업도로서 실제최대조업도의 우수성

이론적 조업도는 현실적으로 달성 가능한 생산용량과는 상당한 차이가 있는 높은 조업도 수준으로서 영업이익에 부정적인 영향을 미칠 수 있다. 반면에 실제최대조업도는 구축된 생산설비에 대해 기업이 합리적으로 기대하는 연간 최대생산용량이라는 점에서 기준조업도로서 타당한 근거가 있다. 따라서, 고정제조간접원가의 배부를 위해서는 실제최대조업도를 기준조업도로 사용하는 것이 바람직하다(K-IFRS에서 기준조업도 선택에 관한 규정은 본 장의 **[보론 2]** 참고).

기업에서 생산용량은 대체로 생산이 시작되기 훨씬 이전에 결정된다. 매봉산(주)의 경우, 생산에 착수하기 이전에 연간 실제최대조업도 80,000개를 확보하기 위해 연간 ₩900,000(예산)의 고정제조간접원가에 상응하는 생산용량을 확보한 것이다. 따라서, 실제최대조업도에 의한 예정배부율 ₩11.25은 생산용량 확보 당시에 매봉산(주)이 계획한 제품 단위당 고정제조간접원가로서 실제생산량과는 무관하게 정해진 것이다.

202X년에 매봉산(주)은 총생산능력(실제최대조업도) 80,000개분 중에서 실제생산량에 해당하는 60,000개분은 사용하고, 20,000개분은 사용하지 않았다. 이를 원가로 환산하면, 매봉산(주)이 공급한 총 ₩900,000에 상응하는 생산능력 중에서 ₩675,000(=₩11.25×60,000개)은 사용되었고, 나머지 ₩225,000(=₩11.25×20,000개)은 사용되지 않은 것으로 볼 수 있다. 즉, ₩225,000은 **미사용 생산용량**(**unused capacity**)의 원가에 해당한다. 실제최대조업도를 기준조업도로 사용하면 미사용 생산용량의 원가를 명시적으로 파악할 수 있어서 원가관리에 도움이 된다.

4) 기준조업도의 선택과 수요의 하방 추락

네 가지 유형의 조업도 중에서 이론적 조업도와 실제최대조업도는 생산용량 공급 측면의 조업도이며, 정상조업도와 예산조업도는 수요 측면의 조업도이다. 공급 측면의 조업도를 기준조업도로 선택하면, 단위당 고정제조간접원가는 제품 수요와 상관없이 일정하게 된다. 반면에 수요 측면의 조업도를 기준조업도로 선택하면, 예상 수요가 변함에 따라 단위당 고정제조간접원가가 변하게 된다. 만약 수요가 감소하면 단위당 원가가 증가하고, 수요가 증가하면 단위당 원가가 감소하게 된다.

기업은 가격결정을 위해 제품원가에 일정한 이윤을 더하는 **원가가산가격책정**(**cost plus pricing**)의 원리를 채택하는 경우가 많다. 이 경우 수요 측면의 기준조업도는 심각한 문제를 일으킬 수 있다. 예산조업도를 기준조업도로 사용하는 경우를 예로 들어 보자. 당년도에 경쟁의 심화로 인해 전년보다 수요가 적을 것으로 예상하여 예산조업도(기준조업도)를 감소시키면, 제품 단위당 고정제조간접원가가 증가하여 제품 단위당 원가가 증가하게 된다. 기업이 원가회수를 위해 가격을 인상하면 수요는 예산보다 더 적어질 수 있다. 수요감소를 반영하여 차년도 예산조업도를 더 낮게 설정하면 제품 단위당 고정제조간접원가가 더 증가하고, 가격을 더 인상하면 수요가 더 감소하는 악순환이 발생한다. 수요 측면의 기준조업도는 이와 같은 **수요의 나선형 하방 추락**(downward demand spiral)을 발생시킬 우려가 있다.

반면에 공급 측면의 기준조업도는 수요와 무관하게 설비의 생산능력에 의해 정의되므로, 수요가 변동하더라도 단위당 고정제조간접원가가 변하지 않아 수요의 나선형 하방 추락을 방지할 수 있다.

6. 쓰루풋 원가계산

변동원가계산에서는 변동원가가 아닌 고정제조간접원가를 당기에 기간비용으로 처리한다. 여기서 더 나아가, 직접노무원가와 변동제조간접원가도 진정한 변동원가로 보기 어려워 기간비용으로 처리하고, 직접재료원가만 진정한 변동원가로서 제품원가 대상이 된다는 관점이 있다. 이 관점에 의한 원가계산방식을 **쓰루풋 원가계산**(throughput costing) 또는 **초변동원가계산**(super-variable costing)이라고 한다.

이 방식에서는 고정제조간접원가와 함께 변동제조간접원가도 발생액을 기간비용으로 처리하므로, 제조간접원가의 제품에 대한 배부가 필요 없다. 예제를 이용하여 학습해보자.

예제 7-8

(주)협재의 2024년도 영업활동과 관련된 자료는 표 7-23과 같다. 쓰루풋 원가계산에 의한 손익계산서를 작성해보자.

표 7-23 (주)협재의 2024년 제조 및 판매활동 자료

기초재고	10,000개
생산량	60,000
판매량	55,000

(예제 계속)

기말재고	15,000
전기&당기 단위당 직접재료원가	₩25
전기&당기 단위당 제조원가(전부원가, 실제원가)	60
단위당 변동판매비와관리비	10
고정판매비와관리비	125,000
단위당 판매가격	100

쓰루풋 손익계산서는 표 7-24와 같다. 매출원가에는 직접재료원가만 포함되며, 직접재료원가를 제외한 나머지 제조원가(기타 제조원가)는 모두 당기에 비용으로 처리한다.

표 7-24 (주)협재의 2024년도 쓰루풋 원가계산에 의한 손익계산서 | 예제 7-8

(단위 : 원)

		[대상이 되는 원가]
(1) 매 출	5,500,000	
(2) 매출원가	1,375,000	[직접재료원가]
– 기초재고(=10,000개×₩25)	250,000	[직접재료원가]
– 당기제품제조원가(=60,000개×₩25)	1,500,000	[직접재료원가]
– 기말재고(=15,000개×₩25)	375,000	[직접재료원가]
(3) 쓰루풋 이익(=(1)–(2))	4,125,000	
(4) 기타 제조원가(=60,000개×(₩60–₩25))	2,100,000	[직접재료원가를 제외한 제조원가]
(5) 판매비와관리비 (=55,000개×₩10+₩125,000)	675,000	
(6) 영업이익(=(3)–(4)–(5))	1,350,000	

쓰루풋 손익계산서에서는 매출에서 매출원가를 차감한 금액을 **쓰루풋 이익**(throughput margin)이라고 한다. 쓰루풋 원가계산에서의 영업이익과 전부원가계산에서의 영업이익 비교는 변동원가계산에서 비교한 것과 같은 방식으로 할 수 있다. 편의상 실제원가계산방식에 대해서만 비교해보자. 표 7-25는 (주)협재의 2024년도 실제원가계산방식을 사용한 전부원가계산에서의 손익계산서이다.

표 7-25 (주)협재의 2024년도 실제원가계산&전부원가계산에 의한 손익계산서 | 예제 7-8

(단위 : 원)

(1) 매출	5,500,000
(2) 매출원가	3,300,000
− 기초재고(=10,000개×₩60)	600,000
− 당기제품제조원가(=60,000개×₩60)	3,600,000
− 기말재고(=15,000개×₩60)	900,000
(3) 매출총이익(=(1)−(2))	2,200,000
(4) 판매비와관리비(=55,000개×₩10+₩125,000)	675,000
(5) 영업이익(=(3)−(4))	1,525,000

두 원가계산방식에서의 영업이익 차이는 ₩175,000(=₩1,525,000−₩1,350,000)으로서, 전부원가계산에서 영업이익이 더 많다. 표 7-26에 나타난 바와 같이, 두 방식의 손익은 기초재고와 기말재고에 포함된 고정제조원가(여기서, 직접재료원가를 제외한 제조원가)의 금액 차이와 같다. 기말재고가 증가하여 재고에 포함되는 고정제조원가가 증가하여 전부원가계산에서의 이익이 더 크다.

표 7-26 (주)협재의 2024년도 전부원가계산 손익계산서에서 재고에 포함된 고정제조원가

	기초재고에 포함된 고정제조원가(1)	기말재고에 포함된 고정제조원가(2)	차 이 (3)=(2)−(1)
전부원가계산	₩350,000 (=10,000개×(₩60−₩25))	₩525,000 (=15,000개×(₩60−₩25))	+₩175,000

참고로, 정상원가계산을 사용하는 경우에도 전부원가계산에서 (변동, 고정)제조간접원가의 배부차이를 매출원가에서 모두 조정하는 경우에는 두 원가계산방식의 영업이익 차이는 기초재고와 기말재고에 포함된 고정제조원가의 차이와 같게 된다.

7. 전부원가계산과 변동원가계산 논쟁

우리나라를 비롯한 대부분의 국가에서 외부 재무보고를 위해 원칙적으로 **전부원가계산**제도를 사용하도록 규정하고 있다. 그러나 내부 보고는 물론 외부 보고용으로도 **변동원가계산**을 지지하는 사람들도 있다. 이론적으로 볼 때, 특정 원가를 제품원가에 포함하느냐, 아니면 기간비용으로 처리하느냐 하는 문제는 해당 원가가 용역잠재력을 가지고 있어서 자산화(재고화)가 가능한가의 문제이다. 고정제조원가의 미래용역잠재력에 대해서는 전부원가계산과 변동원가계산의 지지자들 사이에 견해가 다르다.

전부원가계산을 옹호하는 사람들은 변동제조원가뿐만 아니라 고정제조원가도 제품을 제조하는 데 필수적인 원가로서 수익창출능력이 있으므로 재고자산의 원가에 포함해야 한다고 주장한다. 모든 제조원가는 제품 제조에 필요하므로, 수익비용 대응 측면에서 재고자산의 원가에 포함되어야 한다는 것이다.

반면에 변동원가계산을 옹호하는 사람들은 고정제조원가는 특정 제품의 실제생산량보다는 제품을 생산할 수 있는 생산용량(capacity)과 더 밀접하게 관련되어 있으므로, 생산된 제품의 원가에 포함하지 않고 발생한 당기에 모두 비용으로 처리하는 것이 옳다고 주장한다. 예를 들어, 기계감가상각비는 기계 취득원가를 단순히 기간배분한 원가로서, 제품 생산량이나 판매량과 무관하게 매기에 발생하는 고정원가이다. 따라서, 당기에 생산한 제품이 당기에 팔리지 않는다고 해서 당기분 기계감상각비를 제품의 재고에 포함시켜 차기 이후로 이월하는 것은 옳지 않다는 것이다.

내부보고 목적으로도 두 원가계산방식은 장단점이 있다. 전부원가계산제도는 재고 증가를 통한 이익증대라는 잘못된 유인을 부여할 가능성이 있어서 내부 성과평가 목적으로는 적합하지 않을 수 있다. 그러나, 기업이 제품을 제조하기 위해 투입해야 하는 고정원가도 기업이 장기적으로 회수해야 할 원가로서 제품가격 결정과 제품배합 결정에 중요한 제품원가 정보이며, 전부원가계산제도는 이런 중장기 의사결정에 필요한 정보를 제공할 수 있다.

이와 달리, 변동원가계산은 변동제조원가와 고정제조원가의 구분을 핵심적인 출발로 삼고 있어서, 원가−조업도−이익(CVP)분석, 연간 예산(표준) 설정, 각종 차이분석과 같은 단기 의사결정에 필요한 정보를 제공할 수 있다. 그러나, 제품가격과 제품배합 결정과 같은 장기 의사결정에 필요한 정보를 제공하는 데는 한계가 있다.

따라서, 내외부 보고 목적으로 두 원가계산방식을 적절히 혼용하는 것이 바람직하다. 그러나, 대다수의 기업들은 외부 보고는 물론 내부보고 목적으로도 전부원가계산제도를 사용한다. 내외부 보고 목적으로 다른 원가계산제도를 사용할 경우 비용이 많이 들고, 이용자들에게 혼란을 초래할 수 있기 때문이다.

[보론 1] 정상원가계산에서 전부원가계산과 변동원가계산의 비용(손익) 비교

정상원가계산제도를 채택하는 경우, 각 원가계산방식에서 비용화되는 고정제조간접원가는 다음과 같다. 먼저, 변동원가계산에서는 발생액 전액이 당기에 비용으로 처리된다.

정상원가계산제도
변동원가계산에서 당기에 비용화되는 고정제조간접원가 = 당기발생 고정제조간접원가

정상원가계산제도에서 전부원가계산을 사용하는 경우 당기에 비용화되는 고정제조간접원가에는 두 가지 요소가 있다. 첫째는 고정제조간접원가 배부차이를 조정하기 전에(배부액 기준으로) 매출원가화된 금액이며, 둘째는 고정제조간접원가 배부차이를 조정하는 과정에서 당기 비용을 증가 또는 감소시키는 조정액이다. 이를 정리하여 나타내면 다음과 같다.

정상원가계산제도
전부원가계산에서 당기에 비용화되는 고정제조간접원가 = 매출원가에 포함된 고정제조간접원가(배부차이를 조정하기 전 배부액 기준) +과소배부차이 비용화 조정금액[또는 −과다배부차이 비용화 조정금액][13] = {기초재고에 포함된 고정제조간접원가(배부액)+당기제조제품에 포함된 고정제조간접원가(배부액)−기말재고에 포함된 고정제조간접원가(배부액)}+과소배부차이 비용화 조정금액[또는 −과다배부차이 비용화 조정금액]

여기서 두 번째 요소인 "과소배부차이 비용화 조정금액[또는 −과다배부차이 비용화 조정금액]"에 대해 살펴보자. 안분법을 통해 배부차이를 조정하는 경우에 배부차이는 재공품, 제품, 매출원가에서 조정하므로, 조정액의 일부가 매출원가를 통해 비용으로 조정된다. 비안분법을 사용하는 경우에는 모든 배부차이가 매출원가(매출원가 조정법) 또는 영

13 "과소 또는 과다 배부차이의 비용화 조정금액"은 배부차이 중에서 비용 항목(매출원가 또는 영업외비용)을 통해 조정하는 금액을 말한다.

업외비용(영업외비용 조정법)에서 조정되므로, 모든 배부차이가 당기에 비용 항목에서 조정된다.

앞의 양재천(주) **예제 7-4** 에서는 고정제조간접원가 배부차이를 매출원가 조정법을 통해 모두 당기에 비용화하므로, 위의 마지막 식에 나타난 금액을 표시하면 다음과 같다.

정상원가계산 & 전부원가계산에서 당기에 비용화되는 고정제조간접원가(양재천(주))

= 20,000개 × ₩15 + 80,000개 × ₩12 − 10,000개 × ₩12 + ₩240,000

= ₩1,380,000

양재천(주)의 경우처럼 배부차이를 모두 비용 항목(매출원가 또는 영업외비용 항목)을 통해 조정하는 비안분법을 사용하면, 위의 마지막 식에서 두 번째와 네 번째 항목의 합은 다음과 같이 나타낼 수 있다(재공품은 없는 것으로 가정).

모든 배부차이를 비용 항목으로 조정할 경우

당기제조제품에 포함된 고정제조간접원가(배부액) + 과소배부차이 비용화 조정금액[또는 − 과다배부차이 비용화 조정금액] = 당기발생 고정제조간접원가

이 관계는 양재천(주)의 예제를 이용하여 다음과 같이 확인할 수 있다.

80,000개 × ₩12 + ₩240,000 = ₩1,200,000

따라서, 다음과 같이 정리할 수 있다.

모든 배부차이를 비용 항목에서 조정할 경우

정상원가계산 & 전부원가계산에서 당기에 비용화되는 고정제조간접원가

= 기초재고에 포함된 고정제조간접원가(배부액) + 당기발생 고정제조간접원가 − 기말재고에 포함된 고정제조간접원가(배부액)

위 식에서 "당기발생 고정제조간접원가" 항목이 새로 등장하였다. 지금까지의 주요 결

과를 이용하면, 전부원가계산과 변동원가계산에서의 비용차이는 다음과 같이 나타낼 수 있다.

정상원가계산, 모든 배부차이를 비용 항목에서 조정할 경우

전부원가계산에서 비용 – 변동원가계산에서 비용
= 전부원가계산에서 당기비용화 고정제조간접원가 – 변동원가계산에서 당기비용화 고정제조간접원가
= 기초재고에 포함된 고정제조간접원가(배부액) – 기말재고에 포함된 고정제조간접원가(배부액)

[보론 2] 기준조업도 선택과 재고자산 측정(K-IFRS)

우리나라의 한국채택 국제회계기준(K-IFRS) 제1002호(재고자산) 제13조에 의하면, 고정제조간접원가는 생산설비의 정상조업도에 기초하여 배분하도록 하고 있으며, 정상조업도는 "정상적인 상황에서 상당한 기간 동안 평균적으로 달성할 수 있을 것으로 예상되는 생산량을 말하는데, 계획된 유지활동에 따른 조업도 손실을 고려한 것"("Normal capacity is the production expected to be achieved on average over a number of periods or seasons under normal circumstances, taking into account the loss of capacity resulting from planned maintenance.")으로 정의하고 있다. 그러나 여기서 "Normal capacity"가 정상조업도를 의미하는지에 대해서는 논의의 여지가 있는 것으로 생각된다. 일반적인 정상조업도의 정의와 달리, 정상적인 상황(normal circumstances)과 계획된 유지활동(planned maintenance) 등 고정설비의 생산능력에 관한 언급이 있기 때문이다.

계속해서, "배부되지 않은 고정제조간접원가는 발생한 기간의 비용으로 인식한다. 그러나 비정상적으로 많은 생산이 이루어진 기간에는, 재고자산이 원가 이상으로 측정되지 않도록 생산단위당 고정제조간접원가 배부액을 감소시켜야 한다"라고 규정하고 있다.

이는 회계연도 말에 고정제조간접원가의 과소배부가 발생한 경우에 배부차이는 발생한 기간의 비용으로 인식하도록 한 것으로, 비안분법을 적용하도록 하고 있다. 반면에, 과다배부가 발생한 경우, 생산단위당 고정제조간접원가 배부액을 (원가 이하로) 감소시키도록 규정하고 있어서, 안분법을 사용하도록 규정하고 있는 것으로 보인다.

한편, K-IFRS에서 변동제조간접원가는 "생산설비의 실제 사용에 기초하여 각 생산단위에 배부한다"라고 규정되어 있고, 원가계산준칙 제13조에는 예정배부율을 사용할 수 있도록 규정하고 있을 뿐이다. 회계연도 말 배부차이 조정에 대해서는 특별한 언급이 없는 것으로 보인다.

연습문제

객관식

01 전부원가계산과 변동원가계산

전부원가계산과 변동원가계산에 관한 다음 사항 중 옳은 것은?

a. 변동원가계산에서는 직접원가만 제품원가로 인정되고, 제조간접원가는 당기비용으로 처리한다.
b. 전부원가계산은 공헌이익손익계산서를 작성한다.
c. 두 원가계산제도의 영업이익 차이는 당기에 비용화되는 고정제조간접원가 금액의 차이와 같다.
d. 전부원가계산에서는 제품생산량 증가만으로는 영업이익을 증가시킬 수는 없다.

① a ② b ③ c ④ d

02 실제전부원가계산과 실제변동원가계산

실제원가계산제도를 사용할 때 전부원가계산과 변동원가계산에 관한 다음 사항 중 틀린 것은?

a. 전부원가계산에서 당기비용화되는 고정제조간접원가는 매출원가화되는 금액이다.
b. 변동원가계산에서의 순이익 = 전부원가계산에서의 순이익 + 기초재고 고정제조간접원가 포함분 − 기말재고 고정제조간접원가 포함분
c. 전부원가계산에서의 순이익 = 변동원가계산에서의 순이익 + 당기생산의 고정제조간접비 포함분(즉, 당기발생액) − 매출원가의 고정제조간접비 포함분
d. 기말재고 수량이 기초재고 수량보다 많으면, 전부원가계산에서의 순이익이 변동원가계산에서의 순이익보다 항상 크다.

① a ② b ③ c ④ d

03 기준조업도

고정제조간접원가 배부에 사용되는 기준조업도와 관련된 다음 사항 중 틀린 것은?

a. 정상조업도를 사용하여 산출한 원가를 토대로 가격을 결정할 경우 원가-가격 간의 악순환이 발생할 우려가 있다.
b. 이론적 조업도와 실제최대조업도는 수요와 무관하게 생산능력을 기초로 설정된다.
c. 기준조업도가 증가하면 고정제조간접원가의 예정배부율이 감소한다.
d. 기준조업도보다 실제조업도가 더 크면 고정제조간접원가가 예산보다 더 많이 발생하게 된다.

① a ② b ③ c ④ d

04 변동원가계산과 초변동원가계산에서의 손익 차이 (2018 세무사)

㈜세무는 20X1년 초에 영업을 개시하였다. 20X2년도 기초제품 수량은 100단위, 생산량은 2,000단위, 판매량은 1,800단위이다. 20X2년의 제품 판매가격 및 원가자료는 다음과 같다.

항 목		금 액
제품 단위당	판매가격	₩250
	직접재료원가	30
	직접노무원가	50
	변동제조간접원가	60
	변동판매관리비	15
고정제조간접원가(총액)		₩50,000
고정판매관리비(총액)		10,000

20X2년도 변동원가계산에 의한 영업이익과 초변동원가계산(throughput costing)에 의한 영업이익의 차이금액은? (단, 20X1년과 20X2년의 제품 단위당 판매가격과 원가구조는 동일하고, 기초 및 기말 재공품은 없다.)

① ₩10,000 ② ₩11,000 ③ ₩20,000 ④ ₩22,000 ⑤ ₩33,000

05 변동원가계산하의 영업이익 (2019 세무사)

㈜세무의 기초 제품수량은 없고 당기 제품 생산수량은 500단위, 기말 제품수량은 100단위이다. 제품 단위당 판매가격은 ₩1,300이며, 당기에 발생한 원가는 다음과 같다. 변동원가계산에 의한 당기 영업이익은? (단, 기초 및 기말 재공품은 없다.)

- 직접재료원가 ₩250,000
- 직접노무원가 80,000
- 변동제조간접원가 160,000
- 변동판매관리비 40,000
- 고정제조간접원가 40,000
- 고정판매관리비 15,000

① ₩13,000 ② ₩23,000 ③ ₩33,000 ④ ₩43,000 ⑤ ₩53,000

06 전부원가계산과 변동원가계산에서의 손익 차이 (2013 감정평가사)

㈜감평은 선입선출법에 의해 실제원가계산을 사용하고 있다. ㈜감평은 전부원가계산에 의해 20X1년 영업이익을 ₩65,000으로 보고하였다. ㈜감평의 기초제품수량은 1,000단위이며, 20X1년 제품 20,000단위를 생산하고 18,000단위를 단위당 ₩20에 판매하였다. ㈜감평의 20X1년 고정제

조간접원가가 ₩100,000이고, 기초제품의 단위당 고정제조간접원가가 20X1년과 동일하다고 가정할 때, 변동원가계산에 의한 20X1년 영업이익은? (단, 재공품은 고려하지 않는다.)

① ₩35,000 ② ₩40,000 ③ ₩55,000 ④ ₩65,000 ⑤ ₩80,000

07 변동원가계산하의 제품원가 (2018 감정평가사)

제조기업인 ㈜감평이 변동원가계산방법에 의하여 제품원가를 계산할 때 제품원가에 포함되는 항목을 모두 고른 것은?

ㄱ. 직접재료원가	ㄴ. 직접노무원가
ㄷ. 본사건물 감가상각비	ㄹ. 월정액 공장임차료

① ㄱ, ㄴ ② ㄱ, ㄹ ③ ㄴ, ㄷ ④ ㄴ, ㄹ ⑤ ㄱ, ㄷ, ㄹ

08 전부원가계산과 변동원가계산에서의 손익 차이 (2015 관세사)

단일제품을 생산·판매하고 있는 ㈜관세의 당기순이익은 전부원가계산하에서 ₩12,000이고 변동원가계산하에서 ₩9,500이다. 단위당 제품원가는 전부원가계산하에서는 ₩40이고 변동원가계산하에서는 ₩35이며, 전기와 당기 각각에 대해 동일하다. 당기 기말제품재고 수량이 2,000단위일 경우 기초제품재고 수량은 몇 단위인가? (단, 기초재공품과 기말재공품은 없다.)

① 500단위 ② 800단위 ③ 1,000단위 ④ 1,200단위 ⑤ 1,500단위

09 원가계산방법 선택이 미치는 영향 (2016 관세사)

전부원가계산 및 변동원가계산에 관한 설명으로 옳은 것은?

① 변동원가계산은 고정제조간접원가를 제품원가에 포함시키므로 생산량의 변동에 따라 제품단위당 원가가 달라져서 경영자가 의사결정을 할 때 혼란을 초래할 수 있다.
② 전부원가계산은 영업이익이 판매량뿐만 아니라 생산량에 의해서도 영향을 받기 때문에 과다생산에 의한 재고과잉의 우려가 있다.
③ 전부원가계산은 원가를 변동원가와 고정원가로 분류하여 공헌이익을 계산하므로 경영의사결정, 계획수립 및 통제목적에 유용한 정보를 제공한다.
④ 변동원가계산은 외부보고용 재무제표를 작성하거나 법인세를 결정하기 위한 조세 목적을 위해서 일반적으로 인정되는 원가계산방법이다.
⑤ 초변동원가계산은 직접재료원가와 직접노무원가만을 재고가능원가로 처리하므로 불필요한 재고자산의 보유를 최소화하도록 유인할 수 있다.

10 원가계산방법 선택이 미치는 영향 (2021 관세사)

전부원가계산, 변동원가계산, 초변동원가계산에 관한 설명으로 옳지 않은 것은?

① 기초재고가 없다면, 당기 판매량보다 당기 생산량이 더 많을 때 전부원가계산상의 당기영업이익보다 초변동원가계산상의 당기 영업이익이 더 작다.
② 변동원가계산은 전부원가계산에 비해 판매량 변화에 의한 이익의 변화를 더 잘 파악할 수 있다.
③ 초변동원가계산에서는 기초재고가 없고 판매량이 일정할 때 생산량이 증가하더라도 재료처리량 공헌이익(throughput contribution)은 변하지 않는다.
④ 일반적으로 인정된 회계원칙에서는 전부원가계산에 의해 제품원가를 보고하도록 하고 있다.
⑤ 전부원가계산은 변동원가계산에 비해 경영자의 생산과잉을 더 잘 방지한다.

11 전부원가계산과 변동원가계산에서의 손익 차이 (2014 국가직 9급)

㈜한국은 변동원가계산을 사용하여 ₩100,000의 순이익을 보고하였다. 기초 및 기말 재고자산은 각각 15,000단위와 19,000단위이다. 매 기간 고정제조간접비배부율이 단위당 ₩3이었다면 전부 원가계산에 의한 순이익은? (단, 법인세는 무시한다.)

① ₩ 88,000　② ₩ 145,000　③ ₩ 43,000　④ ₩ 112,000

12 변동원가계산하의 공헌이익 (2018 국가직 9급)

신설법인인 ㈜한국의 기말 제품재고는 1,000개, 기말재공품 재고는 없다. 다음 자료를 근거로 변동원가계산방법에 의한 공헌이익은?

항목	금액
• 판매량	4,000개
• 단위당 판매가격	₩1,000
• 생산량	5,000개
• 단위당 직접재료원가	₩300
• 단위당 직접노무원가	₩200
• 단위당 변동제조간접원가	₩100
• 총고정제조간접비	₩1,000,000
• 단위당 변동판매관리비	₩150
• 총고정판매관리비	₩800,000

① ₩1,000,000　② ₩1,250,000　③ ₩1,600,000　④ ₩2,000,000

13 변동원가계산하의 영업이익 2019 국가직 9급

20X1년 초에 영업을 개시한 ㈜한국의 원가 관련 자료는 다음과 같다.

• 생산량	10,000개
• 판매량	8,000개
• 단위당 변동제조원가	₩110
• 단위당 변동판매관리비	₩40
• 고정제조간접원가	₩180,000
• 고정판매관리비	₩85,000

제품의 단위당 판매가격이 ₩200인 경우에 ㈜한국의 20X1년 말 변동원가계산에 의한 영업이익과 기말제품 재고액은?

	영업이익	기말제품 재고액
①	₩135,000	₩220,000
②	₩135,000	₩256,000
③	₩171,000	₩220,000
④	₩171,000	₩256,000

14 변동원가계산의 유용성 2013 CPA

변동원가계산의 유용성에 대한 다음 설명 중 옳지 않은 것은?

① 변동원가계산 손익계산서에는 이익계획 및 의사결정 목적에 유용하도록 변동비와 고정비가 분리되고 공헌이익이 보고된다.
② 변동원가계산에서는 일반적으로 고정제조간접원가를 기간비용으로 처리한다.
③ 변동원가계산에서는 판매량과 생산량의 관계에 신경을 쓸 필요 없이 판매량에 기초해서 공헌이익을 계산한다.
④ 변동원가계산에 의해 가격을 결정하더라도 장기적으로 고정비를 회수하지 못할 위험은 없다.
⑤ 제품의 재고수준을 높이거나 낮춤으로써 이익을 조작할 수 있는 가능성은 없다.

15 원가계산방법 선택이 미치는 영향 2020 CPA

전부원가계산, 변동원가계산, 초변동원가계산과 관련한 다음 설명 중 가장 옳은 것은? (단, 직접재료원가, 직접노무원가, 제조간접원가는 ₩0보다 크다고 가정한다.)

① 변동원가계산은 초변동원가계산에 비해 경영자의 생산과잉을 더 잘 방지한다.
② 변동원가계산은 전환원가(가공원가)를 모두 기간비용으로 처리한다.

③ 기초재고가 없다면, 당기 판매량보다 당기 생산량이 더 많을 때 전부원가계산상의 당기 영업이익보다 초변동원가계산상의 당기 영업이익이 더 작다.

④ 변동원가계산상의 공헌이익은 주로 외부이용자를 위한 재무제표에 이용된다.

⑤ 제품의 재고물량이 늘어나면 변동원가계산의 공헌이익계산서상 영업이익은 전부원가계산의 손익계산서상 영업이익보다 항상 낮거나 같다.

16 전부원가계산하의 영업이익 (2022 CPA)

㈜대한은 20X1년 1월 1일에 처음으로 생산을 시작하였고, 20X1년과 20X2년의 영업활동 결과는 다음과 같다.

항 목	20X1년	20X2년
생산량	2,000단위	2,800단위
판매량	1,600단위	3,000단위
변동원가계산에 의한 영업이익	₩16,000	₩40,000

㈜대한은 재공품 재고를 보유하지 않으며, 재고자산평가방법은 선입선출법이다. 20X1년 전부원가계산에 의한 영업이익은 ₩24,000이며, 20X2년에 발생한 고정제조간접원가는 ₩84,000이다. 20X2년 ㈜대한의 전부원가계산에 의한 영업이익은 얼마인가? (단, 두 기간의 단위당 판매가격, 단위당 변동제조원가와 판매관리비는 동일하다.)

① ₩26,000 ② ₩30,000 ③ ₩34,000 ④ ₩36,000 ⑤ ₩38,000

17 초변동원가계산하의 영업이익 (2015 세무사)

당기에 설립된 ㈜국세는 1,300단위를 생산하여 그중 일부를 판매하였으며, 관련 자료는 다음과 같다.

- 직접재료 매입액 : ₩500,000
- 직접노무원가 : 기본원가(prime cost)의 30%
- 제조간접원가 : 전환원가(가공원가)의 40%
- 매출액 : ₩900,000
- 판매관리비 : ₩200,000
- 직접재료 기말재고액 : ₩45,000
- 재공품 기말재고액 : 없음
- 제품 기말재고액 중 직접재료원가 : ₩100,000

초변동원가계산(throughput costing)에 의한 당기 영업이익은?

① ₩20,000 ② ₩40,000 ③ ₩80,000 ④ ₩150,000 ⑤ ₩220,000

18 전부원가계산하의 매출원가 (2018 세무사)

㈜세무는 20X1년 초에 영업을 개시하였다. ㈜세무는 전부원가계산을 적용하고 있으며, 재고자산의 원가흐름가정은 선입선출법이다. 20X1년과 20X2년의 생산 및 원가자료는 다음과 같다.

항 목	20X1년	20X2년
제품 생산량	1,500단위	1, 750단위
제품 판매량	1,200단위	( )단위
기말제품 수량	( )단위	150단위
제품단위당 변동제조원가	₩38	₩40
고정제조간접원가	₩48,000	₩70,000

㈜세무의 20X2년도 매출원가는? (단, 기초 및 기말 재공품은 없다.)

① ₩147,000 ② ₩148,000 ③ ₩148,600 ④ ₩149,000 ⑤ ₩149,400

19 전부원가계산과 변동원가계산에서의 재고 차이 (2020 감정평가사)

㈜감평의 전부원가계산에 의한 영업이익은 ₩374,000이고, 변동원가계산에 의한 영업이익은 ₩352,000이며, 전부원가계산에 의한 기말제품재고액은 ₩78,000이다. 전부원가계산에 의한 기초제품재고액이 변동원가계산에 의한 기초제품재고액보다 ₩20,000이 많은 경우, 변동원가계산에 의한 기말제품재고액은? (단, 기초 및 기말 재공품은 없으며, 물량 및 원가흐름은 선입선출법을 가정한다.)

① ₩36,000 ② ₩42,000 ③ ₩56,000 ④ ₩58,000 ⑤ ₩100,000

20 전부원가계산과 변동원가계산에서의 재고 차이 (2023 감정평가사)

변동원가계산제도를 채택하고 있는 ㈜감평의 당기 기초재고자산과 영업이익은 각각 ₩64,000과 ₩60,000이다. 전부원가계산에 의한 ㈜감평의 당기 영업이익은 ₩72,000이고, 기말재고자산이 변동원가계산에 의한 기말재고자산에 비하여 ₩25,000이 많은 경우, 당기 전부원가계산에 의한 기초재고자산은?

① ₩58,000 ② ₩62,000 ③ ₩68,000 ④ ₩77,000 ⑤ ₩89,000

21 전부원가계산과 변동원가계산에서의 손익 차이 (2022 국가직 7급)

㈜한국은 20X1년 초 영업을 개시하였으며, 제품 4,000단위를 생산하여 3,400단위를 판매하였다. 20X1년 원가 관련 자료가 다음과 같을 때 옳지 않은 것은?

• 단위당 판매가격	₩150
• 단위당 직접재료원가	₩30
• 단위당 직접노무원가	₩18
• 단위당 변동제조간접원가	₩14
• 단위당 변동판매비와관리비	₩5
• 총고정제조간접원가	₩240,000
• 총고정판매비와관리비	₩80,000

① 전부원가계산과 변동원가계산에 의한 영업이익(또는 영업손실)의 차이는 ₩36,000이다.
② 전부원가계산과 초변동원가계산에 의한 영업이익(또는 영업손실)의 차이는 ₩55,200이다.
③ 변동원가계산에 의한 기말재고액은 ₩37,200이다.
④ 초변동원가계산에 의한 기말재고액은 ₩28,800이다.

22 전부원가계산과 변동원가계산에서의 손익 차이 (2008 CPA)

2006년 말 차기 예산을 준비하던 ㈜대한은 2007년도 전부원가계산방법과 변동원가계산방법에 의한 예상이익을 각각 계산한 결과, 그 차이가 전부원가계산방법에 의할 경우 ₩30,000이 더 많을 것으로 예상되었다. 그러나 2007년 말 실제이익의 차이는 전부원가계산방법에 의할 경우 ₩50,000이 더 많았다. 실제이익의 차이가 예상이익의 차이와 다르게 나타난 이유로 타당한 것은? (단, ㈜대한의 2007년 초 기초재고는 없었고, 재공품은 고려하지 않으며, 아래 각 항목의 평가 시 항목에 주어진 차이의 영향 이외에는 예산과 실제가 일치하는 것으로 가정한다.)

① 완제품 단위당 변동제조원가의 실제발생액이 예상발생액보다 적었다.
② 총고정제조원가의 실제발생액이 예상발생액보다 적었다.
③ 실제매출수량이 예상매출수량보다 많았다.
④ 완제품 실제생산수량이 예상생산수량보다 많았다.
⑤ 원재료의 실제구매수량이 예상구매수량보다 많았다.

23 전부원가계산과 변동원가계산에서의 손익 차이 (2009 CPA)

20X7년 초에 설립된 ㈜동건은 제품원가계산 목적으로 전부원가계산을, 성과평가 목적으로는 변동원가계산을 사용한다. 20X8년도 기초제품 수량은 2,000단위이고 기말제품 수량은 1,400단위였으며, 기초재공품의 완성품환산량은 1,000단위이고 기말재공품의 완성품환산량은 800단위였다. 완성품환산량 단위당 원가는 20X7년도에 ₩10(이 중 50%는 변동비)이고 20X8년도에 ₩12(이 중 40%는 변동비)이었다. 20X8년도 전부원가계산에 의한 영업이익은 변동원가계산에 의한 영업이익과 비교하여 어떠한 차이가 있는가? (단, 회사의 원가흐름가정은 선

입선출법(FIFO)이다.)

① ₩80만큼 크다. ② ₩760만큼 작다. ③ ₩810만큼 크다.
④ ₩840만큼 크다. ⑤ ₩4,800만큼 작다.

24 원가계산방법 선택이 미치는 영향 (2010 CPA)

다음은 생산량 및 판매량과 관련된 전부원가계산과 변동원가계산 및 초변동원가계산의 특징을 설명한 것이다. 타당하지 않은 것은?

① 전부원가계산에서는 기초재고가 없을 때 판매량이 일정하다면 생산량이 증가할수록 매출총이익이 항상 커진다.
② 생산량이 판매량보다 많으면 전부원가계산의 영업이익이 변동원가계산의 영업이익보다 항상 크다.
③ 변동원가계산하의 영업이익은 판매량에 비례하지만, 전부원가계산하의 영업이익은 생산량과 판매량의 함수관계로 결정된다.
④ 전부원가계산에서는 원가를 제조원가와 판매관리비로 분류하므로 판매량 변화에 따른 원가와 이익의 변화를 파악하기 어려운 반면, 변동원가계산에서는 원가를 변동원가와 고정원가로 분류하여 공헌이익을 계산하므로 판매량 변화에 의한 이익의 변화를 알 수 있다.
⑤ 초변동원가계산에서는 기초재고가 없고 판매량이 일정할 때 생산량이 증가하더라도 재료처리량 공헌이익(throughput contribution)은 변하지 않는다.

25 원가계산방법 선택이 손익에 미치는 영향 (2011 CPA)

단일제품을 생산 및 판매하는 ㈜갑을의 개업 첫달 영업결과는 다음과 같다.

- 생산량은 450개이며, 판매량은 300개이다.
- 제품의 단위당 판매가격은 ₩7,000이다.
- 판매관리비는 ₩100,000이다.
- 초변동원가계산에 의한 영업이익은 ₩125,000이다.
- 변동원가계산에 의한 영업이익은 ₩350,000이다
- 전부원가계산에 의한 영업이익은 ₩500,000이다.
- 제조원가는 변동원가인 직접재료원가와 직접노무원가, 고정원가인 제조간접원가로 구성되어 있다.
- 월말 재공품은 없다.

당월에 발생한 총제조원가는 얼마인가?

① ₩1,800,000 ② ₩1,875,000 ③ ₩2,100,000
④ ₩2,250,000 ⑤ ₩2,475,000

26 전부원가계산과 변동원가계산에서의 손익차이 (2018 CPA)
㈜대한은 20X1년 1월 1일에 처음으로 생산을 시작하였고, 20X1년과 20X2년의 영업활동 결과는 다음과 같다.

항 목	20X1년	20X2년
생산량	1,000단위	1,400단위
판매량	800단위	1,500단위
고정제조간접원가	?	?
전부원가계산에 의한 영업이익	₩8,000	₩8,500
변동원가계산에 의한 영업이익	₩4,000	₩10,000

㈜대한은 재공품 재고를 보유하지 않으며, 재고자산평가방법은 선입선출법이다. 20X1년과 20X2년에 발생한 고정제조간접원가는 각각 얼마인가? (단, 두 기간의 단위당 판매가격, 단위당 변동제조원가와 판매관리비는 동일하였다.)

	20X1년	20X2년
①	₩20,000	₩35,000
②	₩20,000	₩37,500
③	₩20,000	₩38,000
④	₩27,600	₩35,000
⑤	₩27,600	₩42,000

27 전부원가계산과 변동원가계산에서의 손익차이 (2019 CPA)
㈜대한은 20X1년 초에 설립되었으며 단일제품을 생산한다. 20X1년과 20X2년에 전부원가계산에 의한 영업활동 결과는 다음과 같다.

항 목	20X1년	20X2년
생산량	100단위	120단위
판매량	80단위	110단위
매출액	₩24,000	₩33,000
매출원가	17,600	22,400

(표 계속)

항 목	20X1년	20X2년
매출총이익	₩6,400	₩10,600
판매관리비	5,600	6,200
영업이익	800	4,400

㈜대한은 재공품 재고를 보유하지 않으며, 원가흐름 가정은 선입선출법이다. 20X2년도 변동원가계산에 의한 영업이익은 얼마인가? (단, 두 기간의 단위당 판매가격, 단위당 변동제조원가, 고정제조간접원가, 단위당 변동판매관리비, 고정판매관리비는 동일하다.)

① ₩3,200 ② ₩3,400 ③ ₩3,600 ④ ₩3,800 ⑤ ₩4,200

28 원가계산방법 선택이 손익에 미치는 영향 (2023 CPA)

㈜대한은 20X3년 초에 설립되었으며, 단일제품을 생산 및 판매하고 있다. ㈜대한의 20X3년 1월의 생산 및 판매와 관련된 자료는 다음과 같다.

- 생산량은 500개이며, 판매량은 300개이다.
- 제품의 단위당 판매가격은 ₩10,000이다.
- 판매관리비는 ₩200,000이다.
- 변동원가계산에 의한 영업이익은 ₩760,000이다.
- 초변동원가계산에 의한 영업이익은 ₩400,000이다.
- 제조원가는 변동원가인 직접재료원가와 직접노무원가, 고정원가인 제조간접원가로 구성되어 있으며, 1월에 발생한 총제조원가는 ₩3,000,000이다.
- 월말 재공품은 없다.

20X3년 1월에 발생한 직접재료원가는 얼마인가?

① ₩600,000 ② ₩900,000 ③ ₩1,200,000
④ ₩1,500,000 ⑤ ₩1,800,000

주관식

01 전부원가계산과 변동원가계산 (2021 CPA)

㈜한국은 제품 A와 제품 B를 제조하여 판매하는 회사이며, 제품원가계산으로 평준화(정상)원가계산을 사용한다. 원가흐름에 대해서는 선입선출법(FIFO)을 적용하며, 기초와 기말의 재공품재고는 없다. 이 회사의 20X1년 생산, 판매 및 원가에 대한 자료는 다음과 같다.

항 목	제품 A	제품 B
예산생산량	1,500단위	2,500단위
실제판매량	1,000단위	2,000단위
단위당 판매가격	₩150	₩140
단위당 직접재료원가	₩20	₩10
단위당 직접노무시간	2시간	2시간
직접노무시간당 임률	₩20	₩20

기초제품재고는 없으며, 실제생산량은 예산생산량과 동일하였다. 제조간접원가의 배부기준은 직접노무시간으로, 회사가 예산수립 시 회귀분석을 통해 추정한 총제조간접원가 추정식은 다음과 같다.

총제조간접원가 = ₩120,000 + ₩12 × 직접노무시간

20X1년에 실제로 발생한 제조간접원가 총액은 ₩220,000이며, 원가차이는 매출원가에서 전액 조정한다. 판매관리비는 고려하지 않는다.

요구사항

- 물음 1. 전부원가계산을 사용하여 회사의 20X1년 영업이익을 계산하라.
- 물음 2. 변동원가계산을 사용하여 회사의 20X1년 영업이익을 계산하라.
- 물음 3. 위에서 계산한 전부원가계산 영업이익과 변동원가계산 영업이익 간의 차이를 계산근거와 함께 설명하라.
- 물음 4. ㈜한국은 전부원가계산을 사용하여 계산한 영업이익을 최고경영자 성과급 산정에 사용한다. 이와 관련하여 최고경영자가 가질 수 있는 잘못된 유인이 무엇인지 설명하고, 그 유인을 완화시킬 수 있는 방안을 2가지 제시하라.

02 전부원가계산과 변동원가계산, 선입선출법과 가중평균법 (2019 세무사 수정)

㈜세무는 단일제품을 생산하여 판매한다. 20X1년도 1월과 2월의 원가계산 및 손익계산을 위한 자료는 다음과 같다.

1) 제품생산 및 판매자료

항 목	1월	2월
월초 재고수량	0단위	100단위
생산량	400단위	500단위
판매량	300단위	300단위
월말 재고수량	100단위	300단위

2) 실제 발생원가 자료

원가항목	1월	2월
단위당 직접재료원가	₩100	₩100
단위당 직접노무원가	₩40	₩40
단위당 변동제조간접원가	₩20	₩20
단위동 변동판매관리비	₩10	₩10
월 총고정제조간접원가	₩12,000	₩12,000
월 총고정판매관리비	₩2,000	₩2,000

3) 단위당 판매가격은 ₩400이며, 월초 및 월말 재공품은 없다.

요구사항

- 물음 1. 선입선출법을 사용하여 재고자산을 평가하는 경우 실제전부원가계산과 실제변동원가계산에 의한 20X1년도 1월과 2월의 영업이익을 구하라.
- 물음 2. (물음 1)에서 실제전부원가계산과 실제변동원가계산의 20X1년도 1월과 2월의 영업이익을 구하는 과정에서 비용으로 인식한 고정제조간접원가를 구하고, 그 금액을 사용하여 두 가지 원가계산에 의한 영업이익의 차이를 설명하라.
- 물음3. 가중평균법을 사용하여 재고자산을 평가하는 경우 실제전부원가계산에 의한 20X1년도 2월의 영업이익을 구하라.

CHAPTER

8

종합원가계산

1 종합원가계산의 개요
2 종합원가계산의 원리
3 종합원가계산에서 선입선출법과 가중평균법
4 복수공정의 종합원가계산(제2공정)
5 다양한 형태의 종합원가계산

본 장에서는 제1장에서 설명한 원가집계방법에 따른 원가계산시스템의 분류(개별원가계산, 종합원가계산) 중에서 종합원가계산에 대해 학습한다. 종합원가계산은 공정별로 원가를 집계하여 공정 재공품과 공정 완성품으로 배부하는 원가계산방법이다. 한 개의 공정이 있는 경우와 복수의 공정이 있는 경우에 대해 각각 원가계산방법을 학습하고, 원가흐름 가정(선입선출법, 가중평균법)에 따라 원가계산이 어떻게 달라지는지에 대해 학습한다.

CHAPTER

8

종합원가계산

1. 종합원가계산의 개요

1) 개별원가계산과 종합원가계산 비교

원가계산은 제품(서비스)이 생산(제공)되는 방식에 의해 영향을 받는다. 제4장에서 다룬 **개별원가계산**(job costing)은 작업(job)별로 원가를 계산하는 데 적합한 방식임을 학습하였다. 개별원가계산에서 각 작업은 다른 작업들과 명확히 구분되며, 일정한 기간이 경과하면 제품(서비스)의 생산이 종료되어 해당 작업이 종료된다는 특징을 지닌다. 선박 제조나 광고 제작 등 주문형 제품(서비스)의 생산이 대표적이다. 개별원가계산에서는 각 작업이 시작되는 시점부터 완료되는 시점까지 발생하는 모든 원가를 각 작업의 작업원가표에 기록하고 집계한다. 여기서 핵심적인 과정은 제조간접원가를 집계하여, 관련된 작업별로 배분하는 과정이다.

그러나, 이런 주문형 제품(서비스)의 생산과는 달리, 유사한 제품을 연속적으로 대량생산하여 불특정 다수의 고객을 대상으로 판매하는 경우도 많이 있다. 예를 들어, 사무용 가구 제조회사에서 특정 고객으로부터 주문을 받지 않고도 특정 모델의 책상을 연속적으로 대량생산하여 일반 고객들에게 판매할 수도 있다. 이 경우에는 해당 책상의 생산 종료 시점이 미리 정해져 있지 않으며, 개별 단위의 제품이 생산되면서 판매도 함께 실시한다.

이런 상황에서는 개별원가계산에서와 같이 책상 한 단위의 원가를 알기 위해 해당 책상의 생산이 중단될 때까지 막연하게 모든 제조원가를 계속 집계할 수는 없을 것이다. 매일 판매되는 완성된 책상의 단위당 원가를 알기 위해서는 일정 주기별로 원가를 집계하여 책상의 원가를 계산해야 한다. 이 과정에서 핵심은 아직 완성되지 않고 제조공정에 남아 있는 재공품의 원가와 완성된 제품의 원가를 구분하는 것이다. 이때 사용하는 원가계산방법이 **종합원가계산**(process costing)이다.

즉, 종합원가계산은 유사한 제품을 연속적으로 대량생산하는 경우에, 일정한 기간(보통 1개월) 동안 투입된 각종 원가들을 집계하여, 그 기간 동안에 완성된 완성품과 기간 말까지 아직 완성되지 않은 재공품으로 원가를 배분하는 데 사용되는 방법이다[1]. 종합원가계산은 한 가지 제품만 있는 경우에 사용할 수 있지만, 제조원가가 유사한 다수의 제품들을 생산하는 경우에도 사용할 수 있다. 종합원가계산과 개별원가계산을 비교하면 표 8-1과 같이 나타낼 수 있다.

표 8-1 개별원가계산과 종합원가계산 비교

	개별원가계산	종합원가계산
적용대상	작업별(고객별)로 원가를 구분하는 것이 바람직한 경우	개별 제품의 완성품과 재공품의 원가를 구분하여, 완성품 단위당 원가를 계산할 필요가 있는 경우
원가대상	개별 작업	완성품과 재공품
원가집계	직접원가는 개별 작업별로 집계하고, 간접원가는 별도로 집계하여 관련 작업에 배부	공정별로 집계
적용상황	주문생산(선박, 항공기, 광고 등)	연속 대량생산(석유화학, 철강 등)

2) 공정별 원가흐름과 집계

종합원가계산을 적용하는 연속 대량생산 과정은 그림 8-1과 같이 여러 개의 **공정**(process)을 차례로 통과하는 형태이다. 여기서 각 공정이 서로 다른 부서에 속할 필요는 없다. 하나의 부서 내에서도 여러 종류의 공정이나 활동(activity)들이 있을 수 있으며, 원가계산 목적으

1 순수한 형태의 개별원가계산에서 각 작업은 작업 전체가 완전히 종료되는 시점에 주문자에게 인도되므로, 작업이 전체적으로 완료되기 전까지는 작업에 포함된 개별적인 제품 단위의 원가를 파악하지 않아도 된다. 따라서 특정 작업이 일부만 완성되는 경우에는 해당 작업 전체가 재공품계정에 남아 있게 된다. 종합원가계산에서는 같은 종류의 제품에 대해서 기간별로 재공품과 제품(완성품)으로 구분하여 원가를 계산한다.

그림 8-1 종합원가계산의 물량과 원가의 흐름도

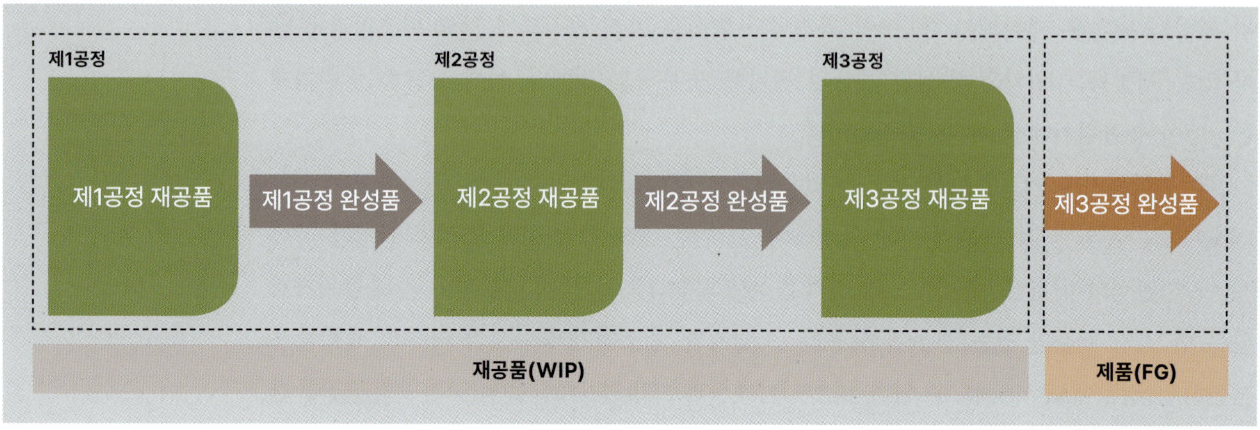

로 필요하면 활동별로 공정을 정의하는 것을 고려할 수도 있다.

복수의 공정이 있는 경우, 각 공정의 **완성품**은 후속 공정에 재공품으로 투입된다. 원가 집계는 일정 기간(예 1개월 단위) 동안 발생한 원가를 공정별로 먼저 집계한다. 특정 공정에 귀속하기 어려운 원가는 여러 공정과 관련된 (공정)공통원가이므로 관련된 공정들로 배분한다. 제조원가가 모두 공정별로 집계되면, 각 공정의 원가를 그 공정의 완성품과 재공품으로 배분한다.

최종단계의 공정에 대해서도 같은 방법으로 원가계산을 실시하며, 최종단계 공정의 완성품은 **제품**(FG, finished goods)이 된다. 따라서 각 공정의 재공품은 물론, 최종단계의 완성품(제품)을 제외한 그 전 단계 공정의 완성품은 모두 **재공품**(WIP, work-in-process)에 해당한다.

2. 종합원가계산의 원리

1) 핵심 개념

(1) 완성품환산량 및 완성품환산량 단위당 원가

종합원가계산에서 각 공정의 원가를 재공품과 완성품으로 배분하는 과정에서 핵심적인 요소는 공정의 재공품이 공정의 완성품 기준으로 몇 단위에 해당하는가를 계산하는 것이다. 간단한 예를 들어 설명해보자.

예제 8-1

어떤 회사에서 책상이 3개의 공정을 거쳐 생산된다고 하자. 제1공정은 각종 재료를 모두 투입하여 절단하고, 제2공정은 조립하며, 제3공정은 도료를 칠하는 공정이다. 여기서 우리는 제2공정의 원가계산을 하고자 한다. 9월 한 달 동안 제1공정에서 책상 300개분의 절단 작업이 종료되어 제2공정으로 대체되었다. 제2공정에 9월 초 재공품은 없었으며, 9월 중에 책상 100개분이 조립이 완료되어 제3공정으로 대체되었고, 200개분은 여전히 조립 작업 중에 있다. 9월 중에 제2공정에서 투입된 가공원가 총계는 1,600만원이다. 이 가공원가를 재공품과 완성품으로 배분하는 원가계산을 해보자.

원가계산을 위해서는 재공품의 작업 진척도를 알아야 한다. 9월 말에 제2공정의 재공품 200개를 분석해보니, 재공품들의 조립 진척도가 평균적으로 30%였다고 하자. 이를 **완성도**(degree of completion)라고 한다. 이를 달리 표현하면, 재공품에는 완성품 기준으로 총 60개(200개×30%)를 완성할 수 있는 정도의 가공원가가 투입되어 있다는 것이다. 이 60개(단위)를 재공품의 가공원가 **완성품환산량**(equivalent units)이라고 한다. 따라서, 표 8-2와 같이, 9월 한 달 동안 제2공정에 투입된 가공원가는 완성품을 기준으로(즉, 완성품환산량으로) 총 160단위(완성품 100단위+재공품 60단위)를 완성할 수 있는 금액이 투입되었다고 할 수 있다.

표 8-2 가공원가의 완성품환산량 계산 | 예제 8-1

	재공품	완성품	합 계
(1) 물 량	200개	100개	300개
(2) 가공원가 완성도	30%	100%	–
(3) 완성품환산량(=(1)×(2))	60개	100개	160개

가공원가가 공정의 진척도에 비례하여 투입되었다고 하면, 제2공정의 가공원가 1,600만원은 완성품환산량 한 단위당 10만원(=1,600만원÷160단위)씩 투입되었다고 할 수 있다. 이를 **완성품환산량 단위당 원가**라고 한다. 따라서, 9월에 투입한 제2공정의 가공원가 1,600만원은 제2공정 재공품에 600만원(=60단위×10만원), 제2공정의 완성품에 1,000만원

(=100단위×10만원)씩 배분하면 된다. 이처럼 완성품환산량의 개념이 중요한 역할을 하는 것을 알 수 있다.

(2) 원가그룹

우리는 위 예제에서 편의상 가공원가만 설명했지만 실제로는 모든 제조원가를 재공품과 제품에 배분해야 한다. 그러나 모든 원가요소들을 각각 개별적으로 배분할 필요 없이, 투입되는 패턴이 같은 원가요소들은 같은 원가그룹으로 묶어서 함께 배분하면 된다.

일반적으로 직접재료는 공정 시작 시점에 전량 투입되고, 노무원가와 경비 등 나머지 원가(즉, 가공원가)는 공정이 진행됨에 따라 일정한 비율로 함께 투입된다. 그런 경우에는 직접재료원가와 가공원가의 투입 형태가 다르므로, 두 개의 **원가그룹**(직접재료원가, 가공원가)으로 나누어서 원가계산을 실시하면 된다.

만약 공정이 진행됨에 따라 모든 제조원가가 일정한 비율로 함께 투입된다면, 원가요소별로 구분할 필요 없이 하나의 원가그룹으로 묶어도 된다. 만약 두 종류의 직접재료가 있고 각기 투입되는 형태가 다르다면(예를 들어, 한 종류는 공정 시작 시점에 전량 투입, 다른 종류는 공정 60% 진행 후 전량 투입), 두 재료의 원가는 별도의 원가그룹으로 집계해야 한다. 이처럼 투입패턴이 같은 원가들을 같은 원가그룹으로 묶으면 된다.

앞에서 설명한 원가계산시스템 용어로 설명하자면, 종합원가계산에서 원가대상은 완성품과 재공품이 되며, 원가는 공정별로 집계되고, 원가집합(cost pool)은 각 공정 내에서 유사한 원가발생 패턴을 띠는 원가그룹이 된다.

2) 종합원가계산 절차

여러 공정이 있을 때 종합원가계산은 공정별로 실시하며, 공정별 원가계산은 다음과 같은 절차로 진행한다.

- **제1단계** : 물리적 단위(physical units), 즉 물량의 흐름을 정리한다. (**예제 8-1** 제2공정의 재공품과 완성품의 물량은 각각 200단위와 100단위이다.)
- **제2단계** : 원가그룹별로 완성도를 이용하여 완성품환산량을 계산한다. (**예제 8-1** 제2공정에서 가공원가 그룹의 재공품과 완성품의 완성품환산량은 각각 60단위와 100단위이다.)

- **제3단계** : 발생한 원가를 원가그룹별로 집계한다. (**예제 8-1** 9월 중 제2공정 가공원가는 1,600만원이다.)
- **제4단계** : 원가그룹별로 완성품환산량 단위당 원가를 계산한다. (**예제 8-1** 제2공정에서 가공원가의 완성품환산량 단위당 원가는 10만원이다.)
- **제5단계** : 원가그룹별로 원가를 재공품과 완성품으로 배분한다. (**예제 8-1** 제2공정 가공원가는 재공품에 600만원, 완성품에는 1,000만원을 배부한다.)

3) 재공품 재고와 종합원가계산

종합원가계산은 각 공정의 원가를 재공품과 완성품으로 배분하는 방법이므로, 재공품 재고가 원가계산에 어떻게 영향을 미치는지 살펴보자.

- **첫째, 기말재공품이 없는 경우**

  기말재공품이 없는 경우에는 모든 원가(기초재공품의 원가, 당기에 투입한 제조원가)는 완성품의 원가가 된다.
- **둘째, 기초재공품 재고가 없고, 기말재공품과 완성품이 있는 경우**

  이 경우에는 당기에 투입한 제조원가를 완성품과 기말재공품으로 배분해야 한다.
- **셋째, 기초재공품 재고가 있고, 기말재공품과 완성품이 있는 경우**

  가장 보편적인 경우로서, 기초재공품의 원가와 당기에 투입한 제조원가를 완성품과 기말재공품에 배분해야 한다. 이 경우에는 기초재공품부터 먼저 가공하여 완성하느냐(선입선출법) 또는 기초재공품과 당기에 착수한 물량을 골고루 가공하느냐(가중평균법)에 따라 계산방법이 다르다.

여기서 위의 둘째 경우에 대한 간단한 예제부터 학습해보자.

예제 8-2

커피잔을 제조하는 ㈜아다지오는 제1공정과 제2공정을 거쳐 제품을 생산한다. 다음은 제1공정에 관한 자료이다. 이 회사의 10월 기초재고는 없었으며, 10월 중에 제조에 착수한 물량은 500개이고, 완성된 완성품은 400개, 기말재공품은 100개이다. 직접재료원가는 공정 시작 시점에서 전량 투입되고, 가공원가는 공정이 진행됨에 따라 균등하게 투입된다. 당기에 투입한 원가는 직접재료원가가 ₩20,000, 가공원가가 ₩39,100이다. 기말재공품의 가공원가 완성도는 평균적으로 60%로 추정되었다. 10월 말 완성품과 기말재공품의 원가를 계산해보자.

직접재료와 가공원가는 투입 형태가 달라 각기 다른 원가그룹에 집계하고, 완성품환산량과 완성품환산량 단위당 원가도 별도로 계산한다. 기말재공품의 완성도는 직접재료는 100%(공정시작 시점에 전량 투입되었기 때문임)이다. 완성품의 완성도는 직접재료원가와 노무원가 모두 투입이 완료된 상태이므로 모두 100%가 된다. 물량과 원가흐름을 정리하면 표 8-3과 같다.

표 8-3 물량과 원가흐름 정리 | 예제 8-2

	물 량	직접재료원가	가공원가	총원가
기초재고	0개	–	–	–
당기착수	500	–	–	–
완성품	400	–	–	–
기말재공품	100			
(완성도)		1	0.6	
당기투입원가		₩20,000	₩39,100	₩59,100

이제 제1공정의 완성품환산량을 원가그룹별로 계산해보자. 표 8-4에 나타난 바와 같이, 직접재료원가는 완성품 400개와 기말재공품 100개에 직접재료가 모두 100%씩 투입되었으므로 완성품과 기말재공품의 완성품환산량은 각각 400개, 100개로서 총 500개가 된다. 가공원가는 완성품 400개에 대해서는 100% 투입되었지만, 기말재공품은 완성도가 60%이므로 완성품환산량이 60개(=100개×60%)가 되어, 완성품환산량 총계는 460개(=400

개+60개)가 된다. 이제 제1단계와 제2단계가 표 8-4 와 같이 종료된다.

표 8-4 원가그룹별 완성품환산량 계산 | 예제 8-2

	(제1단계) 물 량	(제2단계) 완성품환산량	
		직접재료원가	가공원가
(1) 기초재공품	0	–	–
(2) 당기착수	500	–	–
(3) 합계(=(1)+(2))	500	–	–
(4) 완성품	400	400	400
(5) 기말재공품	100	100	60
(6) 합 계(=(4)+(5))	500	500	460

다음으로, 제3단계부터 제5단계는 표 8-5 와 같이 실시한다. 먼저, 완성품환산량 단위당 원가를 직접재료원가부터 구해보자. 당기 중 직접재료원가 발생액이 ₩20,000이므로, 완성품환산량 단위당 원가는 ₩40(=₩20,000÷500개)이다. 이 단위당 원가를 완성품과 기말재공품의 직접재료원가 완성품환산량인 400개와 100개에 각각 곱해주면, 배부액이 각각 ₩16,000과 ₩4,000이 된다.

가공원가도 같은 방식으로 계산하면, 가공원가 완성품환산량 단위당 원가는 ₩85(=₩39,100÷460개)이며, 완성품과 기말재공품의 완성품환산량인 400개와 60개를 각각 곱하면 배부액이 각각 ₩34,000과 ₩5,100이 된다.

이제 직접재료원가 배부액과 가공원가 배부액을 더하면, 10월 중 완성품의 원가는 ₩50,000(=₩16,000+₩34,000)이며, 기말재공품의 원가는 ₩9,100(=₩4,000+₩5,100)이 된다. 본 예제는 기초재공품이 없는 경우로서, 모든 원가가 당기에 투입된 원가이므로 원가계산이 비교적 쉽다.

표 8-5 당기 발생원가의 재공품과 완성품으로의 배분 | 예제 8-2

	직접재료원가	가공원가	합 계
(제2단계) 완성품환산량			
– 완성품(1)	400개	400개	
– 기말재공품(2)	100	60	
– 합 계(3) (=(1)+(2))	500	460	
(제3단계) 당기투입원가(4)	₩20,000	₩39,100	₩59,100
(제4단계) 환산량 단위당 원가(5) (=(4)÷(3))	40	85	
(제5단계) 원가배분			
– 완성품(6) (=(1)×((5))	16,000	34,000	50,000
– 기말재공품(7) (=(2)×(5))	4,000	5,100	9,100
– 합 계(8) (=(6)+(7))	₩20,000	₩39,100	₩59,100

위 사항들을 분개로 나타내보자. ㈜아다지오의 생산공정은 제1공정과 제2공정이 있으며, 위 자료는 제1공정에 관한 것이므로 10월 중의 분개는 다음과 같다.

직접재료원가 투입

(차) 재공품(제1공정) 20,000 (대) 직접재료 20,000

가공원가의 투입

(차) 재공품(제1공정) 39,100 (대) 미지급임금, 미지급비용 등 39,100

제1공정 완성

(차) 반제품(제1공정) 50,000 (대) 재공품(제1공정) 50,000

제1공정의 완성품은 일종의 반제품에 해당하므로 **반제품**(제1공정)으로 기록한다. 다만, 완성된 후 별도로 저장하지 않고 제2공정으로 즉시 투입되는 경우에는 반제품 대신에 **재공품(제2공정)**으로 기록한다.

3. 종합원가계산에서 선입선출법과 가중평균법

이제 기초재공품 재고가 있고, 기말재공품과 완성품이 있는 일반적인 상황(셋째 경우)에서의 원가계산에 대해 학습해보자. 이 경우 물량(원가) 흐름에 대한 가정에 따라 원가계산이 달라진다. 원가흐름 가정은 일반적으로 **선입선출법**(**FIFO, first-in first-out method**)과 **가중평균법**(**WA, weighted average method**)을 사용하며, 한국채택국제회계기준(K-IFRS)에서 후입선출법은 허용하지 않는다.

1) 가중평균법과 선입선출법

먼저, **가중평균법**(또는 평균법)에 대해 알아보자. 가중평균법에서는 기초재공품과 당기착수 물량이 함께 가공된다는 것을 가정하고 있다. 그림 8-2에 나타난 바와 같이, 완성품과 기말재공품이 차지하는 물량의 비율이 각각 75%, 25%라고 한다면, 기초재공품의 75%가 완성되고, 25%가 기말재공품으로 남게 된다. 당기착수 물량에 대해서도 같은 비율이 적용된다. 이에 반해, 선입선출법에서는 기초재공품을 모두 완성한 다음 당기착수 물량을 완성한다고 가정한다. 이로 인해 가중평균법과 선입선출법의 원가를 배분하는 방식도 달라진다.

가중평균법에서는 전기분 물량(기초재공품)과 당기분 물량(당기착수 물량)을 구분하지 않고 같은 비율로 가공하는 것을 가정하고 있으므로, 그림 8-3에 나타난 바와 같이 원가도 전기분 원가(기초재공품 원가)와 당기분 원가(당기투입 제조원가)를 구분하지 않고 합해서 완성품과 기말재공품에 배분한다.

선입선출법의 경우, 기초재공품을 먼저 가공하여 완성하므로, 기초재공품의 원가는 모두 완성품의 원가에만 포함된다[2]. 따라서 원가계산을 할 때 전기분 원가(기초재공품 원가)와 당기분 원가(당기투입 제조원가)를 구분해야 한다. 당기분 원가는 그림 8-3과 같이 세 가지 유형의 물량에 투입된다. 첫째는 기초재공품을 완성하는 데 투입되고, 둘째는 당기에 착수해서 당기에 완성한 물량에 투입되며, 셋째는 당기에 착수했지만 완성되지 않고 기말에 재공품으로 남는 물량에 투입된다.

2 완성품의 물량이 기초재공품의 물량보다 적은 경우도 예외적으로 발생할 수 있는데, 이때는 기초재공품 원가의 일부는 기말재공품으로 배분한다.

그림 8-2 가중평균법과 선입선출법 원가흐름 개념도

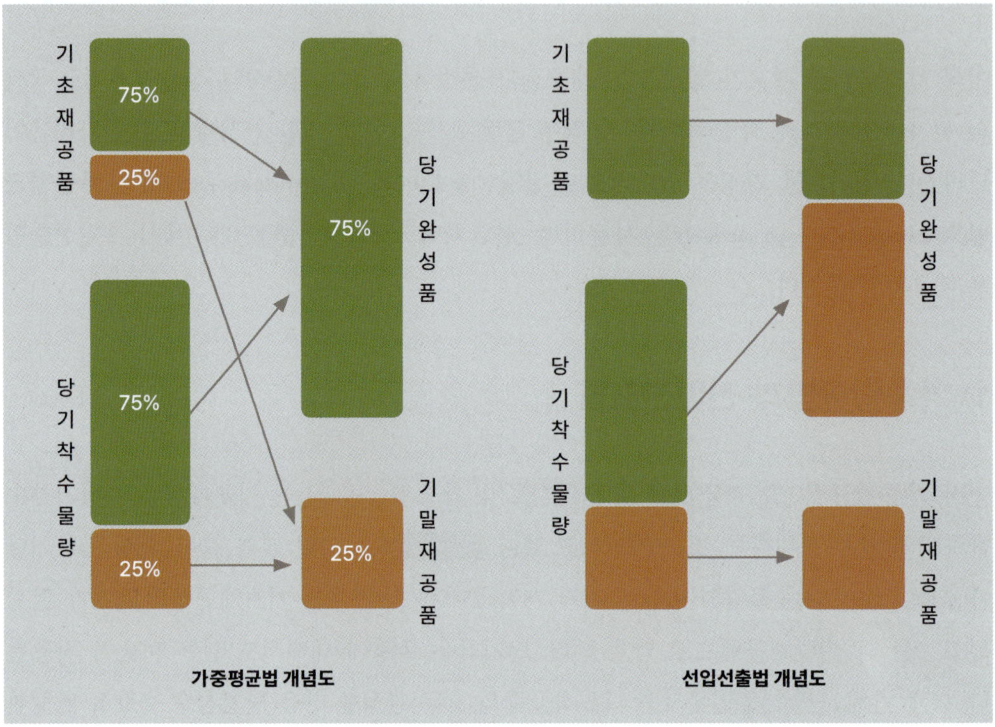

그림 8-3 원가흐름 가정에 따른 원가배분 개념도

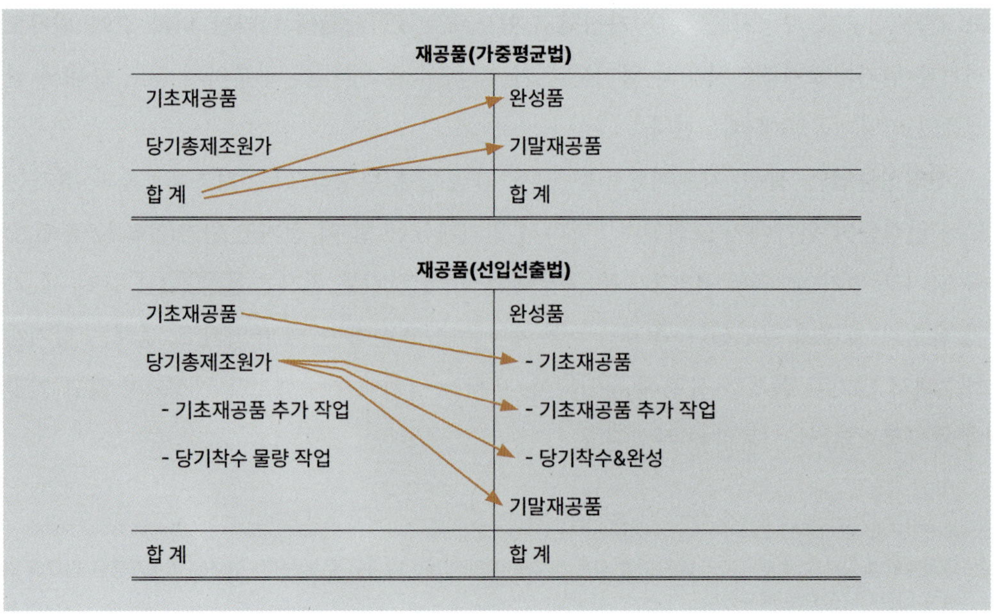

2) 제1공정 종합원가계산 예제

예제 8-3

㈜모데라토에서 제품은 제1공정과 제2공정을 거쳐 완성된다. 다음은 제1공정에 관한 사항이다. 제1공정에서 직접재료원가는 공정시작 시점에 전량 투입되고, 가공원가는 공정이 진행됨에 따라 균등하게 투입된다. 직접재료와 가공원가는 투입 형태가 달라 각기 다른 원가 그룹에 집계한다. 구체적인 사항은 표 8-6에 정리되어 있다. 11월에 기초재공품 물량은 200단위이며, 기초재공품에 포함된 직접재료원가는 ₩11,000, 가공원가는 ₩1,040이다. 기초재공품의 가공원가 완성도는 20%이다. 당기에 제조에 착수한 물량은 400단위이다. 총 600단위 중에서 500단위는 완성되었고, 100단위는 기말재공품으로 남아 있다. 기말재공품의 가공원가 완성도는 60%이다. 당기에 투입한 원가는 직접재료원가가 ₩16,000, 가공원가가 ₩6,240이다. 가중평균법과 선입선출법에서 완성품과 기말재공품의 원가를 계산해보자.

표 8-6 ㈜모데라토의 11월 물량과 원가투입(제1공정)

	물 량	직접재료원가	가공원가	합 계
기초재공품	200단위	₩11,000	₩1,040	₩12,040
(완성도)		1	0.2	
당기착수	400			
완성품	500			
기말재공품	100			
(완성도)		1	0.6	
당기투입원가		₩16,000	₩6,240	₩22,240

(1) 가중평균법

가중평균법을 사용하는 경우에는 물량과 원가 모두 전기분과 당기분을 구분하지 않고 합해서 계산한다. 완성품은 기말 현재 모두 완성된 상태로서 직접재료원가와 가공원가 모두 100% 투입이 완료된 상태이므로 직접재료원가와 가공원가의 완성품환산량이 각각 500단위이다. 기말재공품은 기말 현재 직접재료는 100%, 가공원가는 60% 투입이 완료되었으므로 완성품환산량이 각각 100단위(=100단위×100%), 60단위(=100단위×60%)가 된다. 이를 정리하면, 제1단계와 제2단계는 표 8-7과 같다.

표 8-7 가중평균법에 의한 완성품환산량(제1공정) | 예제 8-3

	(제1단계) 물 량	(제2단계) 완성품환산량	
		직접재료원가	가공원가
(1) 기초재공품	200		
(2) 당기착수	400		
(3) 합 계(=(1)+(2))	600		
(4) 완성품	500	500	500
(5) 기말재공품	100	100	60
(6) 합 계(=(4)+(5))	600	600	560

완성품환산량 단위당 원가를 계산하는 단계부터 구체적인 계산절차는 표 8-8에 나타나 있다. 직접재료원가의 경우 기초재공품에 있는 직접재료원가와 당기투입 직접재료원가를 더하면 합계가 ₩27,000(=₩11,000+₩16,000)이므로, 직접재료의 완성품환산량 단위당 원가는 ₩45(=₩27,000÷600단위)이 된다. 가공원가에 대해서도 마찬가지 방식으로 계산하면 ₩13(=₩7,280÷560단위)이 된다. 이를 이용하여 원가를 배분하면, 완성품 원가는 ₩29,000, 기말재공품 원가는 ₩5,280이 된다.

표 8-8 가중평균법에 의한 원가배부(제1공정) | 예제 8-3

	직접재료원가	가공원가	합 계
(제2단계) 완성품환산량			
– 완성품(1)	500	500	
– 기말재공품(2)	100	60	
– 합계(3) (=(1)+(2))	600	560	
(제3단계) 원가집계			
– 기초재공품원가(4)	₩11,000	₩1,040	₩12,040
– 당기투입원가(5)	16,000	6,240	22,240
– 합 계(6) (=(4)+(5))	₩27,000	₩7,280	₩34,280

(표 계속)

	직접재료원가	가공원가	합 계
(제4단계) 환산량 단위당 원가(7) (=(6)÷(3))	45	13	
(제5단계) 원가배분			
– 완성품(8) (=(1)×(7))	22,500	6,500	29,000
– 기말재공품(9) (=(2)×(7))	4,500	780	5,280
– 합 계(10) (=(8)+(9))	₩27,000	₩7,280	₩34,280

가중평균법을 이용한 원가배분 결과를 T계정으로 나타내면 표 8-9와 같다.

표 8-9 가중평균법 재공품 T계정 표시

재공품(가중평균법)			
기초재공품	₩12,040	완성품	₩29,000
당기총제조원가	₩22,240	기말재공품	₩5,280
합 계	₩34,280	합 계	₩34,280

(2) 선입선출법

선입선출법의 경우, 전기분 원가(기초재공품 원가)는 모두 완성품의 원가로 할당하므로, 당기분 원가를 완성품과 기말재공품으로 배분하는 것이 핵심이다. 따라서, 완성품환산량과 완성품환산량 단위당 원가를 계산할 때 반드시 당기분만을 대상으로 해야 한다.

완성품 500단위 중에서 200단위는 전기분(기초재공품)을 완성한 것이며, 나머지 300단위는 당기분(당기에 착수한 물량)이다. 기초재공품 완성분인 200단위에 대한 완성품환산량을 직접재료원가와 가공원가에 대해 각각 계산해보자. 직접재료원가는 기초에 이미 완성도가 100%로서 당기에 추가로 투입한 직접재료는 없다. 따라서, (당기분) 완성품환산량이 0이 된다. 가공원가의 경우 기초재공품의 완성도가 20%로서 전기에 이미 20% 완료된 상태에 있었으며 당기에 80%가 추가로 투입되어 완성된 것이다. 따라서 기초재공품 완성분에 대한 (당기분) 가공원가 완성품환산량은 160단위(=200단위×80%)가 된다.

당기에 착수해서 완성한 300단위는 투입된 모든 원가가 모두 당기분이다. 따라서 직접재료와 가공원가의 (당기분) 완성품환산량은 각각 300단위(=300단위×100%)가 된다.

기말재공품 100단위는 모두 당기착수 물량이므로 직접재료는 당기에 공정 시작 시점에 전량 투입되었으므로 완성품환산량이 100단위(=100단위×100%)이며, 가공원가는 당기에 투입되기 시작하여 60%만큼 투입되었으므로 완성품환산량이 60단위(=100단위×60%)가 된다. 완성품환산량은 표 8-10에 정리되어 있다.

표 8-10 선입선출법에 의한 물량과 완성품환산량(제1공정) | 예제 8-3

	(제1단계) 물 량	(제2단계) 완성품환산량	
		직접재료원가	가공원가
기초재공품	200		
당기착수	400		
합 계	600		
완성품			
– 기초재공품완성(1)	200	0	160
– 당기착수완성(2)	300	300	300
– 합 계(3) (=(1)+(2))	500	300	460
기말재공품(4)	100	100	60
합 계(5) (=(3)+(4))	600	400	520

완성품환산량 단위당 원가를 구하는 단계부터 구체적인 내역은 표 8-11과 같다. 선입선출법에서 완성품환산량 단위당 원가는 당기에 완성된 완성품환산량 한 단위당 당기에 투입된 원가를 의미한다. 따라서 완성품환산량을 당기분에 대해서만 계산한 것처럼 원가도 당기분만을 대상으로 해야 한다. 즉, 기초재공품에 포함된 원가는 제외한다. 직접재료원가의 완성품환산량 단위당 원가는 ₩40(=₩16,000÷400단위)이며, 가공원가의 완성품환산량 단위당 원가는 ₩12(=₩6,240÷520단위)으로 계산된다.

표 8-11 선입선출법에 의한 원가배분(제1공정) | 예제 8-3

	직접재료원가	가공원가	합 계
(제2단계) 완성품환산량			
– 기초재공품완성(1)	0	160	
– 당기착수완성(2)	300	300	
– 기말재공품(3)	100	60	
– 합 계(4) (=(1)+(2)+(3))	400	520	
(제3단계) 원가 집계			
– 기초재공품원가(5)	₩11,000	₩1,040	₩12,040
– 당기투입원가(6)	16,000	6,240	22,240
– 합 계(7) (=(5)+(6))	₩27,000	₩7,280	₩34,280
(제4단계) 환산량 단위당 원가(8) (=(6)/(4))	40	12	
(제5단계) 원가배분			
완성품			
– 기초재공품원가(9) (=(5))	11,000	1,040	12,040
– 기초재공품완성(10) (=(1)×(8))	0	1,920	1,920
– 당기착수완성(11) (=(2)×(8))	12,000	3,600	15,600
– 완성품합계(12) (=(9)+(10)+(11))	23,000	6,560	29,560
기말재공품(13) (=(3)×(8))	4,000	720	4,720
합계(14) (=(12)+(13))	₩27,000	₩7,280	₩34,280

완성품환산량 단위당 원가(표 8-11에서 (8))를 기초재공품완성(표에서 (1)), 당기착수완성(표에서 (2)), 기말재공품(표에서 (3))의 완성품환산량에 각각 곱해 주면, 당기투입원가 총 ₩22,240(표에서 (6))은 완성품에 ₩17,520(=₩1,920+₩15,600)(표에서 (10), (11)), 기말재공품에 ₩4,720(표에서 (13))씩 각각 배분된다. 이제 남은 원가는 전기분인 기초재공품의 원가 ₩12,040으로서, 이 금액은 모두 완성품 중 기초재공품원가(표에서 (9))에 할당된다.

최종적으로, 완성품의 원가는 기초재공품원가, 기초재공품완성, 당기착수완성을 모두 합하면 ₩29,560(=₩12,040+₩1,920+₩15,600)(표에서 (12))이 된다. 재공품 T계정을 사용하여 선입선출법의 원가흐름을 나타내면 표 8-12와 같다.

표 8-12 선입선출법 재공품 T계정 표시

재공품(선입선출법)			
기초재공품	₩12,040	완성품	₩29,560
당기총제조원가	₩22,240	– 기초재공품	₩12,040
– 기초재공품 추가 작업		– 기초재공품 추가 작업	₩1,920
– 당기착수 물량 작업		– 당기착수&완성	₩15,600
		기말재공품	₩4,720
합 계	₩34,280	합 계	₩34,280

(3) 가중평균법과 선입선출법 결과 비교

가중평균법과 선입선출법을 적용한 원가계산 결과의 차이를 비교해보자. 표 8-13에 나타난 바와 같이, 완성품의 원가는 가중평균법보다 선입선출법에서 ₩560 더 높게 나타났다. 그 원인은 완성품환산량 단위당 원가가 전기분이 당기분보다 높기 때문이다. 예제에서 가중평균법에서 직접재료와 가공원가의 완성품환산량 단위당 원가는 각각 ₩45, ₩13인데 비해, 선입선출법에서는 각각 ₩40, ₩12으로서 선입선출법에서 완성품환산량 단위당 원가가 더 낮은 것을 알 수 있다.

표 8-13 가중평균법과 선입선출법 원가배부 차이 비교 | 예제 8-3

(단위 : 원)

	가중평균법	선입선출법	차 이
완성품	29,000	29,560	−560
기말재공품	5,280	4,720	+560
합 계	34,280	34,280	0

가중평균법에서 완성품환산량 단위당 원가는 전기분과 당기분 원가를 구분하지 않고 평균적으로 계산하지만, 선입선출법에서는 당기분만을 대상으로 하므로, 당기분 완성품환산량 단위당 직접재료원가와 가공원가가 하락했음을 알 수 있다. 이로 인해 완성품의 원가는 선입선출법에서 가중평균법보다 높게 나타나게 된 것이다. 당기분 완성품환산량 단위당 원가의 하락은 직접재료원가와 가공원가의 가격 하락으로 인한 것일 수도 있고, 제조공정의 효율성 개선으로 직접재료원가와 가공원가의 물량 투입이 감소한 것일 수

도 있다.

선입선출법의 경우 기간별로 단위당 원가정보를 획득할 수 있어서 기간별 비교가 용이하여 원가통제에 유용한 정보를 제공한다. 반면에 가중평균법은 간편하다는 장점이 있지만, 기간별 원가정보를 획득할 수 없고 평균적인 원가정보만 획득할 수 있어서 원가통제 측면에서의 유용성이 떨어진다. 그러나, 투입요소들의 가격 변동이 심할 때는 가중평균법이 비교적 안정적인 제품원가 정보를 제공한다는 점에서 바람직하다.

정보시스템의 발달과 함께 적시생산(Just-In-Time manufacturing) 시스템의 도입이 활발해지고 있는데, 이 시스템에서는 재료와 제품 재고를 최소한으로 유지하는 정책을 취하므로 원가흐름에 대한 가정(가중평균법, 선입선출법)이 재고자산 원가계산에 미치는 영향이 작아진다.

현실적으로 선입선출법과 가중평균법 중에 어느 것을 선택하게 되는지는 투입요소의 가격 변화 방향과 경영층의 이익관리 유인에 따라 달라질 것이다.

4. 복수공정의 종합원가계산(제2공정)

지금까지는 우리는 제1공정의 원가계산에 대해 학습하였다. 이제 복수의 공정이 있을 때 제1공정의 후속 공정인 제2공정의 원가계산에 대해 학습해보자. 후속 공정의 특징은 그림 8-4와 같이 바로 직전 공정의 완성품이 투입된다는 것이다.

그림 8-4 복수공정의 원가계산 개념도

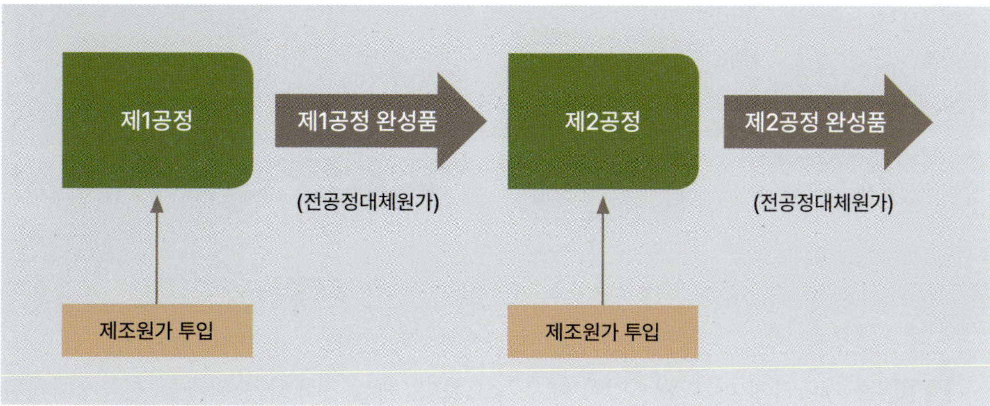

제2공정의 원가는 제1공정에서 완성되어 투입된 제1공정 완성품의 원가와 제2공정에서 새롭게 투입되는 제조원가로 구분된다. 제2공정에서 새로 투입되는 제조원가는 제1공정 완성품에다 재료를 추가로 투입하여 가공하거나, 재료 투입 없이 추가로 가공하는 데 발생하는 원가이다. 여기서 제1공정 완성품의 원가를 **전공정대체원가**(transferred-in cost)라고 한다. 제1공정의 입장에서는 **차공정대체**(transferred-out)가 일어나고, 제2공정의 입장에서는 **전공정대체**(transferred-in)가 일어난다. 따라서 제2공정과 그 이후 공정의 원가계산은 전공정대체원가를 포함해야 한다. 이 사항을 제외하고는 지금까지 학습한 제1공정의 원가계산 방식과 차이가 없다.

예제 8-4

앞에서 학습한 (주)모데라토의 예제 8-3을 이용하자. 앞에서 제1공정의 원가계산 기간은 11월이었으며, 여기서 제2공정의 원가계산 기간도 11월이다. 제1공정의 완성품이 제2공정으로 즉시 대체된다고 가정하면, 제1공정의 11월 완성품은 모두 11월 중에 제2공정에 재공품으로 투입된다. 제2공정에서는 직접재료원가는 공정 종료 시점에 전량 투입되고, 가공원가는 공정이 진행됨에 따라 균등하게 투입된다고 하자. 따라서, 제2공정에서도 직접재료원가와 가공원가는 분리하여 집계한다. (주)모데라토의 11월 제2공정과 관련된 자료는 표 8-14와 같다.

표 8-14 (주)모데라토의 11월 물량과 원가투입(제2공정) | 예제 8-4

	물 량	전공정대체원가	직접재료원가	가공원가	총원가
기초재공품	250	₩16,190	₩0	₩15,960	₩32,150
(완성도)		1	0	0.6	
전공정대체	500*				
완성품	600				
기말재공품	150				
(완성도)		1	0	0.8	
당기투입원가		₩29,560**	₩21,000	₩52,440	₩103,000

* 11월, 제1공정의 완성품 수량

** 제1공정에서 선입선출법 사용을 가정했을 때 11월 제1공정 완성품의 원가(표 8-11에서 (12) 참고)

표 8-14를 정확하게 이해하는 것이 매우 중요하다. 제2공정에서는 원가를 전공정대체원

가, 직접재료원가, 가공원가의 세 개의 원가그룹에 집계하는데, 제1공정에 없던 전공정대체원가라는 새로운 원가그룹이 추가되었다. 전공정대체원가는 직전 공정(제1공정)에서 발생한 원가이므로, 해당 공정(제2공정)에서 발생하는 원가요소들을 포함하는 원가그룹들(직접재료원가, 가공원가)과 구분하여 집계한다.

전공정대체원가는 제2공정 시작 시점에 전량 투입되는 재료의 원가와 같다고 생각하면 이해하기 쉽다. 제2공정은 시작 시점부터 제1공정의 완성품을 이용해서 작업하기 때문이다. 따라서 제2공정의 11월 당기착수 물량은 제1공정 완성품 중에서 당기(11월)에 제2공정에 투입된 전공정대체 물량 500단위가 된다. 제2공정에서 당기에 작업하는 총물량은 기초재공품 250단위와 당기에 착수한 500단위를 합쳐 총 750단위이다. 이 중에서 11월 중에 600단위가 완성되었고, 150단위는 기말재공품으로 남았다.

기초재공품에 대해 살펴보자. 기초재공품 250단위는 11월 초 제2공정의 기초재공품으로서, 전기(10월)에 제1공정의 완성품을 가지고 작업한 것이므로, 기초재공품 원가 ₩32,150 속에는 전공정대체원가 ₩16,190(10월 발생)이 포함되어 있다. 또한, 기초재공품의 직접재료원가는 0인데, 제2공정에서 직접재료원가는 공정 종료 시점에 전량 투입되기 때문이다. 따라서, 직접재료원가의 완성도는 0이다. 기말재공품의 경우에도 직접재료원가가 전혀 투입되지 않았으므로 완성도가 0임을 알 수 있다.

이제 당기투입원가에 대해 살펴보자. 당기에 제2공정에 투입된 원가에는 제1공정 완성품 500개의 원가(즉, 전공정대체원가) ₩29,560도 포함된다. 제1공정의 원가계산을 선입선출법이라고 가정한 금액이다.

제2공정 원가계산의 핵심은 전공정대체원가를 정확하게 이해하고 처리하는 데 있다. 위에서 설명한 바와 같이, 전공정대체원가는 공정 초기에 전량 투입되는 재료의 원가와 같은 방식으로 처리하면 된다.

1) 가중평균법(제2공정)

이제 제2공정에서 **가중평균법**을 적용하는 경우에 대해 학습해보자[3]. 물량과 완성품환산

3 제1공정은 선입선출법을 가정하고 제2공정은 가중평균법을 가정하였다. 복수의 공정에 대해 각각 다른 원가흐름 가정을 채택할 수 있다.

량에 대한 자료는 표 8-15와 같다. 가중평균법에서 원가와 완성품환산량은 전기분과 당기분을 구분하지 않는다. 완성품은 모두 100% 완성된 것이므로 환산량과 물량이 일치한다. 전공정대체원가는 공정 시작 시점에 전량투입되어 기말 현재 완성품과 기말재공품에 모두 100% 투입이 완료되었으므로, 완성품환산량이 각각 600단위와 150단위가 된다.

표 8-15 가중평균법에 의한 완성품환산량(제2공정) | 예제 8-4

	(제1단계) 물 량	(제2단계) 완성품환산량		
		전공정대체원가	직접재료원가	가공원가
기초재공품	250			
당기착수	500			
합 계	750			
완성품(1)	600	600	600	600
기말재공품(2)	150	150	0	120
합 계(3) (=(1)+(2))	750	750	600	720

원가그룹별 원가집계와 완성품환산량 단위당 원가를 계산하는 단계부터 구체적인 내역은 표 8-16와 같다. 제1공정의 가중평균법과 같은 방식으로 계산한다. 전공정대체원가의 완성품환산량 단위당 원가의 계산도 다른 원가그룹과 마찬가지로 전기분(기초재공품에 포함) ₩16,190과 당기분 ₩29,560을 합한 금액인 ₩45,750(표에서 (6))을 완성품환산량 합계 750단위(표에서 (3))로 나누어 계산한다. 최종적으로, 가중평균법에 의한 11월 제2공정의 완성품의 원가는 ₩114,600, 기말재공품의 원가는 ₩20,550으로 계산된다.

표 8-16 가중평균법에 의한 원가배부(제2공정) | 예제 8-4

	전공정 대체원가	직접재료 원가	가공원가	합 계
(제2단계) 완성품환산량				
– 완성품(1)	600단위	600	600	
– 기말재공품(2)	150	0	120	
– 합 계(3) (=(1)+(2))	750	600	720	

(표 계속)

	전공정 대체원가	직접재료 원가	가공원가	합 계
(제3단계) 원가 집계				
– 기초재공품원가(4)	₩16,190	₩0	₩15,960	₩32,150
– 당기투입원가(5)	29,560	21,000	52,440	103,000
– 합 계(6) (=(4)+(5))	₩45,750	₩21,000	₩68,400	₩135,150
(제4단계) 환산량 단위당 원가(7) (=(6)/(3))	61	35	95	
(제5단계) 원가배분				
– 완성품(8) (=(1)×(7))	36,600	21,000	57,000	114,600
– 기말재공품(9) (=(2)×(7))	9,150	0	11,400	20,550
– 합 계(10) (=(8)+(9))	₩45,750	₩21,000	₩68,400	₩135,150

2) 선입선출법(제2공정)

이제 제2공정 **선입선출법**에 대해 학습해보자. 여기서도 전공정대체원가의 처리가 핵심이다. 이제 완성품 600단위는 전기분과 당기분으로 분리하고, 완성품환산량은 당기분에 대해서만 계산해야 한다. 구체적인 내역은 표 8-17에 정리되어 있다.

기초재공품 완성 물량 250단위의 경우, 전공정대체원가는 전기에 투입이 모두 완료되었으므로 (당기분) 완성품환산량은 0이다. 직접재료원가는 기초에 전혀 투입되지 않은 상태에서 기말에 모두 투입되어 완성되었으므로, (당기분) 완성품환산량은 250단위 전부가 된다.

당기착수완성 350단위는 전공정대체원가를 포함하여 모두 당기에 투입되어 완성되었으므로, 모든 원가그룹의 (당기분) 완성품환산량이 350단위가 된다.

기말재공품 150단위의 경우에는 모두 당기착수 물량으로서, 전공정대체원가가 모두 당기에 공정시작 시점에서 전량 투입되었으므로 전공정대체원가의 완성품환산량은 100%에 해당하는 150단위가 된다. 직접재료원가는 전혀 투입되지 않았으므로 환산량은 0이다.

표 8-17 선입선출법에 의한 물량과 완성품환산량(제2공정) | 예제 8-4

	(제1단계) 물 량	(제2단계) 완성품환산량		
		전공정대체원가	직접재료원가	가공원가
기초재공품	250			
당기착수	500			
합 계	750			
완성품				
– 기초재공품완성(1)	250	0	250	100
– 당기착수완성(2)	350	350	350	350
– 합 계(3) (=(1)+(2))	600	350	600	450
기말재공품(4)	150	150	0	120
합 계(5) (=(3)+(4))	750	500	600	570

다음 절차들은 표 8-18과 같이 제1공정의 선입선출법과 같은 방식으로 실시한다. 먼저, 완성품환산량 단위당 원가를 계산한다. 선입선출법이므로 완성품환산량과 원가 모두 당기투입분만 대상이 된다. 최종적으로, 선입선출법을 사용할 경우 11월 제2공정 완성품의 원가는 ₩115,242, 기말재공품의 원가는 ₩19,908으로 계산된다.

표 8-18 선입선출법에 의한 원가배분(제2공정) | 예제 8-4

	전공정 대체원가	직접재료 원가	가공원가	합 계
(제2단계) 완성품환산량				
– 기초재공품완성(1)	0	250	100	
– 당기착수완성(2)	350	350	350	
– 기말재공품(3)	150	0	120	
– 합 계(4) (=(1)+(2)+(3))	500	600	570	
(제3단계) 원가 집계				
– 기초재공품원가(5)	₩16,190	₩0	₩15,960	₩32,150
– 당기투입원가(6)	29,560	21,000	52,440	103,000
– 합 계(7) (=(5)+(6))	₩45,750	₩21,000	₩68,400	₩135,150

(표 계속)

	전공정 대체원가	직접재료 원가	가공원가	합 계
(제4단계) 환산량 단위당 원가(8) (=(6)/(4))	59.12	35	92	
(제4단계) 원가배분				
완성품				
– 기초재공품원가(9) (=(5))	16,190	0	15,960	32,150
– 기초재공품완성(10) (=(1)×(8))	0	8,750	9,200	17,950
– 당기착수완성(11) (=(2)×(8))	20,692	12,250	32,200	65,142
– 합계(12) (=(9)+(10)+(11))	36,882	21,000	57,360	115,242
기말재공품(13) (=(3)×(8))	8,868	0	11,040	19,908
합 계(14) (=(12)+(13))	₩45,750	₩21,000	₩68,400	₩135,150

11월 중 최종공정인 제2공정의 원가흐름에 관한 분개를 실시하면 다음과 같다.

제1공정 완성품의 제2공정 투입(제1공정 선입선출법 가정)

(차) 재공품(제2공정) 29,560 (대) 재공품(제1공정) 29,560

직접재료원가 투입

(차) 재공품(제2공정) 21,000 (대) 직접재료 21,000

가공원가 투입

(차) 재공품(제2공정) 52,440 (대) 미지급임금, 미지급비용 등 52,440

제2공정 완성(제2공정 선입선출법 가정)

(차) 제품 115,242 (대) 재공품(제2공정) 115,242

㈜모데라토에서 제2공정이 최종 공정이므로 제2공정 완성품은 제품이 된다.

5. 다양한 형태의 종합원가계산

우리는 이 장에서 제1공정과 제2공정이 있는 공정별 종합원가계산에 대해 학습했다. 현실적으로는 제품의 종류와 생산방식에 따라 종합원가계산에도 여러 가지 유형이 있을 수 있다. 예를 들어, 책상 제품과 의자 제품을 연속적으로 대량생산하는 경우, 책상과 의자는 유사한 제품이 아니므로 별도로 원가계산을 해야 한다. 책상과 의자 제품 둘 다 연속적으로 대량생산되는 상황에서는 종합원가계산을 실시하되, 책상과 의자를 분리해서 실시해야 한다. 이때의 종합원가계산을 **조별원가계산**이라고 부른다. 책상과 의자가 각각 하나의 조가 된다. 조별원가계산에서는 책상과 의자에 공통으로 발생하는 조간접원가를 각 조의 관련 공정에 먼저 배분한 뒤, 조별로 종합원가계산을 실시한다.

다른 경우로서, 크기만 다른 참치 통조림 두 종류(대, 소)를 생산하는 경우를 생각해보자, 이 경우 처음부터 두 종류에 대해 따로 원가계산을 할 필요가 없다. 참치 통조림에 투입되는 재료가 캔과 내용물인 참치라고 하자. 이때 캔과 참치가 대, 소 제품에 투입되는 비율이 일정할 것이다(예를 들어, 캔은 2 : 1, 참치는 4 : 1). 또한, 가공원가도 일정한 비율로 투입될 것이다. 이런 일정한 원가투입 비율을 반영하여, 두 종류의 제품을 마치 한 종류의 제품처럼 원가계산을 하면, 나머지 제품에 대해서는 비율을 적용하여 원가를 계산할 수 있다. 이런 방식을 **등급별 원가계산**이라고 한다.

또한, 개별원가계산과 종합원가계산의 요소가 혼합된 **혼합원가계산(hybrid costing)** 형태도 많이 존재한다. 제품이 연속 대량생산되지만 각 제품은 고객 요구에 따라 사양이 다양할 수도 있다. 이때 재료원가는 제품별로 다르게 투입되고, 가공원가의 투입은 차이가 없을 수도 있다. 그런 경우에는 재료원가는 개별원가계산방식을 이용하고, 가공원가는 종합원가계산을 이용하여 배분하면 된다.

참고로, 제6장에서 학습한 활동기준원가계산(ABC)은 개별원가계산에 사용되는 기법으로서, 종합원가계산과는 관련이 없다.

연습문제

객관식

01 평균법과 선입선출법 (2016 국가직 9급)

㈜한국은 종합원가계산방법을 적용하고 있으며, 원가 관련 자료는 다음과 같다. ㈜한국의 완성품환산량에 대한 설명으로 옳은 것은?

- 직접재료는 공정의 초기에 전량 투입되고, 전환원가는 공정의 진행에 따라 균일하게 발생된다.
- 기초재공품의 완성도는 50%, 기말재공품의 완성도는 10%이다.
- 기초재공품은 2,000개, 당기착수 13,000개, 기말재공품 3,000개이다.

① 평균법의 직접재료원가 완성품환산량은 13,000개이다.
② 평균법의 전환원가 완성품환산량은 10,300개이다.
③ 선입선출법의 직접재료원가 완성품환산량은 15,000개이다.
④ 선입선출법의 전환원가 완성품환산량은 11,300개이다.

02 선입선출법에 의한 종합원가계산 (2020 국가직 7급)

㈜한국은 선입선출법을 이용하여 종합원가계산을 한다. 원재료는 공정 시작 시점에서 전량 투입되며, 가공원가는 공정 전반에 걸쳐 균등하게 발생한다고 가정할 때, 다음의 자료를 이용한 가공원가의 완성품환산량은? (단, 공손과 감손은 없다.)

	수량(개)	가공원가 완성도
기초재공품	300	50%
완성품	1,000	100%
기말재공품	500	40%

① 800개　② 950개　③ 1,050개　④ 1,150개

03 선입선출법에 의한 종합원가계산 (2018 국가직 9급)

㈜한국은 종합원가계산을 사용하며 선입선출법을 적용한다. 제품은 제1공정을 거쳐 제2공정에서 최종 완성되며, 제2공정 관련 자료는 다음과 같다.

	수량(개)	가공비 완성도
기초재공품	500	30%
전공정대체량	5,500	
당기완성량	?	
기말재공품	200	30%

제2공정에서 직접재료가 가공비완성도 50% 시점에서 투입된다면, 직접재료비와 가공비 당기 작업량 완성품환산량은? (단, 가공비는 공정 전반에 걸쳐서 균일하게 발생하며, 제조공정의 공손·감손은 없다.)

	직접재료비 완성품환산량(개)	가공비 완성품환산량(개)
①	5,300	5,300
②	5,800	5,650
③	5,800	5,710
④	5,800	5,800

04 평균법에 의한 종합원가계산 (2023 국가직 9급)

㈜한국은 평균법을 적용한 종합원가계산으로 제품원가를 계산하고 있다. 다음 자료를 이용한 ㈜한국의 기말재공품 수량은?

- 기말재공품의 완성품환산량 단위당 원가 : ₩200
- 기말재공품의 생산 완성도 : 60%
- 기말재공품의 가공원가 : ₩60,000
- 가공원가는 생산 완성도에 따라 균등하게 투입되고 있음
- 기초재공품과 공손 및 감손은 없음

① 300개 ② 400개 ③ 500개 ④ 600개

05 선입선출법에 의한 종합원가계산 (2022 국가직 9급)

㈜한국은 종합원가계산을 적용하고 있으며, 물량 흐름과 원가 관련 정보는 다음과 같다.

- 직접재료는 공정 초기에 전량 투입되며, 가공원가는 공정 전반에 걸쳐 균등하게 발생한다.
- 기초재공품 : 1,000단위(가공원가 완성도 50%)
  당기착수량 : 4,000단위, 당기완성품 : 3,000단위
- 기말재공품 가공원가 완성도 50%
- 제조원가 내역

	직접재료원가	가공원가
기초재공품원가	₩4,000	₩14,000
당기발생원가	₩20,000	₩21,000

㈜한국의 선입선출법에 의한 완성품 원가는? (단, 공손 및 감손은 없다.)

① ₩16,000 ② ₩18,350 ③ ₩40,650 ④ ₩43,000

06 평균법에 의한 종합원가계산 (2022 감정평가사)

다음은 종합원가계산제도를 채택하고 있는 ㈜감평의 당기 제조활동에 관한 자료이다.

• 기초재공품	₩3,000(300단위, 완성도 60%)
• 당기투입원가	₩42,000
• 당기완성품수량	800단위
• 기말재공품	200단위(완성도 50%)

모든 원가는 공정 전체를 통하여 균등하게 발생하며, 기말재공품의 평가는 평균법을 사용하고 있다. 기말재공품원가는? (단, 공손 및 감손은 없다.)

① ₩4,200 ② ₩4,500 ③ ₩5,000 ④ ₩8,400 ⑤ ₩9,000

07 선입선출법에 의한 종합원가계산 (2020 감정평가사)

㈜감평은 단일공정을 통해 단일제품을 생산하고 있으며, 선입선출법에 의한 종합원가계산을 적용하고 있다. 직접재료는 공정 초에 전량 투입되고, 가공원가는 공정 전반에 걸쳐 균등하게 발생한다. ㈜감평의 20X1년 기초재공품은 10,000단위(가공원가 완성도 40%), 당기착수량은 30,000단위, 기말재공품은 8,000단위(가공원가 완성도 50%)이다. 기초재공품의 직접재료원가는 ₩170,000이고, 가공원가는 ₩72,000이며, 당기 투입된 직접재료원가와 가공원가는 각각 ₩450,000과 ₩576,000이다. 다음 설명 중 옳은 것은? (단, 공손 및 감손은 발생하지 않는다.)

① 기말재공품원가는 ₩192,000이다.
② 가공원가의 완성품환산량은 28,000단위이다.
③ 완성품원가는 ₩834,000이다.
④ 직접재료원가의 완성품환산량은 22,000단위이다.
⑤ 직접재료원가와 가공원가에 대한 완성품환산량 단위당 원가는 각각 ₩20.7과 ₩20.3이다.

08 평균법과 선입선출법 (2018 감정평가사)

㈜감평은 종합원가계산제도를 채택하고 단일제품을 생산하고 있다. 재료는 공정이 시작되는 시점에서 전량 투입되며, 가공(전환)원가는 공정 전체에 걸쳐 균등하게 발생한다. 가중평균법과 선입선출법에 의한 가공(전환)원가의 완성품환산량은 각각 108,000단위와 87,000단위이다. 기초재공품의 수량이 70,000단위라면 기초재공품 가공(전환)원가의 완성도는?

① 10% ② 15% ③ 20% ④ 25% ⑤ 30%

09 평균법과 선입선출법 (2022 세무사)

㈜세무는 종합원가계산제도를 채택하고 있다. 직접재료는 공정의 초기에 전량 투입되며, 전환원가(conversion costs)는 공정 전반에 걸쳐 균등하게 발생한다. 당기 제조활동과 관련하여 가중평균법과 선입선출법에 의해 각각 계산한 직접재료원가와 전환원가의 완성품환산량은 다음과 같다.

	직접재료원가 완성품환산량	전환원가 완성품환산량
가중평균법	3,000단위	2,400단위
선입선출법	2,000단위	1,800단위

기초재공품의 전환원가 완성도는?

① 20% ② 30% ③ 40% ④ 50% ⑤ 60%

10 가중평균법에 의한 종합원가계산 (2018 세무사)

㈜세무는 가중평균법에 의한 종합원가계산제도를 채택하고 있다. 직접재료는 공정 초기에 전량 투입되고, 전환원가(conversion costs)는 공정 전반에 걸쳐 균등하게 발생한다. 20X1년 직접재료원가에 대한 총완성품환산량은 20,000단위, 전환원가에 대한 총완성품환산량은 18,000단위, 완성품 수량은 15,000단위이다. 20X1년 기말재공품의 전환원가 완성도는?

① 50% ② 60% ③ 75% ④ 80% ⑤ 90%

11 평균법과 선입선출법 (2017 관세사)

다음은 종합원가계산을 적용하고 있는 ㈜관세의 가공원가와 관련된 자료이다. 기말재공품에 포함된 가공원가를 평균법과 선입선출법에 의해 각각 계산한 금액은? (단, 가공원가는 공정 전체를 통해 균등하게 발생하며 공손 및 감손은 발생하지 않았다.)

	물량	가공원가
기초 재공품(완성도 40%)	5,000단위	₩1,050,000
당기 투입량 및 발생원가	20,000단위	₩17,000,000
기말 재공품(완성도 20%)	7,500단위	?

	평균법	선입선출법
①	₩1,425,000	₩1,500,000
②	₩1,412,500	₩1,425,000
③	₩1,425,000	₩1,593,750
④	₩1,500,000	₩1,425,000
⑤	₩1,500,000	₩1,593,750

12 평균법과 선입선출법 (2022 관세사)

㈜관세는 단일공정을 통해 제품을 생산하고 있으며, 가중평균법에 의한 종합원가계산을 채택하고 있다. 모든 원가는 공정 전반에 걸쳐 균등하게 발생한다. ㈜관세의 당기 완성품 단위당 원가는 ₩900이며, 생산 및 원가자료는 다음과 같다.

	수 량	완성도	직접재료원가	전환원가
기초재공품	400단위	?	₩160,000	₩210,000
당기투입	1,100	–	340,000	460,000
완 성 품	1,000	100%	?	?
기말재공품	500	?	?	?

당기 완성품환산량이 선입선출법에 의한 완성품환산량에 비해 300단위가 더 많은 경우, 선입선출법에 의한 기말재공품원가는?

① ₩240,000 ② ₩270,000 ③ ₩320,000 ④ ₩340,000 ⑤ ₩370,000

13 가중평균법에 의한 종합원가계산 (2017 세무사)

㈜세무는 가중평균법을 적용한 종합원가계산으로 제품원가를 계산한다. 기말재공품의 물량은 8,000단위이고, 직접재료원가 완성도는 70%이며 가공원가(전환원가) 완성도는 75%이다. 기말재공품의 원가가 ₩220,000이고 완성품 환산량 단위당 직접재료원가가 ₩20이라면, 완성품 환산량 단위당 가공원가(전환원가)는?

① ₩18 ② ₩19 ③ ₩20 ④ ₩21 ⑤ ₩22

14 선입선출법에 의한 종합원가계산 (2016 관세사)

㈜관세는 종합원가계산을 적용하고 있으며, 제품 생산을 위해 재료 A와 재료 B를 사용하고 있다. 재료 A는 공정 초기에 전량 투입되고, 재료 B는 공정의 60% 시점에 전량 투입되며, 가공원가는 공정 전반에 걸쳐서 균등하게 발생한다. 당기 제조활동과 관련된 자료가 다음과 같을 때, 선입선출법을 적용하여 계산한 당기 완성품원가는? (단, 공손과 감손은 발생하지 않았다.)

	물량자료	재료 A	재료 B	가공원가
기초재공품	400단위(완성도 20%)	₩120,000	₩0	₩42,300
당기착수	1,600단위	₩512,000	₩259,000	₩340,200
당기완성	1,400단위			
기말재공품	600단위(완성도 50%)			

① ₩856,200 ② ₩877,300 ③ ₩1,010,700 ④ ₩1,016,400 ⑤ ₩1,018,500

15 직접재료가 존재하는 경우의 종합원가계산 (2015 관세사)

종합원가계산제도를 채택하고 있는 ㈜관세는 두 가지 직접재료를 이용해서 단일제품을 생산하고 있다. 직접재료 A는 공정 초기에 전량 투입되고, 직접재료 B는 가공원가 완성도 50% 시점에서 한꺼번에 전량 투입된다. 가공원가는 공정 전반을 통해 균등하게 발생한다. 20×1년 4월의 생산 관련 자료가 다음과 같을 때, 선입선출법하에서 직접재료원가 A, 직접재료원가 B, 가공원가 각각에 대한 당월 완성품환산량은 얼마인가?

	물량단위
월초 재공품	1,000단위(가공원가 완성도 80%)
완성품	6,000단위
월말 재공품	2,000단위(가공원가 완성도 40%)

	직접재료원가 A	직접재료원가 B	가공원가
①	7,000단위	5,000단위	6,000단위
②	8,000단위	5,200단위	5,800단위
③	7,000단위	6,000단위	5,800단위
④	8,000단위	6,000단위	6,000단위
⑤	8,000단위	7,000단위	5,800단위

16 평균법과 선입선출법 (2005 CPA)

㈜한국은 종합원가계산제도를 채택하고 있으며, 원재료는 공정의 초기에 전량 투입되고, 가공원가는 공정 전반에 걸쳐서 진척도에 따라 균등하게 발생한다. 재료원가의 경우 평균법에 의한 완성품환산량은 78,000단위이고, 선입선출법에 의한 완성품환산량은 66,000단위이다. 또한 가공원가의 경우 평균법에 의한 완성품환산량은 54,400단위이고, 선입선출법에 의한 완성품환산량은 52,000단위이다. 기초재공품의 진척도는 몇 %인가?

① 10% ② 20% ③ 30% ④ 50% ⑤ 70%

17 선입선출법에 의한 종합원가계산 (2016 세무사)

㈜세무는 단일 제품 A를 대량생산하고 있으며, 종합원가계산방법(선입선출법 적용)을 사용한다. 직접재료는 공정 초에 전량 투입되고, 가공원가는 공정 전반에 걸쳐 균등하게 발생된다. 제품 A의 관련 자료가 다음과 같을 때, ㈜세무의 제품 A 완성품에 대한 단위당 원가는? (단, 생산과정 중 감손이나 공손 등 물량 손실은 없다.)

	물량(완성도)		직접 재료원가	가공원가
기초재공품	100개(30%)	기초재공품	₩28,000	₩25,000
당기착수품	2,100개	당기발생원가	630,000	205,000
당기완성품	( )개	계	₩658,000	₩230,000
기말재공품	200개(40%)			

① ₩384 ② ₩390 ③ ₩404 ④ ₩410 ⑤ ₩420

18 선입선출법에 의한 종합원가계산 (2013 세무사)

㈜세무는 선입선출법하의 종합원가계산을 사용하고 있으며, 가공원가는 공정 전반에 걸쳐 균등하게 발생한다. 당기 생산 관련 자료는 다음과 같다.

	물 량
기초재공품	2,000(완성도 60%)
당기착수량	8,000
당기완성량	8,000
기말재공품	2,000(완성도 40%)

기말재공품에 포함된 가공원가가 ₩320,000일 때 당기에 발생한 가공원가는?

① ₩2,964,000 ② ₩3,040,000 ③ ₩3,116,000 ④ ₩3,192,000 ⑤ ₩3,268,000

19 선입선출법에 의한 종합원가계산 (2016 CPA)

㈜한국은 단일공정에서 단일의 제품 X를 생산·판매하고 있다. 회사는 실제원가에 의한 종합원가계산을 적용하고 있으며, 재공품 평가방법은 선입선출법이다. 제품 생산을 위해 직접재료는 공정 초에 전량 투입되며, 전환원가(가공원가, conversion costs)는 공정 전반에 걸쳐 균등하게 발생한다. 20X1년 2월 중 ㈜한국의 완성품 수량은 7,000단위이며, 생산 및 원가 자료는 다음과 같다. (단, 괄호 안의 숫자는 전환원가의 완성도를 의미하고, 공손품은 발생하지 않는다.)

	물량단위	직접재료원가	전환원가
월초 재공품	2,000단위(30%)	₩42,500	₩22,900
당월 착수 및 투입	?	₩216,000	₩276,000
월말 재공품	4,000단위(70%)	?	?

㈜한국이 20X1년 2월 중 완성한 제품을 제품계정으로 대체하는 월말 분개로 옳은 것은?

① (차) 재공품 377,800 (대) 제품 377,800
② (차) 재공품 378,000 (대) 제품 378,000

③ (차) 제품 377,400 (대) 재공품 377,400
④ (차) 제품 377,800 (대) 재공품 377,800
⑤ (차) 제품 378,000 (대) 재공품 378,000

20 가중평균법에 의한 공정별 원가계산 (2001 CPA)

가중평균법(weighted average method)을 적용한 공정별 원가계산에 대한 설명으로 가장 부적절한 것은?

① 가중평균법은 마치 기초재공품 모두를 당기에 착수, 완성한 듯이 가정한다.
② 적시재고관리(JIT, Just-In-Time)를 적용하고 원가요소의 기간별 가격차이가 크지 않다면 선입선출법과 거의 차이가 없다.
③ 가중평균법은 착수 및 원가발생 시점에 관계없이, 당기완성량의 평균적 원가를 계산한다.
④ 선입선출법에 비해 가중평균법은 당기의 성과를 이전의 기간과 독립적으로 평가할 수 있는 보다 적절한 기회를 제공한다.
⑤ 흐름생산의 경우, 선입선출법이 가중평균법에 비해 실제 물량흐름(physical flow)에 보다 충실한 원가흐름가정이라 볼 수 있다.

21 선입선출법에 의한 종합원가계산 (2020 CPA)

㈜대한은 단일상품을 제조하는 기업으로 종합원가계산제도를 채택하고 있으며, 재고자산 평가방법은 선입선출법(FIFO)을 사용한다. 제품 제조 시 직접재료는 공정 초에 전량 투입되며 전환원가(가공원가)는 공정에 걸쳐 균등하게 발생한다. 다음은 ㈜대한의 당기 생산 및 제조에 관한 자료이다.

항 목	물 량
기초재공품(가공완성도%)	1,800개(90%)
당기착수물량	15,000개
기말재공품(가공완성도%)	3,000개(30%)

당기에 발생한 직접재료원가는 ₩420,000이며, 전환원가는 ₩588,600이다. 당기 매출원가는 ₩1,070,000, 기초제품재고는 ₩84,600, 기말제품재고는 ₩38,700이다. 당기 기초재공품은 얼마인가?

① ₩140,000 ② ₩142,000 ③ ₩144,000 ④ ₩145,000 ⑤ ₩146,000

주관식

01 제2공정 선입선출법 (2013 CPA 수정)

한국회사는 제1공정을 거쳐 제2공정에서 단일의 완제품을 생산하고 있다. 한국회사의 제2공정에서는 공정 초에 직접재료를 전량 투입하며, 가공원가는 제2공정 전반에 걸쳐 균등하게 발생한다.

한국회사의 제2공정은 월초 재공품 3,000단위(가공원가 완성도 : 30%)로 2013년 6월을 시작했다. 제2공정에서의 6월 중 생산착수량은 17,000단위이고, 6월 말 재공품은 4,000단위(가공원가 완성도 : 50%)이고, 6월 중 완성품 수량은 16,000단위이다.

2013년 6월 한국회사 제2공정의 월초 재공품원가와 가중평균법에 의하여 계산한 원가요소별 완성품환산량 단위당 원가자료는 다음과 같다.

	전공정원가	직접재료원가	가공원가
월초 재공품원가	₩40,000	₩48,000	₩20,700
완성품환산량 단위당 원가	₩19	₩17.7	₩23

요구사항

▶ **물음 1. 선입선출법을 이용하여 6월 한국회사 제2공정의 원가요소별 완성품환산량을 계산하라.**

▶ **물음 2. 선입선출법을 이용하여 6월 한국회사 제2공정의 원가요소별 완성품환산량 단위당 원가를 계산하라.**

▶ **물음 3. 선입선출법을 이용하여 6월 한국회사 제2공정에서의 당월 완성품원가와 월말 재공품원가를 계산하라.**

02 공정별 종합원가계산 (2018 CPA 수정)

㈜NI는 실제원가에 의한 종합원가계산을 사용하고 있으며, 2개의 제조부문(제1공정과 제2공정)과 1개의 보조부문을 운영하고 있다. 직접재료는 각 공정의 시작 시점에서 전량 투입되고, 전환원가(가공원가)는 공정 전반에 걸쳐 균등하게 발생한다. 20X1년의 실제원가 및 생산활동은 다음과 같다. (단, 아래의 자료에서 '?' 표시는 직접 계산한 결과를 이용하라.)

(1) 부문원가

(단위 : 원)

	제1공정	제2공정	보조부문	합 계
직접재료원가	1,200	800	–	2,000
직접노무원가	625	450	–	1,075
감가상각비	200	150	150	500
기타제조간접원가	?	?	?	1,000

부문공통원가인 기타제조간접원가는 각 부문의 감가상각비에 비례하여 배분하고, 보조부문원가

는 각 제조부문의 직접재료원가에 비례하여 배분한다.

(2) 제1공정 : 선입선출법

(단위 : 개, 원)

	물 량	직접재료원가	전환원가
기초재공품	200(75%)	360	240
당기착수	3,000	?	?
완성품	3,050		
기말재공품	150(60%)		

※ 괄호 안의 숫자는 전환원가 완성도를 의미함

제1공정의 완성품은 전량 제2공정으로 투입된다.

(3) 제2공정 : 평균법

(단위 : 개, 원)

	물 량	전공정원가	직접재료원가	전환원가
기초재공품	150(50%)	650	480	475
당기착수	?	?	?	?
완성품	?			
기말재공품	450(80%)			

※ 괄호 안의 숫자는 전환원가 완성도를 의미함

요구사항

▶ **물음 1. 부문원가 배분 후 1공정과 2공정의 가공원가는 각각 얼마인가?**

▶ **물음 2. 제1공정의 완성품원가와 기말재공품원가는 각각 얼마인가?**

▶ **물음 3. 제2공정의 완성품원가와 기말재공품원가는 각각 얼마인가?**

CHAPTER

9

공손 및 재작업

본 장에서는 공손과 재작업의 회계처리에 대해 학습한다. 공손과 재작업은 개별원가계산과 종합원가계산 모두에서 발생할 수 있다. 종합원가계산에서 공손의 회계처리는 가장 까다로운 원가계산 주제에 해당한다. 정상공손과 비정상공손의 원가를 선입선출법과 가중평균법에서 처리하는 방법과 공손의 처분가치가 있을 때의 회계처리방법 등을 자세히 학습한다. 종합원가계산에서 재작업의 회계처리와 개별원가계산에서 공손과 재작업의 회계처리에 대해서도 학습한다.

CHAPTER

9

공손 및 재작업

1. 품질관리, 공손, 재작업

우리는 지금까지 제조 과정에서 **불량**(defect)이나 **작업폐물**(scrap)이 발생할 수 있다는 사실을 고려하지 않았다. 그러나, 현실적으로 일정한 수량의 불량이 발생하는 것은 정상적이라고 할 수 있으며, 기업들은 적절한 불량률 수준인 **허용품질수준**(AQL, Acceptable Quality Level)을 미리 설정해 놓기도 한다. 한편에서는 불량이 거의 발생하지 않도록 하는 것이 품질 관련 원가를 종합적으로 최소화하는 길이라는 주장도 있다. **무결점**(ZD, Zero Defect), **6시그마**(six-sigma) 운동 등이 대표적이다. 본 장에서는 정상적인 수준의 불량이 허용되는 상황에서 불량과 관련해서 발생한 원가를 처리하는 방법에 대해 학습한다.

제조 과정에서 발생하는 불량품은 정상적인 가격보다 낮은 가격에 판매하거나 폐기 처분되는 경우가 많이 있다. 예를 들어, 신발, 의류 등은 제조 과정에 문제가 발생하면 일부 작업을 다시 하더라도 흠집이 남는 경우가 많아 정상적인 제품과 같은 가격에 판매하는 것이 어려울 가능성이 크다. 이러한 불량품을 **공손** 또는 **공손품**(spoilage)이라고 한다.

이와 달리, 많은 전자제품은 제조 과정에서 불량이 발생하더라도 부품을 바꾸거나 일부 필요한 작업을 다시 실시하여 정상적인 제품과 같은 가격으로 판매할 수도 있다. 불량품을 정상적인 제품으로 만들기 위해 투입하는 활동을 **재작업**(rework)이라고 한다.

관련해서, **작업폐물**(scrap)은 제조 과정에서 여분으로 남는 재료나 그 부산물로서, 정상적인 재료의 역할을 할 수 없어서 처분가치가 낮은 것을 말한다. 예를 들어, 천 조각, 나무 토막, 톱밥 등이 이에 해당한다. 공손과 유사한 성격을 가진 것으로 **감손**(shrinkage)이 있다. 공손은 불량품이지만 수량은 그대로 남아서 유지되나, 액체나 기체 제품의 경우에는 제조

과정에서 증발하거나 유실되어 수량이 일부 감소할 수 있는데, 이를 감손이라고 한다.

공손, 재작업 등 불량품과 관련된 여러 가지 상황 중에서 공손이 있는 종합원가계산부터 학습해보자.

2. 정상공손과 비정상공손

공손은 물량의 감소를 유발하지 않으므로, 공손이 발생할 때 물량 등식은 다음과 같이 나타낼 수 있다.

기초재공품 수량 + 당기착수 수량 = 완성품 수량 + 기말재공품 수량 + 공손 수량

따라서 공손이 있는 경우에는 산출물에 공손만 추가로 고려하면 된다. 그 외에는 사실상 제8장에서 학습한 종합원가계산과 같다. 당분간 모든 공손은 판매가치가 전혀 없으며, 별도의 처분비용 없이 처분할 수 있다고 가정하자.

공손은 다시 **정상공손**(normal spoilage)과 **비정상공손**(abnormal spoilage)으로 구분된다. 정상공손은 현재 제조설비와 종업원의 숙련도 등을 고려했을 때 일정한 비율로 불가피하게 발생하는 공손이다. 따라서, 정상공손의 원가는 정상적인 제품의 제조원가에 포함하는 것이 옳다. 비정상공손은 허용된 비율 이상으로 발생한 공손을 말하는 것으로서, 기계 정비불량이나 종업원의 부주의 등으로 발생한다. 따라서, 비정상공손의 원가는 정상적인 제품의 제조원가에 포함하지 않고 당기에 기간비용으로 처리하는 것이 옳다. 제조원가에 포함할 경우 제품의 원가가 그 자산가치를 넘어서 비정상적으로 과다하게 계산될 수 있기 때문이다.

일반적으로 회사의 경영진이 사전적으로 설정한 비율 이내에서 발생한 공손은 정상공손으로 처리하고, 그 비율을 초과하여 발생한 공손은 비정상공손으로 처리한다. 정상공손과 비정상공손의 구분은 단지 미리 설정한 정상공손의 비율에 따라 계산되는 것이며, 불량의 물리적 형태나 투입된 원가에는 차이가 없다. 따라서 처분가치가 있는 경우에도 처분가치에 차이가 있는 것은 아니다.

이제 정상공손의 수량과 비정상공손의 수량을 계산하는 방법을 알아보자. 정상공손의 비율은 보통 "당기에 **검사시점**(IP, Inspection Point)을 통과한 합격품(**정상품**(good units))"의 일정 비율로 설정된다. 여기서 합격품(**정상품**)은 반드시 완성된 형태의 제품을 말하는 것이 아니다. 검사는 제조 과정이 종료된 후에는 물론, 제조 과정 중에도 여러 단계에서 실시할 수 있다. 따라서 합격품이란 검사에 합격한 물량으로서, 미완성 상태인 재공품도 합격품이 될 수 있다. 간단한 예제를 통해 정상공손 수량 계산방법을 이해해보자.

예제 9-1

정상공손의 허용비율은 정상품의 10%로 설정한다. 당기에 150개의 물량에 대해 검사한 결과, 합격품이 130개이고 공손이 20개라고 하자. 정상공손의 수량을 계산해보자.

공손 중에서 정상공손은 13개(=130개×10%), 비정상공손은 7개(=20개−13개)가 된다. 이때 정상공손 13개를 제조하는 데 투입된 원가는 합격한 130개의 원가에 포함시키고, 비정상공손 7개에 투입된 원가는 당기에 비용으로 처리하는 것이 바람직하다. 만약 합격품이 140개, 공손이 10개라면, 정상적으로 허용되는 공손이 14개(=140×10%)이지만, 이보다 공손이 적게 발생했으므로 공손 10개는 모두 정상공손으로 처리한다[1].

실제로 정상공손의 수량 계산은 위의 예제보다 복잡하다. 다음의 네 가지 case로 나누어 학습해보자.

- case 1 : 기초재공품의 완성도 > 검사시점, 기말재공품 완성도 > 검사시점
- case 2 : 기초재공품의 완성도 < 검사시점, 기말재공품 완성도 > 검사시점
- case 3 : 기초재공품의 완성도 < 검사시점, 기말재공품 완성도 < 검사시점
- case 4 : 기초재공품의 완성도 > 검사시점, 기말재공품 완성도 < 검사시점

case 1은 기초재공품과 기말재공품이 모두 검사시점을 통과한 경우이며, case 2는 기초재공품은 아직 검사시점을 통과하지 않았고, 기말재공품은 검사시점을 통과한 경우이다.

1 여기서 정상공손의 허용범위 내에 있지만 실제로 발생하지 않은 공손 4개의 원가를 "공손차이"라는 계정을 이용하여 당기 "수익"으로 처리해야 한다는 일부 주장이 있으나, 이익 조정의 우려가 있고 회계의 보수주의와도 부합하지 않는다.

case 3은 기초재공품과 기말재공품이 모두 검사시점을 통과하지 않은 경우이며, case 4는 기초재공품은 검사시점을 통과했으나, 기말재공품은 검사시점을 통과하지 않은 경우이다. case 1과 case 4에서 기초재공품은 '전기에' 검사시점을 통과했음을 유의하자.

예제 9-2

당기에 작업한 물량 80,000개 중에서 완성품이 69,000개, 기말재공품이 6,000개이며, 공손이 5,000개 발생하였다. 직접재료원가는 공정 시작 시점에 전량 투입되며, 가공원가는 공정이 진행됨에 따라 균등하게 투입된다고 가정한다. 정상공손 허용비율은 당기에 검사를 통과한 합격품(정상품)의 5%로 설정하였다. 검사시점 및 기초재공품과 기말재공품의 가공원가 완성도에 따라 위에서 정의한 네 가지 case로 구분하였으며, 구체적인 사항은 표 9-1과 같다. case 1, 2, 3에서 기초재공품과 기말재공품의 가공원가 완성도는 각각 20%, 75%이며, case 4에서는 각각 75%, 25%이다. 각 case에 대해 정상공손의 수량을 계산해보자.

표 9-1 물량 흐름 및 해당 case별 검사시점과 가공원가 완성도

		해당 case*			
	물 량	case 1	case 2	case 3	case 4
[검사시점]	–	15%	50%	100%	50%
(1) 기초재공품	5,000개	20%	20%	20%	75%
(2) 당기착수	75,000				
(3) 합 계(=(1)+(2))	80,000				
(4) 완성품	69,000				
(5) 기말재공품	6,000	75%	75%	75%	20%
(6) 공 손(=(3)−(4)−(5))	5,000				
[정상공손비율]	합격품의 5%				

* %는 가공원가의 완성도

'당기에' 검사시점을 통과한 합격품의 숫자를 계산하기 위해, 기초재공품과 기말재공품의 완성도가 같은 case 1, 2, 3에 대해 검사시점과 물량흐름을 표로 나타내면 그림 9-1과 같다.

그림 9-1 검사시점과 물량흐름(case 1, 2, 3)

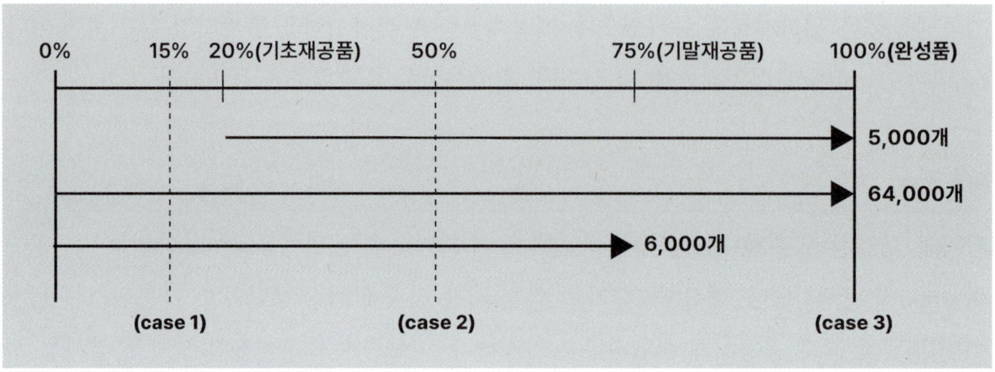

그림 9-1을 좀 더 자세히 이해해보자. case 1, 2, 3에서 기초재공품 5,000개는 검사시점과 상관없이 모두 합격품으로 완성되었으며, 당기착수물량 75,000개 중에서 64,000개는 검사를 통과하여 최종적으로 완성되었고, 6,000개는 기말재공품으로 남아 있다. 따라서, 이 그림은 선입선출법(FIFO)을 가정하고 있으며, 기초재공품 중에서는 공손이 전혀 발생하지 않고, 당기 착수물량 중에서 공손 5,000개가 발생한다고 가정하고 있다. 이 두 가지 가정하에서 정상공손의 수량을 계산해보자.

> ▶ **case 1** 검사시점이 공정진행 15% 시점인 경우
> (기초재공품의 완성도 > 검사시점, 기말재공품 완성도 > 검사시점)

이 경우 그림에 나타난 바와 같이, 기초재공품 5,000개는 이미 전기에 검사시점을 통과한 상태이며, 당기 착수물량 75,000개 중에서 64,000개는 당기에 검사시점을 통과하여 완성되었고, 6,000개는 아직 완성되지 않고 기말재공품 상태에 있으나 당기에 검사시점을 통과했다. 즉, "당기에 검사시점을 통과한 합격품"은 총 70,000개(=64,000개+6,000개)이다. 그림에서 검사시점(15%)을 나타내는 점선이 직선과 교차하는 물량이다. 전기에 검사를 통과한 합격품은 대상이 아니다. 따라서 정상공손은 3,500개(=70,000개×5%)가 되며, 공손 5,000개 중 나머지 1,500개는 비정상공손이 된다. case 1에서 당기에 검사를 통과한 합격품을 다른 방식으로 표시하면 다음과 같다[2].

2 case별로 당기에 검사를 통과한 합격품을 계산하는 식을 암기하지 말고 그림을 이해하는 것이 더 간편하다.

당기에 검사시점을 통과한 합격품 = 완성품 + 기말재공품 − 기초재공품

= 69,000개 + 6,000개 − 5,000개 = 70,000개

> ▶ **case 2** 검사시점이 공정진행 50% 시점인 경우
> (기초재공품의 완성도 < 검사시점, 기말재공품 완성도 > 검사시점)

이 경우 기초재공품 5,000개가 당기에 검사시점을 통과하였으며, 당기 착수물량 75,000개 중에서 완성된 64,000개와 완성되지 않고 기말재공품 상태에 있는 6,000개 모두 당기에 검사시점을 통과했다. 즉, 당기에 검사를 통과한 합격품은 총 75,000개(=5,000개+64,000개+6,000개)이다. 그림에서 검사시점(50%)을 나타내는 점선이 직선과 교차하는 물량이다. 따라서 정상공손은 3,750개(=75,000개×5%)가 되며, 나머지 1,250개는 비정상공손이다. 당기에 검사를 통과한 합격품을 다른 방식으로 표시하면 다음과 같다.

당기에 검사시점을 통과한 합격품 = 완성품 + 기말재공품

= 69,000개 + 6,000개 = 75,000개

> ▶ **case 3** 검사시점이 공정진행 100% 시점인 경우
> (기초재공품의 완성도 < 검사시점, 기말재공품 완성도 < 검사시점)

이 경우 기초재공품 5,000개가 당기에 검사시점을 통과하였으며, 당기 착수물량 75,000개 중에서 완성된 64,000개가 당기에 검사시점을 통과했다. 이 경우 당기에 검사를 통과한 합격품은 총 69,000개(=5,000개+64,000개)이다. 즉, 완성품 숫자와 동일하다. 따라서 정상공손은 3,450개(=69,000개×5%)가 되며, 나머지 1,550개는 비정상공손이다. 당기에 검사를 통과한 합격품을 식으로 표시하면 다음과 같다.

당기에 검사시점을 통과한 합격품 = 완성품 = 69,000개

> ▶ **case 4** 검사시점이 공정진행 50% 시점인 경우
> (기초재공품의 완성도 > 검사시점, 기말재공품 완성도 < 검사시점)

case 4는 기초재공품과 기말재공품의 완성도가 case 1, 2, 3과 달라, 그림 9-2에 새롭게 나타내었다.

그림 9-2 검사시점과 물량흐름(case 4)

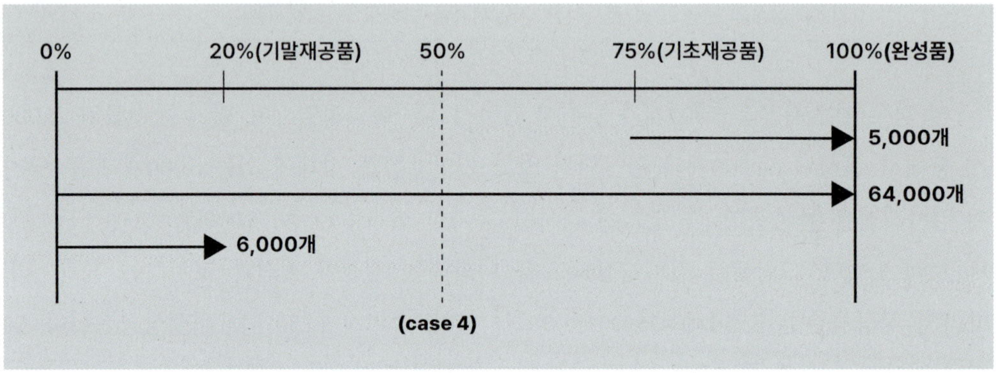

이 경우 기초재공품 5,000개는 전기에 이미 검사시점을 통과했으며, 당기 착수물량 75,000개 중에서 완성된 64,000개가 당기에 검사시점을 통과하고, 기말재공품은 아직 검사시점을 통과하지 않았다. 당기에 검사를 통과한 합격품은 그림 9-2에서 검사시점(50%)을 나타내는 점선이 직선과 교차하는 물량으로서, 총 64,000개이다. 따라서 정상공손은 3,200개(=64,000개×5%)가 되며, 나머지 1,800개는 비정상공손이다. 당기에 검사를 통과한 합격품을 다른 방식으로 표시하면 다음과 같다.

당기에 검사시점을 통과한 합격품 = 완성품 − 기초재공품
= 69,000개 − 5,000개 = 64,000개

지금까지 설명한 네 가지 case에 대해 정상공손과 비정상공손의 수량 계산 결과를 정리하면 표 9-2와 같다.

표 9-2 case별 정상공손 수량 계산 결과 | 예제 9-2

(단위 : 개)

	case 1	case 2	case 3	case 4
[검사시점]	15%	50%	100%	50%
완성품	69,000	69,000	69,000	69,000
정상공손	3,500	3,750	3,450	3,200
비정상공손	1,500	1,250	1,550	1,800
기말재공품	6,000	6,000	6,000	6,000
합 계	80,000	80,000	80,000	80,000

지금까지 case별로 당기에 검사를 통과한 합격품을 계산하는 방법에 대해 학습하였다. 계산 과정에서 우리는 선입선출법을 가정했으며, 기초재공품에서는 공손이 발생하지 않고 당기에 착수한 물량을 가공하는 과정에서만 공손이 발생한다고 가정했다. 즉, 기초재공품은 공손 없이 모두 완성된다고 가정했다. 그런데 이 가정은 실제 원가흐름(가중평균법, 선입선출법)과 무관하게 항상 적용할 수 있다. 즉, "당기에 검사시점을 통과한 합격품"의 숫자를 계산할 때는 원가흐름 가정과 무관하게 위에서 사용한 그림들을 항상 그대로 사용할 수 있다(본장의 [보론 1] 참고).

3. 정상공손 원가의 배분

공손에 대한 회계처리방법은 크게 두 가지로 구분할 수 있다.

첫째는 **공손인식법**으로서, 공손을 별도의 산출물로 명시적으로 인식하여 공손원가를 별도로 계산하는 방법이다. 먼저, 투입한 제조원가는 완성품, 기말재공품, 공손 세 가지로 구분하여 원가를 배분한다. 이때 공손의 원가는 정상공손의 원가와 비정상공손의 원가로 분리하여 계산한다. 그 다음, 정상공손의 원가는 "당기에 검사시점을 통과한 합격품"에 배분하고, 비정상공손의 원가는 당기에 비용으로 처리한다.

둘째로, **공손비인식법**으로서, 공손을 별도의 계산 단위로 인식하지 않고, 마치 공손이 발생하지 않은 것처럼 공손을 무시하고 완성품과 기말재공품에 대해서만 원가배분을 하는 방법이다. 공손비인식법을 사용하면 자산이 과대계상될 수 있으므로, 공손비인식법 대신 공손인식법을 사용하는 것이 좋다([보론 2] 참고).

이제 **공손인식법**을 사용할 때의 정상공손의 원가 배분에 대해 알아보자. 정상공손의 원가는 "당기에 검사시점을 통과한 합격품"에만 배분한다. 전기에 검사를 통과한 합격품에는 전기분 정상공손 원가가 이미 배분되었기 때문이다. 따라서, 전기에 검사를 통과한 합격품(예를 들어, case 1에서 기초재공품 완성분)에 당기의 정상공손 원가를 배분하면, 전기와 당기에 이중으로 공손원가를 배분하는 오류가 발생하게 된다.

따라서, 기말재공품이 당기에 검사를 통과하지 않은 경우(case 3, case 4)에는 정상공손의 원가는 모두 완성품에만 배분해야 한다. 기말재공품이 당기에 검사를 통과한 경우(case 1, case 2)에는 기말재공품에도 정상공손의 원가를 배분하게 되는데, 완성품과 기말재공품에 대한 배분비율은 "당기에 검사시점을 통과한 완성품과 당기에 검사시점을 통과한 기말재공품"의 비율로 배분한다. 이 비율은 원가흐름에 대한 가정에 따라 달라진다[3].

1) 가중평균법에서 정상공손 원가 배분

정상공손의 원가를 완성품과 기말재공품에 배분해야 하는 case 1과 case 2에서 가중평균법을 사용하는 경우의 배분비율에 대해 먼저 살펴보자.

(case 1)의 경우, 그림 9-3에 나타난 바와 같이, 기초재공품은 전기에 검사시점을 이미 통과했으므로 당기에는 검사를 거치지 않는다. 당기착수 물량은 완성품과 기말재공품 모두 당기에 검사를 거치게 된다. 따라서, 정상공손의 원가는 "당기에 착수하여 완성한 완성품의 수량(c)과 당기에 착수하여 미완성된 기말재공품(d)"의 수량의 비율로 배분하여야 한다.

각각의 수량은 나타나 있지 않으나 비율은 쉽게 추정할 수 있다. 가중평균법에서 이 비율은 "완성품의 총수량과 기말재공품의 총수량"의 비율과 동일하다. 따라서 case 1에서 정상공손 원가는 완성품과 기말재공품에 69,000 : 6,000의 비율로 배분한다.

---

3 정상공손의 수량을 계산할 때에는 기초재공품은 공손이 발생하지 않고 모두 먼저 가공해서 완성한다는 선입선출법 가정하에 계산해도 되지만, 정상공손의 원가를 완성품과 기말재공품에 배분할 때에는 선입선출법과 가중평균법을 구분해서 배분비율을 계산해야 한다.

그림 9-3 case 1 : 가중평균법에서 정상공손 원가 배분비율

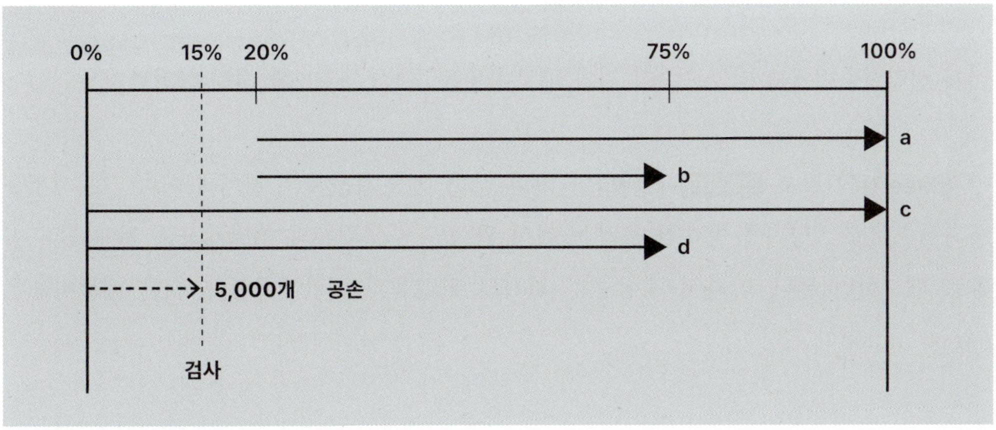

(case 2)의 경우, **그림 9-4**에 나타난 바와 같이, 기초재공품과 당기착수 물량 모두 당기에 검사시점을 통과했다. 따라서, 완성품(a+c)과 기말재공품(b+d) 모두 당기에 검사시점을 통과한 것이다. 따라서, 배분비율은 "완성품 총수량과 기말재공품 총수량"의 비율이 된다. 즉, 69,000 : 6,000이 된다.

그림 9-4 case 2 : 가중평균법에서 정상공손 원가 배분비율

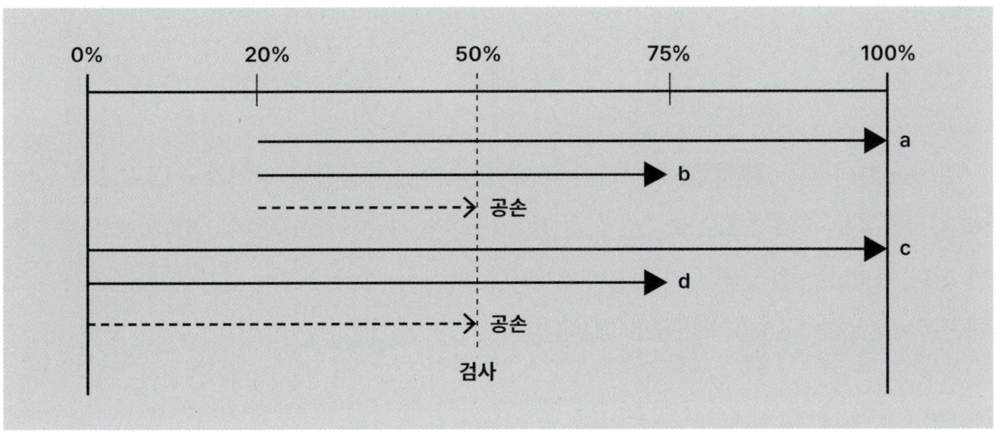

주요 결과를 정리해보자. case 1과 case 2에서 가중평균법을 적용하는 경우, 정상공손 원가는 "완성품 총수량과 기말재공품의 총수량"에 비례해서 배분한다.

2) 선입선출법에서 정상공손 원가 배분

이제 선입선출법에서 정상공손의 원가 배분비율을 case 1, case 2에 대해 살펴보자[4].

(case 1)의 경우, 그림 9-5에 나타난 바와 같이, 기초재공품은 전기에 이미 검사시점을 통과했으므로, "당기에 착수한 물량 중에서 완성된 완성품(b)과 기말재공품 전체(c)"의 비율로 배분하면 된다. 따라서 정상공손 원가의 완성품과 기말재공품에 대한 배분비율은 64,000 : 6,000이 된다.

그림 9-5 case 1 : 선입선출법에서 정상공손 원가 배분비율

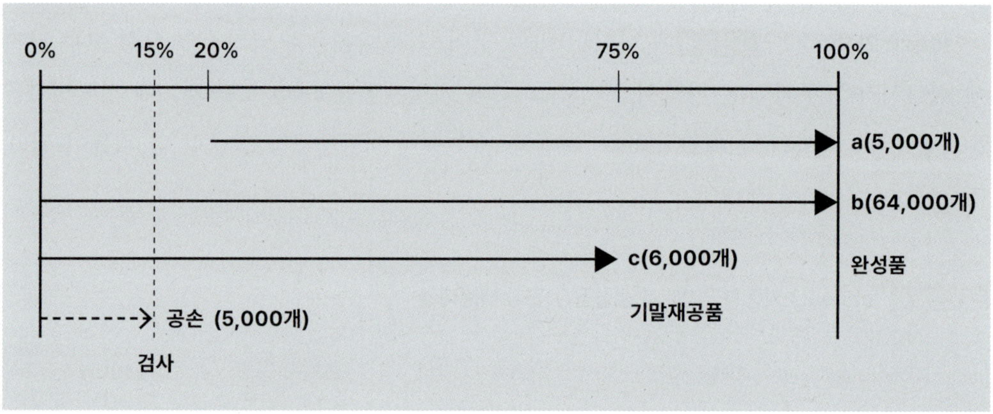

(case 2)의 경우, 그림 9-6에 나타난 바와 같이, 기초재공품과 당기착수 물량 모두 당기에 검사시점을 통과했으므로, "완성품 전체(a+b)와 기말재공품 전체(c)"의 비율로 배분하면 된다. (a+b)는 완성품 숫자인 69,000개이다. 따라서, 정상공손의 원가는 완성품과 기말재공품에 69,000 : 6,000의 비율로 배분된다.

4 선입선출법의 경우에는 정상공손 수량 계산을 위해 사용한 그림 9-1과 동일하다.

그림 9-6 case 2 : 선입선출법에서 정상공손 원가 배분비율

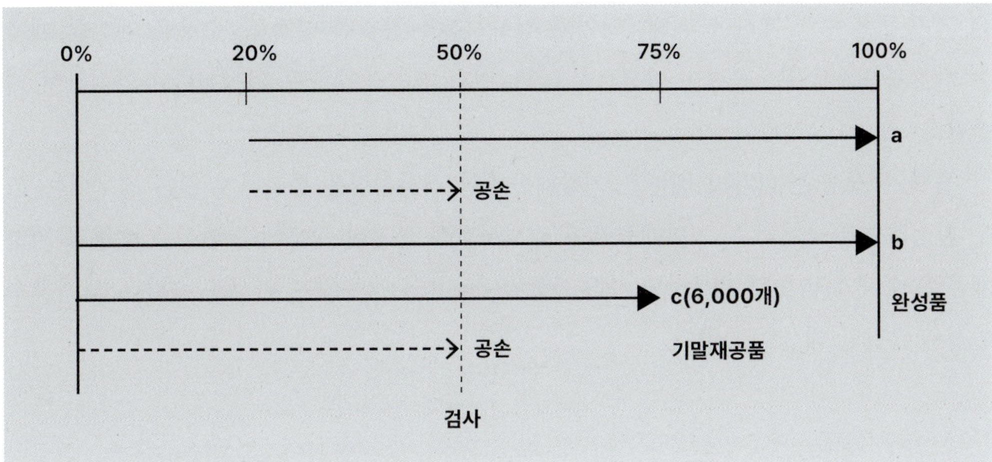

주요 결과를 정리해보자. 선입선출법에서는 case 1과 case 2에서 정상공손 원가의 배분비율이 달라진다. 기초재공품의 완성도가 검사시점 완성도보다 큰 경우(case 1)에는 기초재공품이 당기에 검사를 통과한 것이 아니므로 이를 제외해야 한다. 이로 인해 가중평균법과 선입선출법에서의 배분비율이 달라진다는 점에 유의해야 한다.

정상공손 원가 배분의 기본원리는 정상공손의 수량은 "당기에 검사시점을 통과한 합격품"의 일정 비율로 계산하므로, 정상공손의 원가 배분도 "당기에 검사시점을 통과한 합격품"에만 배분해야 한다는 것이다. 정상공손 원가 배분에 관한 내용을 종합적으로 정리하면 다음과 같다.

정상공손 원가의 배분

1. 원칙

완성품과 기말재공품에 대한 원가배분 비율 =
"당기에 검사시점을 통과한 합격품" 중 완성품 수량 : "당기에 검사시점을 통과한 합격품" 중 기말재공품 수량

2. case별 배분비율

① 기말재공품이 검사시점을 통과하지 않은 경우(case 3, 4) ⇒ 모두 완성품에 배부
② 기말재공품이 검사시점을 통과한 경우(case 1, 2)
- 가중평균법에서 배분비율 = 완성품 수량 : 기말재공품 수량
- 선입선출법에서 배분비율
  (case 1) 당기착수 완성품 수량 : 기말재공품 수량
  (case 2) 완성품 수량 : 기말재공품 수량

지금까지 설명한 정상공손 수량의 계산과 원가배분 방법을 요약하면 다음과 같다. 첫째, 정상공손 수량 계산을 위해 "당기에 검사시점을 통과한 합격품" 수량을 계산할 때에는 기초재공품에서는 공손이 발생하지 않고, 먼저 가공하여 모두 완성된다고 가정하여 계산한다.

둘째, 정상공손 원가의 배분은 기말재공품이 검사시점을 통과하지 않은 경우에는 모두 완성품으로 배분하고, 기말재공품이 검사시점을 통과한 경우에는 완성품 수량과 기말재공품 수량의 비율로 배분하되, 선입선출법 case 1의 경우에는 완성품 수량은 당기착수 완성품 수량만 대상으로 한다.

4. 정상공손 원가 배분 연습

이제 위에서 정의한 case별로 예제를 통해 지금까지 학습한 정상공손의 원가계산과 원가배분방법을 연습해보자.

1) case 3

예제 9-3

직접재료원가는 공정시작 시점에 전량 투입되고, 가공원가는 공정이 진행됨에 따라 균등하게 투입된다. 검사는 공정이 100% 완료된 시점에서 실시하며, 정상공손은 당기에 검사를 통과한 합격품의 10%로 설정한다. 구체적인 사항은 표 9-3과 같다. 가중평균법과 선입선출법에 대해 완성품과 기말재공품의 원가를 계산해보자

표 9-3 공손이 있는 종합원가계산

	물 량	직접재료원가	가공원가	총원가
기초재공품	600	₩23,040	₩21,183	₩44,223
(완성도)		1	0.4	
당기착수	1,800			
합 계	2,400			

(표 계속)

	물 량	직접재료원가	가공원가	총원가
완성품(1)	2,000			
정상공손(2)	?			
비정상공손(3)	?			
기말재공품(4)	200			
(완성도)		1	0.5	
합 계(4) (=(1)+(2)+(3)+(4))	2,400			
당기투입원가		₩72,000	₩220,317	₩292,317

기초재공품과 기말재공품의 완성도는 각각 40%, 50%로서 모두 검사를 통과하지 않았다. 따라서 본 예제는 case 3에 해당한다. 본 예제에서 기초재공품과 당기착수 물량의 합계는 2,400개이며, 이 중에서 완성품이 2,000개, 기말재공품이 200개이다. 나머지 200개는 공손이다.

본문에서는 공손인식법에 관해서만 설명하며, 공손비인식법은 본 장의 [보론 2]에서 설명한다. 공손인식법에서는 완성품, 기말재공품, 공손(정상공손, 비정상공손)의 원가를 먼저 계산한 다음, 정상공손의 원가는 당기에 검사를 통과한 합격품에 배부하고, 비정상공손의 원가는 당기비용으로 처리한다. 공손인식법은 제조원가를 배분할 대상에 공손이 추가된 것을 제외하고는 이미 학습한 종합원가계산과 차이가 없다. 따라서, 공손에 대해서도 원가그룹(여기서는 직접재료원가, 가공원가)별로 완성품환산량을 계산한다.

먼저, 공손 200개 중에서 정상공손의 수량을 계산해보자(원가흐름 가정과 무관하게 계산한다). 당기에 검사를 통과한 합격품은 완성품 전체 수량이 2,000개이므로, 정상공손은 200개(=2,000개×10%)이며, 비정상공손은 없다.

(1) 가중평균법

제8장에서 설명한 바와 같이 **가중평균법**에서는 완성품환산량을 전기분과 당기분으로 구분하지 않고 계산한다. 본 예제에서 공정이 100% 완료된 시점에서 검사가 실시되므로 공손의 직접재료원가와 가공원가의 완성도는 모두 100%가 된다. 완성품환산량 계산 결과는 **표 9-4**와 같다.

표 9-4 가중평균법에 의한 물량과 완성품환산량 | 예제 9-3

	(제1단계) 물 량	(제2단계) 완성품환산량	
		직접재료원가	가공원가
기초재공품(1)	600		
당기착수(2)	1,800		
합 계(3) (=(1)+(2))	2,400		
완성품(4)	2,000	2,000	2,000
정상공손(5)	200	200	200
비정상공손(6)	0	0	0
기말재공품(7)	200	200	100
합 계(8) (=(4)+(5)+(6)+(7))	2,400	2,400	2,300

이후 구체적인 단계별 진행은 표 9-5에 요약되어 있다. 제4단계에서 완성품환산량 단위당 원가를 계산할 때 공손의 물량도 당연히 포함한다. 제5단계에서는 제조원가를 완성품, 공손, 기말재공품으로 배분하는 1차 원가배분 단계로서, 일반적인 종합원가계산방법과 같은 방식으로 실시한다. 제6단계에서는 정상공손의 원가를 배분하는 단계로서, 본 예제에서는 완성품에만 배분하면 된다. 최종적으로, 완성품의 원가는 1차 원가배분 결과 ₩289,200(표에서 (9))과 정상공손 원가 배분 몫 ₩28,920(표에서 (13))을 더한 ₩318,120(표에서 (15))이 된다.

표 9-5 공손이 있을 경우의 가중평균법 | 예제 9-3

	직접재료원가	가공원가	총원가
(제2단계) 완성품환산량			
– 완성품(1)	2,000	2,000	
– 정상공손(2)	200	200	
– 기말재공품(3)	200	100	
– 합 계(4) (=(1)+(2)+(3))	2,400	2,300	

(표 계속)

	직접재료원가	가공원가	총원가
(제3단계) 원가 집계			
– 기초재공품원가(5)	₩23,040	₩21,183	₩44,223
– 당기투입원가(6)	72,000	220,317	292,317
– 합 계(7) (=(5)+(6))	₩95,040	₩241,500	₩336,540
(제4단계) 환산량 단위당 원가(8) (=(7)÷(4))	39.6	105	
(제5단계) 1차 원가배분			
– 완성품(9) (=(1)×(8))	79,200	210,000	289,200
– 정상공손(10) (=(2)×(8))	7,920	21,000	28,920
– 기말재공품(11) (=(3)×(8))	7,920	10,500	18,420
– 합 계(12) (=(9)+(10)+(11))	₩95,040	₩241,500	₩336,540
(제6단계) 정상공손 원가 배분			
– 완성품(13) (=(10))			28,920
– 기말재공품(14)			0
최종 원가배분 결과			
– 완성품(15) (=(9)+(13))			318,120
– 기말재공품(16) (=(11)+(14))			18,420
– 합 계(17) (=(15)+(16))			₩336,540

(2) 선입선출법

선입선출법에서 완성품환산량은 당기분에 대해서만 계산한다. 공손의 완성품환산량을 계산할 때에 기초재공품은 공손이 발생하지 않고, 당기착수 물량에서 공손이 발생하는 것으로 처리한다. 정상공손 200개는 당기에 착수하여 검사시점(100%)에 모두 완성된 상태이므로, 직접재료원가와 가공원가의 완성품환산량은 200개 전부가 된다. 완성품환산량 계산결과는 표 9-6에 정리되어 있다.

표 9-6 선입선출법에 의한 물량과 완성품환산량 | 예제 9-3

	(제1단계) 물 량	(제2단계) 완성품환산량	
		직접재료원가	가공원가
기초재공품(1)	600		
당기착수(2)	1,800		
합 계(3) (=(1)+(2))	2,400		
완성품			
– 기초재공품완성(4)	600	0	360
– 당기착수완성(5)	1,400	1,400	1,400
정상공손(6)	200	200	200
비정상공손(7)	0	0	0
기말재공품(8)	200	200	100
합 계(9) (=(4)+(5)+(6)+(7)+(8))	2,400	1,800	2,060

이후 구체적인 단계별 진행 내역은 표 9-7에 요약되어 있다. 제4단계 완성품환산량 단위당 원가의 계산과 그 이후 단계의 세부적인 원가계산 절차는 공손에도 제조원가를 배분한다는 것을 제외하고는 종합원가계산에서 학습한 내용과 같다. 여기서 정상공손 원가는 완성품에만 배부되었다.

표 9-7 공손이 있을 경우의 선입선출법 | 예제 9-3

	직접재료원가	가공원가	총원가
(제2단계) 완성품환산량			
– 기초재공품완성(1)	0	360	
– 당기착수완성(2)	1,400	1,400	
– 정상공손(3)	200	200	
– 기말재공품(4)	200	100	
– 합 계(5) (=(1)+(2)+(3)+(4))	1,800	2,060	

(표 계속)

	직접재료원가	가공원가	총원가
(제3단계) 원가 집계			
– 기초재공품원가(6)	₩23,040	₩21,183	₩44,223
– 당기투입원가(7)	72,000	220,317	292,317
– 합 계(8) (=(6)+(7))	₩95,040	₩241,500	₩336,540
(제4단계) 환산량 단위당 원가(9) (=(7)÷(5))	40	106.95	
(제5단계) 1차 원가배분			
완성품			
– 기초재공품원가(10) (=(6))	23,040	21,183	44,223
– 기초재공품완성(11) (=(1)×(9))	0	38,502	38,502
– 당기착수완성(12) (=(2)×(9))	56,000	149,730	205,730
– 합 계(13) (=(10)+(11)+(12))	79,040	209,415	288,455
정상공손(14) (=(3)×(9))	8,000	21,390	29,390
기말재공품(15) (=(4)×(9))	8,000	10,695	18,695
합 계(16) (=(13)+(14)+(15))	₩95,040	₩241,500	₩336,540
(제6단계) 정상공손 원가 배분			
– 완성품(17) (=(14))			29,390
– 기말재공품(18)			0
최종 원가배분 결과			
– 완성품(19) (=(13)+(17))			317,845
– 기말재공품(20) (=(15)+(18))			18,695
– 합 계(21) (=(19)+(20))			₩336,540

2) case 2

예제 9-4

직접재료원가는 공정시작 시점에 전량 투입되고, 가공원가는 공정이 진행됨에 따라 균등하게 투입된다. 기초재공품의 가공원가 완성도는 20%이고, 기말재공품의 가공원가 완성도는 60%이다. 검사는 공정이 50% 진행된 시점에서 실시하며, 정상공손은 당기에 검사를

(예제 계속)

통과한 합격품의 5%로 설정한다고 하자. 기본자료는 표 9-8과 같다. 가중평균법과 선입선출법에 대해 완성품과 기말재공품의 원가를 계산해보자.

표 9-8 공손이 있는 종합원가계산

	물 량	직접재료원가	가공원가	총원가
기초재공품(1)	800	₩21,000	₩525	₩21,525
(완성도)		1	0.2	
당기착수(2)	3,500			
합 계(3) (=(1)+(2))	4,300			
완성품(4)	3,400			
정상공손(5)	?			
비정상공손(6)	?			
기말재공품(7)	600			
(완성도)		1	0.6	
합 계(8) (=(4)+(5)+(6)+(7))	4,300			
당기투입원가		₩129,500	₩58,125	₩187,625

이 경우에는 기초재공품은 당기에 검사시점을 통과하게 되며, 기말재공품도 당기에 검사를 통과하게 된다. 앞에서 case 2에 해당한다. 총물량 4,300개 중에서 완성품이 3,400개이고, 기말재공품이 600개이므로, 공손이 300개 발생했음을 알 수 있다. 본 예제에서 당기에 검사를 통과한 합격품은 완성품과 기말재공품의 합으로서 총 4,000개이며, 정상공손의 수량은 200개(=4,000개×5%)이다. 나머지 100개는 비정상공손이다.

(1) 가중평균법

공정이 50% 진행된 시점에서 검사를 실시하므로, 공손(정상, 비정상)의 가공원가 완성도는 50%이며, 직접재료는 공정시작 시점에 투입이 완료되었으므로 직접재료원가 완성도는 100%이다. **가중평균법**에서 물량과 완성품환산량 계산은 표 9-9와 같다.

표 9-9 가중평균법에서 물량과 완성품환산량 | 예제 9-4

	(제1단계) 물 량	(제2단계) 완성품환산량	
		직접재료원가	가공원가
기초재공품	800		
당기착수	3,500		
합 계	4,300		
완성품(1)	3,400	3,400	3,400
정상공손(2)	200	200	100
비정상공손(3)	100	100	50
기말재공품(4)	600	600	360
합 계(5) (=(1)+(2)+(3)+(4))	4,300	4,300	3,910

이후 구체적인 진행 단계는 표 9-10과 같다. 제4단계에서 완성품환산량 단위당 원가를 구한 다음, 제5단계 1차 원가배분 단계에서 정상공손과 비정상공손에도 제조원가를 배분한다. 제6단계에서 정상공손의 원가 ₩8,500(표에서 (11))은 완성품과 기말재공품의 수량의 비율로 다음과 같이 배분한다.

완성품에 대한 정상공손 원가 배분금액 = ₩8,500 × 3,400 ÷ (3,400+600) = ₩7,225

기말재공품에 대한 정상공손 원가 배분금액 = ₩8,500 × 600 ÷ (3,400+600) = ₩1,275

최종적으로, 완성품의 원가는 정상공손의 원가 배분액을 포함하여 ₩177,225(= ₩170,000 + ₩7,225)이 되며, 기말재공품의 원가도 정상공손의 원가 배분액을 포함하여 ₩27,675(= ₩26,400 + ₩1,275)이 되고, 비정상공손의 원가는 ₩4,250이 된다(가중평균법에서 정상공손 원가의 배부에 관한 추가적 논의는 본 장의 [보론 3] 참고).

표 9-10 공손이 있을 때 가중평균법에 의한 원가배분 | 예제 9-4

	직접재료원가	가공원가	총원가
(제2단계) 완성품환산량			
– 완성품(1)	3,400	3,400	
– 정상공손(2)	200	100	
– 비정상공손(3)	100	50	
– 기말재공품(4)	600	360	
– 합 계(5) (=(1)+(2)+(3)+(4))	4,300	3,910	
(제3단계) 원가 집계			
– 기초재공품원가(6)	₩21,000	₩525	₩21,525
– 당기투입원가(7)	129,500	58,125	187,625
– 합 계(8) (=(6)+(7))	₩150,500	₩58,650	₩209,150
(제4단계) 환산량 단위당 원가(9) (=(8)÷(5))	35	15	
(제5단계) 1차 원가배분			
– 완성품(10) (=(1)×(9))	119,000	51,000	170,000
– 정상공손(11) (=(2)×(9))	7,000	1,500	8,500
– 비정상공손(12) (=(3)×(9))	3,500	750	4,250
– 기말재공품(13) (=(4)×(9))	21,000	5,400	26,400
– 합 계(14) (=(10)+(11)+(12)+(13))	₩150,500	₩58,650	₩209,150
(제6단계) 정상공손 원가 배분			
– 완성품(15) (=(11)×3,400÷4,000)			7,225
– 기말재공품(16) (=(11)×600÷4,000)			1,275
최종 원가배분 결과			
– 완성품(17) (=(10)+(15))			177,225
– 비정상공손(18) (=(12))			4,250
– 기말재공품(19) (=(13)+(16))			27,675
– 합 계(20) (=(17)+(18)+(19))			₩209,150

(2) 선입선출법

공손은 당기착수 물량에서 발생하는 것으로 처리하므로 검사시점까지의 공손의 직접재료원가의 완성도는 100%이며, 가공원가의 완성도는 50%로서, 가중평균법과 같다. **선입선출**

법에서 제1단계 물량 흐름과 제2단계 완성품환산량 계산은 표 9-11과 같다.

표 9-11 선입선출법에서 물량과 완성품환산량 | 예제 9-4

	(제1단계) 물 량	(제2단계) 완성품환산량	
		직접재료원가	가공원가
기초재공품(1)	800		
당기착수(2)	3,500		
합 계(3) (=(1)+(2))	4,300		
완성품			
− 기초재공품완성(4)	800	0	640
− 당기착수완성(5)	2,600	2,600	2,600
정상공손(6)	200	200	100
비정상공손(7)	100	100	50
기말재공품(8)	600	600	360
합 계(9) (=(4)+(5)+(6)+(7)+(8))	4,300	3,500	3,750

다음으로 표 9-12와 같이, 완성품환산량을 이용해서 환산량 단위당 원가를 계산하고, 원가배부를 실시한다. 정상공손의 원가 ₩8,950은 모든 완성품과 기말재공품이 당기에 검사시점을 통과했기 때문에 가중평균법과 마찬가지로 다음과 같은 비율로 배분된다.

완성품에 대한 정상공손 원가 배분금액 = ₩8,950 × 3,400 ÷ (3,400+600) = ₩7,607.5

기말재공품에 대한 정상공손 원가 배분금액 = ₩8,950 × 600 ÷ (3,400+600) = ₩1,342.5

최종적으로, 완성품의 원가는 정상공손의 원가 배분액을 포함하여 ₩175,552.5이 되며, 기말재공품의 원가도 정상공손의 원가 배분액을 포함하여 ₩29,122.5이 된다. 비정상공손의 원가는 ₩4,475이다.

표 9-12 공손이 있을 때 선입선출법에 의한 원가배분 | 예제 9-4

	직접재료원가	가공원가	총원가
(제2단계) 완성품환산량			
– 기초재공품완성(1)	0	640	
– 당기착수완성(2)	2,600	2,600	
– 정상공손(3)	200	100	
– 비정상공손(4)	100	50	
– 기말재공품(5)	600	360	
– 합 계(6) (=(1)+(2)+(3)+(4)+(5))	3,500	3,750	
(제3단계) 원가 집계			
– 기초재공품원가(7)	₩21,000	₩525	₩21,525
– 당기투입원가(8)	129,500	58,125	187,625
– 합 계(9) (=(7)+(8))	₩150,500	₩58,650	₩209,150
(제4단계) 환산량 단위당 원가(10) (=(8)÷(6))	37	15.5	
(제5단계) 1차 원가배분			
완성품			
– 기초재공품원가(11) (=(7))	21,000	525	21,525
– 기초재공품완성(12) (=(1)×(10))	0	9,920	9,920
– 당기착수완성(13) (=(2)×(10))	96,200	40,300	136,500
– 합 계(14) (=(11)+(12)+(13))	117,200	50,745	167,945
정상공손(15) (=(3)×(10))	7,400	1,550	8,950
비정상공손(16) (=(4)×(10))	3,700	775	4,475
기말재공품(17) (=(5)×(10))	22,200	5,580	27,780
합 계(18) (=(14)+(15)+(16)+(17))	₩150,500	₩58,650	₩209,150
(제6단계) 정상공손 원가 배분			
– 완성품(19) (=(15)×3,400÷4,000)			7,607.5
– 기말재공품(20) (=(15)×600÷4,000)			1,342.5
최종 원가배분 결과			
– 완성품(21) (=(14)+(19))			175,552.5
– 비정상공손(22) (=(16))			4,475
– 기말재공품(23) (=(17)+(20))			29,122.5
– 합 계(24) (=(21)+(22)+(23))			₩209,150

3) case 1

예제 9-5

직접재료원가는 공정시작 시점에 전량 투입되고, 가공원가는 공정이 진행됨에 따라 균등하게 투입된다. 기초재공품의 완성도는 40%, 기말재공품의 완성도는 30%이며, 검사는 공정이 20% 진행된 시점에서 실시한다. 정상공손의 수량은 당기에 검사를 통과한 합격품의 10%로 설정한다. 관련된 물량과 원가정보는 표 9-13과 같다. 가중평균법과 선입선출법에 대해 완성품과 기말재공품의 원가를 계산해보자.

표 9-13 공손이 있는 종합원가계산

	물 량	직접재료원가	가공원가	총원가
기초재공품	800	₩28,000	₩21,800	₩49,800
(완성도)		1	0.4	
당기착수	8,400			
완성품	7,000			
정상공손	?			
비정상공손	?			
기말재공품	1,000			
(완성도)		1	0.3	
당기투입원가		₩100,800	₩151,620	₩252,420

이 경우는 case 1에 해당함을 알 수 있다. 총물량 9,200개 중에서 완성품과 기말재공품의 합계가 8,000개이므로, 공손의 수량은 1,200개이다. 또한, 당기에 검사를 통과한 합격품은 당기착수 완성분인 6,200개와 기말재공품 1,000개로서 총 7,200개이다. 따라서, 정상공손은 10%인 720개이며, 비정상공손은 480개(=1,200개−720개)임을 알 수 있다.

(1) 가중평균법

공손은 검사시점(20%)까지 가공되므로, 공손의 완성도는 직접재료원가는 100%, 가공원가는 20%이다. 제1단계와 제2단계인 물량과 완성품환산량 계산은 표 9-14와 같다.

표 9-14 가중평균법에서 물량과 완성품환산량 | 예제 9-5

	(제1단계) 물 량	(제2단계) 완성품환산량	
		직접재료원가	가공원가
기초재공품(1)	800		
당기착수(2)	8,400		
합 계(3) (=(1)+(2))	9,200		
완성품(4)	7,000	7,000	7,000
정상공손(5)	720	720	144
비정상공손(6)	480	480	96
기말재공품(7)	1,000	1,000	300
합 계(8) (=(4)+(5)+(6)+(7))	9,200	9,200	7,540

나머지 단계는 표 9-15에 나타난 바와 같이 앞의 예제들과 같은 방식으로 진행한다. 본 예제에서 기말재공품이 당기에 검사시점을 통과했으므로, 가중평균법을 사용하는 경우 정상공손의 원가는 다음과 같이 완성품 수량과 기말재공품 수량에 비례해서 배분한다.

완성품에 대한 정상공손 원가 배분금액 = ₩13,392 × 7,000 ÷ (7,000 + 1,000) = ₩11,718

기말재공품에 대한 정상공손 원가 배분금액 = ₩13,392 × 1,000 ÷ (7,000 + 1,000) = ₩1,674

표 9-15 가중평균법에 의한 원가배분 | 예제 9-5

	직접재료원가	가공원가	총원가
(제2단계) 완성품환산량			
– 완성품(1)	7,000	7,000	
– 정상공손(2)	720	144	
– 비정상공손(3)	480	96	
– 기말재공품(4)	1,000	300	
– 합 계(5) (=(1)+(2)+(3)+(4))	9,200	7,540	

(표 계속)

	직접재료원가	가공원가	총원가
(제3단계) 원가 집계			
– 기초재공품원가(6)	₩28,000	₩21,800	₩49,800
– 당기투입원가(7)	100,800	151,620	252,420
– 합 계(8) (=(6)+(7))	₩128,800	₩173,420	₩302,220
(제4단계) 환산량 단위당 원가(9) (=(8)÷(5))	14	23	
(제5단계) 1차 원가배분			
– 완성품(10) (=(1)×(9))	98,000	161,000	259,000
– 정상공손(11) (=(2)×(9))	10,080	3,312	13,392
– 비정상공손(12) (=(3)×(9))	6,720	2,208	8,928
– 기말재공품(13) (=(4)×(9))	14,000	6,900	20,900
– 합 계(14) (=(10)+(11)+(12)+(13))	₩128,800	₩173,420	₩302,220
(제6단계) 정상공손 원가 배분			
– 완성품(15) (=(11)×(7,000÷8,000))			11,718
– 기말재공품(16) (=(11)×(1,000÷8,000))			1,674
최종 원가배분 결과			
완성품(17) (=(10)+(15))			270,718
비정상공손(18) (=(12))			8,928
기말재공품(19) (=(13)+(16))			22,574
합 계(20) (=(17)+(18)+(19))			₩302,220

(2) 선입선출법

공손은 당기착수 물량에서 발생하는 것으로 처리하므로 검사시점까지의 공손의 직접재료원가의 완성도는 100%이며, 가공원가의 완성도는 20%로서, 가중평균법과 같다. 선입선출법에서 제1단계 물량 흐름과 제2단계 완성품환산량 계산은 표 9-16과 같다.

표 9-16 선입선출법에 의한 물량과 완성품환산량 | 예제 9-5

	(제1단계) 물 량	(제2단계) 완성품환산량	
		직접재료원가	가공원가
기초재공품(1)	800		
당기착수(2)	8,400		
합 계(3) (=(1)+(2))	9,200		
완성품			
– 기초재공품완성(4)	800	0	480
– 당기착수완성(5)	6,200	6,200	6,200
정상공손(6)	720	720	144
비정상공손(7)	480	480	96
기말재공품(8)	1,000	1,000	300
합 계(9) (=(4)+(5)+(6)+(7)+(8))	9,200	8,400	7,220

이후 절차는 표 9-17에 정리되어 있다. 선입선출법을 사용하는 경우에는 완성품 중에서 기초재공품은 당기에 검사를 통과한 것이 아니므로, 정상공손의 원가는 당기착수완성 수량과 기말재공품 수량의 비율로 다음과 같이 배분하게 된다.

완성품에 대한 정상공손 원가 배분금액 = ₩11,664 × 6,200 ÷ (6,200 + 1,000) = ₩10,044

기말재공품에 대한 정상공손 원가 배분금액 = ₩11,664 × 1,000 ÷ (6,200 + 1,000) = ₩1,620

기말재공품이 당기에 검사를 통과한 경우, 정상공손 원가의 배분 비율은 case 1에서 선입선출법을 적용한 경우에만 나머지와 다르다는 것을 앞에서 학습한 바 있다.

표 9-17 선입선출법에 의한 원가배분 | 예제 9-5

	직접재료원가	가공원가	총원가
(제2단계) 완성품환산량			
– 기초재공품완성(1)	0	480	
– 당기착수완성(2)	6,200	6,200	
– 정상공손(3)	720	144	
– 비정상공손(4)	480	96	
– 기말재공품(5)	1,000	300	
– 합 계(6) (=(1)+(2)+(3)+(4)+(5))	8,400	7,220	
(제3단계) 원가 집계			
– 기초재공품원가(7)	₩28,000	₩21,800	₩49,800
– 당기투입원가(8)	100,800	151,620	252,420
– 합 계(9) (=(7)+(8))	₩128,800	₩173,420	₩302,220
(제4단계) 환산량 단위당 원가(10) (=(8)÷(6))	12	21	
(제5단계) 1차 원가배분			
완성품			
– 기초재공품원가(11) (=(7))	28,000	21,800	49,800
– 기초재공품완성(12) (=(1)×(10))	0	10,080	10,080
– 당기착수완성(13) (=(2)×(10))	74,400	130,200	204,600
– 합 계(14) (=(11)+(12)+(13))	102,400	162,080	264,480
정상공손(15) (=(3)×(10))	8,640	3,024	11,664
비정상공손(16) (=(4)×(10))	5,760	2,016	7,776
기말재공품(17) (=(5)×(10))	12,000	6,300	18,300
합 계(18) (=(14)+(15)+(16)+(17))	₩128,800	₩173,420	₩302,220
(제6단계) 정상공손 원가 배분			
– 완성품(19) (=(15)×6,200÷7,200)			10,044
– 기말재공품(20) (=(15)×1,000÷7,200)			1,620
최종 원가배분 결과			
– 완성품(21) (=(14)+(19))			274,524
– 비정상공손(22) (=(16))			7,776
– 기말재공품(23) (=(17)+(20))			19,920
– 합 계(24) (=(21)+(22)+(23))			₩302,220

이제 회계처리에 대해 살펴보자. 기중에는 원가가 투입될 때 제조원가가 재공품 계정으로 투입되는 분개를 한다. 기말에는 완성품과 공손에 관한 분개를 한다. 본 예제에서 선입선출법을 적용한 경우, 기말 분개는 다음과 같다.

(차) 완성품	274,524	(대) 재공품	282,300
비정상공손손실	7,776		

5. 처분가치가 있는 공손의 회계처리

우리는 지금까지 공손의 처분가치가 없는 경우를 살펴보았다. 이제 공손의 처분가치가 있는 경우의 원가계산에 대해 학습해보자. 여기서는 공손인식법을 사용하는 경우의 공손원가 처리에 대해 학습한다. 핵심은 공손의 원가를 자산에 배분하거나(정상공손) 비용처리(비정상공손)할 때, **순실현가치**(NRV, Net Realizable Value)를 차감한 후 남는 금액으로 한다는 점이다. 구체적인 절차는 다음과 같다.

공손의 처분가치가 있을 경우의 회계처리

① 앞에서 설명한 제5단계(1차 원가배분)까지 실시한다. 즉, 제조원가를 완성품, 정상공손, 비정상공손, 기말재공품의 원가로 배분한다.

② 공손(정상, 비정상)의 순실현가치를 "공손품"이라는 자산계정에 대체한다. 공손의 순실현가치는 다음과 같이 계산한다.

공손품의 순실현가치(NRV) = 공손품 판매가치 − 공손품 추가가공원가 − 공손품 판매비용

③ 위의 ①에서 계산한 공손(정상, 비정상)의 원가에서 ②에서 계산한 공손의 순실현가치를 차감하여, 공손의 순원가를 다음과 같이 계산한다.

공손의 순원가 = 공손의 원가 − 공손의 순실현가치

④ 정상공손의 순원가를 "당기에 검사를 통과한 합격품"에 배분한다.

⑤ 비정상공손의 순원가는 당기에 비용으로 처리한다.

예제 9-6

예제 9-5에서 선입선출법을 사용하는 경우에 대해 학습해보자. 공손은 추가가공을 하지 않고 판매하며, 공손의 판매가치는 개당 ₩0.52이다. 공손의 판매비용은 없다고 가정한다. 완성품과 기말재공품의 원가를 계산해보자.

공손원가의 처리 내역은 표 9-18에 정리되어 있다. 공손에 대해 추가가공을 하지 않고 판매비용이 없으므로, 공손의 개당 순실현가치는 판매가격과 같다. 따라서, 정상공손 720개와 비정상공손 480개의 순실현가치는 각각 ₩374.4(=720개×₩0.52), ₩249.6(=480개×₩0.52)으로, "공손품"의 순실현가치(NRV)는 총 ₩624이다(표에서 (2)). 정상공손과 비정상공손의 순원가는 각 ₩11,289.6이며, ₩7,526.4이다.

제6단계에서 정상공손의 순원가는 당기에 검사를 통과한 합격품의 비율(완성품 6,200개 : 기말재공품 1,000개)로 배분된다. 완성품과 기말재공품에 배분되는 금액은 각각 ₩9,721.6(=₩11,289.6×6,200÷7,200)과 ₩1,568(=₩11,289.6×1,000÷7,200)이다. 비정상공손의 순원가는 당기비용으로 처리한다.

표 9-18 판매가치가 있는 공손의 회계처리 | 예제 9-6

(단위 : 원)

	제조원가(1) (표 9-17의 (15), (16))	순실현가치(2) (공손수량×개당 NRV)	순원가(3) (=(1)−(2))	배분 및 처리(4)
정상공손	11,664	374.4	11,289.6	9,721.6(완성품) 1,568(재공품)
비정상공손	7,776	249.6	7,526.4	비정상공손손실
합 계	19,440	624	18,816	

따라서, 최종적으로 완성품 원가는 ₩274,201.6(=₩264,480(표 9-17의 (14))+₩9,721.6)이 되며, 기말재공품은 ₩19,868(=₩18,300(표 9-17의 (17))+₩1,568)이 된다. 기말에 재공품의 완성과 공손 발생에 관한 분개 및 공손품 판매 시의 분개는 다음과 같이 나타낼 수 있다.

(차) 완성품	274,201.6	(대) 재공품	282,352[5]
공손품	624		
비정상공손손실	7,526.4		
(차) 현금	624	(대) 공손품	624

공손의 판매가치가 있는 경우의 원가흐름을 쉽게 파악할 수 있도록 재공품 T계정으로 정리해서 나타내면 표 9-19와 같다[6].

표 9-19 공손의 판매가치가 있을 경우의 재공품 계정(선입선출법) | 예제 9-6

재공품			
기초재공품	49,800	완성품	274,201.6
당기총제조원가		공손품	624
− 직접재료원가	100,800	비정상공손손실	7,526.4
− 가공원가	151,620	기말재공품	19,868
합 계	302,220	합 계	302,220

6. 개별원가계산과 공손

본 장에서 지금까지 종합원가계산에서 공손원가의 처리에 대해 학습하였다. 이제 **개별원가계산**에서 공손원가의 처리에 대해 학습해보자. 특정 작업(job)을 수행하는 중에 공손이 발생하더라도 공손 발생원인이 어디에 귀속되느냐에 따라 공손 원가의 처리가 달라진다.

공손 발생의 원인이 특정 제품의 설계나 사양의 특이성 등 특정 작업에 있는 경우에는

5 재공품 계정의 감소금액이 공손의 판매가치가 없는 경우(₩282,300)보다 판매가치가 있는 경우에(₩282,352) ₩52 더 많은데, 이는 공손의 순원가가 감소하여 기말재공품으로 배부되는 정상공손의 원가가 ₩1,620에서 ₩1,568으로 ₩52 감소했기 때문이다.

6 예제에서는 공손의 원가가 순실현가치보다 큰 일반적인 경우를 예로 들었다. 만약 순실현가치가 원가보다 크다면(순원가가 "−"), 순실현가치가 아닌 공손원가를 "공손품"으로 대체하고(판매시점에 손익 인식), 정상공손의 원가를 합격품에 전혀 배분하지 않는다. 순원가가 "−"라고 해서 공손품의 가치를 순실현가치로 인식하고, 순원가에 해당하는 금액을 합격품의 원가에서 차감하는 것은 옳지 않다.

해당 작업의 원가로 귀속한다. 반면에, 특정 작업을 수행하는 중에 공손이 발생하더라도 공손 발생의 원인이 해당 작업과 직접 관련된 것이 아니라, 기계설비 불량 등의 문제로 인해 발생한 경우에는 공손의 원가를 모든 작업에 배분해야 한다. 공손의 처분가치가 있으면, 순처분가치(순실현가치)를 차감한 순원가를 작업에 할당한다. 예제를 통해 학습해보자.

예제 9-7

제품 40개를 생산하는 작업 A를 진행하는 중에 검사시점에서 공손이 5개 발생했다. 검사시점 이전까지 작업 A에 할당되어 있는 원가는 개당 ₩3,000이다. 검사시점 후, 공손과 관련해서 어떤 회계처리가 필요한가? 공손은 순처분가치로 공손품(또는 재료) 계정에 기록한다. 공손의 개당 순처분가치는 ₩1,000이며, 공손의 순원가는 개당 ₩2,000(=₩3,000－₩1,000)으로 계산된다. 회계처리를 공손의 성격별로 살펴보자.

1) 개별 작업에 귀속가능한 정상공손

5개의 공손이 정상공손이며, 작업 A에 귀속가능한 공손이라고 하자. 검사시점 직전까지 작업 A에는 총 ₩120,000(=40개×₩3,000)이 할당되어 있다. 이 작업 A의 원가에는 정상공손 5개의 원가 ₩15,000이 포함되어 있다.

따라서, 현재 작업 A의 원가에 포함되어 있는 정상공손의 원가 ₩15,000 중에, 공손의 순실현가치 ₩5,000은 공손품 계정으로 대체하고, 나머지 순원가 ₩10,000은 작업 A의 원가 속에 그대로 남아 있도록 회계처리를 하면 된다. 분개는 다음과 같다.

(차) 공손품(또는 재료)	5,000	(대) 재공품(작업A)	5,000

위 분개 후, 작업 A의 총원가는 ₩115,000(=₩120,000－₩5,000)이 되며, 단위당 원가는 ₩3,285.7(=₩115,000÷35개)이 된다. 본 예제에서는 작업이 종료되기 전에 검사를 실시했으므로 단위는 재공품 단위를 말한다. 작업 A가 완전히 종료된 후에 검사를 실시하는 경우에는 위와 같이 분개한 뒤 재공품(작업 A)의 잔액을 제품으로 대체하는 분개를 한다.

2) 모든 작업에 공통인 정상공손

5개의 공손이 정상공손이며, 작업 A에 귀속가능한 공손이 아니라 모든 작업에 공통인 공손이라고 하자. 이 경우 작업 A에 포함되어 있는 정상공손의 원가 ₩15,000을 작업 A의 원가에서 모두 차감한 다음, 그중에서 정상공손의 순실현가치 ₩5,000은 공손품(또는 재료) 계정에 대체하고, 순원가 ₩10,000은 제조간접원가로 처리한 다음, 추후 배부시점에 모든 작업에 배부한다. 분개는 다음과 같다.

(차) 공손품(또는 재료)	5,000	(대) 재공품(작업 A)	15,000
제조간접원가	10,000		

위 분개 후, 작업 A의 총원가는 ₩105,000이 되며(정상공손 원가의 일부를 다시 배부받기 전), 단위당 ₩3,000 (=₩105,000÷35개)이 된다. 기계 고장 등 모든 작업에 공통인 정상공손은 작업 A뿐만 아니라 다른 작업을 수행하는 중에도 발생할 수 있다. 이렇게 발생하는 정상공손의 원가는 모두 누적한 다음, 배부시점에 가서 대상 작업들에 배부한다.

3) 비정상공손

작업 A 수행 중에 발생한 5개의 공손이 모두 비정상공손이라고 하자. 이 경우 작업 A에 포함되어 있는 공손의 원가 ₩15,000은 작업 A의 원가가 될 수 없다. 따라서, ₩15,000을 작업 A의 원가에서 차감한 뒤, 그중에서 순실현가치 ₩5,000은 공손품(또는 재료) 계정에 대체하고, 나머지 순원가 ₩10,000은 비정상공손손실(당기비용)로 처리한다. 이에 따라 작업 A의 원가는 ₩105,000이 되며, 단위당 ₩3,000(=₩105,000÷35개)이 된다. 분개는 다음과 같다.

(차) 공손품(또는 재료)	5,000	(대) 재공품(작업 A)	15,000
비정상공손손실	10,000		

7. 개별원가계산과 재작업

이제 개별원가계산에서 **재작업**(rework)과 관련된 회계처리에 대해 학습해보자. 재작업은 불량이 발견된 경우, 수선하여 정상적인 제품으로 판매될 수 있도록 추가 작업을 하는 것을 말한다. 재작업의 경우에도 개별 작업에 귀속가능한 **정상 재작업**(normal rework), 모든 작업에 공통인 정상 재작업, **비정상 재작업**(abnormal rework) 등 세 가지 경우로 나누어 처리한다.

불량이 발생하여 추가 작업을 하기로 한 경우, 불량과 관련하여 해당 작업에 이미 할당되어 있는 원가에 대해서는 추가적인 회계처리가 필요하지 않으며, 재작업을 위해 추가로 투입되는 원가에 대해서만 회계처리를 하면 된다.

예제 9-8

예제 9-7에서 작업 A 수행 중에 발견된 공손 5개에 대한 재작업을 위해 직접재료원가 ₩2,000, 직접노무원가 ₩3,000이 발생했으며, 제조간접원가는 배부시점에 재작업으로 인해 ₩1,000을 추가로 배부받았다. 재작업의 성격별로 회계처리를 해보자.

1) 개별작업에 귀속가능한 정상 재작업

추가로 발생한 모든 원가는 작업 A의 원가로 처리한다. 분개는 다음과 같다.

(차) 재공품(작업A)	6,000	(대) 재료	2,000
		미지급임금	3,000
		제조간접원가배부	1,000

위 분개에서 제조간접원가배부를 포함한 모든 원가는 작업 A 재작업에 투입된 금액을 나타낸다. 결과적으로, 재작업 후 작업 A의 총원가는 공손 발생 전까지 투입된 ₩120,000과 재작업의 원가 ₩6,000을 합하여 ₩126,000이 되며, 개당 원가는 ₩3,150(=₩126,000÷40개)이 된다. 재작업을 마치면 공손 5개가 정상적인 제품이 되므로, 최종적으로 작업 A의 제품 수량은 40개임에 유의하자.

2) 모든 작업에 공통인 정상 재작업

추가로 투입된 모든 원가는 제조간접원가 계정에 집계하여, 추후 모든 작업에 배분한다. 분개는 다음과 같다[7].

(차) 제조간접원가	6,000	(대) 재료	2,000
		미지급임금	3,000
		제조간접원가배부	1,000

결과적으로, 작업 A의 총원가는 공손 발생 전까지 투입된 ₩120,000과 재작업의 원가 ₩6,000 중에서 추후 배분받는 몫을 합한 금액이 된다.

3) 비정상 재작업

5개의 공손이 모두 비정상공손인 경우, 여기에 추가 투입된 모든 원가는 비정상재작업손실로 당기비용으로 처리한다. 분개는 다음과 같다.

(차) 비정상재작업손실	6,000	(대) 재료	2,000
		미지급임금	3,000
		제조간접원가배부	1,000

7 제조간접원가 분개를 설명해보자. 재작업으로 인해 제조간접원가가 발생할 때 제조간접원가(차변) 계정에 기록한다(분개 생략). 그 다음, 이 중에서 재공품(작업 A 재작업)에 배분되는 ₩1,000은 제조간접원가배부(대변) 계정에 기록하며, 이때 상대계정으로는 재공품(작업 A)이 아닌 제조간접원가(차변) 계정을 사용하여 기록한 후 모든 작업에 다시 배분한다.

8. 종합원가계산과 재작업

종합원가계산에서 **재작업**은 정상재작업과 비정상재작업 두 가지로 구분한다. 비정상재작업은 모두 비정상재작업손실로 처리한다. 정상재작업은 개별원가계산의 모든 작업에 공통인 정상재작업과 동일하게 처리하면 된다. 종합원가계산에서는 개별원가계산과는 달리 동일하거나 유사한 제품의 대량생산을 다루기 때문에, 특정 작업에의 귀속가능 여부를 고려할 필요가 없다는 것이다. 제조간접원가로 집계된 정상재작업의 원가는 추후 완성품과 기말재공품으로 배분한다.

이상으로, 본 장에서는 종합원가계산에서 공손과 재작업의 회계처리, 개별원가계산에서 공손과 재작업의 회계처리에 대해 모두 학습하였다.

[보론 1] 당기에 검사를 통과한 합격품 수량 계산

본문에서는 기초재공품을 먼저 가공하여 완성하고(선입선출법), 기초재공품 중에서는 공손이 발생하지 않는다고 가정하였다. 여기서는 이 두 가지 가정이 하나라도 성립되지 않는 경우, 즉 가중평균법을 사용하거나 기초재공품이 전기에 검사를 통과하지 않아 당기에 공손이 발생하는 상황에서, 당기에 검사를 통과한 합격품의 수량을 계산하는 방법에 대해 살펴보자. 예제 9-2 를 이용하여 알아보자.

▶ case 1. 가중평균법

이 경우에는 기초재공품에서 공손이 발생할 수 없다. 가중평균법을 사용하면, 그림(보론) 9-1 과 같이 기초재공품과 당기착수 물량을 함께 가공한다. 그림에서 당기에 검사를 통과한 합격품은 c+d에 해당한다. c+d=당기착수물량−공손=75,000개−5,000개=70,000개로서, 본문에서 설명한 당기에 검사를 통과한 합격품의 숫자와 일치한다는 것을 알 수 있다.

그림(보론) 9-1 case 1 : 가중평균법

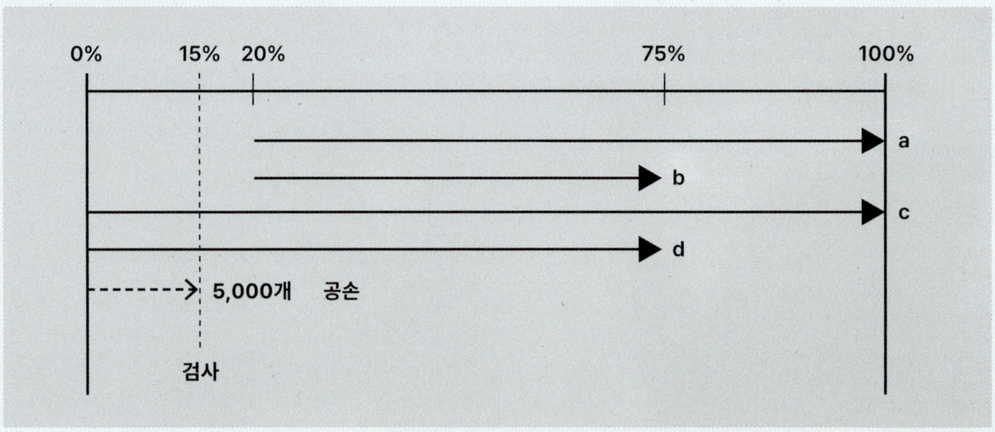

▶ case 2

1 선입선출법 사용 및 기초재공품에서 공손 발생

이 경우 그림(보론) 9-2 와 같이, 당기에 검사를 통과한 합격품은 a+b+c로서, 완성품+기말재공품에 해당하며, 본문에서 설명한 당기에 검사를 통과한 합격품 75,000개와 일치한다.

그림(보론) 9-2 case 2 : 선입선출법+기초재공품에서 공손 발생

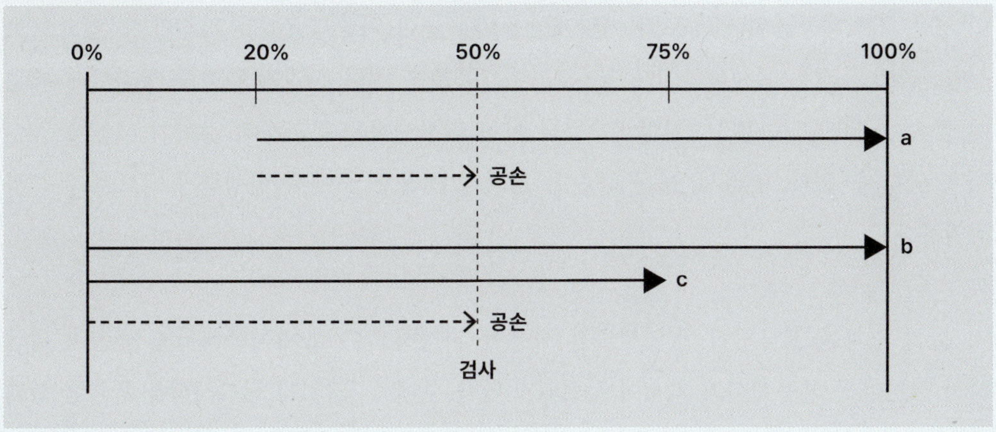

2 가중평균법 사용 및 기초재공품에서 공손 발생

이 경우는 그림(보론) 9-3과 같다. 당기에 검사를 통과한 합격품은 a+b+c+d로서, 완성품+기말재공품에 해당하며, 이 경우에도 본문에서 설명한 당기에 검사를 통과한 합격품 75,000개와 일치함을 알 수 있다.

그림(보론) 9-3 case 2 : 가중평균법+기초재공품에서 공손 발생

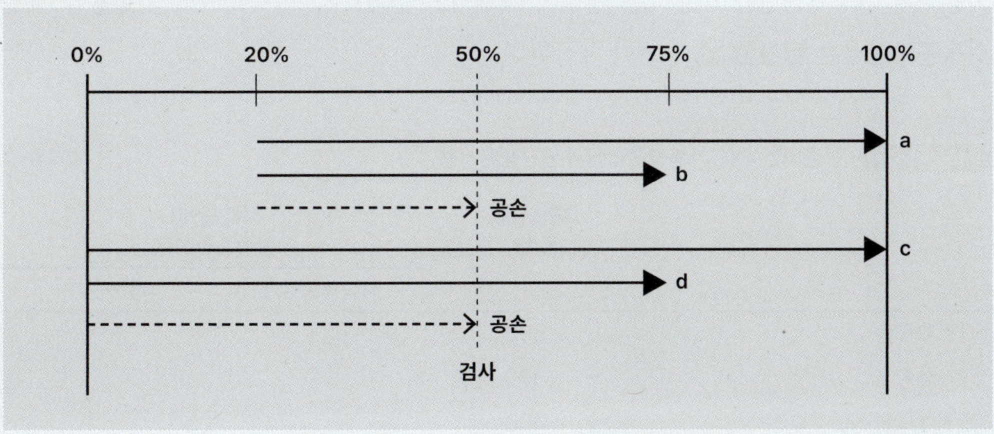

▶ case 3

이 경우에는 선입선출법과 가중평균법의 선택 및 기초재공품 가공 과정에서의 공손 발생 여부와 무관하게, 당기에 검사를 통과한 합격품은 완성품뿐이므로 본문의 그림을 그대로 적용할 수 있다.

▶ **case 4**

이 경우, 기초재공품의 완성도가 기말재공품보다 높아 가중평균법을 가정할 수 없으므로 선입선출법만 적용되는 상황이다. 또한, 기초재공품은 이미 전기에 검사를 통과했기 때문에 공손이 발생할 수 없고, 기말재공품은 아직 검사시점을 통과하지 않았기 때문에 공손이 발생할 수 없다. 따라서, 모든 공손은 당기착수 물량 중에서 발생하게 되므로 본문과 동일하다.

분석 결과를 요약하면, 선입선출법 사용을 가정하고, 기초재공품에서는 공손이 발생하지 않는다는 본문에서의 가정이 성립되지 않을 때에도 "당기에 검사시점을 통과한 합격품"의 수량을 계산할 때는 그 가정을 적용해서 편리하게 계산할 수 있다는 것이다.

[보론 2] 공손비인식법

공손비인식법에서는 공손을 별도의 원가계산 단위로 인식하지 않고 공손의 완성품환산량을 모두 0으로 처리한다. 나머지 계산방법은 앞에서 설명한 바와 같다. 본문의 예제 9-3을 이용하여 가중평균법을 적용하는 경우에 대해서만 살펴보자. 가중평균법을 적용할 경우 완성품환산량은 표(보론) 9-1과 같이 계산된다.

표(보론) 9-1 공손비인식법, 가중평균법에서 완성품환산량 | 예제 9-3

	(제1단계) 물 량	(제2단계) 완성품환산량	
		직접재료원가	가공원가
기초재공품	600		
당기착수	1,800		
합 계	2,400		
완성품(1)	2,000	2,000	2,000
정상공손(2)	200	0	0
비정상공손(3)	0	0	0
기말재공품(4)	200	200	100
합 계(5) (=(1)+(2)+(3)+(4))	2,400	2,200	2,100

공손의 완성품환산량이 모두 0으로 처리되므로, 제4단계 완성품환산량 단위당 원가는 공손비인식법에서 ₩43.2, ₩115으로서 공손인식법(각각 ₩39.6, ₩105)(표 9-5)에서 보다 더 크다. 공손비인식법에서는 제5단계인 원가배분 단계에서 완성품과 기말재공품으로만 원가를 배부하므로 추가적인 배부가 필요하지 않다.

표(보론) 9-2 공손비인식법, 가중평균법에서 원가배분 | 예제 9-3

	직접재료원가	가공원가	총원가
(제2단계) 완성품환산량			
– 완성품(1)	2,000	2,000	
– 정상공손(2)	0	0	
– 비정상공손(3)	0	0	
– 기말재공품(4)	200	100	
– 합 계(5) (=(1)+(2)+(3)+(4))	2,200	2,100	
(제3단계) 원가 집계			
– 기초재공품원가(6)	₩23,040	₩21,183	₩44,223
– 당기투입원가(7)	72,000	220,317	292,317
– 합 계(8) (=(6)+(7))	₩95,040	₩241,500	₩336,540
(제4단계) 환산량 단위당 원가(9) (=(8)÷(5))	43.2	115	
(제5단계) 원가배분			
– 완성품(10) (=(1)×(9))	86,400	230,000	316,400
– 기말재공품(11) (=(4)×(9))	8,640	11,500	20,140
– 합 계(12) (=(10)+(11))	₩95,040	₩241,500	₩336,540

가중평균법을 사용할 경우 공손인식법과 공손비인식법을 비교해보면, 공손인식법에서는 완성품과 기말재공품의 원가는 각각 ₩318,120, ₩18,420이며, 공손비인식법에서는 각각 ₩316,400, ₩20,140이다. 차이가 발생한 이유는 공손인식법에서는 정상공손의 원가를 별도로 계산한 다음, (본 예제에서는) 당기 합격품에만 일정 비율로 배분했지만, 공손비인식법에서는 정상공손은 물론, 비정상공손의 원가도 완성품과 기말재공품으로 항상 배분되기 때문이다. 이로 인해 본 예제에서 완성품의 원가가 공손인식법에서보다 공손비인식법에서 더 적게 계산되었다. 선입선출법에서도 같은 현상이 발생한다.

공손비인식법은 두 가지 문제점이 있다. 첫째는 모든 공손의 원가가 자산(완성품과 기말재공품)으로 배분되므로, 비정상공손의 원가가 있을 때 자산이 과대계상될 수 있다. 둘째는 정상공손만 있는 경우에도 정상공손의 원가가 완성품과 기말재공품으로 자동적으로 배분되는 과정에서 배분 비율이 정확하지 않을 수 있다.

[보론 3] 가중평균법에서 정상공손 원가의 차기 배분

우리는 본문에서 정상공손의 원가를 배분할 때 원가그룹(직접재료원가, 가공원가)별로 구분해서 배분하지 않고 총액을 완성품과 기말재공품의 수량에 비례해서 배분하였다. 예를 들어, 예제 9-4의 가중평균법에서 정상공손의 총원가 ₩8,500을 완성품과 기말재공품의 수량(각각 3,400개, 600개)에 비례해서 배분하였다. 따라서, 제6단계에서 완성품과 기말재공품에 공손의 원가가 원가그룹별로 구분되지 않고 총액(각각 ₩7,225, ₩1,275)으로만 배분되었다.

이로 인해 차기의 기초재공품 원가 중에서 공손의 원가는 원가그룹별로 구분되지 않는다. 선입선출법의 경우에는 기초재공품의 원가가 모두 당기 완성품으로 할당되므로 이런 방식이 문제가 없으나, 가중평균법에서는 기초재공품의 모든 원가(공손원가 포함)를 완성품과 기말재공품에 배분해야 하므로(기말재공품이 검사시점을 통과한 경우), 다음 두 가지 방법을 고려해야 한다.

첫째, [정상공손의 원가를 원가그룹별로 구분하여 배분하지 않은 경우] 기초재공품에 포함된 정상공손의 원가(총액)는 당기에 발생한 정상공손 원가(총액)와 합하여 본문에서 설명한 방식대로 완성품과 기말재공품의 수량에 비례하여 배분한다. 이 방법은 간편하다는 장점이 있다.

둘째, [정상공손의 원가를 원가그룹별로 구분하여 배분] 이 방법은 당기에 발생한 정상공손의 원가를 처음부터 원가그룹별로 완성품과 기말재공품에 배분하는 방법이다. 이때 원가그룹별 배분비율은 가중평균법에서 원가그룹별 완성품환산량의 비율이 된다. 예제 9-4를 이용하여 당기에 발생한 정상공손의 원가를 원가그룹별로 배분해보자.

[정상공손의 직접재료원가 ₩7,000 배분]

완성품에 대한 배분액 = ₩7,000 × 3,400 ÷ (3,400 + 600) = ₩5,950

기말재공품에 대한 배분액 = ₩7,000 × 600 ÷ (3,400 + 600) = ₩1,050

[정상공손의 가공원가 ₩1,500 배분]

완성품에 대한 배분액 = ₩1,500 × 3,400 ÷ (3,400 + 360) = ₩1,356

기말재공품에 대한 배분액 = ₩1,500 × 360 ÷ (3,400 + 360) = ₩144

최종적으로 완성품과 기말재공품의 원가는 다음과 같이 정리할 수 있다.

표(보론) 9-3 가중평균법에서 당기 정상공손 원가의 원가그룹별 배분

(단위 : 원)

		직접재료원가	가공원가	총원가
완성품	1차 배분	119,000	51,000	170,000
	정상공손 원가 배분	5,950	1,356	7,306
	소 계(1)	124,950	52,356	177,306
기말재공품	1차 배분	21,000	5,400	26,400
	정상공손 원가 배분	1,050	144	1,194
	소 계(2)	22,050	5,544	27,594
합 계(3)(=(1)+(2))		147,000	57,900	204,900
비정상공손(4)(표 9-10 (12))		3,500	750	4,250
총 계(5)(=(3)+(4))		150,500	58,650	209,150

선입선출법에서도 두 번째 방법을 사용하여 정상공손의 원가를 원가그룹별로 배분하여 당기 원가계산의 정확성을 높일 수 있지만 복잡하다는 단점이 있다. 당기에 기말재공품에 배분된 정상공손의 원가는 차기에 기초재공품의 원가가 된 후 모두 차기의 완성품에 할당되므로, 선입선출법에서 차기 원가계산을 위해서는 위 두 가지 방법 모두 고려할 필요가 없다.

연습문제

객관식

01 평균법에 의한 종합원가계산 (2014 국가직 9급)

㈜한국의 2013년 11월 생산 자료는 다음과 같다. 원재료는 공정 초에 투입되며, 가공비의 경우 월초 재공품은 70% 완성되고 월말 재공품은 60% 완성되었다. 공손은 공정의 완료시점에서 발견되었다. ㈜한국이 평균법에 의한 종합원가계산을 할 때, 가공비의 당월 완성품환산량은?

• 11월 1일 월초 재공품	2,500개
• 11월 착수량	12,000개
• 11월 30일 월말 재공품	4,500개
• 완성 후 제품계정 대체	9,300개
• 비정상공손	500개

① 12,500개 ② 12,700개 ③ 13,200개 ④ 14,500개

02 선입선출법에 의한 공손수량 (2021 국가직 9급)

㈜한국은 단일제품을 대량생산하고 있으며, 종합원가계산을 적용하고 있다. 원재료는 공정 초기에 투입되고 가공원가는 공정 전반에 걸쳐 균등하게 발생하는데, ㈜한국의 20X1년 4월의 생산 자료는 다음과 같다.

• 기초재공품	100,000개(완성도 60%)
• 당기완성량	600,000개
• 당기착수량	800,000개
• 기말재공품	200,000개(완성도 80%)

㈜한국은 선입선출법을 적용하고 있으며, 생산공정에서 발생하는 공손품의 검사는 공정의 50% 시점에서 이루어지며, 검사를 통과한 합격품의 10%를 정상공손으로 허용하고 있을 때 비정상공손 수량은?

① 10,000개 ② 30,000개 ③ 60,000개 ④ 70,000개

03 정상공손 원가 (2020 세무사)

㈜세무는 종합원가계산제도를 채택하고 있다. 직접재료는 공정이 시작되는 시점에서 전량 투입되며, 전환원가는 공정 전반에 걸쳐서 균등하게 발생한다. 당기완성품환산량 단위당 원가는 직접재료원가 ₩2,000, 전환원가 ₩500이었다. 생산공정에서 공손품이 발생하는데, 이러한 공손품은 제품을 검사하는 시점에서 파악된다. 공정의 50% 시점에서 검사를 수행하며, 정상공손

수량은 검사 시점을 통과한 합격품의 10%이다. ㈜세무의 생산활동 자료가 다음과 같을 때, 정상공손 원가는?

• 기초재공품	500단위(전환원가 완성도 30%)
• 당기완성량	1,800단위
• 당기착수량	2,000단위
• 기말재공품	400단위(전환원가 완성도 70%)

① ₩440,000 ② ₩495,000 ③ ₩517,000 ④ ₩675,000 ⑤ ₩705,000

04 가중평균법에서 정상공손 원가 (2021 감정평가사)

㈜감평은 단일 제품을 대량생산하고 있으며, 가중평균법을 적용하여 종합원가계산을 하고 있다. 직접재료는 공정 초에 전량 투입되고, 전환원가는 공정 전체에서 균등하게 발생한다. 당기 원가계산 자료는 다음과 같다.

• 기초재공품	3,000개(완성도 80%)
• 당기착수수량	14,000개
• 당기완성품	13,000개
• 기말재공품	2,500개(완성도 60%)

품질검사는 완성도 70%에서 이루어지며, 당기 중 검사를 통과한 합격품의 10%를 정상공손으로 간주한다. 직접재료원가와 전환원가의 완성품환산량 단위당 원가는 각각 ₩30과 ₩20이다. 완성품에 배부되는 정상공손 원가는?

① ₩35,000 ② ₩44,000 ③ ₩55,400 ④ ₩57,200 ⑤ ₩66,000

05 가중평균법에 의한 공손품원가 (2015 세무사)

㈜국세의 당기 중 생산 및 원가자료는 다음과 같다.

<table>
<tr><td rowspan="2">기초재공품</td><td colspan="2">직접재료원가</td><td>₩1,000</td></tr>
<tr><td colspan="2">전환원가(가공원가)</td><td>₩2,475</td></tr>
<tr><td rowspan="2">당기투입원가</td><td colspan="2">직접재료원가</td><td>₩5,600</td></tr>
<tr><td colspan="2">전환원가(가공원가)</td><td>₩8,300</td></tr>
<tr><td rowspan="3">기말재공품</td><td colspan="2">수 량</td><td>500단위</td></tr>
<tr><td rowspan="2">완성도</td><td>직접재료원가</td><td>20%</td></tr>
<tr><td>전환원가(가공원가)</td><td>15%</td></tr>
</table>

<table>
<tr><td rowspan="3">공손품</td><td colspan="2">수 량</td><td>200단위</td></tr>
<tr><td rowspan="2">완성도</td><td>직접재료원가</td><td>50%</td></tr>
<tr><td>전환원가(가공원가)</td><td>40%</td></tr>
</table>

완성품 수량은 2,000단위이고, 공손품원가를 전액 별도로 인식하고 있다. 재고자산의 단위원가 결정방법이 가중평균법인 경우, 공손품원가는?

① ₩300 ② ₩420 ③ ₩540 ④ ₩670 ⑤ ₩700

※ 다음의 자료를 이용하여 문제 06번과 07번에 답하시오.

㈜한국은 세 개의 공정을 통하여 제품을 생산하고 있으며, 가중평균법에 의한 종합원가계산을 적용하여 제품원가를 계산하고 있다. 직접재료는 각 공정의 초기에 전량 투입되고 가공원가는 전 공정에 걸쳐 균등하게 발생한다. 20X1년 2월 최종공정인 제3공정의 생산 및 원가자료는 다음과 같다.

	물량단위	가공원가 완성도	전공정 원가	직접 재료원가	가공원가
기초재공품	3,000단위	40%	₩14,750	₩2,000	₩10,250
당기투입	12,000단위	?	₩56,500	₩58,000	₩92,950
완성품	10,000단위	?			
기말재공품	4,000단위	60%			

제3공정에서는 공손품 검사를 공정의 50% 시점에서 실시하며, 당월에 검사를 통과한 합격품의 5%를 정상공손으로 간주한다. 정상공손 원가는 당월 완성품과 월말 재공품에 배부하는 회계처리를 한다. 20X1년 2월 중 제3공정에서 발견된 공손품은 추가가공 없이 즉시 모두 폐기하며, 공손품의 처분가치는 ₩0이다.

06 가중평균법에 의한 완성품환산량 (2014 CPA)

20X1년 2월 제3공정의 원가요소별 완성품환산량을 계산하면 얼마인가?

	전공정원가	직접재료원가	가공원가
①	15,000단위	14,500단위	12,900단위
②	15,000단위	15,000단위	13,400단위
③	15,000단위	15,000단위	12,900단위
④	14,500단위	14,500단위	13,400단위
⑤	14,500단위	14,500단위	12,900단위

07 가중평균법에 의한 공손 (2014 CPA)

20X1년 2월 제3공정의 비정상공손 원가와 완성품원가와 관련된 월말 분개로서 옳은 것은?

① (차) 제품 177,425 (대) 재공품-제3공정 171,050
비정상공손 6,375

② (차) 제품 173,875 (대) 재공품-제3공정 170,050
비정상공손 3,825

③ (차) 제품 173,875 (대) 재공품-제3공정 180,250
비정상공손 6,375

④ (차) 제품 174,375 (대) 재공품-제3공정 180,750
비정상공손 6,375

⑤ (차) 제품 173,875 (대) 재공품-제3공정 177,700
비정상공손 3,825

08 공손의 회계처리 (2007 CPA)

공손(spoilage)과 관련된 다음의 설명 중에서 옳지 않은 것은?

① 공손은 정상공손이나 비정상공손으로 분류된다.
② 공정별원가계산(process costing)에서 정상공손 원가는 관련된 양품(정상제품)의 원가에 가산된다.
③ 개별원가계산(job order costing)에서 비정상공손 원가는 재고가능원가로 간주되지 않으며, 그 공손이 발견된 기간의 비용으로 처리된다.
④ 제조공정 과정에서 불량률 0을 달성하려는 기업들은 모든 공손을 비정상공손으로 간주하려 한다.
⑤ 공정별원가계산(process costing)에서 공손단위를 산출단위에 포함시킬 경우 단위당 원가가 더 커진다.

09 검사시점에 따른 정상공손 수량 (2006 CPA)

㈜미래는 컴퓨터칩을 생산하고 있다. 직접재료는 생산공정의 초기에 투입되며, 가공원가는 공정의 전반에 걸쳐 균등하게 발생한다. 생산공정에서 공손품이 발생하는데 이러한 공손품은 제품을 검사하는 시점에서 파악된다. 정상적인 공손품은 품질검사 시점을 통과한 합격품의 10%의 비율로 발생한다. 5월의 생산자료를 보면, 월초 재공품(완성도 30%) 10,000개, 당월 생산착수량 75,000개, 당월 생산착수완성품 52,000개, 월말 재공품(완성도 80%) 15,000개, 공손품 8,000개이다. 품질검사가 생산공정의 20% 시점에서 실시되는 경우 정상공손품 수량은 얼마인

가? 만약, 생산공정의 50% 시점에서 품질검사가 실시된다면, 정상공손품 수량은 얼마인가?

	20% 검사시점	50% 검사시점
①	7,500개	8,500개
②	7,500개	7,700개
③	5,200개	7,700개
④	6,200개	7,700개
⑤	6,700개	7,700개

10 평균법과 선입선출법 (2005 CPA)

다음 중 기말재공품 평가 시 사용되는 평균법과 선입선출법에 대한 설명으로 옳지 않은 것은?

① 선입선출법을 이용하여 종합원가계산을 수행하는 회사가 기말재공품의 완성도를 실제보다 과대평가할 경우 완성품환산량과 완성품원가는 과대평가된다.

② 기초재공품이 존재하지 않을 경우에는 평균법과 선입선출법에 의한 완성품환산량이 같지만, 기초재공품이 존재할 경우에는 평균법에 의한 완성품환산량이 선입선출법에 의한 완성품환산량보다 크다.

③ 선입선출법은 평균법에 비해 실제 물량흐름에 충실한 원가흐름의 가정이며, 당기의 성과를 이전의 기간과 독립적으로 평가할 수 있어 계획과 통제목적에 유용한 방법이다.

④ 정상적인 공손수량은 평균법을 적용하나 선입선출법을 적용하나 동일하며, 정상적인 공손원가는 완성품과 기말재공품원가에 가산되나 비정상적인 공손원가는 영업외비용으로 처리한다.

⑤ 공손품에 대한 가공원가의 완성도를 검사시점으로 하며, 선입선출법을 사용할 경우 공손품은 모두 당기에 착수된 물량에서 발생한 것으로 가정한다.

※ 다음 자료를 이용하여 문제 11번과 12번에 답하시오.

- ㈜대한은 선입선출법에 의한 종합원가계산을 적용하여 제품원가를 계산하고 있다.
- 원재료는 공정 초에 전량 투입되고, 전환원가는 공정 전반에 걸쳐 균등하게 발생한다.
- 공정의 80% 시점에서 품질검사를 실시하며, 정상공손 허용 수준은 합격품의 10%이다. 정상공손 원가는 합격품 원가에 가산되고, 비정상공손 원가는 기간비용으로 처리된다.
- 공손품은 모두 폐기되며, 공손품의 처분가치는 없다.
- 다음은 20X1년 2월 공정의 생산 및 원가 자료이다. 단, 괄호 안의 숫자는 전환원가의 완성도를 의미한다.

항 목	물량단위	직접재료원가	전환원가
기초재공품	2,000(70%)	₩70,000	₩86,000
당기투입	10,000	₩2,000,000	₩860,000
완성품	8,000		
기말재공품	3,000(40%)		

11 선입선출법에 의한 종합원가계산 2022 CPA

㈜대한의 20X1년 2월 직접재료원가와 전환원가의 완성품환산량 단위당 원가를 계산하면 각각 얼마인가?

	직접재료원가	전환원가
①	₩200	₩100
②	₩200	₩80
③	₩220	₩100
④	₩220	₩80
⑤	₩250	₩100

12 선입선출법에 의한 종합원가계산 2022 CPA

㈜대한의 20X1년 2월 완성품 단위당 원가는 얼마인가?

① ₩242 ② ₩250 ③ ₩252 ④ ₩280 ⑤ ₩282

13 선입선출법에 의한 공손 2020 CPA

㈜대한은 유리컵을 생산하는 기업으로 종합원가계산제도를 채택하고 있으며, 재고자산 평가방법은 선입선출법(FIFO)을 사용한다. 직접재료는 공정 초에 전량 투입되며, 전환원가(가공원가)는 공정에 걸쳐 균등하게 발생한다. 다음은 ㈜대한의 생산 및 제조에 관한 자료이다.

항 목	물 량
기초재공품(가공완성도%)	800개(70%)
당기착수 물량	6,420개
기말재공품(가공완성도%)	1,200개(40%)

품질검사는 가공완성도 80% 시점에 이루어지며, 당기에 품질검사를 통과한 물량의 5%를 정상공손으로 간주한다. 당기에 착수하여 당기에 완성된 제품이 4,880개일 때 ㈜대한의 비정상공손

은 몇 개인가?

① 34개 ② 56개 ③ 150개 ④ 284개 ⑤ 340개

14 선입선출법에 의한 공손 (2023 CPA)

㈜대한은 반도체를 생산하고 있으며, 선입선출법에 의한 종합원가계산을 적용하여 반도체 원가를 계산하고 있다. 직접재료는 생산공정의 초기에 전량 투입되며, 전환원가(conversion costs)는 공정 전반에 걸쳐 균등하게 발생한다. 2월의 생산자료를 보면, 기초재공품 15,000개(전환원가 완성도 40%, 원가 ₩10,000), 당월 생산착수 수량 70,000개, 당월 생산착수 완성품 55,000개, 기말재공품 5,000개(전환원가 완성도 80%), 공손품 10,000개이다. 2월 중 직접재료원가 ₩140,000과 전환원가 ₩210,000이 발생하였다. 공정의 20% 시점에서 품질검사를 실시하며, 정상공손 허용 수준은 합격품의 10%이다. 정상공손 원가는 합격품에 가산되고, 비정상공손 원가는 기간비용으로 처리된다. 공손품은 모두 폐기되며, 공손품의 처분가치는 없다. ㈜대한의 2월의 정상공손 원가는 얼마인가?

① ₩15,000 ② ₩15,600 ③ ₩16,200 ④ ₩16,800 ⑤ ₩17,400

※ 다음 자료를 이용하여 문제 15번과 16번에 답하시오. (15번과 16번은 서로 독립된 문제이다.)

㈜유정은 하나의 공정에서 단일 종류의 제품을 생산하며, 종합원가계산(process costing)을 적용하여 제품원가를 계산한다. 원재료는 공정의 초기 단계에 100% 투입된다. 당기의 생산 및 원가자료는 다음과 같다.

	물량단위	가공비 완성도	직접재료비	가공비
기초재공품	600	1/3	₩5,000	₩60,950
	400	1/2		
당기착수(투입)	9,000	–	135,000	281,700
기말재공품	200	40%	?	?
	300	70%		

15 선입선출법에 의한 종합원가계산 (2009 CPA)

재공품 평가방법은 선입선출법이고 당기 중에 공손이나 감손은 발생하지 않았다고 가정한다. 기말재공품원가는 얼마인가?

① ₩16,200 ② ₩14,760 ③ ₩10,800 ④ ₩ 9,840 ⑤ ₩ 5,400

16 평균법에 의한 종합원가계산 2009 CPA

재공품 평가방법은 평균법이고 공정의 종료 단계에서 품질검사를 실시하였다. 그 결과 완성품 수량의 2%가 공손품인 것으로 판명되었다. 공손품원가는 얼마인가?

① ₩9,520 ② ₩9,310 ③ ₩8,550 ④ ₩7,250 ⑤ ₩6,820

17 평균법과 선입선출법 2010 CPA

㈜프로코는 설탕을 만드는 회사로 가공원가는 공정 전반에 걸쳐 발생한다. 3월 초 기초재공품(가공원가 완성도 60%) 100봉지에 포함된 가공원가는 ₩500이다. 생산공정의 중간 시점에서 품질검사를 실시한 결과 공손품이 100봉지 발생하여 모두 비정상공손(가공원가 완성도 50%)으로 간주하였다. 그리고 3월 중 완성품은 250봉지이며, 기말재공품(가공원가 완성도 80%)도 250봉지 존재한다. 선입선출법과 가중평균법으로 기말재공품에 배부된 가공원가를 각각 산정한 금액이 동일하다면 3월 중 투입한 총가공원가는 얼마인가?
(단, 소수점 이하 자릿수는 절사한다.)

① ₩1,121 ② ₩2,548 ③ ₩3,666 ④ ₩4,367 ⑤ ₩5,984

18 선입선출법에 의한 공손 2011 CPA

종합원가계산을 사용하고 있는 ㈜다봉의 3월 생산 및 원가 자료는 다음과 같다.

- 월초 재공품에 포함된 가공원가는 ₩190,000이며, 3월 중에 투입된 가공원가는 ₩960,000이다.
- 가공원가는 공정 전체를 통해 균등하게 발생하며, 그 밖의 원가는 공정 초기에 발생한다.
- 3월 생산 관련 물량흐름 및 가공원가 완성도는 다음과 같다.

	수 량	가공원가 완성도
월초 재공품	500개	?
당월 완성품	800개	100%
월말 재공품	240개	?
공손품*	160개	80%

* 공손품은 전량 비정상공손이다.

원가계산결과, 3월 완성품에 포함된 가공원가는 가중평균법에 의하면 ₩920,000이며, 선입선출법에 의하면 ₩910,000이다. 선입선출법에 의할 경우, 공손품에 포함된 가공원가는 얼마인가?

① ₩137,143 ② ₩144,000 ③ ₩147,200 ④ ₩153,600 ⑤ ₩174,545

※ 다음 자료를 이용하여 문제 19번과 20번에 답하시오.

㈜한국공업은 두 개의 공정을 거쳐서 제품을 생산한다. 회사의 재공품 평가방법은 선입선출법(FIFO)이고, 공정별 종합원가계산을 적용하여 제품 원가를 계산한다. 다음은 두 번째 공정의 생산 및 원가자료이다. 두 번째 공정의 원재료는 50% 시점에서 모두 투입되고, 가공비는 전 공정을 통해 균등하게 발생한다. 공정의 80% 시점에서 품질검사를 실시하며, 정상공손 허용 수준은 합격품의 5%이다. 공손품은 모두 폐기되며, 정상공손비는 합격품원가에 가산되고, 비정상공손비는 기간비용으로 처리된다.

	물량단위	전공정대체원가	직접재료비	가공비
기초재공품	1,000(60%)	₩172,000	₩450,000	₩320,000
당기투입	5,000	625,000	1,470,000	924,000
완성품	4,000			
기말재공품	1,500(40%)			

※ 괄호 안의 숫자는 가공비 완성도를 의미함

19 선입선출법에 의한 공손 (2008 CPA)

두 번째 공정의 비정상공손비는 얼마인가?

① ₩128,200 ② ₩142,600 ③ ₩174,500 ④ ₩192,300 ⑤ ₩213,900

20 선입선출법에 의한 공손 (2008 CPA)

완성품의 단위당 원가는 얼마인가?

① ₩812.4 ② ₩822.75 ③ ₩848.7 ④ ₩858.4 ⑤ ₩860.25

주관식

01 공정별 종합원가계산과 정상공손 원가 배부 (2018 CPA)

㈜NI는 실제원가에 의한 종합원가계산을 사용하고 있으며, 2개의 제조부문(제1공정과 제2공정)과 1개의 보조부문을 운영하고 있다. 직접재료는 각 공정의 시작 시점에서 전량 투입되고, 전환원가(가공원가)는 공정 전반에 걸쳐 균등하게 발생한다. 20X1년의 실제원가 및 생산 활동은 다음과 같다. (단, 아래의 자료에서 '?' 표시는 직접 계산한 결과를 이용하라.)

(1) 부문원가

(단위 : 원)

	제1공정	제2공정	보조부문	합 계
직접재료원가	1,200	800	–	2,000
직접노무원가	625	450	–	1,075
감가상각비	200	150	150	500
기타제조간접원가	?	?	?	1,000

부문공통원가인 기타제조간접원가는 각 부문의 감가상각비에 비례하여 배분하고, 보조부문원가는 각 제조부문의 직접재료원가에 비례하여 배분한다.

(2) 제1공정 : 선입선출법

(단위 : 개, 원)

	물 량	직접재료원가	전환원가
기초재공품	200(75%)	360	240
당기착수	3,000	?	?
완성품	3,000		
기말재공품	150(60%)		

※ 괄호 안의 숫자는 전환원가 완성도를 의미함

제1공정의 완성품은 전량 제2공정으로 투입된다.

(3) 제2공정 : 평균법

(단위 : 개, 원)

	물 량	전공정원가	직접재료원가	전환원가
기초재공품	150(50%)	275	145	450
당기착수	?	?	?	?
완성품	?			
기말재공품	450(80%)			

※ 괄호 안의 숫자는 전환원가 완성도를 의미함

(4) 제1공정의 종료시점에 품질검사를 실시하며, 검사를 통과한 합격품의 3%를 정상공손으로 허용하고 있다. 공손품은 발생 즉시 추가비용 없이 폐기된다. 제2공정에서는 공손이 발생하지 않는다.

요구사항

▶ **물음 1. 제1공정의 정상공손 원가 배부 후 완성품원가와 기말재공품원가는 각각 얼마인가?**

▶ **물음 2. 제2공정의 완성품원가와 기말재공품원가는 각각 얼마인가?**

▶ **물음 3. 20X1년에 기초제품은 없으며, 제2공정에서 완성된 제품은 모두 개당 ₩3에 판매되었다. 당기순이익은 얼마인가?**

02 정상공손과 비정상공손 (2019 CPA 수정)

반지제조기업인 ㈜한국주얼리는 종합원가계산제도를 채택하고 있으며, 선입선출법(FIFO)을 이용하여 제조원가를 계산한다. 반지를 생산할 때 투입되는 직접재료는 금이며, 공정 초에 전량투입된다. 가공원가(전환원가)는 공정 전반에 걸쳐 균등하게 발생한다. 공손은 추가비용 없이 처분하며, 판매부대비용은 발생하지 않을 것으로 예상되고 예상 판매가격은 단위당 ₩40,000이다. 아래 물음에 답하라.

요구사항

▶ **㈜한국주얼리는 품질검사를 완성도 60%시점에서 실시하며, 검사를 통과한 합격품의 10%를 정상공손으로 설정한다. 공손에 대한 회계처리는 공손인식법으로 한다. 다음은 2019년 1월 ㈜한국주얼리의 생산에 관한 자료이다(괄호 안은 전환원가 완성도를 의미함). 당기완성품원가와 기말재공품원가를 구하라.**

	물 량(완성도)
기초재공품	200개(80%)
당기투입량	380개
당기완성량	460개
기말재공품	80개(30%)

	원 가
기초재공품 직접재료원가	₩15,200,000
기초재공품 가공원가	32,490,000
당기투입 직접재료원가	28,158,000
당기투입 가공원가	87,000,000

〈답안작성양식〉

	원 가
완성품원가	
기말재공품원가	
공손품	
(순)비정상공손 원가	

03 공손과 재작업 (2015 CPA)

㈜탐라는 등산화를 생산·판매하는 회사이다. 등산화 생산 시 직접재료 A와 B가 투입된다. 직접재료 A는 공정 시작시점에, 직접재료 B는 공정 종료시점에 전량 투입되며, 전환원가는 공정 전반에 걸쳐 균등하게 발생한다. 회사는 1개월 주기로 가중평균법에 의한 종합원가계산을 실시하고 있다.

(1) 20X1년 5월 등산화의 생산 및 원가자료는 다음과 같다.

	물량단위	직접재료 A	직접재료 B	전환원가
기초재공품	1,000(30%)*	₩8,000	₩4,000	₩6,000
당기투입	10,500	₩107,000	₩66,000	₩50,750
재작업	500			
공손품	500			
기말재공품	1,000(80%)*			

* 괄호 안의 숫자는 전환원가 완성도를 의미함

(2) 회사는 제품의 품질관리를 위해 전환원가 완성도 60% 시점에서 재작업 여부를 검사하며, 불합격된 재공품은 전환원가 완성도 20% 시점으로 되돌려 보내져 재작업을 받게 된다. 회사는 재작업검사를 받은 물량의 4%를 정상재작업으로 간주하고 있다. 재작업된 물량은 추가적인 재작업 여부를 검사하지 않으며 공손이 발생하지 않는다.

(3) 공손검사는 전환원가 완성도 70% 시점에서 실시하고, 정상공손수량은 검사시점을 통과한 합격품의 3%로 설정한다.

(4) 정상재작업원가와 정상공손 원가는 해당 검사시점을 통과한 물량단위에 비례하여 안분한다.

요구사항

▶ **물음 1. 20X1년 5월 정상재작업 수량과 비정상재작업 수량을 각각 구하라.**

	수 량
정상재작업	
비정상재작업	

▶ 물음 2. 20X1년 5월 정상공손 수량과 비정상공손 수량을 각각 구하라.

	수 량
정상공손	
비정상공손	

▶ 물음 3. 20X1년 5월 말 정상재작업원가를 아래 <작성 예시>와 같이 배부하라.

<작성 예시>

계정과목	배부 전 금액	정상재작업원가 배부액	배부 후 금액

▶ 물음 4. 20X1년 5월 말 정상공손 원가를 아래 <작성 예시>와 같이 배부하라.

<작성 예시>

계정과목	배부 전 금액	정상공손 원가 배부액	배부 후 금액

▶ 물음 5. 20X1년 5월 말 재공품계정에서 제품계정으로 대체하는 분개를 하라.

CHAPTER

10

결합원가계산과 부산품 회계

본장에서는 결합공정을 거쳐 복수의 제품이 동시에 생산되는 특수한 형태의 간접원가 배분에 대해 학습한다. 원가특성으로 인해, 결합원가의 배분은 인과관계기준을 적용하기 어려워 결합제품의 물량이나 시장가치를 이용하여 배부한다. 각 배부방법의 특징과 정확한 사용방법 및 장단점을 자세히 설명한다. 결합공정에서 부산품이 발생할 경우의 회계처리방법에 대해서도 구체적으로 설명한다.

CHAPTER

10

결합원가계산과 부산품 회계

1. 결합원가계산의 기초

1) 결합제조공정의 특징

소를 도축하여 가공하면, 최종적으로 안심, 등심, 갈비살 등의 제품을 얻을 수 있다. 이 생산공정의 특징은 안심이나 등심 등의 제품을 생산하기 위해 소의 일정 부분만 가공할 수 없으며, 소 한 마리 전체를 가공해야 한다는 것이다. 이와 같이 하나의 공정에서 복수의 제품들이 동시에 생산되는 제조공정을 **결합제조공정**(joint production process)이라고 한다.

결합제조공정에 재료를 투입하여 가공하면, 그림 10-1과 같이 **분리점**(splitoff point)에서 두 개 이상의 제품이 동시에 생산된다. 이때 분리점 이전까지 발생한 원가를 **결합원가**(joint costs)라고 한다[1]. **결합원가계산**(joint costing)은 결합원가를 제품들 간에 배분하는 원가계산을 말한다. 소, 돼지, 고래(고기와 기름) 등의 농수산물 가공, 탄광 개발(은, 구리, 아연 등), 석유 채굴(원유, 천연가스) 등 결합원가계산이 요구되는 상황을 우리는 매우 흔하게 관찰할 수 있다.

분리점을 지나 생산되는 제품 중에 안심, 등심, 갈비살, 안창살 등과 같이 시장가치가 비교적 높은 제품들은 **주산품**(main products)이라고 하며, 소뼈, 소꼬리와 같이 시장가치가 상대적으로 낮은 제품들은 **부산품**(by-products)이라고 한다. 주산품과 부산품의 구분은 상

1 결합원가는 성격상 활동기준원가계산에서 여러 종류의 제품 생산에 공통적으로 소비되는 활동인 설비수준활동(facility level activity)의 원가(예 공장 감가상각비, 공장보험료 등)와 유사하다.

그림 10-1 **결합원가 발생 기본구조**

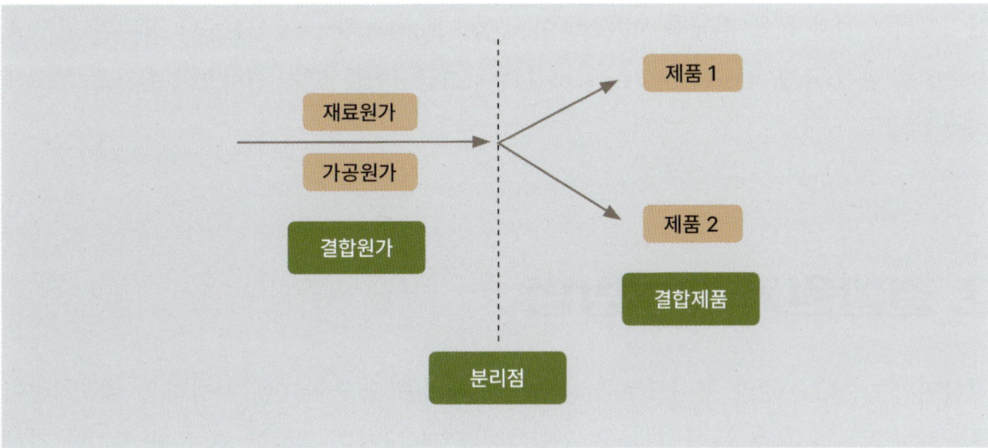

대적 시장가치에 달려 있으므로 회계담당자의 주관적 판단에 따라 달라질 수 있다. 또한, 시장가치가 변동함에 따라 주산품과 부산품의 구분이 바뀔 수도 있다. 예를 들어, 소꼬리의 가치가 낮을 때에는 부산품으로 분류하지만, 가치가 높아지면 주산품으로 분류할 수도 있다.

분리점에서 둘 이상의 주산품이 나올 때 이들을 **결합제품**(joint products) 또는 **연산품**이라고 한다. 소를 가공하는 결합제조공정에서 소(재료)의 원가와 소 가공원가가 결합원가이며, 안심과 등심 등은 결합제품이 된다.

2) 결합원가와 분리가능원가

최초 분리점(1차 분리점)에서 생산된 제품은 바로 판매될 수도 있고, 추가가공을 한 후에 판매될 수도 있다. 또한, 추가가공을 한 후 그대로 판매될 수도 있지만, 2차 분리점에서 여러 종류의 제품으로 다시 분리될 수도 있다.

분리점을 지난 후 각 제품을 추가가공하는 과정에서 발생하는 원가를 **추가가공원가**라고 한다. 추가가공원가는 특정 제품을 가공하는 과정에서 발생하는 원가로서, 그 제품에 전적으로 귀속되는 원가이므로 **분리가능원가**(separable costs)라고도 한다(그림 10-2).

기업은 외부 재무보고 목적으로 각 결합제품에 대해 재고자산의 가치와 매출원가를 보고해야 한다. 또한, 각종 정부조달 계약에서 결합제품을 공급하는 기업은 제품의 가격

산정을 위해 발주처와 합의한 방법으로 결합원가를 배분해야 한다. 통신산업과 같은 규제 산업에서는 여러 규제, 비규제 서비스들이 공동으로 사용하는 통신선로나 장비의 원가(결합원가)를 관련 규제, 비규제 서비스에 배분하여 요금규제를 받는 서비스의 원가를 보고해야 한다.

2. 결합원가 배분방법

결합원가는 제조공정의 특성으로 인해 **인과관계기준**(제5장 참고)에 부합하는 배부기준이 존재하지 않는다. 예를 들어, 탄광을 구입하여 은과 구리를 생산할 때 은과 구리가 각각 결합원가(탄광구입원가와 채굴원가) 중에 얼마를 발생시켰는지 인과관계적으로 알 수 없다.

따라서, 결합원가 배분은 인과관계기준이 아닌 수혜기준 등 다른 기준에 기초한 배부방법을 사용하게 된다. 주요 결합원가 배분방법으로는 **물량기준법**, **판매가치법**, **순실현가치법**, **균등매출총이익률법** 등 네 가지가 있다. 주산품과 부산품에 대해 결합원가를 배분하는 방법은 다르다. 먼저, 주산품만 있는 경우에 대해 네 가지 결합원가 배분방법을 먼저 학습한 다음, 부산품이 있는 경우에 대해 학습하자. 다음 예제를 사용하자.

예제 10-1

농수산물 가공회사인 고기사랑(주)은 소를 구입하여 도축, 가공한 후 판매하는 회사이다. 소 한 마리의 가격은 ₩1,500,000이며, 한 마리를 가공하는 데 ₩660,000이 든다. 이 회사는 소를 가공하여 분리점에서 쇠고기 덩어리와 기타 덩어리를 생산한다. 쇠고기 덩어리와 기타 덩어리는 추가가공 없이 쇠고기 유통회사에 판매할 수도 있고, 추가가공을 거친 후 각각 쇠고기 부위와 기타 부위로 정육점에 판매할 수도 있다. 판매비용은 없다. 고기사랑(주)은 쇠고기 덩어리와 기타 덩어리를 모두 주산품으로 취급한다고 하자. 결합원가 배부와 관련된 전체 개념도는 그림 10-2에 나타나 있으며, 분리점을 지난 후 제품별 정보는 표 10-1과 같다. 네 가지 결합원가 배분방법을 학습해보자.

(예제 계속)

표 10-1 고기사랑(주)의 소 한 마리 가공 시 제품내역

	쇠고기(덩어리, 부위)	기타(덩어리, 부위)
(1) 분리점에서의 무게(kg)	100	400
(2) kg당 덩어리제품 판매가격(원)	24,500	125
(3) 덩어리 총판매가치(원)(=(1)×(2))	2,450,000	50,000
(4) 추가가공원가(원)	500,000	100,000
(5) 추가가공 후 부위제품 판매가치(원)	4,000,000	600,000
(6) 덩어리 순실현가치(원)(=(5)−(4))	3,500,000	500,000

그림 10-2 고기사랑(주)의 쇠고기 관련 제품 원가 발생 구조와 제품의 판매가치 (단위 : 원)

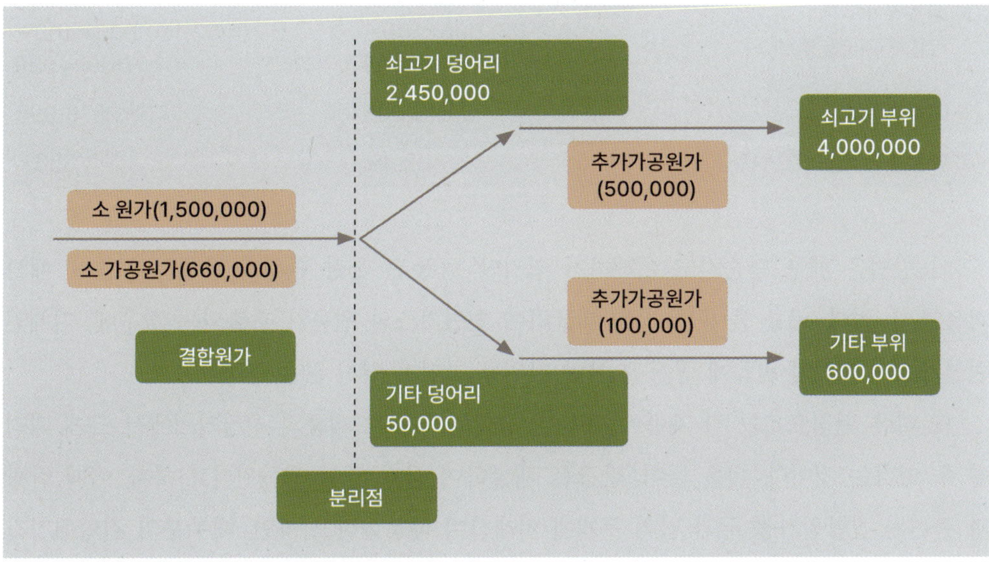

1) 물량기준법(physical measure method)

이 방법은 결합원가를 결합제품의 물량(무게, 부피, 수량 등)에 비례해서 배분하는 방법이다. 여기서 물량은 분리점에서의 물량으로서 추가가공 전의 물량이다. 추가가공으로 인해 물량이 변할 수 있는데, 결합원가는 추가가공 전에 발생한 원가이므로 추가가공 전의 물량 기준으로 배부해야 한다.

예제에서 물량기준으로 쇠고기 덩어리와 기타 덩어리의 무게(kg)를 사용하여 배분하

면, 100kg과 400kg의 비율로 배분된다. 따라서, 결합원가 총액 ₩2,160,000(=₩1,500,000+₩660,000)은 쇠고기 덩어리와 기타 덩어리에 각각 ₩432,000, ₩1,728,000씩 배부된다.

물량기준법에 의한 가상의 손익계산서는 표 10-2와 같다(모든 생산량이 판매된 것으로 가정). 쇠고기 덩어리에 비해 기타 덩어리는 분리점 직후의 판매가치가 상대적으로 매우 낮으나 무게는 오히려 더 무거워, 물량기준법을 사용하면 큰 폭의 적자를 나타내게 된다.

표 10-2 물량기준법에서 제품별 손익계산서 | 예제 10-1

(단위 : 원)

	쇠고기 덩어리	기타 덩어리
(1) 매출액	2,450,000	50,000
(2) 매출원가 (결합원가배분액)	432,000 (=₩2,160,000×100÷(100+400))	1,728,000 (=₩2,160,000×400÷(100+400))
(3) 매출총이익	2,018,000	−1,678,000
(4) 매출총이익률(=(3)/(1))	82.4%	−3,356%

이 방법은 매우 단순하고 이해하기 쉽지만, 공통된 물량 단위가 존재하지 않을 때는 적용할 수 없다. 예를 들어, 유정을 채굴하여 천연가스와 원유가 추출되는 경우에, 기체인 천연가스와 액체인 원유에 공통된 물량 단위를 찾기가 쉽지 않을 수 있다.

또 다른 단점으로는 각 제품에 배분된 결합원가가 그 제품의 시장가치에서 크게 괴리될 수 있다는 것이다. 예를 들어, 탄광을 채굴하여 금과 납이 생산된다고 하자. 이때 탄광과 관련된 결합원가를 금과 납의 무게에 비례하여 배분한다고 하면, 대부분의 결합원가가 무거운 납에 배분되어 납의 원가가 매우 높게 나타남으로써, 납 제품은 항상 대규모 적자를 기록하게 되고, 금에는 결합원가가 매우 적게 배부되어 수익성이 과다하게 높은 것으로 나타나게 될 것이다.

이러한 현상은 광산개발의 목적이 납보다는 수익성이 높은 금을 채굴하는 것인데도, 광산개발 비용의 대부분이 납에 배분된다는 점에서 비합리적이다. 또한, 수익 창출능력이 더 높은 금에 더 적은 원가가 배분되므로 수혜기준에 입각해서 볼 때도 설득력이 떨어지는 배분방법이라 할 수 있다. 그럼에도 불구하고 다음에 설명하게 될 다른 배분방법들을 사용할 수 없는 경우에는 불가피하게 이 방법을 사용하게 된다.

2) 판매가치법(sales value at splitoff method)

이 방법은 "분리점에서의 판매가치"에 비례하여 결합원가를 배분하는 방법이다. 제품을 추가가공하여 판매하는 경우에 최종판매가치가 있겠지만, 그 경우에도 최종판매가치가 아니라 분리점에서의 판매가치를 이용하여 결합원가를 배부한다는 점에 주의해야 한다. 따라서, 결합제품 중에서 분리점에서 판매가치가 존재하지 않는 제품이 하나라도 있으면 이 방법을 사용할 수 없다. 예제에서 분리점에서 쇠고기 덩어리와 기타 덩어리의 시장가치가 각각 ₩2,450,000과 ₩50,000이므로, 결합원가 총액 ₩2,160,000은 각각 ₩2,116,800, ₩43,200씩 배분된다[2].

판매가치법에 의한 가상의 손익계산서는 표 10-3과 같다(모든 생산량이 판매된 것으로 가정). 이 방법의 특징은 분리점에서 모든 결합제품의 **매출총이익률**(gross margin percentage)이 같게 된다는 것이다[3]. 예제에서 쇠고기 덩어리와 기타 덩어리의 매출총이익률은 13.6%로 같다. 매출총이익률이 같다는 것은 매출원가 ₩1당 창출하는 이익이 같다는 것을 의미하기도 한다. 예제에서 매출원가(결합원가 배분액) ₩1당 각 제품이 이익창출에 기여하는 금액은 약 ₩0.16(=₩333,200÷₩2,116,800=₩6,800÷₩43,200)임을 알 수 있다.

표 10-3 판매가치법에서 제품별 손익계산서 | 예제 10-1

(단위 : 원)

	쇠고기 덩어리	기타 덩어리
(1) 매출액	2,450,000	50,000
(2) 매출원가 (결합원가배분액)	2,116,800 (=2,160,000×2,450,000÷ (2,450,000+50,000))	43,200 (=2,160,000×50,000÷ (2,450,000+50,000))
(3) 매출총이익	333,200	6,800
(4) 매출총이익률(=(3)/(1))	13.6%	13.6%

2 실제 매출액이 아닌 생산량의 시장가치에 비례하여 배분한다. 이는 판매가 되지 않더라도 원가는 이미 발생했기 때문이다.

3 이를 간단하게 확인할 수 있다. 판매가치법에서 제품 a의 매출총이익률은 다음과 같이 나타낼 수 있다.
$\frac{(SV_a - 매출원가_a)}{SV_a} = \frac{(SV_a - \alpha SV_a)}{SV_a} = (1-\alpha)$. 여기서 SV_a는 제품 a의 판매가치이며, 매출원가$_a$는 제품 a에 배부되는 결합원가로서 판매가치(SV)에 비례하므로 판매가치의 α배가 배분된다. 따라서, 모든 결합제품의 매출총이익률은 $(1-\alpha)$로서 항상 같다는 것을 알 수 있다.

3) 순실현가치법(net realizable value method)

이 방법은 하나 이상의 결합제품에서 추가가공이 있을 때, 분리점에서 결합제품의 **순실현가치**(NRV, Net Realizable Value)에 비례하여 결합원가를 배분하는 방법이다. 여기서 순실현가치는 다음과 같이 계산한다.

순실현가치 = 추가가공 후의 판매가치 − 추가가공원가 − 판매비용

추가가공이 없는 제품의 순실현가치는 분리점에서의 판매가치에서 판매비용을 차감한 금액이 된다. 예제에서 쇠고기 덩어리와 기타 덩어리를 추가가공한다고 하자. 쇠고기 덩어리의 순실현가치는 추가가공 후 쇠고기 부위의 판매가치 ₩4,000,000에서 추가가공원가 ₩500,000을 차감한 ₩3,500,000이다. 같은 방식으로 계산하면, 기타 덩어리의 순실현가치는 ₩500,000이 된다(표 10-1). 순실현가치법은 쇠고기 덩어리와 기타 덩어리에 각각 ₩1,890,000, ₩270,000씩 배부하게 된다. 순실현가치법을 사용하는 경우, 쇠고기 부위와 기타 부위 판매에 대한 손익계산서는 표 10-4와 같다(모든 생산량이 판매된 것으로 가정). 여기서 매출원가는 결합원가배분액과 추가가공원가를 합한 금액이다.

표 10-4 순실현가치법에서 제품별 손익계산서 | 예제 10-1

(단위 : 원)

	쇠고기 부위	기타 부위
(1) 매출액	4,000,000	600,000
(2) 매출원가		
− 결합원가배분액	1,890,000 (=2,160,000×3,500,000÷(3,500,000+500,000))	270,000 (=2,160,000×500,000÷(3,500,000+500,000))
− 추가가공원가	500,000	100,000
− 합 계	2,390,000	370,000
(3) 매출총이익	1,610,000	230,000
(4) 매출총이익률(=(3)/(1))	40.25%	38.33%

이 방법을 사용하면 두 제품의 **매출총이익률**이 40.25%와 38.33%로 같지 않게 된다[4]. 이것은 두 제품의 매출원가 ₩1당 이익창출능력이 다르다는 것을 의미한다. 그 이유는 결합원가를 배분할 때 추가가공원가를 제외한 순실현가치를 기준으로 배분하므로, 매출원가(결합원가배분액+추가가공원가) 중에서 추가가공원가는 이익창출능력이 없다고 가정하고 있기 때문이다[5]. 그런데 추가가공원가를 투입하는 이유가 추가적인 이익을 창출하기 위한 것이라는 점에서, 이 방법에는 이론적인 모순이 있다고 볼 수 있다.

따라서, 만약 분리점에서 모든 결합제품의 판매가치가 존재한다면 비록 추가가공을 하더라도 위에서 설명한 분리점에서의 판매가치법을 적용하는 것이 바람직하다. 즉, 순실현가치법은 결합제품 중에 분리점에서 판매가치가 존재하지 않는 제품이 하나 이상 있어서, 판매가치법을 사용할 수 없는 경우에 적합한 방법이다.

4) 균등매출총이익률법(constant gross margin percentage NRV method)

순실현가치법은 결합제품 중에 분리점에서의 판매가치가 존재하지 않아 추가가공을 해야 하는 제품이 있는 상황에서 사용하는 방법으로, 매출총이익률이 제품별로 달라진다는 단점이 있음을 살펴보았다. 이 문제를 해결하기 위해 사용하는 방법이 **균등매출총이익률법**(또는 **수정순실현가치법**)으로서, 판매되는 최종제품의 매출총이익률이 같아지도록 결합원가를 배분하는 방법이다. 결합원가 배부순서는 다음과 같다.

첫째, 전체 제품의 매출총이익률을 계산한다. 예제에서 전체 제품의 매출총이익은 쇠고기 부위와 기타 부위의 판매가치의 합계(₩4,600,000)에서 결합원가(₩2,160,000)와 쇠고기

---

4 수식을 이용해서 이를 확인할 수 있다. 순실현가치법에서 제품 a의 매출총이익률은 다음과 같이 나타낼 수 있으며, 제품별로 달라진다는 것을 알 수 있다.

$$\frac{(SV_a - \text{매출원가}_a)}{SV_a} = \frac{(SV_a - \text{추가 가공원가}_a - \text{결합원가배분액}_a)}{SV_a} = \frac{(NRV_a - \text{결합원가배분액}_a)}{SV_a}$$
$$= \frac{(NRV_a - \beta NRV_a)}{SV_a} = \frac{(1-\beta)NRV_a}{SV_a}$$

5 이 방법에서 매출총이익률이 제품별로 같지 않은 이유는 결합원가 ₩1당 이익창출능력은 동일하지만, 추가가공원가는 이익창출능력이 없는 것으로 간주하여 최종판매가치에서 추가가공원가를 차감한 순실현가치를 기준으로 결합원가를 배분하기 때문이다. 결합원가 배분액 ₩1당 이익창출액을 α라고 하면, 다음 식에서 확인해볼 수 있다. 쇠고기 부위 : (1+α)189만원+50만원=400만원. 기타 부위 : (1+α)27만원+10만원=60원. 두 식에서 α≒0.852로서, 결합원가 ₩1당 이익창출액이 같음을 알 수 있다.

덩어리와 기타 덩어리의 추가가공원가(총 ₩600,000)를 차감한 금액인 ₩1,840,000이다. 이를 총매출액(판매가치의 합계)으로 나누면 매출총이익률이 40%가 된다.

$$
\begin{aligned}
\text{전체 매출총이익률} &= \frac{\text{매출총이익}}{\text{전체 제품의 판매가치}} \\
&= \frac{4{,}000{,}000+600{,}000-2{,}160{,}000-500{,}000-100{,}000}{4{,}000{,}000+600{,}000} \\
&= \frac{₩1{,}840{,}000}{₩4{,}600{,}000} = 40\%
\end{aligned}
$$

둘째, 각 제품의 매출총이익률이 전체 매출총이익률과 같게 되는 매출총이익 수준을 각 제품에 대해 계산한다. 쇠고기 부위의 매출총이익은 매출액 ₩4,000,000의 40%인 ₩1,600,000이 되며, 기타 부위의 매출총이익은 매출액 ₩600,000의 40%인 ₩240,000이 된다.

셋째, 각 제품에 대해 계산한 매출총이익을 이용해서 매출원가와 결합원가 배분액을 계산한다. 쇠고기 부위의 경우, 매출총이익 ₩1,600,000이 되기 위해 매출원가는 ₩2,400,000이 되어야 하며, 추가가공원가 ₩500,000이 있으므로, 배분되어야 할 결합원가는 ₩1,900,000이 된다. 기타 부위의 경우에는 매출총이익 ₩240,000이 되기 위해 매출원가는 ₩360,000이 되어야 하며, 추가가공원가 ₩100,000이 있으므로, 배분되어야 할 결합원가는 ₩260,000이 된다.

각 단계를 순서별로 정리하면 표 10-5와 같다.

표 10-5 균등매출총이익률법에서 제품별 결합원가 배분 | 예제 10-1

(단위 : 원)

	쇠고기 부위	기타 부위
(1) 매출액	4,000,000	600,000
(2) 필요 매출총이익(=(1)×0.4)	1,600,000	240,000
(3) 매출원가(=(1)−(2))	2,400,000	360,000

(표 계속)

	쇠고기 부위	기타 부위
(4) 추가가공원가	500,000	100,000
(5) 결합원가배부액(=(3)−(4))	1,900,000	260,000

균등매출액법을 사용할 때 쇠고기 부위와 기타 부위의 손익계산서는 표 10-6과 같다. 두 제품 전체와 개별 제품의 매출총이익률은 40%로서 모두 같음을 알 수 있다(모든 생산량이 판매된 것으로 가정).

표 10-6 균등매출총이익률법에서 제품별 손익계산서 | 예제 10-1

(단위 : 원)

	쇠고기 부위	기타 부위	합 계
(1) 매출액	4,000,000	600,000	4,600,000
(2) 매출원가			
− 결합원가배분액	1,900,000	260,000	2,160,000
− 추가가공원가	500,000	100,000	600,000
− 합 계	2,400,000	360,000	2,760,000
(3) 매출총이익	1,600,000	240,000	1,840,000
(4) 매출총이익률(=(3)/(1))	40%	40%	40%

균등매출총이익률법은 판매가치가 매우 낮은 제품에 대해서도 다른 제품들과 동일한 매출총이익률을 달성할 수 있도록 결합원가를 배분하는 방법이므로, 결합원가를 배분하는 대신에 오히려 차감해주는 "−" 배부가 발생할 수도 있다. 또한, 각 제품의 개별적인 수익성에 무관하게 동일한 이익률을 달성할 수 있도록 결합원가를 배분하는 방식이므로, 사실상 "이익"을 배분하는 방식이라고도 볼 수 있다.

5) 네 가지 방법의 비교와 유의사항

우리는 지금까지 네 가지 결합원가 배분방법을 학습하였다. 이들 방법 중에서 물량기준법을 제외한 나머지 세 방법은 결합제품의 시장가치를 이용하여 배분하는 방법으로서 **시장**

가치 접근법(market-based approaches)이다. 제품의 원가와 시장가치가 연계된다는 면에서 **수혜기준**(Benefits Received criterion)에 근거한 배분방법으로서 의미가 있다. 그러나, 시장가치가 존재하지 않을 때는 불가피하게 물량기준법을 사용할 수밖에 없다[6]. 또한, 시장가치의 변동성이 너무 큰 경우에도 물량기준법 사용을 고려해볼 수 있다.

시장가치 접근법 중에서는 분리점에서의 판매가치법이 가장 선호된다. 판매가치법은 사용이 간편하고, 분리점에서 각 결합제품의 수익성을 그대로 반영하므로 수혜기준에 가장 부합한다. 순실현가치법도 분리점에서의 순실현가치를 이용하여 배분하는 방법이므로 수혜기준에 어느 정도 부합한다고 볼 수 있다. 그러나, 순실현가치법은 분리점 이후 여러 가공단계를 거칠 경우 사용이 복잡할 수 있고, 추가가공원가의 이익창출 여지를 무시하므로 이론적인 모순을 안고 있으며, 추가가공 방식에 따라 결합원가 배분이 달라질 수 있다는 단점이 있다. 따라서, 판매가치법을 사용할 수 없을 때 그 다음으로 순실현가치법이 선호된다.

균등매출총이익률법은 순실현가치법과는 달리 추가가공원가도 이익을 창출할 수 있다는 점을 반영한다는 점에서 장점이 있다. 그러나, 각 제품의 개별적인 수익성을 무시하고 모든 제품을 마치 하나의 제품처럼 같은 이익률을 가정하여 분리점에서 각 제품이 받는 다른 수준의 혜택을 반영하지 않아, 수혜기준과는 다소 거리가 있고, 사용하기에도 복잡하다.

네 가지 방법 모두 결합원가 배분이라는 특수한 상황에서 사용하는 방법으로서, **인과관계기준**과는 거리가 있다는 점도 이해할 필요가 있다[7].

마지막으로, 네 가지 방법을 이용한 결합원가 배분결과를 제품별 가격결정이나 수익성 평가에 사용하기에는 한계가 있다. 네 방법은 인과관계기준에 의한 배부방법이라 하기 어려우므로, 제품별로 배부된 원가가 각 제품이 실제로 발생시킨 원가라고 보기 어렵다. 또한, 물량기준법을 제외한 방법들은 시장가치를 이용하여 역으로 원가를 계산하는 방식이다. 따라서 시장가치를 이용해서 계산한 원가를 다시 제품 가격결정에 사용하는 것은 논리에 맞지 않는다.

---

6 과거에 전화국에서 각 가정으로 연결되어 있던 전화선을 이용해서 전화만 할 수 있었으나, 기술발전으로 인터넷서비스도 제공할 수 있게 되자, 전화선의 원가(결합원가)를 전화서비스와 인터넷서비스로 어떻게 배분할 것인지에 대한 논의가 대두되었다. 인터넷서비스가 처음 도입되던 시기여서 시장가치를 이용한 결합원가 배분방법을 적용할 수 없었기 때문에, 당시 전화와 인터넷의 트래픽 기준으로 대략 5:5의 비율로 원가를 배분했던 적이 있다.

7 결합원가를 증가시키면(예 좋은 재료나 좋은 장비의 사용), 결합제품 중에서 판매가치가 높은 제품을 더 많이 생산할 수 있거나 제품의 시장가치가 증가할 수도 있다. 그 경우에는 결합원가와 판매가치 사이에 연계성이 있을 수 있다.

6) 복수의 분리점이 있는 경우 순실현가치법

우리는 지금까지 분리점이 하나인 경우의 결합원가 배분방법에 대해 학습하였다. 이제 복수의 분리점이 있는 경우에 대해 학습해보자. 순실현가치법에 대해서만 설명하기로 한다.

복수의 분리점이 있는 경우에도 분리점이 하나인 경우와 같은 원칙에 따라 계산하면 된다. 분리점의 개수와 상관없이, 기본적인 원칙은 "각 분리점 이전에 발생한 결합원가는 각 분리점에서의 결합제품의 순실현가치의 비율로 배분한다"는 것이다.

예제 10-2

고기사랑(주)의 예제 10-1을 약간 변형하여 두 개의 분리점이 있는 경우(1차 분리점, 2차 분리점)에 대해 학습해보자. 이제 쇠고기 부위와 기타 부위의 판매가치가 존재하지 않아, 2차 분리점과 추가가공을 거친 다음 최종 제품으로 판매한다고 하자. 그림 10-3에 나타난 바와 같이, 쇠고기 부위와 기타 부위는 2차 분리점을 지나면서(편의상 이때 가공원가는 발생하지 않는다고 하자) 추가로 분리된다. 추가로 분리된 쇠고기 부위들을 추가가공원가를 투입하여 가공하면 최종적으로 제품 A와 제품 B가 되고, 기타 부위는 최종적으로 제품 C와 제품 D가 된다.

그림 10-3 복수의 분리점이 있는 경우 소 관련 제품의 원가 발생 구조와 제품의 판매가치 (단위 : 원)

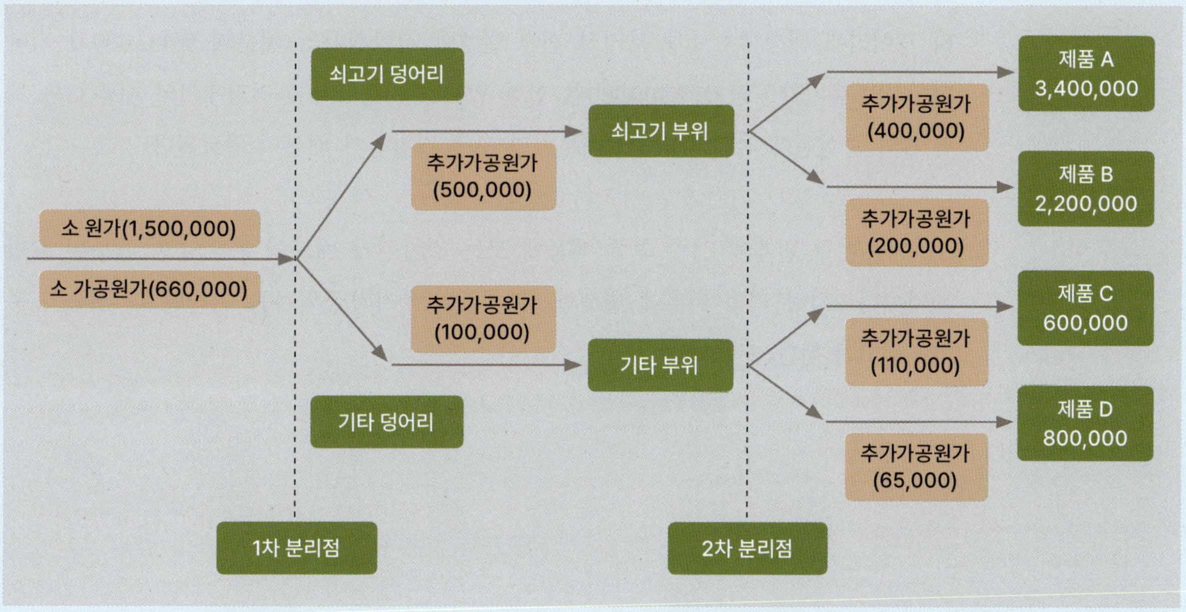

두 개의 분리점이 있는 경우에는 다음과 같이 2단계로 계산하면 된다. 구체적인 계산 결과는 표 10-7에 나타나 있다.

- **제1단계 덩어리별 배분** : 그림 10-3에서 1차 분리점 이전의 결합원가(₩2,160,000)는 1차 분리점에서의 쇠고기 덩어리의 순실현가치와 기타 덩어리의 순실현가치에 비례배분한다. 이때 1차 분리점에서의 쇠고기 덩어리의 순실현가치는 제품 A와 제품 B의 최종판매가치의 합계 ₩5,600,000에서 이들과 관련된 추가가공원가(1차 분리점 후 발생한 쇠고기 덩어리의 추가가공원가 ₩500,000, 2차 분리점 후 추가가공원가 ₩400,000과 ₩200,000)를 차감한 금액인 ₩4,500,000이 된다(표 10-7에서 (6)). 마찬가지 방식으로 계산하면, 기타 덩어리의 순실현가치는 ₩1,125,000이 된다. 이 비율로 1차 분리점 이전의 결합원가(₩2,160,000)를 배분하면, 쇠고기 덩어리와 기타 덩어리에 각각 ₩1,728,000과 ₩432,000씩 배분된다(표에서 (8)).
- **제2단계 최종 제품별 배분** : 위에서 쇠고기 덩어리에 배분된 결합원가 ₩1,728,000은 쇠고기 덩어리의 추가가공원가인 ₩500,000과 합해져서(총 ₩2,228,000)(표에서 (9)), 다시 제품 A와 제품 B로 배분된다. 이 단계에서는 2차 분리점에서의 제품 A의 순실현가치(₩3,000,000)와 제품 B의 순실현가치(₩2,000,000)에 비례하여 배분한다. 제품 A와 B에 배분되는 원가는 각각 ₩1,336,800과 ₩891,200이 된다(표에서 (11)). 마찬가지 방법으로 기타 덩어리에 대해서도 1차 분리점 전에 발생한 결합원가의 배분액 ₩432,000과 기타 덩어리의 추가가공원가 ₩100,000을 합한 ₩532,000을 2차 분리점에서의 제품 C와 제품 D의 순실현가치에 비례해서 배분하면 모든 결합원가 배분이 완료된다.

이렇게 두 단계에 걸쳐 최종 제품에 모든 결합원가 배분이 완료되면, 배분된 결합원가에다 2차 분리점 이후에 발생한 각 제품의 추가가공원가를 더하면 각 제품의 총 제조원가가 된다(표에서 (12)).

표 10-7 복수의 분리점이 있는 경우의 순실현가치법 | 예제 10-2

	쇠고기 부위		기타 부위	
	제품 A	**제품 B**	**제품 C**	**제품 D**
(1) 최종판매가치(원)	3,400,000	2,200,000	600,000	800,000
(2) 2차 분리점 후 추가가공원가(원)	400,000	200,000	110,000	65,000
(3) 2차 분리점에서의 순실현가치(원)(=(1)−(2))	3,000,000(a)	2,000,000(b)	490,000(c)	735,000(d)
(4) 결합원가(2차 분리점 이전 발생)의 군내 제품별 배분비율	0.6 (=a/(a+b))	0.4 (=b/((a+b))	0.4 (=c/(c+d))	0.6 (=d/(c+d))
[제1단계 덩어리별 배분]	**쇠고기 덩어리**		**기타 덩어리**	
(5) 1차 분리점 후 덩어리 추가가공원가(원)	500,000		100,000	
(6) 1차 분리점에서의 덩어리 순실현가치(원)	4,500,000(m)(=a+b−(5))		1,125,000(n)(=c+d−(5))	
(7) 결합원가(1차 분리점 이전 발생) 덩어리별 배분비율	0.8(=m/(m+n))		0.2(=n/(m+n))	
(8) 결합원가(1차 분리점 이전 발생) 덩어리별 배분액(원) (총 ₩2,160,000×(7))	1,728,000		432,000	
[제2단계 최종 제품별 배분]	**쇠고기 부위**		**기타 부위**	
	제품 A	**제품 B**	**제품 C**	**제품 D**
(9) 군내 결합원가 배부필요액(원)(=(5)+(8))	2,228,000		532,000	
(10) 군내 제품별 배부비율(=(4))	0.6	0.4	0.4	0.6
(11) 제품별 배부액(원)(=(9)×(10))	1,336,800	891,200	212,800	319,200
(12) 제품별 총제조원가(원) (=(2)+(11))	1,736,800	1,091,200	322,800	384,200

3. 결합원가 배분과 추가가공 의사결정

1) 추가가공 여부 결정 기준으로서 증분이익

분리점에서 결합제품이 생산되면, 추가가공을 할지, 그대로 판매할지를 결정해야 한다. 여기서 결합원가의 배부가 **추가가공 여부**에 어떤 영향을 미치는지 살펴보자. 추가가공은 분리점에서 판매가치가 없어서 판매 가능한 형태로 만들기 위해서 할 수도 있고, 분리점에서 판매가치가 있더라도 추가가공을 통해 더 많은 이익을 얻기 위해 할 수도 있다. 어느 경우이든 추가가공 전보다 추가가공 후에 이익이 더 많을 때 하게 된다.

추가가공을 통해 추가적으로 얻는 이익을 **증분이익**(incremental profit)이라고 하며, 증분이익이 "0"보다 큰 경우에 추가가공을 하게 된다. 증분이익은 추가가공을 통해 추가로 획득하는 수익인 **증분수익**(incremental revenue)에서 추가가공으로 인해 추가로 발생하는 비용인 **증분비용**(incremental cost)을 차감한 것이다.

증분이익 = 증분수익 − 증분비용

따라서, 추가가공에 따른 증분수익이 증분비용보다 더 크면, 증분이익이 "0"보다 크므로 추가가공을 하게 되는 것이다. 그런데 결합원가 배분은 추가가공을 하기 전에 이미 발생한 원가를 단순히 배분하는 것으로서 추가가공에 따른 증분수익과 증분원가에 전혀 영향을 미치지 않으므로, 추가가공 여부를 결정하는 데 아무런 영향을 미치지 않는다. 다음 예제를 통해 확인해보자.

예제 10-3

고기사랑(주) 예제 10-1을 이용하자. 분리점에서 생산된 쇠고기 덩어리(판매가치 ₩2,450,000)를 그대로 판매할 것인지, 아니면 추가가공을 해서 쇠고기 부위(판매가치 ₩4,000,000) 형태로 판매할 것인지에 대해 분석해보자.

먼저, 증분이 아닌 총액을 이용해서 분석해보자(표 10-8에서 (1)열과 (2)열 비교). 먼저, 분리점 이전에 발생한 결합원가(₩2,160,000원) 중에 쇠고기 덩어리에 배부되는 금액을 M

이라고 하자. 추가가공 없이 덩어리 형태로 판매하는 경우, 매출액은 ₩2,450,000, 매출원가는 M, 매출총이익은 ₩(2,450,000 – M)이다. 추가가공하는 경우에는 쇠고기 부위의 매출액은 ₩4,000,000, 매출원가는 ₩(M + 500,000), 매출총이익은 ₩(3,500,000 – M)이다. 따라서, 쇠고기 부위와 쇠고기 덩어리의 매출총이익의 차이는 ₩1,050,000(=(3,500,000 – M)-(2,450,000 – M))으로서 추가가공이 유리하며, 쇠고기 덩어리에 대한 결합원가 배분액인 M는 두 제품의 매출총이익 차이에 전혀 영향을 미치지 않는다는 것을 알 수 있다. 즉, 결합원가 배분액이나 배분방법은 추가가공 여부에 영향을 미치지 않는다는 것이다[8].

표 10-8 고기사랑(주)의 쇠고기 덩어리 추가가공 여부

(단위 : 원)

구 분	쇠고기 덩어리(1)	쇠고기 부위(2)	차 이(3)(=(2)–(1))
매 출	2,450,000	4,000,000	1,550,000(증분수익)
매출원가	M*	M*+500,000	500,000(증분비용)
매출총이익	2,450,000–M*	3,500,000–M*	1,050,000(증분이익)

* M은 분리점 이전에 발생한 결합원가(₩2,160,000) 중 쇠고기 덩어리에 대한 배분액

총액 비교 대신 증분 개념을 사용하면 더 간단하게 분석할 수 있다(표에서 차이(3) 열). 추가가공에 따른 증분수익은 ₩1,550,000(= ₩4,000,000 – ₩2,450,000)이며, 추가가공으로 인한 증분비용은 추가가공원가인 ₩500,000으로, 증분이익이 ₩1,050,000이므로 추가가공을 하는 것이 유리하다. 여기에서도 추가가공 이전에 발생한 결합원가의 배분액 M은 차이 값(증분수익, 증분비용, 증분이익) 어디에도 영향을 미치지 않는다는 것을 알 수 있다. 마찬가지로, 예제 10-2에서 쇠고기 부위 형태로 판매할지 2차 분리점을 거쳐 추가가공을 실시하여 제품 A와 제품 B로 판매할지를 결정해야 할 때도, 2차 분리점 이전에 발생한 모든 결합원가의 배분액(배분방법)은 쇠고기 부위의 추가가공 여부 의사결정에 영향을 미치지 않는다.

요약하면, 특정 시점에서 추가가공을 할 것인지에 대한 의사결정은 그 시점 전까지 발생한 모든 결합원가 배분액의 영향을 전혀 받지 않는다. 결합원가는 과거에 이미 발생한

8 여기서 우리는 추가가공 후에 판매할 제품의 시장가격이 이미 존재하여 가격이 제품의 원가에 영향을 받지 않는 상황에 대해 분석하였다. 그러나, 원가에 일정한 이윤을 더해 가격을 설정하는 원가가산 가격설정(cost-plus pricing)을 사용하는 상황에서는 결합원가 배분액이 추가가공 후의 제품 가격에 영향을 미칠 수 있으므로, 결합원가 배분액(방법)이 추가가공 의사결정에 영향을 미칠 수도 있다.

비용(매몰원가)으로, 미래 추가가공 여부 의사결정에 전혀 영향을 미치지 않는다는 것이다.

추가가공에 따른 증분비용을 계산할 때 주의할 점은 추가가공으로 인해 실제로 증가하는 비용만 고려해야 한다는 것이다. 이미 구축되어 있는 설비의 감가상각비나 공장장 급여 등 추가로 발생하지 않는 비용을 추가로 배분받는다고 하더라도 그 배분액은 추가가공의 증분비용에 해당하지 않는다. 고기사랑(주) 예제에서도 추가가공원가에는 실제로 증가하는 비용만 포함한 것이다.

2) 부문 경영자의 유인과 추가가공 여부

기업 전체적으로는 추가가공이 바람직하더라도, 부문경영자들이 부문이익을 기준으로 성과평가를 받는다면, 실제로는 추가가공이 일어나지 않을 수도 있다.

예제 10-3에서 쇠고기 부위를 추가가공하면 이미 구축되어 있는 설비의 감가상각비 중에 ₩1,100,000을 더 배부받게 된다고 하자. 이제 추가가공을 하면 쇠고기 부위 부문의 이익은 추가가공을 하지 않을 경우에 비해 오히려 ₩100,000(=₩1,000,000－₩1,100,000) 감소하게 된다. 따라서, 쇠고기 부위 부문의 경영자는 추가가공을 하지 않고 부위 형태의 제품을 판매하게 될 것이다. 즉, 쇠고기 부위를 추가가공하면 기업이익이 ₩1,000,000 증가하므로 기업 전체적으로는 추가가공하는 것이 바람직하지만, 실제로는 추가가공이 일어나지 않을 수 있다. 이런 부작용을 방지하기 위해 기업의 성과평가제도는 부문 경영자의 유인을 올바로 반영해서 설계해야 한다.

4. 부산품 회계

지금까지 **주산품**만 있는 경우의 결합원가 배분방법을 학습하였다. 이제 **부산품**이 있는 경우를 살펴보자. 부산품이 존재하는 경우 회계처리방법은 크게 두 가지가 있다. 부산품의 가치 인식 시점에 따라 **생산기준법**과 **판매기준법**으로 구분하기도 하고, 회계처리방법에 따라 **원가차감법**과 **잡수익법**으로 구분하기도 한다. 보통 생산기준법은 원가차감법을 사용하고, 판매기준법은 잡수익법을 사용하므로, 이를 함께 설명하기로 한다.

간단한 다음 예제를 통해 두 방법을 학습해보자.

예제 10-4

㈜양갈비는 결합공정을 통해 주산품 M과 부산품 Y를 생산하고 있다. 202X년 주산품과 부산품의 기초재고는 없으며, 당기에 발생한 결합원가는 ₩12,000(=재료원가 ₩9,000+가공원가 ₩3,000)이다. 주산품과 부산품의 추가가공원가와 판매비용은 발생하지 않는다. 당기 생산량과 판매량 및 판매가격은 표 10-9와 같다. 생산기준법과 판매기준법에서 단계별로 분개하고 주산품의 가치를 계산해보자.

표 10-9 ㈜양갈비의 주산품과 부산품 내역

	생산량(개)	판매량(개)	판매가격(원)	기말재고량(개)
주산품 M	500	300	60	200
부산품 Y	200	50	10	150

1) 생산기준법(원가차감법)

이 방법은 부산품의 가치를 생산완료 시점에서 인식하는 방법으로서, 부산품의 가치는 부산품의 순실현가치(판매가치－추가가공원가－판매비용)로 인식한다. 주산품의 가치는 결합원가에서 부산품의 순실현가치를 차감한 나머지 금액으로 인식한다. 단계별 분개는 다음과 같다.

생산완료

(차) 제품	10,000	(대) 재공품	12,000
부산품	2,000		

여기서 부산품 Y의 순실현가치는 총판매가치와 같은 ₩2,000(=200개×₩10)이며, 별도의 자산으로 인식한다. 주산품인 제품 M의 원가는 결합원가 ₩12,000에서 부산품의 순실현가치 ₩2,000을 차감한 ₩10,000이 되며, 생산량이 500개이므로 제품 M의 단위당 원가는 ₩20이 된다.

주산품 판매

(차) 매출채권 18,000 (대) 매출 18,000
(차) 매출원가 6,000 (대) 제품 6,000

부산품 판매

(차) 현금 500 (대) 부산품 500

부산품 판매는 손익거래로 인식하지 않는다. 부산품 Y는 ₩500(=50개×₩10)이 감소하고 현금(또는 미수금)이 증가하는 자산교환 거래로 인식한다. 생산기준법에서 부산품 판매에 따른 손익은 항상 "0"이다. 그러나, 생산시점에서 인식한 부산품의 순실현가치가 실제 판매액과 다른 경우에는 부산품 판매에 따른 이익이 발생할 수 있다.

2) 판매기준법(잡수익법)

이 방법은 부산품의 가치를 생산완료 시점에서 전혀 인식하지 않고, 별도의 비망록에 기록해두었다가 부산품이 판매되는 시점에 판매비용을 차감한 판매금액을 잡수익으로 인식하는 방법이다. 생산시점에서는 부산품의 가치가 전혀 인식되지 않으므로, 주산품의 가치는 결합원가 전체 금액으로 인식한다. 단계별 분개는 다음과 같다.

생산완료

(차) 제품 12,000 (대) 재공품 12,000

부산품은 가치를 인식하지 않으므로 자산으로 기록되지 않는다. 결합원가 ₩12,000 전액을 주산품의 가치로 인식하게 되므로 주산품 단위당 원가는 ₩24이 된다.

주산품 판매

(차) 매출채권 18,000 (대) 매출 18,000
(차) 매출원가 7,200 (대) 제품 7,200

부산품 판매

(차) 현금 500 (차) 잡수익 500

부산품 Y는 자산으로 인식되어 있지 않고 별도의 메모장에 기록되어 있을 뿐이므로, 부산품 판매 시에는 자산과 관련된 회계처리가 발생하지 않으며, 현금유입은 잡수익으로 기록된다. 또는 수익 항목 대신 주산품 매출원가의 차감 항목으로 보고하기도 한다.

위 예제에서 생산기준법과 판매기준법을 적용한 경우의 기말 재무상태표 표시는 표 10-10과 같다.

표 10-10 재무상태표의 기말 재고자산 | 예제 10-4

(단위 : 원)

	생산기준법	판매기준법
주산품 M	4,000	4,800
부산품 Y	1,500	–

생산기준법은 생산이 완료되는 회계기간에 부산품의 가치를 별도로 인식하여, 주산품의 원가를 그만큼 감소시키는 방법이므로, 주산품 판매 시 수익과 비용이 적절하게 대응된다는 점에서 이론적으로 판매기준법보다 우수하다. 그러나, 부산품의 가치가 매우 낮거나 변동성이 클 때는 판매기준법 사용을 고려할 수 있다.

3) 복수의 주산품이 있을 경우의 부산품 회계

이제 부산품과 함께 두 개 이상의 주산품이 있는 복잡한 경우에 대해 살펴보자.

예제 10-5

(주)사슴농장은 결합공정의 분리점에서 주산품인 제품 A, 제품 B 및 부산품인 제품 Y를 생산한다. 2024년 결합원가는 ₩700,000이며, 주산품과 부산품의 기초재고는 없다. 주산품과 부산품은 모두 판매 가능한 형태로 추가가공을 하게 되며, 부산품은 판매비용이 발생한다. 당기에 발생한 구체적인 내역은 표 10-11과 같다. 결합원가 배분은 순실현가치법을 사용한다. 부산품 회계처리방법인 생산기준법(원가차감법)과 판매기준법(잡수익법)을 각각 사용하여 당기의 영업이익을 계산해보자. 표에서 단위당 NRV는 최종판매가격에서 단위

(예제 계속)

당 추가가공원가와 단위당 판매비를 뺀 금액이다.

표 10-11 (주)사슴농장의 2024년 주산품과 부산품 자료

제 품	종 류	생산량 (1)	단위당 추가가공 원가(2)	판매량 (3)	단위당 판매비 (4)	최종판매 가격 (5)	단위당 NRV(6) (=(5)−(2)−(4))	NRV(7) (=(1)×(6))
A	주산품	20,000개	₩5	14,000개	₩0	₩50	₩45	₩900,000
B	주산품	10,000	4	8,000	0	64	60	600,000
Y	부산품	5,000	4	3,000	1	25	20	100,000

(1) 생산기준법(원가차감법)

분리점(생산시점)에서 부산품 Y의 총순실현가치가 ₩100,000이므로, 이 방법에서 부산품의 가치는 ₩100,000으로 인식되며, 주산품에 배부해야 할 결합원가는 ₩600,000(=₩700,000 − ₩100,000)이다. 순실현가치법에서는 ₩600,000을 분리점에서 주산품 A와 B의 순실현가치에 비례해서 배분한다. 결합원가 배부내역은 표 10-12와 같다.

표 10-12 생산기준법에서 결합원가의 배분과 주산품의 단위당 원가 | 예제 10-5

	NRV	NRV비율	결합원가 배부액	생산량 단위당 배부액(1)	단위당 추가가공원가(2)	완성품 단위당 원가 (3)(=(1)+(2))
주산품 A	₩900,000	0.6	₩360,000	₩18 (=₩360,000÷20,000개)	₩5	₩23
주산품 B	600,000	0.4	240,000	24 (=₩240,000÷10,000개)	4	28
합 계	1,500,000	1	600,000	−	−	−

완성품 단위당 원가(표 10-12에서 (3))는 분리점에서의 결합원가의 단위당 배부액과 분리점 이후 투입되는 단위당 추가가공원가를 합한 금액이다. 당기 손익계산서는 표 10-13과 같다[9].

9 앞에서 설명한 바와 같이 부산품 판매는 매출로 인식하지 않을 수 있으나 부산품 판매에 따른 손익이 항상 "0"이 됨을 보여주기 위해 매출로 표시하였다.

표 10-13 ㈜사슴농장 2024년 생산기준법에서 제품별 손익계산서 | 예제 10-5

(단위 : 원)

	주산품 A	주산품 B	부산품 Y	합 계
매 출	700,000	512,000	75,000	1,287,000
매출원가	322,000	224,000	72,000	618,000
– 기초재품재고액	0	0	0	0
– 당기제품제조원가	460,000 (=20,000개×₩23)	280,000 (=10,000개×₩28)	120,000 (=5,000개×₩24)	860,000
– (기말제품재고액)	(138,000) (=6,000개×₩23)	(56,000) (=2,000개×₩28)	(48,000) (=2,000개×₩24)	(242,000)
매출총이익	378,000	288,000	3,000	669,000
판매비	0	0	3,000	3,000
영업이익	378,000	288,000	0	666,000

부산품의 단위당 원가(가치)가 생산부터 판매까지 단계별로 달라짐에 유의해야 한다. 그림 10-4에 나타난 바와 같이, 분리점 직후에는 단위당 순실현가치인 ₩20으로 인식되며, 추가가공을 마친 후에는 추가가공원가 ₩4이 더해진 ₩24으로 가치가 증가한다. 손익계산서에서 당기제품제조원가와 기말재고 금액에 반영되는 부산품 Y의 단위당 원가는 부산품이 추가가공을 마친 완성품 형태로서 판매되기 전 단계의 원가이므로, 단위당 순실현가치(₩20)와 단위당 추가가공원가(₩4)의 합인 ₩24이 된다.

부산품 판매시점에서는 단위당 판매비 ₩1이 발생하므로, 단위당 총비용은 매출원가 ₩24과 판매비 ₩1을 더한 ₩25으로서, 항상 판매가격(₩25)과 같게 된다. 따라서 생산기준법에서 부산품의 판매에 따른 손익은 "0"이다.

그림 10-4 생산기준법에서 부산품의 단계별 가치 변화

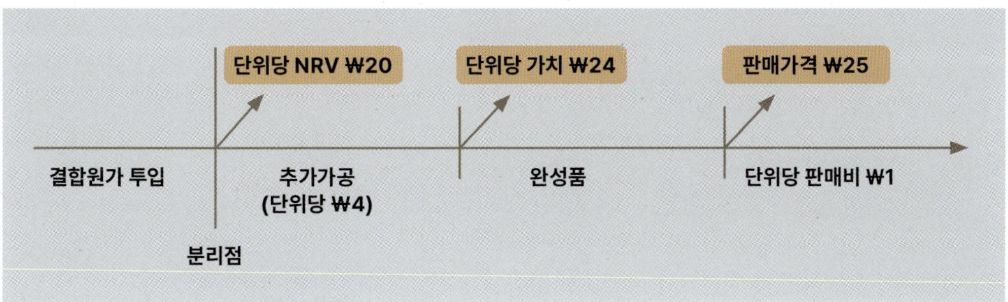

(2) 판매기준법(잡수익법)

이 방법에서는 생산시점에서 결합원가 ₩700,000은 모두 주산품에 배분하고 부산품 Y의 가치는 인식하지 않는다. 순실현가치법에 따른 결합원가의 구체적인 배분 내역은 표 10-14와 같다.

표 10-14 판매기준법에서 결합원가의 배분과 주산품의 단위당 원가 | 예제 10-5

	NRV	NRV비율	결합원가 배부액	생산량 단위당 배부액(1)	단위당 추가가공원가(2)	완성품 단위당 원가 (3)(=(1)+(2))
주산품 A	₩900,000	0.6	₩420,000	₩21 (=₩420,000÷20,000개)	₩5	₩26
주산품 B	600,000	0.4	280,000	28 (=₩280,000÷10,000개)	4	32
합 계	1,500,000	1	700,000	–	–	–

완성품 단위당 원가는 결합원가의 단위당 배부액과 단위당 추가가공원가를 합한 금액이다. 당기 손익계산서는 표 10-15와 같다.

표 10-15 ㈜사슴농장의 2024년 판매기준법에서 제품별 손익계산서 | 예제 10-5

(단위 : 원)

	주산품 A	주산품 B	합 계
매출	700,000	512,000	1,212,000
매출원가	364,000	256,000	620,000
– 기초재품재고액	0	0	0
– 당기제품제조원가	520,000 (=20,000개×₩26)	320,000 (=10,000개×₩32)	840,000
– (기말재품재고액)	(156,000) (=6,000개×₩26)	(64,000) (=2,000개×₩32)	(220,000)
매출총이익	336,000	256,000	592,000
판매비	0	0	0
부산품 판매이익	–	–	60,000
영업이익	336,000	256,000	652,000

판매기준법을 사용하면, 부산품은 생산시점에서 별도의 자산으로 인식되지 않는다. 따라서, 판매시점에 부산품 판매에 따른 이익은 판매된 부산품의 순실현가치가 된다. 즉, ₩60,000(=3,000개×단위당 순실현가치 ₩20)이 인식된다[10].

생산기준법의 경우, 부산품의 가치는 생산시점에서 NRV만큼 인식되지만, 판매기준법의 경우에는 생산시점에서는 "0"의 가치를 가지는 것으로 출발하여 판매시점에서 NRV 만큼의 가치를 지니게 되는 것이다.

10 달리 설명하면, 분리점에서 부산품의 원가는 "0"이지만(따라서, 자산으로 인식하지 않음), 추가가공원가와 판매비를 합쳐 단위당 총 ₩5을 투입하면 최종 판매가격이 단위당 ₩25이 되므로, 판매 시 단위당 이익은 ₩20이 된다.

연습문제

객관식

01 결합원가 배분방법

결합원가계산에 관한 다음 사항 중 옳지 않은 것은?

① 순실현가치법은 원가가산 가격결정을 위한 원가를 산정하는 데 사용하기에 부적합하다.
② 결합원가의 네 가지 배분방법은 인과관계기준에 의한 원가배분방법들이라 할 수 있다.
③ 결합원가 배분방법은 추가가공 의사결정에 영향을 미치지 않는다.
④ 물량기준법에서는 제품 단위당 원가가 판매가격보다 큰 경우도 발생할 수 있다.

02 결합원가 배분방법

결합원가계산에 관한 다음 사항 중에서 옳지 않은 것은?

① 판매가치법의 경우 분리점에서의 각 제품의 매출총이익률은 동일하다.
② 분리점에서 결합제품의 판매가치가 있는 경우에도 최종판매가치를 고려하는 순실현가치(NRV)법을 사용하는 것이 좋다.
③ 수정NRV법에서 결합원가와 분리원가의 ₩1당 이익창출기여도는 동일하다.
④ 순실현가치법에서 최종제품의 매출총이익률은 동일하지 않다.

03 상대적 판매가치법에 의한 결합원가 배분 (2022 국가직 9급)

㈜한국은 화학재료 4,000kg을 투입해서 정제공정을 거쳐 3:2의 비율로 연산품 A와 B를 생산하며, 분리점 이전에 발생한 결합원가는 다음과 같다.

	금 액
직접재료원가	₩250,000
직접노무원가	₩120,000
제조간접원가	₩130,000
합 계	₩500,000

결합제품의 kg당 판매가격은 연산품 A가 ₩40/kg이고, 연산품 B가 ₩60/kg이다. 분리점에서의 판매가치법에 따라 결합원가를 배분할 경우, 연산품 B에 배부되는 결합원가는?

① ₩250,000　② ₩350,000　③ ₩450,000　④ ₩550,000

04 균등매출총이익률법에 의한 결합원가 배분 (2022 CPA)

㈜대한은 결합생산공정을 통해 결합제품 X와 Y를 생산 및 판매하고 있으며, 균등매출총이익률법을 적용하여 결합원가를 배부한다. ㈜대한은 20X1년에 결합제품 X와 Y를 모두 추가가공하여 전량 판매하였으며, 추가가공원가는 각 제품별로 추적가능하고 모두 변동원가이다. ㈜대한의 20X1년 생산 및 판매 관련 자료는 다음과 같다.

제 품	생산량	추가가공원가	최종판매단가
X	6,000단위	₩30,000	₩50
Y	10,000	20,000	20

20X1년 중 발생한 결합원가가 ₩350,000일 경우, ㈜대한이 제품 X와 Y에 배부할 결합원가는 각각 얼마인가? (단, 공손 및 감손은 없으며, 기초 및 기말재공품은 없다.)

	제품 X	제품 Y
①	₩200,000	₩150,000
②	₩210,000	₩140,000
③	₩220,000	₩130,000
④	₩230,000	₩120,000
⑤	₩240,000	₩110,000

05 결합원가 배분방법 (2016 세무사)

결합원가계산에 관한 설명으로 옳지 않은 것은?

① 물량기준법은 모든 연산품의 물량 단위당 결합원가 배부액이 같아진다.
② 분리점판매가치법(상대적 판매가치법)은 분리점에서 모든 연산품의 매출총이익률을 같게 만든다.
③ 균등이익률법은 추가가공 후 모든 연산품의 매출총이익률을 같게 만든다.
④ 순실현가치법은 추가가공 후 모든 연산품의 매출총이익률을 같게 만든다.
⑤ 균등이익률법과 순실현가치법은 추가가공을 고려한 방법이다.

06 순실현가치법에 의한 결합원가 배분 (2022 관세사)

㈜관세는 결합공정을 통해 제품 A와 B를 생산하고 있으며, 결합원가를 순실현가치법에 의해 배분한다. 제품 A는 분리점에서 즉시 판매되고 있으나, 제품 B는 추가가공을 거쳐서 판매된다. ㈜관세의 당기 영업활동 관련 자료는 다음과 같다.

제 품	생산량	판매량	단위당 추가가공원가	단위당 판매가격
A	4,000단위	3,000단위	–	₩250
B	6,000	4,000	?	350

당기 결합원가 발생액이 ₩800,000이고, 제품 B에 배분된 결합원가가 ₩480,000일 경우, 제품 B의 단위당 추가가공원가는? (단, 기초 및 기말재공품은 없다.)

① ₩32 ② ₩48 ③ ₩69 ④ ₩80 ⑤ ₩100

07 순실현가치법에 의한 결합원가 배분 2021 관세사

20X1년 초 설립된 ㈜관세는 결합된 화학처리 공정을 통해 두 가지 연산품 제품 A와 제품 B를 생산한다. 제품 A는 분리점에서 판매되고, 제품 B는 추가가공을 거쳐 판매된다. 연산품에 관한 생산 및 판매 관련 자료는 다음과 같다.

제 품	생산량	기말재고량	kg당 판매가격
A	1,200kg	200kg	₩100
B	800kg	100kg	₩120

결합원가는 ₩40,000이고, 제품 B에 대한 추가가공원가가 ₩16,000이다. ㈜관세가 결합원가를 순실현가치법으로 배부할 경우, 20X1년 매출원가는? (단, 기말재공품은 없다.)

① ₩45,000 ② ₩46,500 ③ ₩48,000 ④ ₩49,500 ⑤ ₩50,500

08 순실현가치법에 의한 결합원가 배분 2017 세무사

㈜세무는 결합원가 ₩15,000으로 제품 A와 제품 B를 생산한다. 제품 A와 제품 B는 각각 ₩7,000과 ₩3,000의 추가가공원가(전환원가)를 투입하여 판매된다. 순실현가치법을 사용하여 결합원가를 배분하면 제품 B의 총제조원가는 ₩6,000이며 매출총이익률은 20%이다. 제품 A의 매출총이익률은?

① 23% ② 24% ③ 25% ④ 26% ⑤ 27%

09 균등매출총이익률법에 의한 결합원가 배분 2020 CPA

㈜대한은 동일 공정에서 세 가지 결합제품 A, B, C를 생산한다. 제품 A, 제품 B는 추가가공을 거치지 않고 판매되며, 제품 C는 추가가공원가 ₩80,000을 투입하여 추가가공 후 제품 C+로 판매된다. ㈜대한이 생산 및 판매한 모든 제품은 주산품이다. ㈜대한은 제품 A, 제품 B, 제품 C+를 각각 판매하였을 때 각 제품의 매출총이익률이 연산품 전체매출총이익률과 동일하게 만드는 원가배부법을 사용한다. 다음은 ㈜대한의 결합원가 배부에 관한 자료이다. 제품 C+에 배부된 결합원가는 얼마인가?

제 품	배부된 결합원가	판매(가능)액
A	?	₩96,000
B	₩138,000	?
C+	?	?
합 계	₩220,000	₩400,000

① ₩10,000 ② ₩12,000 ③ ₩15,000 ④ ₩20,000 ⑤ ₩30,000

10 순실현가치법에 의한 결합원가 배분 2019 CPA

㈜대한은 결합공정과 추가공정을 통해 제품을 생산하며, 분리점에서 순실현가능가치를 기준으로 결합원가를 배부한다. 20X1년의 생산 및 원가자료는 다음과 같다.

(1) 제1공정
제1공정에서는 원재료를 투입하여 제품 A 100단위와 제품 B 300단위를 생산하였으며, 결합원가는 총 ₩40,000이었다. 제품 A는 단위당 ₩200에 판매되고, 제품 B는 제2공정에서 추가가공을 거쳐 제품 C로 판매된다.

(2) 제2공정
당기에 제1공정으로부터 대체된 제품 B는 제품 C 280단위로 생산되었으며, 추가가공원가는 총 ₩12,400이었다. 제품 C의 단위당 판매가격은 ₩150이다. 제품 B를 제품 C로 추가 가공하는 과정에서 부산물 20단위가 생산되었다. 부산물은 단위당 ₩20에 즉시 판매할 수 있다. 부산물은 생산시점에 순실현가능가치로 인식한다.

제품 C의 총제조원가는 얼마인가? (단, 각 공정의 기초 및 기말 재공품은 없다.)

① ₩35,600 ② ₩36,000 ③ ₩36,400 ④ ₩36,700 ⑤ ₩37,000

11 균등매출총이익률법에 의한 결합원가 배분 2017 CPA

㈜한국은 결합생산공정을 통해 결합제품 A와 B를 생산하고 있으며, 균등매출총이익률법을 적용하여 결합원가를 배부한다. 각 결합제품은 분리점에서 즉시 판매될 수도 있으며, 필요하다면 추가가공한 후 판매될 수도 있다. 추가가공원가는 각 제품별로 추적가능하고 모두 변동원가이다. ㈜한국은 20X1년에 결합제품 A와 B를 모두 추가가공하여 전량 판매하였으며, 20X1년 중 발생한 결합원가는 ₩300,000이다. ㈜한국의 20X1년 생산 및 판매 관련 자료는 다음과 같다.

	A	B
생산·판매량	3,000단위	5,000단위
분리점에서의 총판매가치	₩250,000	₩330,000
추가가공원가	₩45,000	₩60,000
추가가공 후 매출액	₩300,000	₩375,000

㈜한국의 20X1년도 생산 및 판매와 관련하여 옳은 설명은?

① 회사 전체의 매출총이익은 ₩250,000이다.
② 회사 전체의 매출총이익률은 35%이다.
③ A의 단위당 원가는 B의 단위당 원가보다 크다.
④ A에 배부되는 결합원가 금액은 B에 배부되는 결합원가 금액보다 크다.
⑤ 회사가 B를 추가가공하지 않고 분리점에서 즉시 판매하였다면, 이익은 ₩5,000 증가하였을 것이다.

12 순실현가치법에 의한 결합원가 배분 (2005 CPA)

㈜백두산화학은 동일한 원재료를 가공하여 두 개의 결합제품 A와 B를 생산한다. 7월 중 A와 B의 생산 과정에서 발생한 직접재료원가는 ₩140,000, 가공원가는 ₩180,000이었다. 분리점에서 A의 판매가치는 ₩280,000인 반면, B는 추가가공을 거쳐 C라는 제품으로 전환되어 ₩500,000에 판매된다. 추가공정에서는 ₩80,000의 가공원가가 발생한다. 최종판매시점에서 A제품과 B제품의 매출총이익률은 각각 얼마인가?

① 25.71%와 38.40%　② 25.71%와 61.60%　③ 45.71%와 61.60%
④ 45.71%와 38.40%　⑤ 54.29%와 45.60%

13 상대적 판매가치법에 의한 결합원가 배분 (2002 CPA)

㈜한강은 동일 공정에서 세 가지 제품 A, B, C를 생산하고 있다. 결합원가는 분리점에서의 상대적 판매가치를 기준으로 배분하고 있다. 이와 관련된 자료는 다음과 같다.

	A	B	C	합 계
생산량	?	?	400	2,000개
결합원가	180,000	?	?	₩360,000
분리점의 판매가치	?	280,000	?	₩800,000

분리점 이후에 제품 C 400개에 대하여 총 ₩14,000을 추가로 투입하여 최종제품으로 완성한

다음 단위당 ₩500에 판매하는 경우 제품 C의 매출총이익은?

① ₩118,000 ② ₩132,000 ③ ₩146,000 ④ ₩160,000

14 부산품이 있을 경우의 순실현가치법에 의한 결합원가 배분 2015 CPA

㈜한국은 결합생산공정으로부터 두 종류의 주산품 A, B와 부산품 C를 생산하며, 부산품 C의 회계처리에는 생산기준법하에서의 원가차감법을 사용한다. 당기의 결합원가 발생액은 ₩54,000이며, 각 제품에 관한 자료는 다음과 같다. (단, 기초재고와 기말재공품은 없다.)

제 품	분리점 이후 추가가공원가	생산량	최종판매가치
A	₩10,000	1,000단위	₩70,000
B	₩15,000	1,500단위	₩55,000
C	₩2,000	500단위	₩6,000

㈜한국이 순실현가능가치(net realizable value)를 기준으로 결합원가를 배부한다면, 주산품 A에 배부되는 결합원가는 얼마인가?

① ₩20,000 ② ₩25,000 ③ ₩30,000
④ ₩35,000 ⑤ ₩40,000

15 부산품이 있을 경우의 순실현가치법에 의한 결합원가 배분 2009 CPA

㈜영남은 동일한 원료를 결합공정에 투입하여 주산품 X, Y와 부산품 B를 생산한다. 결합원가는 순실현가치(net realizable value)를 기준으로 제품에 배부한다. 당기에 결합공정에 투입된 총원가는 ₩150,000이고, 주산품 X, Y 및 부산품 B의 분리점에서 순실현가치의 상대적 비율은 6 : 3 : 1이었다. 주산품 X에 배부된 결합원가가 ₩80,000이었다면, 부산품 B의 순실현가치는 얼마인가? (단, 부산품은 생산된 시점에서 순실현가치로 평가하여 재고자산으로 계상한다.)

① ₩15,000 ② ₩30,000 ③ ₩35,000
④ ₩43,333 ⑤ ₩45,000

16 균등매출총이익률법에 의한 결합원가 배부 2022 세무사

㈜세무는 원유를 투입하여 결합제품 A를 1,000단위, B를 1,500단위 생산하였다. 분리점 이전에 발생한 직접재료원가는 ₩1,690,000, 직접노무원가는 ₩390,000, 제조간접원가는 ₩520,000이다. 제품 A와 B는 분리점에 시장이 형성되어 있지 않아서 추가가공한 후에 판매하였는데, 제품 A는 추가가공원가 ₩850,000과 판매비 ₩125,000이 발생하며, 제품 B는 추가

가공원가 ₩1,100,000과 판매비 ₩200,000이 발생하였다. 추가가공 후 최종판매가치는 제품 A가 단위당 ₩2,000이며, 제품 B는 단위당 ₩3,000이다. 균등매출총이익률법에 따라 결합원가를 각 제품에 배부할 때, 제품 A에 배부되는 결합원가는?

① ₩525,000 ② ₩550,000 ③ ₩554,000
④ ₩600,000 ⑤ ₩604,000

17 상대적 판매가치법에 의한 결합원가 배분 (2019 세무사)

㈜세무는 결합공정에서 제품 A, B, C를 생산한다. 당기에 발생된 결합원가 총액은 ₩80,000이며, 결합원가는 분리점에서 상대적 판매가치를 기준으로 제품에 배분되고, 관련 자료는 다음과 같다. 추가가공이 유리한 제품만을 모두 고른 것은? (단, 결합공정 및 추가가공 과정에서 공손과 감손은 발생하지 않고, 생산량은 모두 판매되며 기초 및 기말 재공품은 없다.)

제 품	분리점에서의 단위당 판매가격	생산량	추가가공원가	추가가공 후 단위당 판매가격
A	₩20	3,000단위	₩10,000	₩23
B	30	2,000단위	15,000	40
C	40	2,000단위	15,000	50

① A ② A, B ③ A, C
④ B, C ⑤ A, B, C

18 부산품이 있을 경우의 순실현가치법에 의한 결합원가 배분 (2018 세무사)

㈜세무는 주산품 A, B와 부산품 S를 생산한다. 당기 중 발생한 결합원가는 ₩9,500이다. 결합원가는 분리점에서 순실현가능가치(NRV)를 기준으로 각 제품에 배부하며, 당기의 생산 및 원가자료는 다음과 같다.

제 품	분리점 이후 추가가공원가(총액)	추가가공 후 단위당 판매가격	생산량	판매량
A	₩2,000	₩40	200단위	180단위
B	1,000	20	250	200
S	500	15	100	90

주산품 B의 매출총이익은? (단, 기초재고자산은 없으며, 부산품 S는 생산시점에서 순실현가능가치로 인식한다.)

① ₩480 ② ₩560 ③ ₩580
④ ₩750 ⑤ ₩810

19 순실현가치법에 의한 결합원가 배분 (2016 CPA)

㈜한국화학은 20X1년 2월 초 영업을 개시하여 당월에 제1공정에서 원재료 R을 가공하여 결합제품 A와 B를 생산한다. 제품 A는 제2공정에서 추가가공을 거쳐 판매되고, 제품 B는 제3공정에서 결합제품 C와 D로 분리된 후 각각 제4공정과 제5공정에서 추가가공을 거쳐 판매된다. 20X1년 2월의 각 공정에서 발생한 원가자료는 다음과 같다.

• 제1공정 : 제품 A, B의 결합원가	₩100,000
• 제2공정 : 제품 A의 개별원가(분리원가)	₩15,000
• 제3공정 : 제품 C, D의 결합원가	₩70,000
• 제4공정 : 제품 C의 개별원가(분리원가)	₩50,000
• 제5공정 : 제품 D의 개별원가(분리원가)	₩20,000

20X1년 2월 ㈜한국화학의 제품별 생산량과 kg당 판매가격은 다음과 같다.

제 품	생산량	kg당 판매가격
A	500kg	₩120
C	1,000kg	₩200
D	800kg	₩150

㈜한국화학이 순실현가능가치를 기준으로 결합원가를 배부하는 경우, 20X1년 2월 제품 D의 총제조원가는 얼마인가?

① ₩60,000 ② ₩70,000 ③ ₩80,000
④ ₩90,000 ⑤ ₩100,000

20 순실현가치법에 의한 결합원가 배분 (2014 CPA)

㈜한국은 단일의 원재료를 결합공정에 투입하여 세 가지 제품 A, B, C를 생산하고 있다. 제품 A와 B는 분리점에서 즉시 판매되나, 제품 C는 추가가공을 거쳐서 판매된다. 분리점에서 제품 C의 시장가격은 존재하지 않는다. ㈜한국의 20X1년 2월 제품별 생산량, 월말 제품재고량 및 톤당 판매가격은 다음과 같다.

제 품	생산량	월말 제품재고량	톤당 판매가격
A	60톤	36톤	₩300
B	80톤	12톤	₩200
C	100톤	5톤	₩140

20X1년 2월 중 발생한 결합원가는 ₩16,000이고, 제품 C의 추가가공원가는 ₩8,000이며, 각 결합제품의 월초 재고와 월말 재공품은 없었다. ㈜한국은 순실현가치를 기준으로 결합원가를

배부하고 있다. ㈜한국의 20X1년 2월 매출원가와 월말 제품은 각각 얼마인가?

	매출원가	월말 제품
①	₩18,500	₩5,500
②	₩18,200	₩5,800
③	₩17,900	₩6,100
④	₩17,600	₩6,400
⑤	₩17,300	₩6,700

21 재공품이 있을 경우의 순실현가치법에 의한 결합원가 배분 (2021 세무사)

㈜세무는 결합공정을 통하여 연산품 A, B를 생산한다. 제품 B는 분리점에서 즉시 판매되고 있으나, 제품 A는 추가가공을 거친 후 판매되고 있으며, 결합원가는 순실현가치에 의해 배분되고 있다. 결합공정의 직접재료는 공정 초에 전량 투입되며, 전환원가는 공정 전반에 걸쳐 균등하게 발생한다. 당기 결합공정에 기초재공품은 없었으며, 직접재료 5,000kg을 투입하여 4,000kg을 제품으로 완성하고 1,000kg은 기말재공품(전환원가 완성도 30%)으로 남아 있다. 당기 결합공정에 투입된 직접재료원가와 전환원가는 ₩250,000과 ₩129,000이다. ㈜세무의 당기 생산 및 판매 자료는 다음과 같다.

제 품	생산량	판매량	추가가공원가 총액	단위당 판매가격
A	4,000단위	2,500단위	₩200,000	₩200
B	1,000	800	–	200

제품 A의 단위당 제조원가는? (단, 공손 및 감손은 없다.)

① ₩98 ② ₩110 ③ ₩120 ④ ₩130 ⑤ ₩150

22 재공품이 있을 경우의 균등이익률법에 의한 결합원가 배분 (2023 감정평가사)

당기에 설립된 ㈜감평은 결합공정을 통하여 제품 X와 Y를 생산·판매한다. 제품 X는 분리점에서 즉시 판매하고 있으나, 제품 Y는 추가가공을 거쳐 판매한다. 결합원가는 균등이익률법에 의해 각 제품에 배분되며, 직접재료는 결합공정 초에 전량 투입되고 전환원가는 결합공정 전반에 걸쳐 균등하게 발생한다. 당기에 ㈜감평은 직접재료 3,000단위를 투입하여 2,400단위를 제품으로 완성하고, 600단위는 기말재공품(전환원가 완성도 50%)으로 남아 있다. 당기에 발생한 직접재료원가와 전환원가는 ₩180,000과 ₩108,000이다. ㈜감평의 당기 생산 및 판매 관련 자료는 다음과 같다.

제 품	생산량	판매량	단위당추가가공원가	단위당 판매가격
X	800단위	800단위	–	₩150
Y	1,600	900	₩15	200

제품 Y의 단위당 제조원가는? (단, 공손 및 감손은 발생하지 않는다.)

① ₩100 ② ₩105 ③ ₩110 ④ ₩115 ⑤ ₩120

주관식

01 정상공손수량 및 연산품과 부산품 2020 CPA 수정

㈜한국은 결합생산공정을 통해 동일한 원재료 S를 가공처리하여 연산품 A와 B를 생산한다. 제1공정에서는 연산품 A와 B를 생산하며, 제2공정과 제3공정은 연산품 A와 B를 각각 추가가공한다. ㈜한국은 실제원가를 이용하여 선입선출법에 의한 종합원가계산을 사용하고 있다. 결합원가는 순실현가능가치법에 의해 각 연산품에 배부되며, 부산품은 생산시점에서 순실현가능가치로 평가하여 인식한다. 다음은 20X2년 6월 각 공정에 관한 설명이다.

제1공정에서 직접재료원가와 전환원가는 공정전반에 걸쳐 균등하게 발생한다. 기초재공품 1,000단위(완성도 40%), 당기투입 20,000단위, 당기완성량 16,000단위(연산품 A의 생산량 6,000단위와 연산품 B의 생산량 10,000단위), 기말재공품 3,000단위(완성도 60%)이며, 공손수량은 2,000단위이다. 제품의 검사는 공정의 80% 시점에서 실시하며, 당기에 검사를 받은 수량의 10%까지를 정상공손으로 허용하고 있다. 기초재공품원가는 ₩200,000(직접재료원가 : ₩120,000; 전환원가 : ₩80,000)이며, 당기투입원가는 ₩1,900,000(직접재료원가 : ₩1,200,000; 전환원가 : ₩700,000)이다. ㈜한국은 정상공손원가를 당월에 검사시점을 통과한 합격품의 물량단위에 비례하여 배부하며, 공손품의 처분가치는 없다.

제2공정에서는 부산품 500kg을 생산하였으며, 판매가격은 kg당 ₩80이다. 직접재료의 추가투입은 없었으며, 기초재공품과 공손은 없었다. 최종제품 A의 생산량은 6,000단위로 단위당 판매가격은 ₩500이다. 당월 중 전환원가는 ₩640,000 발생하였다.

제3공정에서 직접재료의 추가 투입은 없었으며, 기초재공품과 공손은 없었다. 전환원가는 공정 전반에 걸쳐 균등하게 발생한다. 최종제품 B의 생산량은 8,000단위로 단위당 판매가격은 ₩400이며, 기말재공품은 2,000단위(완성도 50%)이다. 당월 중 전환원가는 ₩360,000 발생하였다.

요구사항

- 물음 1. 제1공정의 정상공손수량을 계산하라.
- 물음 2. 제1공정에서 연산품 A와 B에 배부해야 할 결합원가 총액을 계산하라.
- 물음 3. 제1공정에서 발생한 결합원가를 연산품 A와 B 각각에 얼마만큼 배부해야 하는지 계산하라.
- 물음 4. 최종제품 A와 부산품의 원가를 각각 계산하라.
- 물음 5. 최종제품 B와 기말재공품의 원가를 각각 계산하라.

02 주산품과 부산품 및 매출총이익 (2012 CPA 수정)

※ 각 물음은 상호 독립적이다.

㈜성수는 결합공정인 제1공정과 제2공정을 통해 제품을 생산한다. ㈜성수는 당월 중 원재료 X를 제1공정에 투입하여 제품 A 400단위와 제품 B 600단위를 생산한다. 아울러 ㈜성수는 제품 B 600단위와 원재료 Y를 제2공정에 투입하여 제품 C 800단위와 제품 D 200단위를 생산한다. 제품 C 800단위의 경우 원재료 Z를 사용하는 추가공정을 거쳐 최종제품 E 800단위를 생산한다. ㈜성수의 제품원가는 재료원가 및 가공원가로 구성되고 재고 및 공손품은 발생하지 않는다. 당월 중 ㈜성수의 각 공정에서의 제조원가와 각 제품의 시장가격은 다음과 같다. (단, 결합원가 배부 시 소수점 첫째 자리에서 반올림할 것)

〈자료 1〉

제1공정에서의 제조원가 및 제품 A와 제품 B의 시장가격

재료원가 총액	₩3,000
가공원가 총액	₩18,000
제품 A의 단위당 시장가격	₩50
제품 B의 단위당 시장가격	₩0

〈자료 2〉

제2공정에서의 제조원가 및 제품 C와 제품 D의 시장가격

재료원가 총액	₩1,000
가공원가 총액	₩3,000
제품 C의 단위당 시장가격	₩2
제품 D의 단위당 시장가격	₩1

〈자료 3〉

제품 C의 추가공정 시 제조원가 및 제품 E의 시장가격

재료원가 총액	₩15,000
가공원가 총액	₩21,200
제품 E의 단위당 시장가격	₩60

요구사항

▸ 물음 1. 개별 제품의 순실현가치를 기준으로 결합원가를 배부하고, 주산품인 제품 A, 제품 D 및 제품 E가 모두 판매되었을 경우의 제품별 매출총이익을 각각 계산하라.

▸ 물음 2. 다음 물음에 답하라. (단, 소수점 둘째 자리에서 반올림하여 소수점 첫째 자리까지 계산할 것)

(1) ㈜성수 회계담당자의 실수로 제품 E를 부산품으로 간주하여 판매기준법하의 수익

계상법(잡이익법)을 이용해서 개별 제품의 순실현가치를 기준으로 결합원가를 배부한 후 각 제품의 원가를 계산했다고 가정하자. 이 경우 제품 A, 제품 D 및 제품 E의 단위당 원가를 각각 계산하라.

(2) ㈜성수의 회계담당자가 제품 D를 부산품으로 간주하여 생산기준법하의 원가차감법을 이용해서 개별제품의 순실현가치를 기준으로 결합원가를 배부했을 경우의 제품 A 및 제품 E의 단위당 원가를 각각 계산하라.

▸ 물음 3. 균등매출총이익률법을 활용하여 결합원가를 배부하고, 주산품인 제품 A, 제품 D 및 제품 E가 모두 판매되었을 경우의 제품별 매출총이익을 각각 계산하라.

CHAPTER

11

예산과 차이분석

1 고정예산과 변동예산
2 차이분석
3 차이분석 종합정리
4 직접재료원가 가격차이 분리시점별 차이분석
5 차이분석의 이해와 활용

[보론 1] 가격차이와 능률차이의 의미와 한계
[보론 2] 매출조업도차이 분리

본 장에서는 고정예산과 변동예산에 대해 학습하고, 실제 발생액과의 차이를 분석하는 방법에 대해 학습한다. 구체적으로, 원가요소(직접재료원가, 직접노무원가, 변동제조간접원가, 고정제조간접원가)별로 표준(예산)과 실제 발생액의 차이에 대한 분석방법과 차이의 의미에 대해 학습하고, 직접재료원가의 가격차이 분리시점에 따라 차이분석이 어떻게 달라지는지 알아본다.

CHAPTER

11

예산과 차이분석

1. 고정예산과 변동예산

기업은 일반적으로 경영활동의 통합조정과 통제를 위해 **예산**(budget)을 설정한다[1]. 영업활동에 관한 예산은 수익과 원가(비용) 및 이익 등에 대해 설정하며, 제품예산은 판매량(생산량), 판매가격, 단위당 원가에 대해 설정한다. 예산은 변동가능성에 따라 두 가지로 구분할 수 있다. 기초에 설정된 하나의 예산판매량(생산량)에 대해 확정된 금액으로 설정되는 **고정예산**(static budget) 또는 **정태적 예산**이 있고, 다른 하나는 실제판매량(생산량)에 따라 예산을 함께 조정하는 **변동예산**(flexible budget) 또는 **동태적 예산**이 있다. 다음 예제를 통해 학습해보자.

예제 11-1

㈜예림의 2024년 5월의 제품 단위당 변동제조원가 예산은 ₩85이며, 고정제조원가 예산은 ₩550,000이다. 5월의 예산판매량(생산량)은 20,000단위, 실제판매량(생산량)은 18,000단위이며, 실제 발생원가는 총 ₩2,090,000이다(관련범위 : 15,000~28,000개). 고정예산과 변동예산을 계산해보자.

5월 예산판매량 20,000단위에 대한 총원가 **고정예산**은 ₩2,250,000(=₩550,000+₩85×

1 예산은 영업활동에 관한 예산인 영업예산(operating budget)과 자본투자와 현금흐름 등에 관한 예산인 재무예산(financial budget)으로 구분된다. 본 장에서는 원가, 관리회계와 관련성이 높은 영업예산을 다룬다.

20,000단위)이다. 총원가 변동예산은 그림 11-1과 같이 **변동예산선**을 통해 나타낼 수 있다[2]. 또한 총원가 변동예산은 다음과 같이 계산한다.

변동예산(총원가) = 고정원가예산 + 단위당 변동원가예산 × 실제판매량(생산량)

㈜예림의 5월 실제생산량 18,000단위에 대한 **변동예산**은 다음과 같이 나타낼 수 있다.

5월 변동예산(총원가) = ₩550,000 + ₩85 × 18,000단위 = ₩2,080,000

그림 11-1 조업도별 총원가 예산(변동예산선)

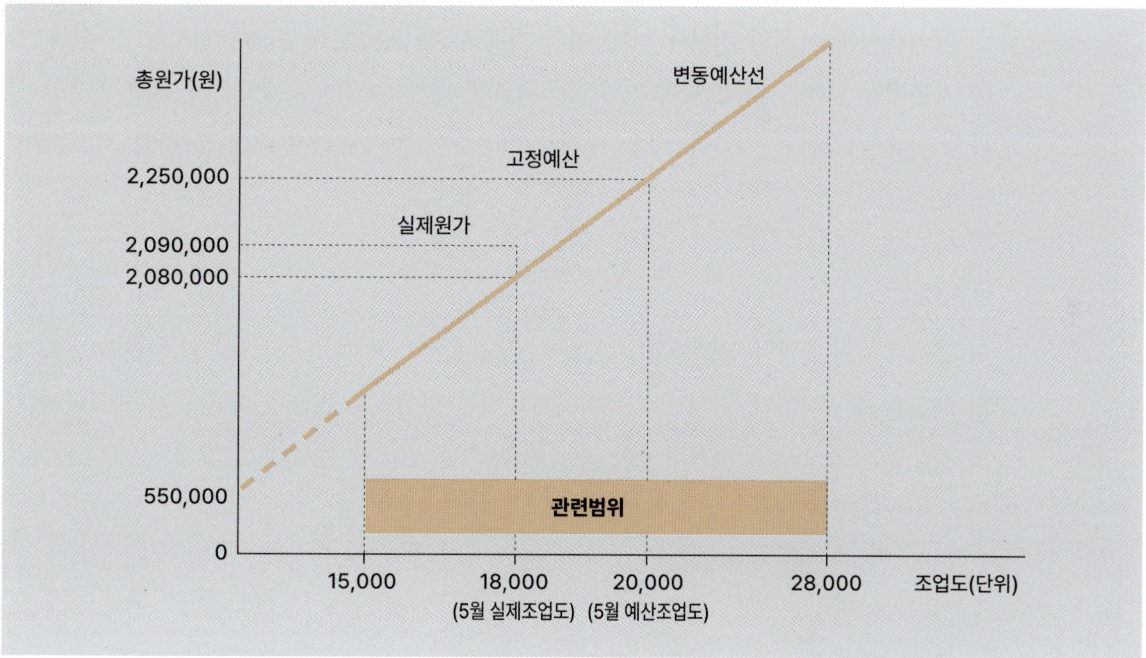

고정예산은 기초에 수립한 예산을 그대로 집행하는 것이 바람직한 경우(특히, 정부, 공공기관의 경우)에 주로 사용되며, 기초에 예정된 조업도(생산량)가 기말에도 그대로 실현되는

---

2 변동예산선은 관련범위 내에서 추정하며, 여기서 고정원가는 단순히 변동예산선을 조업도 "0" 수준으로 연장했을 때 y축(그림에서 총원가)과 만나는 절편값이다.

경우에 적합하다고 볼 수 있다. 그러나 대부분의 조직에서는 실제조업도가 기초에 예상했던 조업도 수준과 다를 가능성이 크기 때문에, 조업도 변동에 따른 경영활동의 효율성 판단을 위해서는 변동예산을 함께 사용하는 것이 바람직하다.

2. 차이분석

예산을 설정하고 영업활동을 수행한 다음에는 결과에 대해 차이분석을 실시한다. **차이분석**(analysis of variance)은 실제결과와 예산의 **차이**(variance)를 분석하는 것으로서, 차이가 발생한 원인을 파악하여 문제를 해결하는 데 도움을 준다.

차이분석은 분석의 깊이에 따라 여러 가지 단계(수준)로 구분하여 실시할 수 있다. 가장 기본적인 단계는 특정 판매량(생산량) 목표에 대해 설정한 고정예산과 실제 발생한 결과를 단순 비교하는 것이다. 다음 예제를 이용하여 차이분석에 대해 구체적으로 학습해 보자.

예제 11-2

위 ㈜예림의 구체적인 영업활동 자료는 다음과 같다. ㈜예림은 2023년 말에 2024년도 월별 예산을 수립하였다. 편의상 판매비와관리비는 발생하지 않으며, 매월 기초재고와 기말재고는 없는 것으로 가정한다. 2024년 5월의 제품 단위당 변동원가 및 고정원가 예산은 다음과 같다(관련범위는 15,000~28,000단위).

- 직접재료원가 제품 단위당 ₩36
- 직접노무원가 제품 단위당 ₩24
- 변동제조간접원가 제품 단위당 ₩25
- 고정제조간접원가 총 ₩550,000

㈜예림의 2024년 5월의 제조원가의 원가요소별 실제 발생액은 표 11-1의 (1)열과 같으며, 5월 판매(생산) 관련 예산과 실제 발생 자료는 다음과 같다.

(예제 계속)

- 예산판매가격 ₩150
- 예산판매량(생산량) 20,000단위
- 실제판매량(생산량) 18,000단위
- 실제매출액 ₩2,880,000

단계별로 차이분석을 실시해보자.

1) 제1단계 : 고정예산차이

차이분석의 제1단계는 **고정예산차이**(static-budget variance)를 계산하는 단계로서, 다음과 같이 계산한다.

고정예산차이 = 실제결과 − 고정예산

㈜예림의 2024년도 5월 고정예산은 예산판매량 20,000단위에 대해 설정된 예산으로서, 주요 항목별 5월 고정예산차이 계산 결과는 **표 11-1**과 같다. 표에서 U는 예산과 비교하여, 실제결과가 영업이익에 불리한(unfavorable) 영향을 미치는 차이로서, 수익은 더 적을 경우에, 비용은 더 많을 경우에 불리한 차이가 발생한다. 반대로, F는 예산과 비교하여, 실제결과가 영업이익에 유리한(favorable) 영향을 미치는 차이로서, 수익은 더 많을 경우에, 비용은 더 적을 경우에 유리한 차이가 발생한다.

표 11-1 제1단계 : 고정예산차이

	실제결과 (1)	고정예산차이 (2)(=(1)−(3))	고정예산 (3)
판매량(단위)	18,000	−2,000 U	20,000
매출액(원)	2,880,000	−120,000 U	3,000,000(=20,000단위×₩150)
변동원가(원)			
직접재료원가	630,000	−90,000 F	720,000(=20,000단위×₩36)
직접노무원가	486,000	+6,000 U	480,000(=20,000단위×₩24)
변동제조간접원가	414,000	−86,000 F	500,000(=20,000단위×₩25)
변동원가 총계	1,530,000	−170,000 F	1,700,000

(표 계속)

	실제결과 (1)	고정예산차이 (2)(=(1)−(3))	고정예산 (3)
고정제조간접원가(원)	560,000	+10,000 U	550,000
영업이익(원)	790,000	+40,000 F	750,000

표에서 고정예산차이(영업이익)는 ₩40,000(F)으로, 실제판매량이 예산판매량보다 적음에도 불구하고 유리한 차이가 발생했다. 원가요소별로 고정예산차이를 살펴보면 유리한 차이가 발생한 원인을 조금 이해할 수 있다. 직접노무원가와 고정제조간접원가는 (고정)예산보다 오히려 더 많이 발생했지만, 직접재료원가와 변동제조간접원가가 (고정)예산보다 적게 발생하여, 실제 영업이익이 예산보다 더 크다는 것을 알 수 있다.

2) 제2단계 : 변동예산차이와 매출조업도차이

고정예산차이는 판매량, 수익, 각 원가요소, 영업이익에 대해 실제결과와 (고정)예산의 차이를 알 수 있게 해준다. 그러나 실제판매량과 예산판매량의 차이를 고려하지 않았기 때문에 고정예산차이만으로는 경영통제에 활용하기 어렵다.

고정예산차이를 **매출조업도차이**(sales-volume variance)와 **변동예산차이**(flexible budget variance)로 세분화하면, 고정예산차이의 발생원인을 더 구체적으로 파악할 수 있다. 자세한 계산 결과는 표 11-2에 정리되어 있다. 각 차이에 대해 구체적으로 살펴보자.

표 11-2 제2단계 : 변동예산차이와 매출조업도차이

	실제결과 (1)	변동예산차이 (2)(=(1)−(3))	변동예산 (3)	매출조업도차이 (4)(=(3)−(5))	고정예산 (5)
판매량(단위)	18,000	0	18,000	−2,000 U	20,000
매출액(원)	2,880,000	180,000 F	2,700,000	−300,000 U	3,000,000
변동원가(원)					
직접재료원가	630,000	−18,000 F	648,000	−72,000 F	720,000
직접노무원가	486,000	+54,000 U	432,000	−48,000 F	480,000
변동제조간접원가	414,000	−36,000 F	450,000	−50,000 F	500,000
변동원가 총계	1,530,000	0	1,530,000	−170,000 F	1,700,000
고정제조간접원가(원)	560,000	+10,000 U	550,000	0	550,000
영업이익(원)	790,000	+170,000 F	620,000	−130,000 U	750,000

(1) 매출조업도차이

매출조업도차이(표 11-2의 (4)열)는 변동예산과 고정예산의 차이로서, 다음과 같이 계산한다.

매출조업도차이 = 변동예산 − 고정예산

변동예산(flexible budget)은 ㈜예림이 2023년 말 예산 수립 시점에서 2024년 5월의 예산판매량을 실제판매량인 18,000단위로 정확하게 예측했을 경우에 설정되었을 예산이다. 즉, 실제판매량에 기초한 예산이다. 따라서 예산이라는 표현과 달리, 변동예산은 실제판매량이 알려지는 기말(여기서는 2024년 5월 말)에 가서야 금액이 확정된다. 총원가 변동예산은 그림 11-1의 변동예산선으로 나타낼 수 있다.

변동예산에서 실제판매량(생산량)이 관련범위 내에 있을 때는 판매가격과 단위당 변동제조원가 및 고정제조간접원가 총액은 모두 예산 수치 그대로 사용한다. 따라서 본 예제처럼 실제판매량이 예산판매량보다 적을 경우, 매출조업도차이는 매출액은 불리한 차이를, 모든 변동원가는 유리한 차이를, 고정제조간접원가는 '0'의 차이를 항상 나타내게 된다. 따라서, **매출조업도차이(영업이익)**는 다음과 같이 나타낼 수 있다.

매출조업도차이(영업이익) = 단위당 예산공헌이익 × (실제판매량 − 고정예산판매량)
= ₩65 × (18,000단위 − 20,000단위)
= − ₩130,000(U)

위에서, 단위당 예산공헌이익 = 예산판매가격 − 단위당 예산변동원가
= ₩150 − (₩36 + ₩24 + ₩25)
= ₩65

이처럼 매출조업도차이(sales-volume variance)라는 용어는 차이의 원인이 실제판매량과 예산판매량의 차이, 즉 판매량(sales volume)의 차이로 인해 발생한 것이기 때문에 붙여진 표현이다. 매출조업도차이의 발생원인은 여러 가지가 있을 수 있다. 판매조직의 역량 부족에 따른 예산판매량 달성 실패, 해당 제품의 시장수요 예측 오류, 경쟁기업의 영향, 해당 제품에 대한 소비자 선호의 변화, 해당 제품의 품질 확보 실패 등 다양하다. 따라서 매출조업도차이의 발생에 대한 대처는 발생원인에 따라 판매담당 조직이 담당해야 할 수도 있고, 생산담당 조직이 담당해야 할 수도 있다.

(2) 변동예산차이

다음으로, **변동예산차이**(표 11-2의 (2)열)에 대해 살펴보자. 이 차이는 실제결과와 변동예산의 차이로서, 다음과 같이 계산한다.

변동예산차이 = 실제결과 − 변동예산

변동예산차이는 5월의 실제판매량(생산량)인 18,000단위에 대한 예산과 실제발생액의 차이로서, 동일한 판매량에 기초하고 있으므로, 판매가격, 단위당 변동원가, 고정원가 총액의 실제결과와 예산 간의 차이로 인해 발생한다. 이들의 실제결과와 예산은 표 11-3에 정리하여 다시 나타내었다. 표에서 단위당 실제결과는 표 11-2의 (1)열 실제결과를 실제판매량으로 나눈 값이다.

매출에 대한 변동예산차이는 제품 판매가격의 차이로 인해 발생하는 것으로서 **판매가격차이**(selling-price variance)라고 부르며, 다음과 같이 계산한다.

판매가격차이 = (실제판매가격 − 예산판매가격) × 실제판매량
= (₩160 − ₩150) × 18,000단위
= ₩180,000(F)

표 11-3 (주)예림의 2024년도 5월 가격과 원가의 실제결과 및 예산

	실제결과	예 산
판매가격	₩160(=₩2,880,000÷18,000개)	₩150
직접재료원가	단위당 ₩35(=₩630,000÷18,000개)	단위당 ₩36
직접노무원가	단위당 ₩27(=₩486,000÷18,000개)	단위당 ₩24
변동제조간접원가	단위당 ₩23(=₩414,000÷18,000개)	단위당 ₩25
고정제조간접원가	총 ₩560,000	총 ₩550,000

변동예산차이는 원가요소별로도 발생한다. 예를 들어, 직접재료원가의 경우, 변동예산차이는 (₩35 − ₩36) × 18,000단위 = − ₩18,000(F), 즉 유리한 차이 ₩18,000이 발생하였다. 고정제조간접원가의 경우에는 실제발생액이 ₩560,000으로서 예산보다 ₩10,000이 많아 불리한 차이 ₩10,000이 발생했음을 알 수 있다.

원가요소 중에서 직접재료원가와 직접노무원가의 변동예산차이는 제품 한 단위당 실제원가와 예산원가의 차이로 인해 발생한 것으로서, 실제 투입한 재료(노무)의 수량이 예산 투입 수량과 차이가 있거나, 재료(노무)의 단위당 실제가격이 예산가격과 차이가 있을 때 발생한다. 이를 파악하기 위해 아래의 제3단계 분석이 필요하다.

3) 제2단계 분석의 의의

지금까지 위에서 실시한 제1단계와 제2단계 분석결과를 종합하면 다음과 같이 나타낼 수 있다.

고정예산차이 = 실제결과 − 고정예산
= (실제결과 − 변동예산) + (변동예산 − 고정예산)
= 변동예산차이 + 매출조업도차이

이를 영업이익에 대해 나타내면, 고정예산차이 ₩40,000(F) = 변동예산차이 ₩170,000(F) + 매출조업도차이 ₩130,000(U)으로 나타낼 수 있다. 제2단계 차이분석은 제1단계에서 실시한 고정예산차이를 추가적으로 분리한 것이다. 항목별로 살펴보면, 매출액 항목의 경우에는 판매량의 차이로 인해 발생하는 매출조업도차이와 판매가격의 차이로 인해 발생하는 변동예산차이를 완전히 분리해서 판단하기 어렵다. 판매량과 가격이 서로 연계되어 있기 때문이다. 예제의 경우, 실제가격(₩160)이 예산가격(₩150)보다 높아 매출액의 변동예산차이가 '0'보다 크지만, 실제판매량(18,000개)은 예산판매량(20,000개)에 미치지 못해 매출액의 매출조업도차이가 '0'보다 작으며, 결과적으로 매출액의 고정예산차이는 ₩120,000 불리한 차이를 나타내게 되었다. 따라서 실제가격을 예산가격보다 낮춘 것이 올바른 가격정책이었다고 하기 어려울 수도 있다.

비용 항목들의 경우에는 고정예산과 실제발생액의 차이(즉, 고정예산차이) 자체는 사실상 큰 의미가 없다. 비용 발생의 효율성은 예산생산량(판매량)이 아닌 실제생산량(판매량)을 기준으로 판단해야 하기 때문이다. 따라서 비용 항목의 매출조업도차이는 비용의 효율성과 무관하며, 변동예산차이가 비용 효율성을 나타낸다.

4) 제3단계 : 변동예산차이의 원가요소별 차이분석

차이분석의 세 번째 단계는 제2단계에서 계산한 **변동예산차이**(flexible budget variance)를 원가요소별로 분석하는 단계이다.

(1) 원가요소별 예산과 표준

변동예산차이를 분석하기 위해 원가요소별 예산에 대해 좀 더 살펴보자. 원가에 대한 **예산**(budget)은 과거 실제 발생 내역, 유사한 공정을 가진 다른 기업들의 자료, 기업이 자체 개발한 표준 등 다양한 자료를 이용하여 수립할 수 있다. 예산은 반드시 **표준**(standard)을 토대로 수립할 필요는 없으나, 이 중에서 다양한 자료들을 종합적으로 활용하여 기업이 자체 개발한 표준을 예산으로 사용하는 경우가 많다.

표준은 숙련된 근로자가 작업을 효율적으로 수행하는 경우를 전제로 하는 경우가 많으며, 원가요소별로 제품 한 단위당 투입요소의 물량과 투입요소의 가격에 대해 설정된다. 이렇게 설정된 표준은 실제성과를 평가하는 기준점(benchmark)의 역할을 한다. 표준을 예산으로 사용하는 경우, 표준과 예산이라는 용어는 혼용한다. 본서에서도 특별한 언급이 없는 경우 표준과 예산을 혼용한다.

이제 제3단계 변동예산차이의 원가요소별 분석을 위해, 표 11-3에 있는 제품 단위당 예산인 **표준원가**(standard costs)의 구성에 대해 자세히 살펴보자. 표 11-4는 위 예제 ㈜예림의 2024년 5월 제품 단위당 변동 표준원가의 구성 내역을 나타낸 것이다. 고정원가인 고정제조간접원가는 단위당 표준원가가 따로 없으며, ㈜예림의 2024년 5월 고정제조간접원가 총예산은 ₩550,000이다(표 11-3).

표준원가는 제품 한 단위를 생산하기 위해 투입되는 **표준투입량**(standard input)에 투입량 한 단위당 **표준가격**(standard price)을 곱하여 계산한다. 직접재료원가는 여러 가지 재료에 대해 종류별로 각각 표준원가를 설정할 수 있고, 직접노무원가의 경우에도 근로자의 유형별로 표준원가를 설정할 수 있다.

변동제조간접원가의 표준투입량에 대해서는 주의를 요한다. 변동제조간접원가는 여러 가지 유형의 자원들의 원가를 포함하므로, 투입수량을 측정할 수 있는 단일의 물량 단위가 존재하지 않는다. 따라서 변동제조간접원가의 표준투입량은 원가계산에서 사용하는 원가배부기준을 물량단위로 사용하며, 표준가격은 배부기준 한 단위당 배부율이 된다. 원가변동을 인과관계(cause-effect relationship) 기준으로 가장 잘 설명하는 변수를 원가배부기준으로 사용하기 때문이다.

표 11-4에서 변동제조간접원가(전기료, 수도료 등 포함)의 표준투입량은 5기계시간으로서, 변동제조간접원가의 배부기준인 기계시간을 투입량 측정단위로 사용하고 있음을 알 수 있다. ㈜예림은 편의상 변동제조간접원가를 하나의 그룹으로 나타내었지만, 여러 원가집합(cost pool)을 사용할 경우에는 원가집합별로 해당 배부기준의 표준투입량과 표준가격을 설정한다.

표 11-4 ㈜예림의 제품 한 단위당 변동 표준원가 구성내역

원가요소	단위당 표준투입량 (1)	표준가격 (2)	표준원가 (3)(=(1)×(2))
직접재료원가	4g	₩9/g	₩36
직접노무원가	3직접노동시간	₩8/직접노동시간	₩24
변동제조간접원가	5기계시간	₩5/기계시간	₩25
합계 : 단위당 변동 표준원가			₩85

원가요소별로 제품 단위당 표준원가가 설정되면 생산량 수준을 고려한 **변동예산(flexible budget)**을 설정할 수 있다(표준은 보통 제품 한 단위에 대해 설정하고, 생산량 전체에 대해서는 예산이라는 표현을 사용하는 경우가 많다). 우리는 위에서 ㈜예림의 변동예산에 대해 이미 학습하였다. 이제 원가요소별로 변동예산차이 분석에 대해 자세히 학습해보자. 먼저 직접재료원가와 직접노무원가의 차이분석에 대해 살펴보자.

(2) 직접재료원가와 직접노무원가의 차이분석

변동예산차이 분석의 기본모형은 변동예산차이를 **가격차이(price variance)**와 **능률차이(efficiency variance)**로 분리하는 것이다. 일반적으로 차이분석의 핵심이 제3단계인 변동예산차이 분석에 있으므로 변동예산차이를 **총차이(total variance)**라 부르기도 한다. 변동예산차이는 다음과 같이 나타낼 수 있다.

변동예산차이(총차이) = 실제발생액 − 변동예산
= 실제가격(AP) × 실제투입량(AQ) − 표준가격(SP) × 표준투입량(SQ)

여기서, AP(Actual Price) : 실제가격
AQ(Actual Quantity) : 실제투입량(사용량)
SP(Standard Price) : 표준가격
SQ(Standard Quantity) : 실제생산량에 허용된 표준물량(투입량)[3]

이제 직접재료원가와 직접노무원가의 변동예산차이(총차이)를 가격차이(price variance)와 능률차이(efficiency variance)로 분리하는 방법에 대해 살펴보자. 차이분석은 **그림 11-2**의 차이분석 틀을 이용하면 편리하다.

가격차이와 능률차이는 다음과 같이 계산한다.

가격차이 = 실제발생액《1》 − 실제투입량에 기초한 예산《2》
= 실제가격(AP) × 실제투입량(AQ) − 표준가격(SP) × 실제투입량(AQ)
= (실제가격 − 표준가격) × 실제투입량

능률차이 = 실제투입량에 기초한 예산《2》 − 변동예산《3》
= 표준가격(SP) × 실제투입량(AQ) − 표준가격(SP) × 표준투입량(SQ)
= (실제투입량 − 표준투입량) × 표준가격

식에서 '실제투입량에 기초한 예산'은 표준가격(SP)에 실제투입량(AQ)을 곱해서 구하게 된다. 이와 비교하여, 변동예산은 표준가격(SP)에 표준투입량(SQ)을 곱해서 계산하므로, '실제생산량에 기초한 예산'이라고 말할 수 있다.

가격차이를 구할 때 표준투입량(SQ)이 아닌 실제투입량(AQ)을 곱한다는 점에 유의해야 한다[4]. 능률차이(efficiency variance)는 사용차이(usage variance)라고도 하며, 직접노무원가의

3 변동예산을 계산하는 데 사용되는 표준투입량(SQ)은 제품 한 단위당 표준투입량이 아닌 실제생산량에 기초한 표준투입량임에 유의해야 한다. 표준은 한 단위에 대해 설정되므로, 변동예산투입량이라는 표현이 더 적절할 수도 있다.

4 이로 인해 실제가격과 표준가격의 차이가 그리 크지 않더라도 실제투입량이 많을 경우 가격차이가 크게 나타나는 해석상의 어려움이 있다. 가격차이에 능률차이의 영향이 부분적으로 반영되어 있기 때문이다(자세한 사항은 본 장의 **[보론 1]** 참고).

그림 11-2 직접원가의 변동예산 차이분석 틀

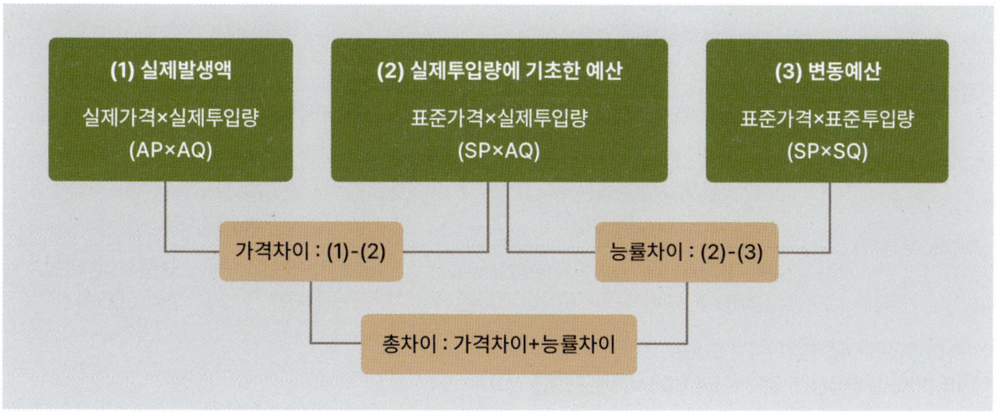

가격차이(price variance)를 임률차이(rate variance)라고도 한다.

위 분석틀에서 (1) > (2), (2) > (3), (1) > (3)인 경우 각 차이를 불리한 차이(U)라 하고, (1) < (2), (2) < (3), (1) < (3)인 경우 각 차이를 유리한 차이(F)라고 한다. 유리와 불리의 기준은 영업이익에 미치는 영향으로서, 실제가격(AP)이 표준가격(SP)보다 크면 불리한 가격차이가 발생하며, 실제투입량(AQ)이 표준투입량(SQ)보다 많으면 불리한 능률차이가 발생한다.

예제 11-3

위 ㈜예림의 2024년 5월 직접재료원가의 실제투입량(AQ)은 75,000g, 실제가격(AP)은 g당 ₩8.4이었으며, 직접노무원가의 실제투입량(AQ)은 60,000시간, 실제가격(AP)은 시간당 ₩8.1이었다고 하자. 표 11-4의 표준원가 자료를 이용하여 직접재료원가와 직접노무원가의 차이분석을 해보자.

먼저 5월 직접재료원가와 직접노무원가의 실제발생액과 변동예산은 표 11-5와 같이 정리할 수 있다.

표 11-5 ㈜예림의 2024년 5월 직접재료원가와 직접노무원가의 구체적인 내역

<table>
<tr><td rowspan="2">직접재료원가</td><td colspan="2">실제발생액(AP×AQ)
₩630,000</td><td colspan="2">변동예산(SP×SQ)
₩648,000</td></tr>
<tr><td>실제가격(AP)
₩8.4</td><td>실제투입량(AQ)
75,000g</td><td>표준가격(SP)
₩9/g</td><td>표준투입량(SQ)
72,000g*</td></tr>
<tr><td rowspan="2">직접노무원가</td><td colspan="2">실제발생액(AP×AQ)
₩486,000</td><td colspan="2">변동예산(SP×SQ)
₩432,000</td></tr>
<tr><td>실제가격(AP)
₩8.1</td><td>실제투입량(AQ)
60,000시간</td><td>표준가격(SP)
₩8/시간</td><td>표준투입량(SQ)
54,000시간**</td></tr>
</table>

* 18,000단위×4g/단위 = 72,000g
** 18,000단위×3시간/단위 = 54,000시간(표 11-4 참고)

이제 차이분석 틀을 이용하여 ㈜예림의 2024년도 5월의 직접재료원가와 직접노무원가의 변동예산차이를 분리하면 그림 11-3과 같다.

그림 11-3 ㈜예림의 2024년 5월 직접재료원가의 변동예산차이 분석

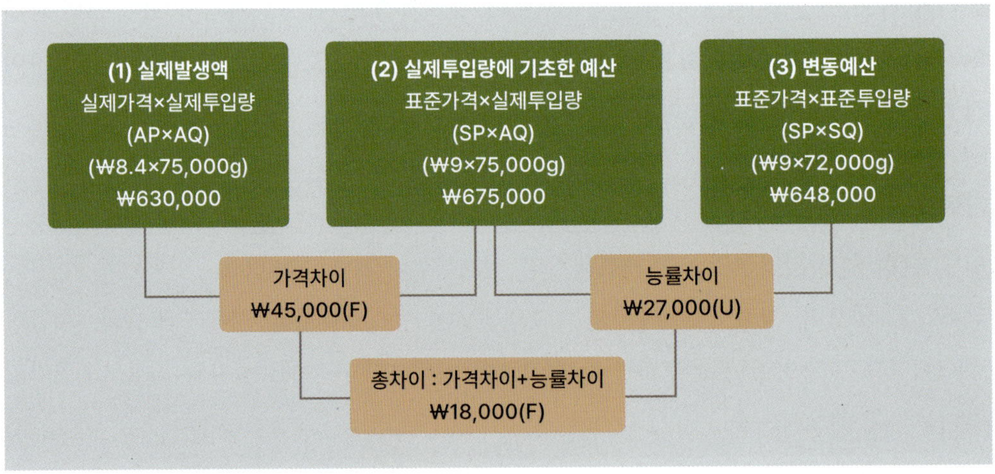

㈜예림의 2024년 5월의 직접재료원가 총차이(변동예산차이) ₩18,000(유리)은 유리한 가격차이 ₩45,000과 불리한 능률차이 ₩27,000으로 분리됨을 알 수 있다. 직접재료원가의 가격차이는 재료 구매시점에서 분리할 수도 있고, 사용시점에서 분리할 수도 있다. 이에 대해서는 아래에서 구체적으로 설명한다.

그림 11-4 (주)예림의 2024년 5월 직접노무원가의 변동예산차이 분석

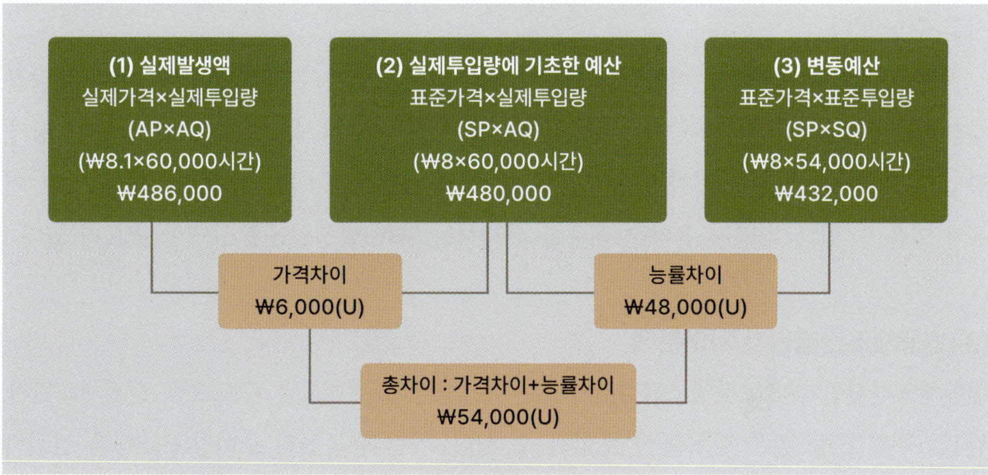

다음으로 직접노무원가 차이분석은 **그림 11-4**와 같다. 직접노무원가 총차이(변동예산차이) ₩54,000(불리)은 불리한 가격차이 ₩6,000과 불리한 능률차이 ₩48,000으로 분리된다. 직접재료원가와 직접노무원가의 능률차이가 불리한 차이라는 것은 실제생산량(18,000단위)에 대해 허용된 투입량보다 실제투입량이 더 많았다는 것을 의미한다.

요약하면, 가격차이는 투입요소(재료, 노무) 가격의 표준과 실제발생액의 차이로 인해 발생하며, 능률차이는 투입요소 투입량의 표준과 실제투입량의 차이로 인해 발생한다. 따라서 전자는 주로 외부시장의 영향을 받으며, 후자는 기업 내부 생산공정의 효율성에 의해 영향을 받으므로, 기업의 통제가능성은 일반적으로 후자가 더 높다. 또한 가격(임률)은 구매부서와 인력 관련 부서가, 투입량은 제조부서가 주로 담당하므로 각 차이를 보고하고 책임을 지는(responsible) 부서도 다르다. 따라서 원가요소의 변동예산차이를 가격차이와 능률차이로 구분하는 것은 부서별 책임과 통제가능성 측면에서 의미가 있다.

그러나 직접재료원가의 유리한 가격차이가 발생한 이유는 여러 가지가 있을 수 있다. 재료의 시장가격 하락, 재료가격의 예측 오류, 구매담당자의 성공적인 가격협상, 대량구매를 통한 가격할인, 품질이 낮은 재료 구매, 가격이 낮은 판매업체로의 전환 등 다양하다. 따라서 유리한 가격차이가 구매담당부서의 좋은 성과를 반드시 의미하는 것이 아니며, 마찬가지로 불리한 가격차이도 구매담당부서의 나쁜 성과를 반드시 의미하는 것이 아니다. 회사 전체 차원에서도 유리한 가격차이가 항상 바람직한 것이 아닐 수도 있다. 대량구매할인의 경우 재고비용 증가로 이어질 수 있고, 낮은 품질의 재료를 저렴하게 산 경우에는

재료 사용량을 증가시키고 작업시간이 증가하여 재료와 노무의 불리한 능률차이를 발생시킬 수도 있다.

능률차이의 발생원인도 여러 가지가 있을 수 있다. 작업자의 작업속도 부진이나 불량품 생산으로 인한 재작업시간 증가, 미숙련 근로자 고용, 근로자 숙련도에 대한 잘못된 평가, 작업 일정계획의 부실로 인한 유휴시간 발생, 정비 불량으로 인한 기계고장 등 다양한 이유가 있을 수 있다. 따라서 올바른 대응을 위해서는 차이 발생원인을 규명할 필요가 있다.

(3) 변동제조간접원가 차이분석

변동제조간접원가와 고정제조간접원가에는 감가상각비, 전기요금, 수도요금, 간접재료원가, 간접노무원가 등 많은 항목들이 포함될 수 있다. 이런 항목들의 소비량(투입량)을 간접적으로 측정하는 단위가 바로 **원가배부기준**이며, 제조간접원가의 표준은 배부기준에 대해 설정한다. 변동제조간접원가 차이분석에 사용되는 가격과 물량은 다음과 같이 정의된다.

- **실제가격(AP)** : 변동제조간접원가 배부기준 한 단위당 실제가격(=**실제배부율**)
- **표준가격(SP)** : 변동제조간접원가 배부기준 한 단위당 표준가격(=**표준배부율**)
- **실제투입량(AQ)** : 변동제조간접원가 배부기준의 실제투입량
- **표준투입량(SQ)** : 실제생산량에 대해 허용된 변동제조간접원가 배부기준의 표준투입량

여기서 **표준배부율**은 정상원가계산에서 배운 예산(정)배부율과 사실상 동일한 것으로서, 계절적인 요인 등으로 인한 변동을 줄이기 위해 연간 단위로 설정되는 것이 일반적이다(제4장 참고). 따라서 변동제조간접원가의 표준배부율[5]은 변동제조간접원가의 연간 예산을 배부기준의 연간 예산조업도로 나누어서 계산한다. ㈜예림의 예제를 이용하여 변동제조간접원가 표준배부율(SP) 계산과 차이분석방법을 학습해보자.

---

5 위에서 설명했던 예산과 표준이라는 용어와 마찬가지로, 배부율의 경우에도 예정(산)배부율이 보다 포괄적인 용어이나, 표준원가계산에서는 '예정배부율' 대신 '표준배부율'을 사용하는 경우가 많아 본서에서도 '표준배부율'이라는 용어를 사용한다.

예제 11-4

위 ㈜예림의 2024년도 1년 동안의 변동제조간접원가 총예산이 ₩3,750,000이며, 예산생산량은 150,000단위라고 하자. 변동제조간접원가 배부기준은 기계시간이며, 제품 한 단위당 표준기계시간은 5시간이다(표 11-4). ㈜예림의 2024년 5월 실제 총기계시간은 92,000시간이었다고 하자. 변동제조간접원가 표준배부율(SP)을 계산하고, 차이분석을 해보자.

먼저 연간 표준배부율을 계산해보자. 예산 총기계시간은 750,000시간(=150,000단위×5시간)이며, 기계시간당 변동제조간접원가 표준배부율은 ₩5(=₩3,750,000÷750,000시간)이다. 즉, 표준배부율은 다음과 같이 계산된다.

변동제조간접원가 표준배부율(SP) = 변동제조간접원가 연간 총예산 ÷ 변동제조간접원가 배부기준의 연간 총예산사용량
= ₩3,750,000 ÷ 750,000시간
= ₩5/기계시간

표 11-4에 나타나 있는 변동제조간접원가의 표준원가는 위와 같은 계산절차를 통해 수립된 것이다.

이상의 숫자를 정리하면 표 11-6과 같다.

표 11-6 ㈜예림의 2024년 5월 변동제조간접원가 관련 실제결과와 변동예산

	실제결과	변동예산
(1) 판매량(생산량)	18,000단위	18,000단위
(2) 제품 단위당 기계시간	5.111시간	5시간
(3) 총기계시간(=(1)×(2))	92,000시간	90,000시간
(4) 총변동제조간접원가	₩414,000 (표 11-1)	₩450,000 (=₩5×90,000시간)
(5) 변동제조간접원가 배부율	₩4.5/기계시간 (=₩414,000÷92,000시간)	₩5/기계시간

이제 변동제조간접원가 차이분석을 해보자. 변동제조간접원가의 변동예산차이(총차이)

는 **소비차이**(spending variance)와 **능률차이**(efficiency variance)로 분리된다.

변동제조간접원가 소비차이 = 실제발생액 − 실제투입량에 기초한 예산원가
= 실제배부율(AP) × 실제투입량(AQ) − 표준배부율(SP) × 실제투입량(AQ)
= (실제배부율 − 표준배부율) × 실제투입량

변동제조간접원가 능률차이 = 실제투입량에 기초한 예산원가 − 변동예산
= 표준배부율(SP) × 실제투입량(AQ) − 표준배부율(SP) × 표준투입량(SQ)
= (실제투입량 − 표준투입량) × 표준배부율

차이분석 틀을 이용하여, ㈜예림의 2024년 5월의 변동제조간접원가 총차이를 분석하면, 그림 11-5와 같다. 변동제조간접원가 총차이 ₩36,000(F)은 소비차이 ₩46,000(F)과 능률차이 ₩10,000(U)으로 분리된다.

그림 11-5 ㈜예림의 2024년 5월 변동제조간접원가 차이분석

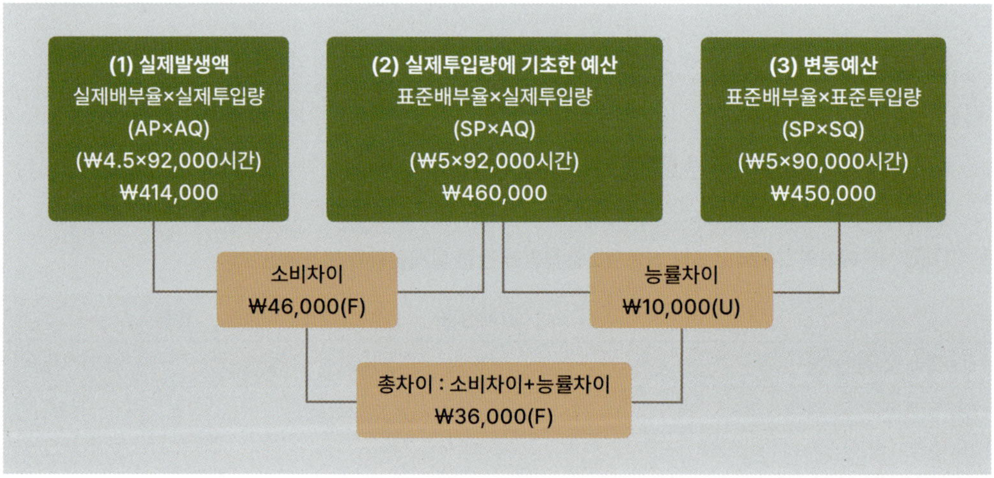

이제 변동제조간접원가 소비차이와 능률차이의 의미에 대해 알아보자. 변동제조간접원가는 간접원가이므로 차이분석의 의미가 직접원가와 다르므로 유의해야 한다.

먼저 **소비차이**(spending variance)에 대해 살펴보자. 변동제조간접원가에는 여러 가지 원

가항목이 있지만, 여기서는 전기요금 하나만 있고, 배부기준이 기계시간이라고 가정해보자. 이때 배부율은 다음과 같이 나타낼 수 있다.

배부율 = 변동제조간접원가 금액 ÷ 배부기준 조업도(사용량)
= 전기요금 ÷ 기계시간
= [kWh당 전기요금 × 전기사용량(kWh)] ÷ 기계시간
= kWh당 전기요금 × [전기사용량(kWh) ÷ 기계시간]

변동제조간접원가의 소비차이 발생원인은 실제배부율(AP)과 표준배부율(SP)의 차이로 인한 것이므로, 위 배부율의 실제와 표준의 차이로 인해 발생하는 것이다. 변동제조간접원가에 전기요금만 있는 경우, 위의 식에서 차이발생 원인을 다음과 같이 설명할 수 있다.

- 첫째, kWh당 전기요금이 표준과 실제가 다르기 때문이다. 예를 들어, 연도 중에 kWh당 전기요금이 인상되거나 인하된 경우이다.
- 둘째, [전기사용량(kWh) ÷ 기계시간], 즉 기계시간(배부기준) 한 시간당 전기사용량(kWh)의 표준과 실제가 서로 다르기 때문이다.

첫째와 둘째 원인을 자세히 살펴보면, 변동제조간접원가 소비차이에는 관련된 개별적인 항목들(전기, 수도, 간접재료, 간접노무 등)의 가격차이(첫째 원인)와 이들 항목들의 능률차이(둘째 원인)가 모두 포함되어 있음을 알 수 있다. 즉, 변동제조간접원가의 소비차이에는 일반적인 의미의 가격차이와 능률차이가 모두 포함되어 있다는 것이다. 이것이 변동제조간접원가의 경우 가격차이라는 용어 대신 가격과 물량을 모두 포괄하는 소비차이라는 용어를 사용하는 이유이다. 이처럼 차이분석의 의미가 직접원가와 다른 이유는 변동제조간접원가에서는 원가배부기준을 물량의 측정치로 사용하기 때문이다.

변동제조간접원가의 소비차이는 발생원인에 따라 대처방안도 달라야 한다. 첫째 원인은 가격요소이므로, 앞에서 설명한 직접재료원가 가격차이와 유사한 분석을 거쳐 대처방안을 수립해야 하고, 둘째 원인은 능률요소이므로 공정개선 등이 필요할 수 있다.

다음으로, 변동제조간접원가 **능률차이**(efficiency variance)에 대해 살펴보자. 배부기준이 기계시간인 경우 능률차이는 실제 투입된 기계시간(AQ)과 실제생산량에 대해 허용된 표준기계시간(SQ)의 차이로 인해 발생하는 것이다. 즉, 배부기준인 기계시간 투입의 능률을 나타내는 것이다. 따라서 변동제조간접원가 능률차이는 변동제조간접원가 항목들(예 전기)의 투입 능률과는 관련이 없다는 점에 유의해야 한다. 위에서 설명한 바와 같이 변동제조간접원가 항목들의 투입 능률은 소비차이에 모두 반영되어 있다.

변동제조간접원가 능률차이가 배부기준의 능률차이와 어떻게 관련되어 있는지 확인해 보자. 변동제조간접원가 능률차이는 다음과 같이 다시 나타낼 수 있다.

$$SP \times (AQ - SQ) = \left[\frac{SP}{SP'} \times SP'\right] \times (AQ - SQ) = \frac{SP}{SP'} \times [SP' \times (AQ - SQ)]$$

식에서 SP는 앞에서와 마찬가지로 변동제조간접원가의 표준배부율이며, 새로 등장한 SP′은 배부기준의 표준가격이라고 하자. 예를 들어, 변동제조간접원가의 배부기준으로 직접노동시간을 사용하는 경우(즉, Q는 직접노동시간), SP′은 직접노동시간당 표준가격(표준임률)이 된다. 이때 각 약자의 의미는 다음과 같이 정리할 수 있다.

SP : (직접노동시간당) 변동제조간접원가 표준배부율
SP′ : 직접노동시간당 표준가격(표준임률)
AQ : 직접노동시간 실제투입량
SQ : 직접노동시간 표준투입량

위 식에서 [SP′×(AQ−SQ)]는 직접노무원가 능률차이가 되므로, 변동제조간접원가 능률차이는 다음과 같이 나타낼 수 있다.

변동제조간접원가 능률차이(배부기준 : 직접노동시간)

$$= \frac{\text{변동제조간접원가 표준배부율}}{\text{직접노무원가 표준임률}} \times \text{직접노무원가 능률차이}$$

이처럼 변동제조간접원가 능률차이는 배부기준인 직접노동시간 투입의 능률을 의미하는 직접노무원가 능률차이와 관련되어 있음을 알 수 있다. ㈜예림의 2024년 5월 자료를 사용하여 이 관계를 확인해보자. 먼저, ㈜예림의 변동제조간접원가 배부기준이 직접노동시간일 때, 변동제조간접원가 능률차이를 직접 계산해보자. 먼저, 표준배부율(SP)은 다음과 같이 계산된다.

$$SP = \frac{₩3,750,000}{150,000\text{개} \times 3\text{직접노동시간}} = ₩8.333/\text{직접노동시간}$$

따라서, 배부기준이 직접노동시간일 때 변동제조간접원가 능률차이는 다음과 같이 계산된다.

$$SP \times (AQ - SQ) = ₩8.333 \times (60,000 - 54,000) = ₩50,000$$

이제 위에서 설명한 다른 방법으로 변동제조간접원가 능률차이를 계산해보자.

예제에서 직접노무원가 능률차이는 ₩48,000이며, 직접노무원가 표준임률(SP′)은 ₩8/직접노동시간이므로, 이를 이용해서 다음과 같이 변동제조간접원가 능률차이를 계산할 수 있다.

$$\frac{\text{변동제조간접원가 표준배부율}}{\text{직접노무원가 표준임률}} \times \text{직접노무원가 능률차이}$$

$$= \frac{8.333}{8} \times 48,000 = ₩50,000$$

이렇게 계산한 능률차이는 위에서 직접 계산한 능률차이와 같다는 것을 확인할 수 있다.

변동제조간접원가 능률차이의 발생원인도 여러 가지일 수 있다. 예를 들어, 기계시간이 배부기준인 경우 예측했던 것보다 근로자들이 기계 사용에 덜 숙련되어 있을 수도 있고, 기계의 유지보수가 적절히 이루어져 있지 않아 기계고장이 발생했을 수도 있으며, 기계작업 일정계획이 부실했을 수도 있다.

(4) 고정제조간접원가 차이분석

고정제조간접원가는 간접원가인 동시에 고정원가이므로 다른 원가요소들과는 다른 접근이 필요하다. 먼저, 간접원가이므로 차이분석에서 사용되는 물량은 배부기준 물량이 된다. 이로 인해 고정제조간접원가 차이분석에 사용되는 표준가격과 표준투입량은 다음과 같이 정의된다.

- **표준가격(SP)** : 고정제조간접원가 배부기준 한 단위당 표준가격(=표준배부율)
- **표준투입량(SQ)** : 실제생산량에 대해 허용된 고정제조간접원가 배부기준의 표준투입량

우리는 앞의 제2단계 분석에서 ㈜예림의 2024년 5월 고정제조간접원가의 매출조업도 차이가 '0'이었음을 알고 있다(표 11-2). 5월의 고정제조간접원가 예산은 예산생산량 20,000단위와 실제생산량 18,000단위에 대해 ₩550,000으로 같기 때문이다. ㈜예림의 2024년 5월 **고정제조간접원가의 변동예산차이**는 ₩10,000(U)으로서, 다음과 같이 계산되었다.

고정제조간접원가 변동예산차이 = 실제발생액 − 변동예산
= ₩560,000 − ₩550,000
= ₩10,000(U)

고정제조간접원가의 변동예산차이가 발생하는 이유로는 예산 대비 설비감가상각비 증가, 기계설비 임대료 증가, 공장 고정관리비용의 증가, 공장관리자 급여 상승, 감독관 급여 상승 등이 있을 수 있다.

고정제조간접원가는 변동제조간접원가와 달리 **능률차이**(efficiency variance)가 발생하지 않는다. 고정제조간접원가의 배부기준(여기서 생산량)이 증가하거나 감소해도 고정제조간접원가 총액은 변하지 않기 때문이다. 따라서 위의 고정제조간접원가 변동예산차이는 전액 **소비차이**(spending variance)(또는 예산차이)에 해당한다.

고정제조간접원가 변동예산차이 = 고정제조간접원가 소비차이

이처럼 고정제조간접원가는 제2단계 차이분석 결과인 변동예산차이를 더 이상 가격차

이와 능률차이로 추가적으로 분리할 수 없다는 특징이 있다. 또 하나의 특징은 **표준원가계산제도**(제12장 참고)에서 제품의 표준원가를 계산할 때 고정제조간접원가를 제품에 배부하는 과정에서 **조업도차이**(production volume variance)가 발생한다는 점이다. 고정제조간접원가는 제품으로 배부할 때 변동예산(=고정예산)을 전액 배부하는 것이 아니라, 전체 생산용량(capacity)의 원가 중에서 실제생산량에 대해 허용된 표준 생산용량에 해당하는 원가만 제품으로 배부한다. 즉, 고정원가를 변동원가처럼 배부하는 것이다. 이로 인해 전체 생산용량과 허용된 표준 생산용량의 차이에 해당하는 원가만큼 조업도차이가 발생한다. 따라서, 고정제조간접원가의 총차이는 변동예산차이(소비차이)와 조업도차이로 구성된다.

고정제조간접원가 조업도차이에 대해 자세히 학습해보자. ㈜예림의 2024년 5월의 고정제조간접원가 (고정, 변동)예산은 ₩550,000인데, 배부기준 단위당 표준배부율은 다음과 같이 계산한다.

고정제조간접원가 표준배부율(SP) = 고정제조간접원가 예산 ÷ 배부기준 기준조업도

고정제조간접원가 표준배부율 계산에 사용되는 배부기준의 **기준조업도**는 변동제조간접원가 표준배부율 계산과 달리, 당기 예산생산량이 아닌 **실제최대조업도**(practical capacity)를 사용하여 제품에 대한 수요보다는 생산용량(capacity)을 반영하는 것이 일반적이다(제7장 참고).

예제 11-5

위 ㈜예림의 2024년 5월의 기준조업도가 27,500단위(연간 기준으로는 27,500단위×12개월)일 경우, 고정제조간접원가 표준배부율을 계산하고, 차이분석을 해보자.

기준조업도가 27,500단위일 때 표준배부율(SP)은 제품 단위당 ₩20(=₩550,000÷27,500단위)이며, 5월에 생산된 제품 18,000단위에 배부되는 고정제조간접원가 총액은 다음과 같이 계산된다.

고정제조간접원가 배부액 = 표준배부율(SP) × 실제생산량에 허용된 배부기준 표준투입량(SQ)

= ₩20 × 18,000단위 = ₩360,000

이 배부액과 변동예산의 차이를 **조업도차이**라고 하며, 다음과 같이 계산한다.

고정제조간접원가 조업도차이 = 고정제조간접원가 예산 − 고정제조간접원가 배부액
= ₩550,000 − ₩360,000
= ₩190,000(U)

고정제조간접원가 조업도차이를 표준배부율을 이용하여 다시 나타내면 다음과 같다[6].

고정제조간접원가 조업도차이 = 고정제조간접원가 예산 − 고정제조간접원가 배부액
= 표준배부율(SP) × 기준조업도 − 표준배부율(SP) × 표준투입량(SQ)
= 표준배부율 × (기준조업도 − 표준투입량)
= ₩20 × (27,500단위 − 18,000단위)

고정제조간접원가의 차이분석 틀은 그림 11-6과 같이 나타낼 수 있다.

그림 11-6 ㈜예림의 2024년 5월 고정제조간접원가 차이분석

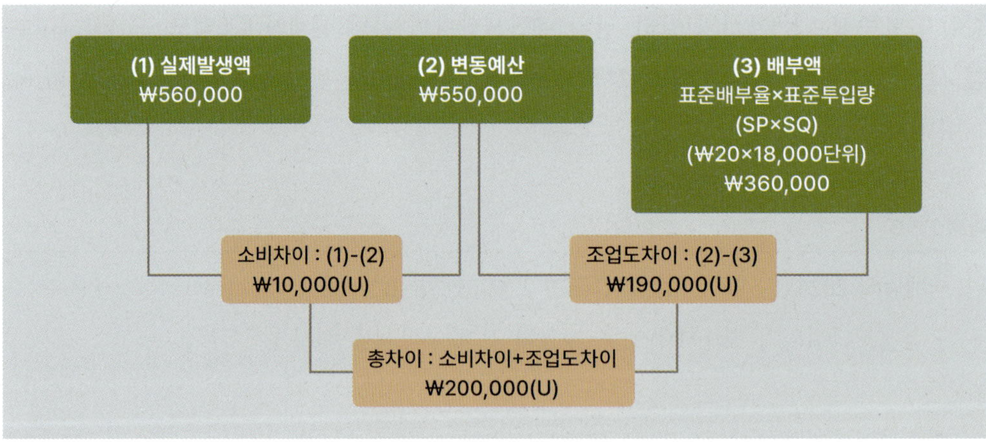

6 본 예제에서 고정제조간접원가 표준배부율은 제품 단위당으로 나타내었으며, 이로 인해 표준투입량(SQ)은 제품의 실제생산량 자체가 된다. 만약 고정제조간접원가의 배부기준으로 기계시간을 사용하는 경우, 배부기준의 기준조업도는 137,500시간(=27,500단위×5시간)이 되며, 표준배부율은 기계시간당 ₩4(=₩550,000÷137,500시간)이 된다. 이 경우에도 생산된 제품에 대한 배부액은 ₩360,000(=₩4×5시간×18,000단위)으로 동일하며, 조업도차이도 ₩190,000으로 동일하게 계산된다(추가예제는 예제 12-1). 따라서, 단일제품의 경우 고정제조간접원가 조업도차이는 제품 생산량을 기준으로 계산하면 쉽다. 그러나, 복수의 제품을 생산하는 상황에서는 배부기준을 사용하여 조업도차이를 계산해야 한다.

제1단계 차이분석에서 계산한 고정제조간접원가 고정예산차이 ₩10,000(U)(표 11-1)은 제2단계 분석에서 모두 고정제조간접원가 변동예산차이 ₩10,000(U)이 되고(표 11-2), 제3단계 분석에서는 모두 고정제조간접원가 소비차이가 됨을 알 수 있다.

고정제조간접원가 고정예산차이 = 고정제조간접원가 변동예산차이 = 고정제조간접원가 소비차이

따라서 고정제조간접원가 조업도차이는 제1단계 차이분석에서 출발한 고정예산차이와 무관하다는 점에 유의해야 한다. 조업도차이는 고정원가에 대해서만 발생하는 차이로서, 표준원가계산제도에서 제품에 배부하는 고정제조간접원가 배부액은 변동예산이 아니라, 표준배부율(SP)에 실제생산량에 허용된 배부기준 표준투입량(SQ)을 곱한 금액이기 때문이다.

㈜예림의 2024년 5월의 고정제조간접원가 예산 ₩550,000은 생산용량인 기준조업도 27,500단위 생산을 지원하는 데 필요한 예산으로서, 계획(planning) 목적으로 설정된 것이다. 그러나 5월의 실제생산량은 기준조업도에 미치지 못하는 18,000단위이므로, 예산 중에서 실제생산량에 대해 허용된 표준 생산용량에 대한 예산만 배부하게 되는 것이다. ㈜예림의 2024년 5월 고정제조간접원가의 소비차이와 조업도차이는 그림 11-7과 같이 나타낼 수 있다. 배부를 나타내는 선을 보면, 고정제조간접원가가 마치 변동원가처럼 생산량에 비례해서 배부되는 것을 볼 수 있다.

조업도차이 ₩190,000은 전체 예산 중에서 기준조업도와 실제조업도의 차이에 해당하는 예산(=₩20×(27,500단위−18,000단위))으로도 생각할 수 있다. 변동원가의 경우에는 표준원가계산제도에서 변동예산이 제품원가가 되기 때문에 조업도차이가 발생하지 않는다.

고정제조간접원가의 불리한 조업도차이가 반드시 나쁜 것은 아니다. ㈜예림이 높은 가격으로 제품을 적게 판매하는 것이 낮은 가격으로 많은 제품을 판매하는 것보다 낫다고 판단했을 수도 있으며, 제품 수요가 매우 불확실한 상황에서 급격한 수요증가에 대비하여 충분한 설비용량을 미리 확보했을 수도 있다. 생산설비는 단기에 확보하기 어렵기 때문에 수요가 갑자기 증가할 때 수요를 충족시키지 못하면 판매기회 상실로 인한 기회비용이 발생할 뿐만 아니라 관련 고객을 놓치게 됨으로써 미래 수익창출 기회마저도 잃게 될 수 있다. 따라서 잉여설비는 수요 불확실성에 대한 완충(buffer) 역할을 할 수 있으므로 반드시

그림 11-7 고정제조간접원가의 소비차이와 조업도차이

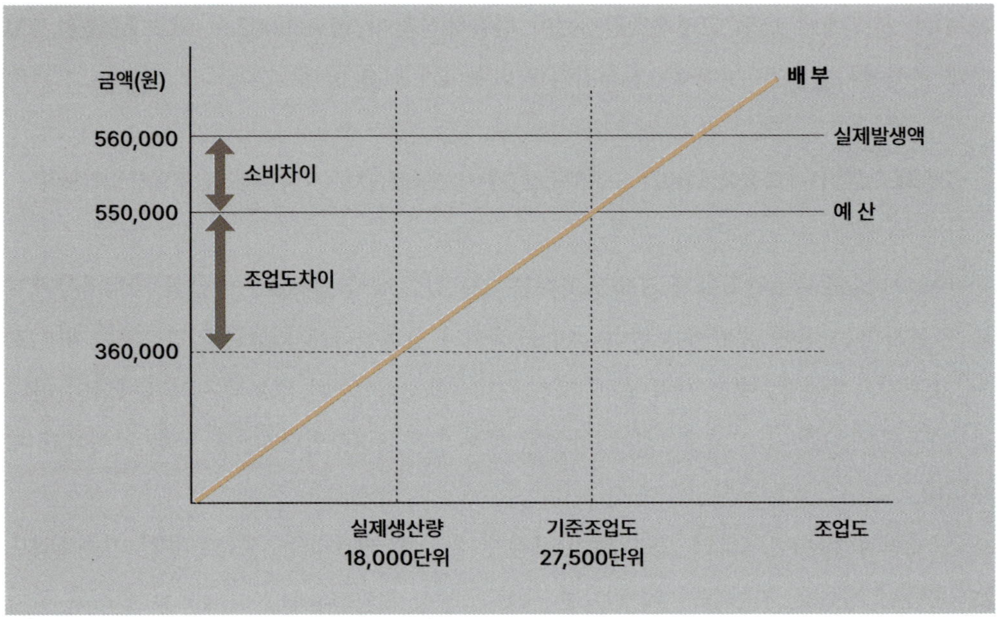

부정적인 것은 아니라는 것이다.

(5) 제조간접원가 차이분석의 통합

우리는 지금까지 (변동, 고정)제조간접원가의 차이분석에서 세 가지 형태의 차이(소비차이, 능률차이, 조업도차이)를 살펴보았다. 이를 정리하면 표 11-7과 같다.

표 11-7 제조간접원가 총차이의 4분법 차이분석

	변동예산차이		조업도차이	합계(총차이)	비 고
	소비차이	능률차이			
변동제조간접원가	₩46,000(F)	₩10,000(U)	×	₩36,000(F)	과다배부
고정제조간접원가	₩10,000(U)	×	₩190,000(U)	₩200,000(U)	과소배부

표에서 변동제조간접원가의 유리한 총차이는 실제발생액이 제품에 대한 배부액보다 더 적은 경우로서, 5월 중에 과다배부가 발생했음을 의미하며, 반대로 고정제조간접원가의 불리한 총차이는 실제발생액이 배부액보다 더 많은 경우로서, 5월 중에 과소배부가 발생했

음을 의미한다.

앞에서 설명한 바와 같이, 변동제조간접원가의 총차이는 소비차이와 능률차이로 분리되며, 조업도차이가 없다. 반면에 고정제조간접원가의 변동예산차이는 모두 소비차이에 해당하고, 조업도차이가 발생한다. 이것이 제조간접원가의 **4분법**에 기초한 차이분석이다.

그러나 제조간접원가의 대다수 항목이 고정원가 요소와 변동원가 요소를 모두 지니고 있어서(예 전기요금은 기본료+추가 사용료), 고정원가와 변동원가로 구분하기 어려운 점이 있다. 따라서 제조간접원가를 변동과 고정으로 구분하지 않고 통합할 수도 있다.

변동과 고정제조간접원가의 소비차이를 하나로 묶고, 능률차이와 조업도차이를 별도의 그룹으로 구분할 수 있다. 이것을 **3분법**이라고 부른다(표 11-8). 소비차이는 제조간접원가 항목의 실제소비(가격, 물량)와 표준의 차이를 나타내므로, 이를 (변동제조간접원가) 배부기준 사용의 능률을 나타내는 능률차이와 구분한다는 점에서 의미가 있다.

표 11-8 제조간접원가의 3분법 차이분석

	소비차이	능률차이	조업도차이	합계(총차이)	비 고
제조간접원가	₩36,000(F)	₩10,000(U)	₩190,000(U)	₩164,000(U)	과소배부

원가차이를 한 단계 더 통합할 수도 있다. 제조간접원가의 소비차이와 능률차이는 **변동예산차이**에 해당한다. 변동예산차이는 통제가능한 차이에 관한 정보를 담고 있어서 **통제가능차이**라고도 부르며, 차이가 과다한 경우 차이의 원인(가격, 물량 측면에서)을 조사하여 필요한 경우 조치를 취해야 한다. 반면에, 조업도차이는 기준조업도와 실제조업도의 차이에서 발생한 통제가능성이 낮은 차이이다. 이런 분류를 **2분법**이라고 부른다. 이를 정리하면 표 11-9와 같다.

표 11-9 제조간접원가 차이분석 : 4분법, 3분법, 2분법

	4분법	3분법	2분법
변동제조간접원가	변동제조간접원가 소비차이	제조간접원가 소비차이	제조간접원가 변동예산차이
	변동제조간접원가 능률차이	제조간접원가 능률차이	제조간접원가 변동예산차이
고정제조간접원가	고정제조간접원가 소비차이	제조간접원가 소비차이	제조간접원가 변동예산차이
	조업도차이	조업도차이	조업도차이

3. 차이분석 종합정리

㈜예림의 2024년 5월의 차이분석 제1, 2, 3단계를 종합적으로 정리하면 그림 11-8과 같다. 고정제조간접원가 조업도차이 ₩190,000(U)은 변동예산차이에 속하지 않고, 매출조업도차이에 포함된다.

그림 11-8 차이분석 종합정리

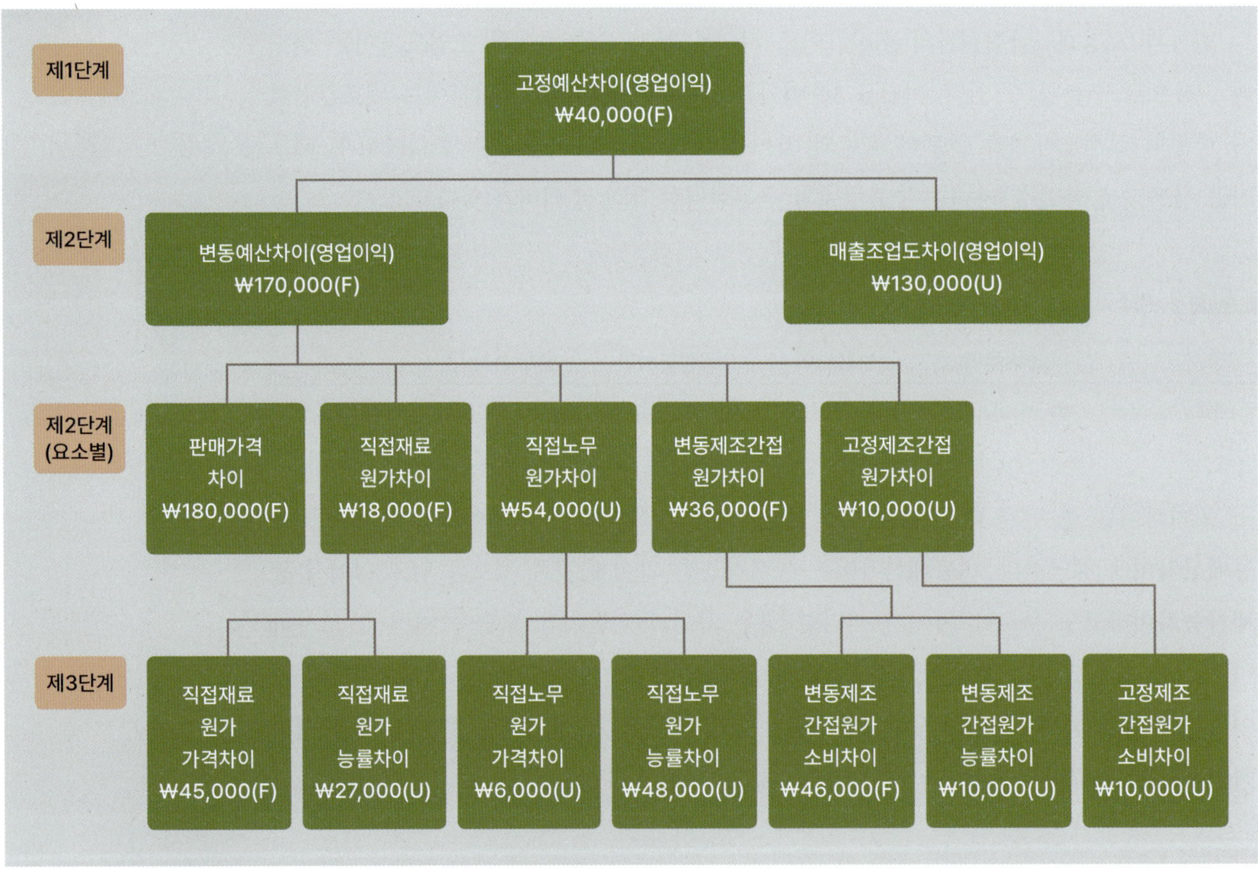

4. 직접재료원가 가격차이 분리시점별 차이분석

우리는 앞의 ㈜예림의 예제에서 직접재료 구매시점과 **가격차이 분리시점**에 대해 별도로 언급하지 않았다. 직접재료원가 가격차이는 재료의 구매시점에서 분리할 수도 있고, 재료의 사용시점에서 분리할 수도 있다. 각 경우에 대해 살펴보자. 직접재료원가 능률차이는 가격차이의 분리시점과 무관하게, 실제사용량(AQu)과 표준투입량(SQ)의 차이에 표준가격(SP)을 곱하여 계산한다(첨자 p는 purchased(구매), u는 used(사용)를 각각 나타낸다). 앞에서 설명한 ㈜예림의 2024년 5월 자료를 사용하여 설명해보자.

예제 11-6

예제 11-3을 이용하자. ㈜예림의 2024년 5월 재료구입량은 90,000g이며, 실제구입가격(AP)은 ₩8.4/g, 사용량이 75,000g이라고 하자. 직접재료원가 가격차이 분리시점별로 차이분석을 해보자.

1) 가격차이를 구매시점에서 분리하는 경우

가격차이를 구매시점에서 분리하는 경우에는 모든 가격차이가 구매물량 전체(AQp)에 대해 분리된다. 이 경우 가격차이와 능률차이는 다음과 같이 계산된다.

가격차이 = 실제발생액 − 실제물량에 기초한 예산
= 실제가격(AP) × 실제구입량(AQp) − 표준가격(SP) × 실제구입량(AQp)
= (실제가격 − 표준가격) × 실제구입량

능률차이 = 실제물량에 기초한 예산 − 변동예산
= 표준가격(SP) × 실제사용량(AQu) − 표준가격(SP) × 표준투입량(SQ)
= (실제사용량 − 표준투입량) × 표준가격

그림 11-9는 차이분석 틀을 이용하여 차이분석을 나타낸 것이다. 가격차이를 구입시점에서 분리하는 경우에는 직접재료는 구입시점부터 장부에 표준가격(SP)에 기록된다는 점을 기억하자.

그림 11-9 직접재료원가 가격차이를 구매시점에서 분리하는 경우의 차이분석

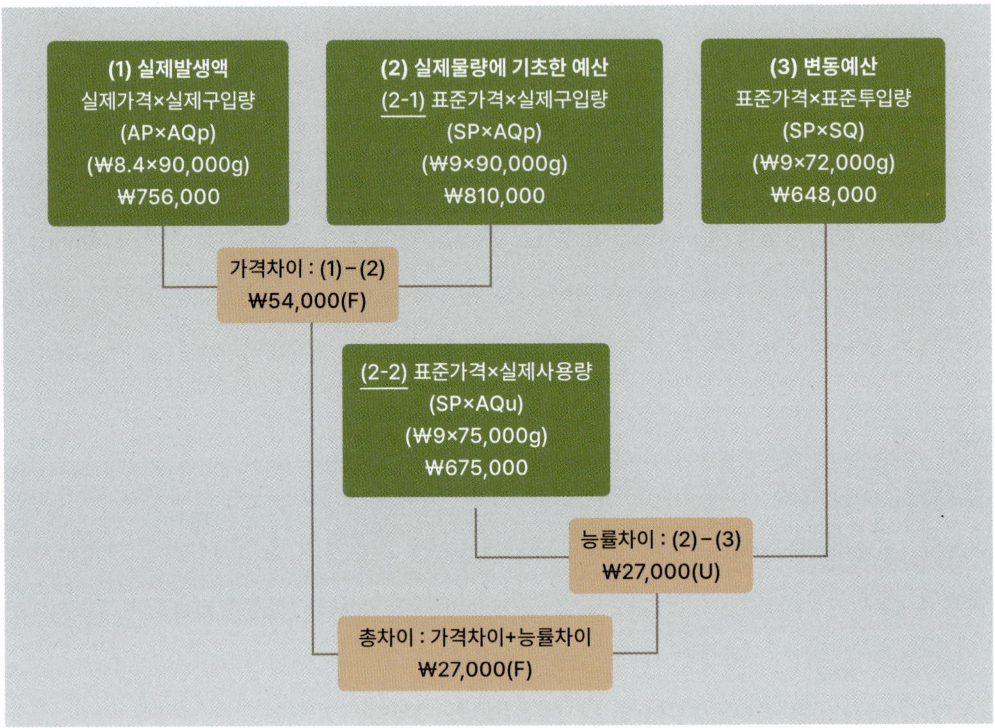

2) 가격차이를 사용시점에서 분리하는 경우

가격차이를 사용시점에서 분리하는 경우에는 재료의 구입시점에는 가격차이를 인식하지 않고, 사용시점에 가서 사용한 물량(AQu)에 대해 가격차이와 함께 능률차이도 분리된다. 이 경우 가격차이와 능률차이는 다음과 같이 계산된다.

가격차이 = 실제발생액 − 실제물량에 기초한 표준원가
= 실제가격(AP) × 실제사용량(AQu) − 표준가격(SP) × 실제사용량(AQu)
= (실제가격 − 표준가격) × 실제사용량

능률차이 = 실제물량에 기초한 표준원가 − 표준금액
= 표준가격(SP) × 실제사용량(AQu) − 표준가격(SP) × 표준투입량(SQ)
= (실제사용량 − 표준투입량) × 표준가격

그림 11-10 은 차이분석 틀을 이용하여 차이분석을 나타낸 것이다. 직접재료의 가격차이가 사용시점에서 분리되므로, 구입시점에서 실제가격(AP)으로 장부에 기록되어 사용되지 않은 상태에서는 장부에 항상 실제가격(AP)으로 기록됨을 기억하자.

그림 11-10 직접재료원가 가격차이를 사용시점에서 분리하는 경우의 차이분석

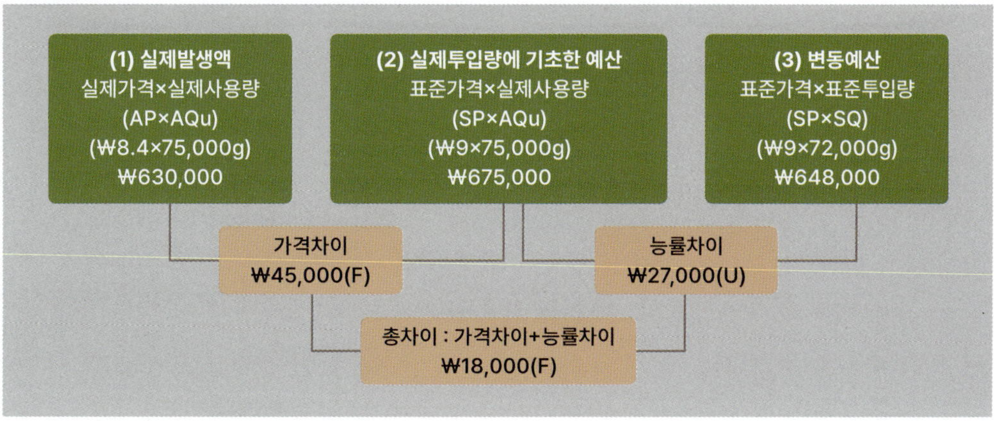

직접재료원가 가격차이는 가능한 한 가장 빠른 시점인 구매시점에서 분리하는 것이 좋다. 불리한 가격차이가 발견되는 즉시, 필요하면 새로운 가격협상을 요구할 수도 있으며, 새로운 공급업체를 찾을 수도 있기 때문이다.

5. 차이분석의 이해와 활용

원가요소의 차이는 여러 가지 원인으로 인해 발생하므로, 각 원가요소의 차이를 다른 차이와 분리하여 독립적으로 해석해서는 안 된다. 예를 들어, 직접재료원가의 유리한 가격차이는 낮은 재료품질과 관련되어 있을 수도 있으며, 낮은 품질의 재료를 사용하면 직접노무원가의 불리한 능률차이가 발생할 수도 있다. 직접노무원가의 불리한 능률차이는 미숙련 근로자 고용(직접노무원가 유리한 가격차이), 비효율적인 공정 계획 등과도 관련되어 있을 수 있다.

차이분석 결과는 종종 종업원과 부서의 성과평가에 사용되기도 한다. 그러나 개별적으로 유리한 원가차이 자체를 긍정적인 성과로, 불리한 원가차이를 부정적인 성과로 기계적으로 판단해서는 안 되며, 회사의 매출, 총원가, 전체적인 수익성 등 회사 전체에 미치는 영향을 종합적으로 고려해야 한다.

[보론 1] 가격차이와 능률차이의 의미와 한계

가격차이와 능률차이의 의미에 대해 구체적으로 살펴보자. 직접재료원가의 경우를 예로 들어보자. 직접재료원가 총차이(변동예산차이)는 실제발생액과 변동예산의 차이로서, 그림(보론) 11-1에서 영역 ①, ②, ③의 합에 해당한다.

그림(보론) 11-1 가격차이와 능률차이 분석

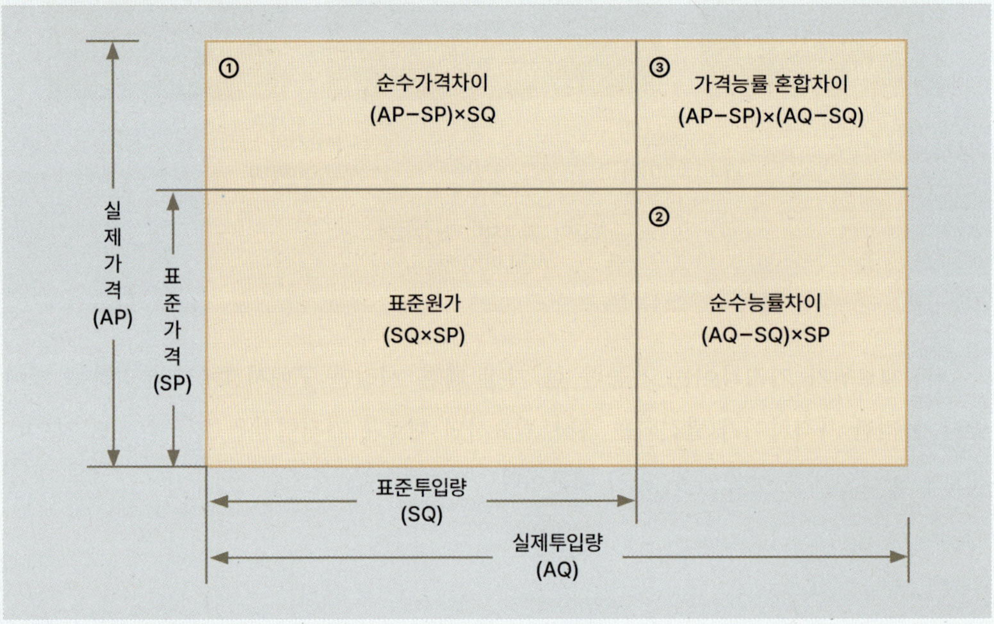

총차이 = 실제발생액 − 변동예산

= 영역 ① + 영역 ② + 영역 ③

= (AP − SP) × SQ + (AQ − SQ) × SP + (AP − SP) × (AQ − SQ)

= 순수가격차이 + 순수능률차이 + 가격능률 혼합차이

영역 ①은 순수한 가격차이로서 실제투입량(AQ)이 아닌 표준투입량(SQ)을 곱해서 구하게 된다. 영역 ②는 순수한 능률차이로서 일반적인 능률차이와 동일하다. 영역 ③은 가격차이의 영향과 능률차이의 영향이 혼합되어 있으므로 가격능률 혼합차이라고 볼 수 있다.

여기서 가격능률 혼합차이는 해석상에 다소 어려움을 내포하고 있다.

먼저, 실제가격(AP)이 표준가격(SP)보다 커서 불리하고(AP－SP : ＋값), 동시에 실제투입량(AQ)이 표준투입량(SQ)보다 커서 불리한 경우(AQ－SQ : ＋값), 가격능률 혼합차이도 양(+)의 값을 가지게 되어 불리한 차이를 나타내어 해석상에 문제가 없다. 그러나, 이와 반대로 실제가격(AP)이 표준가격(SP)보다 작아서 유리하고(AP－SP : －값), 동시에 실제투입량(AQ)이 표준투입량(SQ)보다 작아서 유리한 경우(AQ－SQ : －값), 가격능률 혼합차이가 양(+)의 값을 가지게 되어 불리한 차이를 나타내게 된다. 즉, 가격과 투입량이 모두 유리한 경우에도 그 값이 불리한 차이를 나타내는 모순이 발생한다.

위 두 가지 경우를 종합해보면, 가격능률 혼합차이가 양(+)의 값을 가지는 경우, 그 실질적인 의미가 유리한 차이인지 불리한 차이인지 알 수가 없게 되는 것이다. 이러한 모순을 피하기 위해 일반적으로 가격능률 혼합차이를 가격차이에 포함시켜 나타내게 된다. 가격차이는 조직에서 통제가능성이 비교적 낮은 반면, 능률차이는 투입물 수량의 통제와 관련되어 있어서 가격차이보다 통제가능성이 상대적으로 높아, 차이 정보가 더 중요한 의미를 가지는 경우가 많다. 이로 인해 능률차이는 순수한 의미의 능률차이(영역 ②)로 유지하고, 가격차이는 순수한 가격차이(영역 ①)와 가격능률 혼합차이(영역 ③)를 더하여 나타내게 되는 것이다.

가격차이 = 순수가격차이＋가격능률 혼합차이

능률차이 = 순수능률차이

만약, 어떤 조직에서 가격차이가 통제목적으로 더 중요한 의미를 지니는 경우에는 가격차이를 순수 가격차이로 유지하고, 혼합차이를 능률차이에 더해서 나타낼 수도 있을 것이다[7].

7 이 경우 가격차이는 (AP−SP)×SQ, 능률차이는 (AQ−SQ)×AP로 표현될 것이다.

[보론 2] 매출조업도차이 분리

매출과 관련된 각종 **매출차이**(sales variance)를 분석해보자. 우리는 앞에서 고정예산과 실제 발생액의 차이를 고정예산차이(static budget variance)라고 하며, 고정예산차이 중에 고정예산과 변동예산의 차이를 **매출조업도차이**(sales-volume variance)라고 하는 것을 학습하였다. 복수의 판매채널(또는 제품)이 있는 경우, 매출조업도차이는 추가적으로 판매채널별(제품별) 매출배합비율(sales mix)과 관련된 차이와 총판매수량(sales quantity)과 관련된 차이로 분리할 수 있다. 또한, 판매수량으로 인한 차이도 시장점유율(market share)과 관련된 차이와 시장규모(market size)와 관련된 차이로 추가적으로 분리할 수 있다. 다음 예제를 이용해서 학습해보자.

예제(보론) 11-1

(주)하늘은 한 가지 종류의 제품을 생산하고 있으며, 인터넷과 마트를 통해 이 제품을 판매하고 있다. 2024년도 예산과 실적 자료는 각각 표(보론) 11-1, 표(보론) 11-2와 같다.

표(보론) 11-1 (주)하늘의 2024년 예산

판매채널	판매가격(원)	단위당 변동원가(원)	단위당 공헌이익(원)	판매량(개)	매출배합비율(판매량기준)	공헌이익(원)
인터넷	20	15	5	1,000	0.4	5,000
마 트	25	16	9	1,500	0.6	13,500
합 계	–	–	–	2,500	1	18,500

표(보론) 11-2 (주)하늘의 2024년 실적

판매채널	판매가격(원)	단위당 변동원가(원)	단위당 공헌이익(원)	판매량(개)	매출배합비율(판매량기준)	공헌이익(원)
인터넷	21	15	6	1,161	0.43	6,966
마 트	25	17	8	1,539	0.57	12,312
합 계	–	–	–	2,700	1	19,278

(주)하늘은 2024년도에 예산판매량보다 더 많은 수량의 제품을 판매했으며, 공헌이익도 예산보다 증가하였다. 그러나, 수익성이 더 높은 마트채널의 실제 판매비중은 예산보다 감소하였다. 이런 영향은 매출조업도차이를 분리하면 구체적으로 이해할 수 있다.

(주)하늘의 2024년도 매출조업도차이는 다음과 같이 계산한다. 매출과 관련된 차이분석이므로, 실제조업도(판매량)가 예산조업도(판매량)보다 더 많을 때 유리한(F) 차이가 되며, 반대인 경우 불리한(U) 차이가 된다.

매출조업도차이(영업이익) = 단위당 예산 공헌이익 × (실제판매량 − 고정예산 판매량)

- 인터넷 : ₩5 × (1,161개 − 1,000개) = ₩805(F)
- 마트 : ₩9 × (1,539개 − 1,500개) = ₩351(F)
- 합계 : ₩1,156(F)

1 매출조업도차이 분리

매출조업도차이는 그림(보론) 11-2와 같이 판매채널별로 각각 **매출배합차이**(sales mix variance)와 **판매수량차이**(sales quantity variance)로 분리한다.

그림(보론) 11-2 매출조업도차이의 분리(매출배합차이, 판매수량차이) | 예제(보론) 11-1

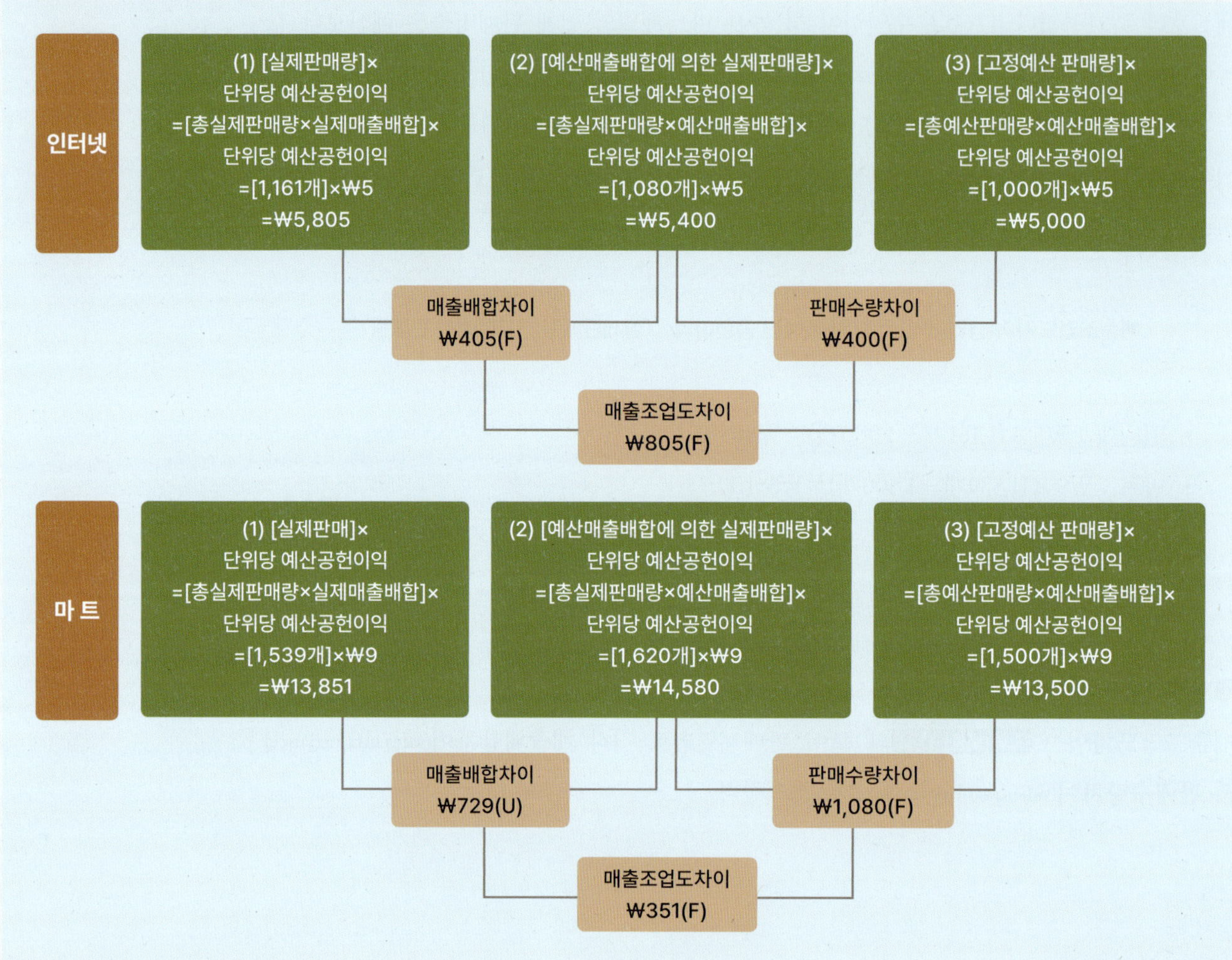

매출조업도차이는 수량의 차이(실제판매량 − 고정예산 판매량)에 단위당 예산공헌이익을 곱한 것으로, 이 수량의 차이를 "예산매출배합에 의한 실제판매량"(그림(보론) 11-2의 (2))을 이용해서 분리한다. 인터넷 판매의 경우, 해당 수량은 [총실제판매량(2,700개) × 예산매출배합(0.4)] = 1,080개이며, 마트 판매의 경우, 해당 수량은 [총실제판매량(2,700개) × 예산매출배합(0.6)] = 1,620개이다. 표(보론)11-3은 분석결과를 요약한 것이다.

표(보론) 11-3 판매채널별 매출조업도차이 분리 | 예제(보론) 11-1

차 이	인터넷채널	마트채널	합 계
매출배합차이	₩405(F)	₩729(U)	₩324(U)
판매수량차이	₩400(F)	₩1,080(F)	₩1,480(F)
합계(매출조업도차이)	₩805(F)	₩351(F)	₩1,156(F)

판매수량차이는 두 판매채널 모두 유리한(F) 차이를 나타내고 있는데, 이는 총실제판매량이 예산 판매량보다 증가했기 때문이다. 판매수량차이는 모든 채널이 항상 같은 방향(유리 또는 불리)의 차이를 나타낸다는 것을 확인할 수 있다.

매출배합차이는 인터넷채널에서 유리한 차이를, 마트채널에서 불리한 차이를 나타내고 있는데, 이는 인터넷채널의 실제매출배합비율은 예산보다 증가하고, 마트채널의 실제매출배합비율이 예산보다 감소했기 때문이다. 두 채널의 매출배합차이의 수량은 인터넷채널이 81개(=1,161개－1,080개), 마트채널이 －81개(=1,539개－1620개)로서, 채널들의 합계는 "0"임을 알 수 있다. 따라서, 두 채널이 있을 경우, 매출배합차이는 항상 반대방향을 나타내게 된다.

총매출배합차이는 불리한 차이를 나타내고 있는데, 이것은 단위당 예산공헌이익이 더 높은 마트채널의 실제매출배합이 예산보다 감소했기 때문이다. 따라서 (주)하늘의 관리자는 마트채널의 매출배합이 예산보다 낮은 이유를 분석해서 대처할 필요가 있다.

여기서 판매수량차이(sales quantity variance)는 매출조업도차이(sales volume variance)와 유사하지만, 판매채널별로 차이를 분석할 때 주로 사용하는 용어이다.

2 판매수량차이 분리

판매수량차이(sales quantity variance)는 **시장점유율차이**(market share variance)와 **시장규모차이**(market size variance)로 분리할 수 있다. (주)하늘은 한 가지 제품을 판매하고 있으므로 두 차이는 판매채널별로 구분하지 않고 통합하여 분석한다(제품이 둘 이상인 경우, 제품별로도 아래 분석을 실시할 수 있다). 판매수량차이 분석을 위한 (주)하늘의 2024년 자료는 표(보론) 11-4와 같다.

표(보론) 11-4 (주)하늘의 2024년 시장규모와 시장점유율 | 예제(보론) 11-1

	예 산	실 제
시장규모(개)	25,000	30,000
시장점유율(%)	10	9

판매수량차이를 판매채널과 무관하게 통합적으로 분석하기 위해, 판매량과 단위당 예산공헌이익을 판매채널별로 구분하지 않고 통합한다. 판매량은 두 판매채널 판매량의 단순 합계를 사용하고, 단위당 예산공헌이익은 두 판매채널을 통합한 가상의 **복합단위**(composite unit)에 대해 계산하며, 각 판매채널의 예산공헌이익과 예산매출배합 가중치를 사용하여 다음과 같이 계산한다.

$$\text{복합단위에 대한 단위당 예산공헌이익} = (0.4 \times ₩5) + (0.6 \times ₩9) = ₩7.4$$

판매수량차이의 분리는 그림(보론) 11-3과 같이 실시한다. 2024년도 실제 시장규모가 예산보다 커서 시장규모차이는 유리한 차이를 나타내고 있으며, 실제 시장점유율은 예산보다 작아 시장점유율차이는 불리한 차이를 나타내고 있다. 수량기준으로, 예산 시장점유율을 달성하면 판매량이 3,000개(=30,000개×0.1)이어야 하나, 실제판매량이 2,700개로서 300개 적다.

그림(보론) 11-3 판매수량차이의 분리(시장점유율차이, 시장규모차이) | 예제(보론) 11-1

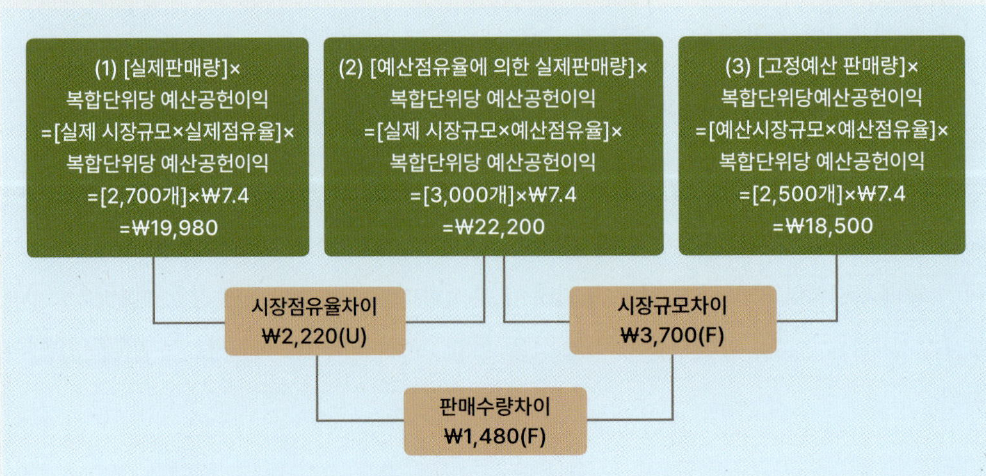

3 매출조업도차이 분리 종합

2024년 (주)하늘의 실제판매량과 공헌이익이 예산보다 더 많은 것은 시장규모의 증가로 인한 것으로서, 시장점유율은 오히려 감소했으므로, 담당자의 성과가 매우 좋다고 평가하기 어려울 수도 있다. 관리자들이 시장규모보다 시장점유율을 더 잘 통제할 수 있기 때문이다.

이상의 매출조업도차이 분석을 종합하면 그림(보론) 11-4와 같다.

그림(보론) 11-4 매출조업도차이 분리 종합 | 예제(보론) 11-1

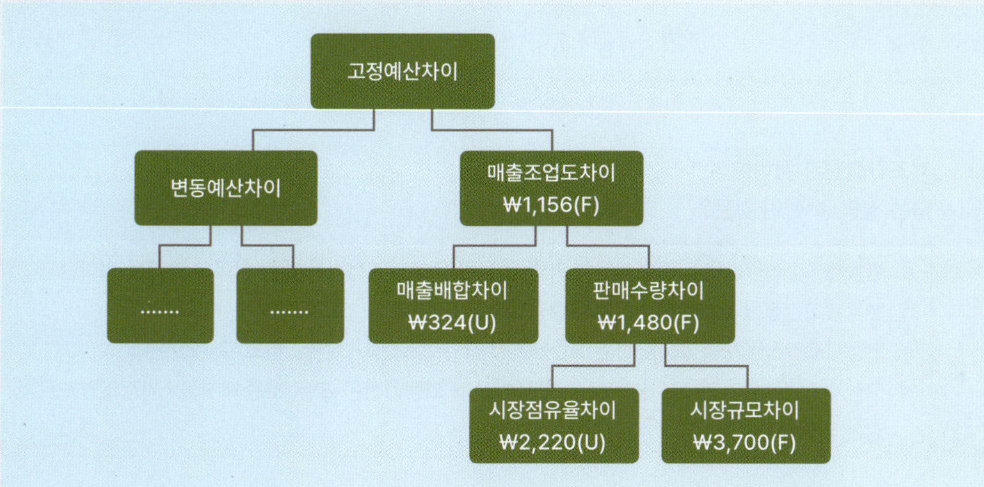

연습문제

객관식

01 직접재료원가 차이분석

원가차이분석에 관한 다음 사항 중 틀린 것은?

a. 직접재료원가 능률차이는 가격차이 분리 시점에 따라 다르게 계산된다.
b. 직접재료원가 능률차이분석에서 만약 SP×AQ < SP×SQ이면, 유리한 차이이다.
c. 직접재료원가 가격차이가 유리한 것이 구매부서의 성과가 좋다는 것을 항상 의미하지는 않는다.
d. SP×SQ는 생산량에 따라 조정되는 금액이므로 변동예산이라고 볼 수 있다.

① a ② b ③ c ④ d

02 제조간접원가 차이분석

다음 설명 중 틀린 것은?

a. 변동제조간접원가의 차이분석에서 가격(P)은 변동제조간접원가 개별 항목의 가격을 의미한다.
b. 변동제조간접원가의 차이분석에서 물량(Q)은 배부기준의 조업도이다.
c. 고정제조간접원가 조업도차이는 표준배부율×(기준조업도-실제조업도)로 계산한다.
d. 고정제조간접원가의 차이분석에서 변동예산과 고정예산은 모두 표준배부율×기준조업도로서 같은 금액이다.

① a ② b ③ c ④ d

03 제조간접원가 차이분석

제조간접원가의 원가차이에 관한 다음 사항 중 옳지 않은 것은?

a. 변동제조간접원가 소비차이는 배부기준조업도의 실제배부율과 표준배부율의 차이로 인해 발생한다.
b. 변동제조간접원가 능률차이는 변동제조간접원가 항목들을 얼마나 효율적으로 투입했는지를 나타낸다.
c. 고정제조간접원가는 투입/산출관계가 분명하지 않으므로 일반적으로 능률차이를 인식하지 않는다.
d. 고정제조간접원가 예산차이는 전부 소비차이이다.

① a ② b ③ c ④ d

04 **직접재료원가 가격차이** (2008 CPA)

다음은 ㈜한강의 표준원가 및 생산활동 자료이다.

• 완제품 실제생산량	1,000개
• 직접재료 표준구매가격	₩64/kg
• 직접재료 표준사용량	21kg/완성품 1개
• 직접재료 실제발생원가	₩1,400,000
• 직접재료수량차이	₩64,000 유리

㈜한강의 직접재료가격차이는 얼마인가? (단, 직접재료와 재공품, 제품의 기초 및 기말재고는 없는 것으로 가정한다.)

① ₩0　② ₩120,000 불리　③ ₩120,000 유리
④ ₩130,000 불리　⑤ ₩130,000 유리

05 **직접노무원가 능률차이** (2013 감정평가사)

㈜감평은 표준원가계산을 사용하고 있다. 20X1년 제품 8,600단위를 생산하는 데 24,000직접노무시간이 사용되어 직접노무원가 ₩456,000이 실제 발생되었다. 제품 단위당 표준직접노무시간은 2.75시간이고 표준임률이 직접노무시간당 ₩19.20이라면, 직접노무원가의 능률차이는?

① ₩1,920 불리　② ₩4,800 불리　③ ₩4,800 유리
④ ₩6,720 불리　⑤ ₩6,720 유리

06 **표준원가계산제도와 차이분석** (2019 감정평가사)

표준원가계산에 관한 설명으로 옳은 것을 모두 고른 것은?

ㄱ. 표준원가계산제도는 전부원가계산에서 적용할 수 있으나 변동원가계산에서는 적용할 수 없다.
ㄴ. 표준원가계산제도는 종합원가계산제도에 적용이 가능하다.
ㄷ. 직접재료원가 가격차이를 구입시점에서 분리하든 사용시점에서 분리하든 직접재료원가 능률차이는 동일하다.
ㄹ. 고정제조간접원가의 예산차이는 실제투입량 변동예산과 실제산출량 변동예산의 차이를 의미한다.

① ㄱ, ㄴ　② ㄱ, ㄷ　③ ㄴ, ㄷ　④ ㄴ, ㄹ　⑤ ㄷ, ㄹ

07 직접노무원가 차이분석 (2020 감정평가사)

㈜감평은 표준원가계산제도를 채택하고 있다. 20X1년 직접노무원가와 관련된 자료가 다음과 같을 경우, 20X1년 실제 직접노무시간은?

• 실제생산량	25,000단위
• 직접노무원가 실제임률	시간당 ₩10
• 직접노무원가 표준임률	시간당 ₩12
• 표준 직접노무시간	단위당 2시간
• 직접노무원가 임률차이	₩110,000(유리)
• 직접노무원가 능률차이	₩60,000(불리)

① 42,500시간 ② 45,000시간 ③ 50,000시간 ④ 52,500시간 ⑤ 55,000시간

08 직접노무원가 차이분석 (2022 감정평가사)

㈜감평은 표준원가계산제도를 채택하고 있으며, 20X1년도 직접노무원가와 관련된 자료는 다음과 같다. 20X1년도 실제 총직접노무원가는?

• 실제생산량	100단위
• 직접노무원가 실제임률	시간당 ₩8
• 직접노무원가 표준임률	시간당 ₩10
• 실제생산량에 허용된 표준 직접작업시간	생산량 단위당 3시간
• 직접노무원가 임률차이	₩700(유리)
• 직접노무원가 능률차이	₩500(불리)

① ₩1,800 ② ₩2,500 ③ ₩2,800 ④ ₩3,500 ⑤ ₩4,200

09 매출조업도차이 (2003 CPA)

㈜세광의 3월 예산 대비 실적자료는 다음과 같다. 동 자료를 토대로 당초 예상보다 영업이익이 ₩200만큼 줄어든 원인을 (i) 판매가격차이, (ii) 변동원가차이, (iii) 고정원가차이 이외에 중요한 차이항목인 매출조업도차이(net sales volume variance: 일명, 순판매수량차이)를 추가하여 경영진에게 의미 있게 요약·보고하고자 한다. 매출조업도차이의 금액은 얼마인가? (단, 유리한 차이는 (F)로, 불리한 차이는 (U)로 표시한다.)

	3월 실적(actual)	3월 예산(budget)
판매수량	400개	300개
매 출 액	₩7,200	₩6,000
변동원가	4,800	3,000
고정원가	1,400	1,800
영업이익	1,000	1,200

① ₩1,800(F) ② ₩600(F) ③ ₩1,000(U) ④ ₩1,800(U) ⑤ ₩1,000(F)

10 고정제조간접원가 소비차이 (2017 관세사)

㈜관세의 고정제조간접원가는 기계시간을 기준으로 배부한다. 기준조업도는 9,000시간이며 표준기계시간은 제품 단위당 3시간이다. 제품의 실제생산량은 3,200단위이고 고정제조간접원가의 실제발생액은 ₩1,100,000이다. 고정제조간접원가의 조업도차이가 ₩60,000(유리)일 경우 소비차이는?

① ₩200,000 불리 ② ₩100,000 불리 ③ ₩140,000 유리
④ ₩100,000 유리 ⑤ ₩200,000 유리

11 직접재료원가 차이분석 (2021 관세사)

㈜관세는 표준원가계산을 적용하고 있다. 20X1년 단위당 표준직접재료원가는 다음과 같다.

제품 단위당 직접재료 표준원가 : 6kg × ₩10/kg = ₩60

20X1년 ㈜관세의 실제생산량은 1,000단위, 직접재료구입량은 7,500kg, kg당 실제 구입가격은 ₩12이다. ㈜관세는 직접재료 6,500kg을 생산에 투입하였다. ㈜관세의 직접재료 가격차이와 수량차이는? (단, 직접재료 가격차이는 구입시점에서 분리한다.)

	구입가격차이	수량차이
①	₩13,000(불리)	₩5,000(불리)
②	₩15,000(불리)	₩5,000(불리)
③	₩13,000(유리)	₩5,000(불리)
④	₩15,000(유리)	₩10,000(유리)
⑤	₩15,000(불리)	₩10,000(유리)

12 직접노무원가 차이분석 (2019 국가직 7급)

㈜한국의 당기 실제 제품 생산량은 400개, 직접노무비 실제발생액은 ₩31,450, 제품 단위당 표준 직접노동시간은 5시간이다. 표준원가계산하에서 계산된 직접노무비 임률차이는 ₩3,700

불리한 차이, 직접노무비 능률차이는 ₩2,250 유리한 차이이다. 직접노무비의 시간당 표준임률은?

① ₩14 ② ₩15 ③ ₩16 ④ ₩17

13 판매가격차이 & 매출조업도차이 (2016 CPA)

㈜한국이 판매부문의 20X1년도 성과평가 목적으로 작성한 예산과 실적치를 대비한 자료는 다음과 같다.

	고정예산	실적치
판매량	25,000단위	27,500단위
매출액	₩250,000	₩253,000
변동원가		
– 제조원가	148,500	153,450
– 판매관리비	39,000	44,550
공헌이익	₩62,500	₩55,000
고정원가		
– 제조원가	12,500	15,000
– 판매관리비	27,500	30,000
영업이익	₩22,500	₩10,000

㈜한국의 CEO는 20X1년도 실제판매량이 목표판매량보다 10% 증가하였는데도 불구하고 영업이익은 오히려 감소한 원인을 파악하고자 한다. 이를 위해 매출가격차이(sales price variance)와 매출수량차이(매출조업도차이, sales volume variance)를 계산하면 각각 얼마인가? (단, U는 불리한 차이, F는 유리한 차이를 의미한다.)

	매출가격차이	매출수량차이
①	₩22,000U	₩6,250F
②	₩22,000U	₩6,500F
③	₩22,000U	₩6,750F
④	₩20,000U	₩6,500F
⑤	₩20,000U	₩6,750F

14 매출배합차이 (2013 세무사)

㈜세무는 제품 A와 B를 생산·판매하고 있다. 20X1년 1월 관련 자료가 다음과 같을 때 매출배합차이는?

	제품 A	제품 B
실제 단위당 판매가격	₩7	₩12
예산 단위당 판매가격	6	10
예산 단위당 변동원가	4	6
예산판매량	144단위	36단위
실제판매량	126단위	84단위

① ₩80 유리 ② ₩82 유리 ③ ₩84 유리 ④ ₩86 유리 ⑤ ₩88 유리

15 제조간접원가 차이분석 (2010 CPA)

㈜한강의 당기 초 생산활동과 관련된 예산자료는 다음과 같다.

	예 산
생산량(기준조업도)	1,000단위
고정제조간접원가 총액	₩200,000
단위당 변동제조간접원가	₩125

당기의 실제생산량은 1,100단위였고 실제제조간접원가 총액은 ₩355,000이었다. 제조간접원가 총차이를 통제가능차이와 조업도차이로 나누어 분석할 때 다음 중 옳은 것은?

	통제가능차이	조업도차이
①	₩0	₩1,500 유리
②	₩2,500 유리	₩0
③	₩17,500 불리	₩20,000 유리
④	₩24,500 유리	₩22,500 불리
⑤	₩30,000 불리	₩32,000 불리

16 고정제조간접원가 차이분석 (2021 CPA)

㈜대한은 표준원가계산을 적용하고 있다. 20X1년 1월과 2월에 실제로 생산된 제품 수량과 차이분석 자료는 다음과 같다.

월	실제 생산된 제품 수량	고정제조간접원가 소비차이(예산차이)	고정제조간접원가 조업도차이
1월	1,500단위	₩500 불리	₩1,000 불리
2월	2,000단위	₩500 유리	₩500 유리

㈜대한이 20X1년 1월과 2월에 동일한 표준배부율을 적용하고 있다면, 제품 1단위당 고정제조간

접원가 표준배부율은 얼마인가? (단, 고정제조간접원가의 배부기준은 제품 생산량이다.)

① ₩3 ② ₩4 ③ ₩5 ④ ₩6 ⑤ ₩7

17 제조간접원가 차이분석 (2018 세무사)

㈜세무는 표준원가계산제도를 도입하고 있다. 20X1년의 변동제조간접원가 예산은 ₩300,000이고, 고정제조간접원가 예산은 ₩800,000이다. ㈜세무는 제조간접원가 배부기준으로 직접노무시간을 사용하고 있다. 기준조업도는 직접노무시간 1,000시간이고, 20X1년에 실제로 투입된 직접노무시간은 850시간이다. 20X1년의 고정제조간접원가 조업도차이가 ₩80,000(불리)할 경우 변동 제조간접원가 능률차이는?

① ₩15,000 유리 ② ₩45,000 유리 ③ ₩10,000 불리
④ ₩15,000 불리 ⑤ ₩45,000 불리

18 직접재료원가 차이분석 (2019 세무사)

㈜세무는 당기에 영업을 개시하였으며 표준원가계산제도를 채택하고 있다. 직접 재료와 관련된 자료는 다음과 같다.

• 제품 단위당 직접재료 표준원가	3kg×₩10/kg=₩30
• 직접재료 kg당 실제 구입가격	₩12
• 직접재료 구입가격차이	₩12,600(불리)
• 직접재료 능률차이	₩4,000(유리)

당기 실제 제품 생산량이 2,000단위일 때 기말 직접재료 재고량은? (단, 기말 재공품은 없다.)

① 300kg ② 400kg ③ 500kg ④ 600kg ⑤ 700kg

19 고정제조간접원가 차이분석 (2019 세무사)

㈜세무는 표준원가계산제도를 채택하고 있으며 기계작업시간을 기준으로 고정제조간접원가를 배부한다. 다음 자료에 의할 경우 기준조업도 기계작업시간은? (단, 기초 및 기말 재공품은 없다.)

• 실제 제품 생산량	700단위
• 제품 단위당 표준기계작업시간	2시간
• 실제발생 고정제조간접원가	₩12,000

• 고정제조간접원가 예산차이	₩2,000(불리)
• 고정제조간접원가 조업도차이	₩4,000(유리)

① 600 ② 800 ③ 1,000 ④ 1,200 ⑤ 1,400

20 변동제조간접원가 소비차이 (2020 세무사)

㈜세무는 표준원가계산제도를 채택하고 있으며, 직접노무시간을 기준으로 제조간접원가를 배부한다. 20X1년의 생산 및 원가 자료가 다음과 같을 때, 변동제조간접원가 소비차이는?

• 변동제조간접원가 실제발생액	₩130,000
• 실제총직접노무시간	8,000시간
• 당기제품생산량	3,600단위
• 제품당 표준직접노무시간	2시간
• 변동제조간접원가 능률차이	₩8,000(불리)

① ₩25,000(유리) ② ₩25,000(불리) ③ ₩50,000(유리)
④ ₩50,000(불리) ⑤ ₩75,000(불리)

21 직접노무원가 차이분석 (2021 세무사)

㈜세무는 표준원가계산제도를 채택하고 있으며, 당기 직접노무원가와 관련된 자료는 다음과 같다.

• 제품 실제생산량	1,000단위
• 직접노무원가 실제 발생액	₩1,378,000
• 단위당 표준직접노무시간	5.5시간
• 직접노무원가 능률차이	₩50,000(유리)
• 직접노무원가 임률차이	₩53,000(불리)

㈜세무의 당기 직접노무시간당 실제임률은?

① ₩230 ② ₩240 ③ ₩250 ④ ₩260 ⑤ ₩270

22 매출배합차이 & 판매수량차이 (2015 CPA)

상호 대체가능한 제품 P와 제품 Q 두 가지 종류만을 판매하는 ㈜한국에 대한 20X1 회계연도 자료는 다음과 같다.

	제품 P	제품 Q
예산판매수량	800단위	1,200단위
실제판매수량	500단위	2,000단위
단위당 예산판매가격	₩50	₩20
단위당 실제판매가격	₩55	₩18
단위당 표준변동원가	₩30	₩16
단위당 실제변동원가	₩32	₩15

㈜한국의 20X1 회계연도 매출배합차이와 매출수량차이를 계산하면 각각 얼마인가?

	매출배합차이	매출수량차이
①	₩8,000 유리	₩5,200 불리
②	₩8,000 유리	₩5,200 유리
③	₩5,200 불리	₩8,000 불리
④	₩5,200 유리	₩8,000 불리
⑤	₩8,000 불리	₩5,200 유리

23 직접노무원가 차이분석 (2017 감정평가사)

표준원가계산제도를 채택하고 있는 ㈜대한의 20X1년 직접노무원가와 관련된 자료는 다음과 같다. 20X1년의 실제생산량은?

- 실제직접노무시간 101,500시간
- 직접노무원가 실제발생액 ₩385,700
- 직접노무원가 능률차이 ₩14,000(유리)
- 직접노무원가 임률차이 ₩20,300(유리)
- 단위당 표준직접노무시간 2시간

① 51,000단위 ② 51,500단위 ③ 52,000단위
④ 52,500단위 ⑤ 53,000단위

24 제조간접원가 차이분석 (2018 관세사)

㈜관세는 표준원가계산제도를 채택하고 있으며, 20X1년 제품 2,000단위를 기준으로 제조간접원가에 대한 표준을 다음과 같이 설정하였다.

- 제조간접원가예산 = ₩720,000 + 직접노동시간 × ₩100
- 제품단위당 표준직접노동시간 5시간

20X1년 실제직접노동시간은 20,400시간이고, 실제생산량은 4,000단위이다. 변동제조간접원가 능률차이와 고정제조간접원가 조업도차이는?

	능률차이	조업도차이
①	₩40,000(불리)	₩720,000(유리)
②	₩40,000(유리)	₩720,000(불리)
③	₩40,000(불리)	₩1,280,000(유리)
④	₩40,000(유리)	₩1,280,000(불리)
⑤	차이 없음	₩1,280,000(불리)

25 고정예산과 변동예산 (2018 CPA)

㈜대한은 20X1년도 고정예산과 실제결과를 비교하기 위해 다음과 같은 손익계산서를 작성하였다.

	고정예산	실제결과
판매량	10,000단위	12,000단위
매출액	₩500,000	₩624,000
변동원가		
− 제조원가	₩250,000	₩360,000
− 판매관리비	50,000	84,000
공헌이익	₩200,000	₩180,000
고정원가		
− 제조원가	₩15,000	₩19,000
− 판매관리비	25,000	25,000
영업이익	₩160,000	₩136,000

㈜대한의 경영자는 20X1년도 실제판매량이 고정예산 판매량보다 20% 증가하였으나, 영업이익은 오히려 15% 감소한 원인을 파악하고자 한다. 다음 설명 중 옳지 않은 것은? (단, ㈜대한은 20X1년도에 12,000단위를 생산·판매할 수 있는 용량(capacity)을 확보하고 있다.)

① 매출조업도차이(sales-volume variance)는 ₩40,000만큼 유리하다.
② 변동예산차이(flexible-budget variance)는 ₩84,000만큼 불리하다.
③ 매출가격차이(selling-price variance)는 ₩24,000만큼 유리하다.
④ 고정원가 소비차이(fixed overhead spending variance)는 ₩4,000만큼 불리하다.
⑤ 고정예산차이(static-budget variance)는 ₩24,000만큼 불리하다.

26 판매가격차이 & 매출조업도차이의 분리 (2022 CPA)

㈜대한은 20X1년 실제결과와 고정예산을 비교하기 위해 다음과 같은 자료를 작성하였다.

	실제결과	고정예산
판매량	30,000단위	25,000단위
매출액	₩1,560,000	₩1,250,000
변동원가		
− 제조원가	900,000	625,000
− 판매관리비	210,000	125,000
공헌이익	₩450,000	₩500,000
고정원가		
− 제조원가	47,500	37,500
− 판매관리비	62,500	62,500
영업이익	₩340,000	₩400,000

㈜대한은 20X1년 시장규모를 250,000단위로 예측했으나, 실제 시장규모는 400,000단위로 집계되었다. ㈜대한은 20X1년도 실제판매량이 고정예산 판매량보다 증가하였으나, 영업이익은 오히려 감소한 원인을 파악하고자 한다. 이를 위해 매출가격차이(sales price variance), 시장점유율차이, 시장규모차이를 계산하면 각각 얼마인가? (단, U는 불리한 차이, F는 유리한 차이를 의미한다.)

	매출가격차이	시장점유율차이	시장규모차이
①	₩60,000 F	₩200,000 U	₩300,000 F
②	₩60,000 U	₩200,000 F	₩300,000 U
③	₩60,000 F	₩300,000 U	₩400,000 F
④	₩80,000 F	₩200,000 U	₩300,000 F
⑤	₩80,000 U	₩300,000 F	₩400,000 U

27 전환원가 차이분석 (2011 CPA)

표준원가계산을 사용하고 있는 ㈜미아의 20X1년도 표준 및 예산수립에 관한 자료는 다음과 같다.

- 제품 단위당 표준직접노무시간은 0.5시간이며, 표준임률은 시간당 ₩1,000이다.
- 제조간접원가 예산액 = ₩30,000 + (₩600 × 표준직접노무시간)
- 변동제조간접원가 및 고정제조간접원가 배부기준은 직접노무시간이다.
- 고정제조간접원가 배부를 위한 연간 기준조업도는 제품생산량 150단위이다.

한편, 20X1년 말 원가차이를 분석한 결과는 다음과 같다.

• 직접노무원가 임률차이	₩4,500 불리
• 변동제조간접원가 능률차이	₩6,000 불리
• 고정제조간접원가 조업도차이	₩2,000 유리

제시된 자료에 의할 때, 직접노무원가의 시간당 실제임률은 얼마인가?

① ₩1,030　② ₩1,040　③ ₩1,050　④ ₩1,060　⑤ ₩1,075

주관식

01 원가요소별 차이분석과 분개 (2013 CPA 수정)

제조기업인 ㈜키다리는 변동예산과 표준원가계산제도를 사용하고 있으며, 원가계산주기는 한 달이다. 원가계산과 관리 목적으로 네 가지 원가요소(직접재료원가, 직접노무원가, 변동제조간접원가, 고정제조간접원가)를 설정하고 있으며, 직접노동시간을 변동제조간접원가와 고정제조간접원가의 배부기준으로 사용하고 있다. 2013년도에 ㈜키다리의 제품 한 단위당 표준은 다음과 같다.

원가요소	투입물량	물량 한 단위당 표준가격
직접재료원가	5kg	₩300
직접노무원가	?	₩1,000
변동제조간접원가	?	?
고정제조간접원가	?	?

2013년도 연간 예상 변동제조간접원가 총액은 ₩6,000,000으로서 예상 직접노동시간 12,000시간을 기준으로 설정되었다. 연간 예상 고정제조간접원가 총액은 ₩12,000,000이며, 표준배부율은 기준조업도(생산량) 7,500개를 기초로 계산한다. 원가관리 목적상, 고정제조간접원가 예산은 월별로 균등하게 배분한다.

2013년도 5월 초 직접재료와 재공품 재고는 없었으며, 5월 말 재공품 재고도 없었다. 5월 중에 제품의 실제생산량은 500개이며, 원가요소별로 발생한 구체적인 내역은 다음과 같다.

• 구매당시 직접재료원가 가격차이	₩200,000(불리)
• 직접재료 kg당 가격차이	₩50
• 직접재료원가 능률차이	₩150,000(유리)
• 직접노무원가 발생액	₩960,000
• 직접노무원가 임률차이	₩160,000(불리)
• 변동제조간접원가 발생액	₩450,000
• 변동제조간접원가 능률차이	₩100,000(유리)
• 고정제조간접원가 소비차이	₩100,000(불리)

요구사항

▸ 물음 1. 다음 물음에 답하라.

(1) 5월 중 직접재료 구매량과 직접재료 실제 사용량은?

(2) 직접재료원가 가격차이를 구매시점에서 분리할 경우, 5월 중 직접재료 사용시점에서의 분개는? (제12장 참고)

(3) 직접재료원가 가격차이를 사용시점에서 분리할 경우, 5월 중 직접재료 사용시점에서의 분개는? (제12장 참고)

▸ 물음 2. 다음 물음에 답하라.

(1) 5월 중 직접노동시간 실제투입시간은?

(2) 5월 중 직접노무원가 능률차이는?

▸ 물음 3. 5월 중 변동제조간접원가 관련 분개는? (단, 발생부터 단계별로 반드시 구분하여 작성하되, 변동제조간접원가 발생분개 시 상대계정으로 미지급비용을 사용할 것) (제12장 참고)

▸ 물음 4. 5월 중 고정제조간접원가 실제발생액과 조업도차이는?

02 직접재료원가의 표준원가와 실제원가 (2018 CPA 수정)

단일제품을 생산하는 ㈜금감은 표준종합원가계산제도를 채택하고 있다. ㈜금감은 직접재료원가에 대해 표준원가와 실제원가의 차이를 신속하게 규명하여 빠른 대처를 하기 위한 차이분석을 실시하고 있다. 다음의 자료는 20X6년 ㈜금감의 제품 단위당 표준원가표이다.

20X6년 표준원가표

	표준투입량	표준가격
직접재료원가	6kg	₩5/kg
직접노무원가		
- 숙련공	2시간	₩40/시간
- 미숙련공	3시간	₩30/시간

20X6년 ㈜금감은 직접재료 36,000kg을 ₩198,000에 구입하여 30,000kg을 사용하였다. 직접재료는 공정 초기에 전량투입되며, 가공원가는 공정 전체에 걸쳐 균등하게 투입된다. 당기 중 제조에 착수한 물량은 4,000개이며, 이 중 3,600개가 완성되었다. 당기에 판매한 제품은 2,800개이다. 재공품의 가공원가 완성도는 40%이다.

※ 물음의 모든 차이(variance)에 대해 유리(F) 또는 불리(U)를 표시하라.

※ 기초재고가 존재하지 않는다고 가정한다.

요구사항

▶ 물음 1. ㈜금감의 20X6년 직접재료원가의 가격차이와 수량차이를 구하라.

▶ 물음 2. 20X6년 말 ㈜금감의 재공품, 제품 및 매출원가에 포함된 직접재료원가의 표준원가와 실제원가를 구하라.

〈답안작성 양식〉

	재공품	제 품	매출원가
직접재료원가(표준원가)			
직접재료원가(실제원가)			

CHAPTER

12 표준원가계산

1 표준원가계산제도 기초
2 원가요소별 원가흐름과 원가차이 인식 분개
3 회계연도 말 차이조정
4 표준종합원가계산
5 표준종합원가계산과 공손

본 장에서는 제1장에서 학습한 원가측정방법에 따른 원가시스템의 분류(실제원가계산, 정상원가계산, 표준원가계산) 중에서 표준원가계산제도의 원가요소별 원가흐름의 구체적 분개와 연도 말 차이조정에 대해 학습한다. 원가흐름에 대한 분개는 제11장 예산과 차이분석에서 학습한 차이계정을 이용한다. 직접재료원가의 가격차이를 구입시점에서 분리한 경우와 사용시점에서 분리한 경우에 대해 연도 말 차이조정을 다르게 실시해야 하므로 주의가 필요하다. 아울러, 본 장에서는 표준원가계산을 이용한 종합원가계산과 공손의 회계처리에 대해서도 학습한다.

CHAPTER

12

표준원가계산

1. 표준원가계산제도 기초

1) 표준원가계산의 의의

제4장의 개별원가계산제도에서 실제원가계산과 정상원가계산에 대해 학습하였다. 이제 표준원가계산에 대해 알아보자. **표준원가계산**(standard costing)은 재고자산의 원가를 평가할 때 모든 원가요소에 대해 표준이 되는 금액을 사용하는 제도로서, 모든 원가요소를 실제 발생액을 사용하여 평가하는 **실제원가계산**(actual costing)과 완전히 대비되는 원가계산방식이라 할 수 있다. 표 12-1에 나타난 바와 같이, 실제원가계산, 정상원가계산과 마찬가지로, 표준원가계산도 전부원가계산이나 변동원가계산에 적용할 수 있으며, 개별원가계산과 종합원가계산에도 사용할 수 있다.

표준원가계산제도에서는 원가가 발생하는(배분되는) 시점에 허용된 표준금액이 기록되어 원가차이를 바로 인식하므로, 원가가 효율적으로 발생하고 있는지를 조기에 판단할 수 있다. 따라서, 표준금액과 실제원가의 차이가 큰 경우에는 원인을 조사하여 신속히 조치를 취할 수도 있다.

제품원가계산 측면에서는 제품이 생산될 때마다 표준원가가 제품원가로 할당되므로 제품 원가계산이 매우 간단해지는 장점이 있다. 그러나, 실제원가와의 괴리가 큰 경우에는 외부 재무보고를 위해 회계연도말에 차이조정을 실시해야 한다.

표 12-1 원가계산제도별 원가요소 비교[1]

	실제원가계산	정상원가계산	표준원가계산
전부원가계산			
직접재료원가	실제발생액	실제발생액	표준금액
직접노무원가	실제발생액	실제발생액	표준금액
변동제조간접원가	실제배부율× (배부기준)실제조업도	예정배부율× (배부기준)실제조업도	표준배부율× (배부기준)표준조업도
고정제조간접원가	실제배부율× (배부기준)실제조업도	예정배부율× (배부기준)실제조업도	표준배부율× (배부기준)표준조업도
변동원가계산			
직접재료원가	실제발생액	실제발생액	표준금액
직접노무원가	실제발생액	실제발생액	표준금액
변동제조간접원가	실제배부율× (배부기준)실제조업도	예정배부율× (배부기준)실제조업도	표준배부율× (배부기준)표준조업도
고정제조간접원가	–	–	–

2) 표준원가계산에서 원가흐름

표준원가계산제도는 재공품, 제품, 매출원가의 모든 원가요소를 표준금액으로[2] 기록하는 회계시스템이다. 직접재료원가, 직접노무원가, 변동제조간접원가의 표준금액은 실제산출량(생산량)에 대해 허용된 표준금액으로서, 제11장에서 설명한 변동예산에 해당한다. 고정제조간접원가의 경우에는 표준금액은 변동예산이 아닌 실제생산량에 기초한 배부액이다.

표준원가계산제도에서 재고자산 원가의 흐름은 그림 12-1과 같다. 모든 제조원가(직접재료원가, 직접노무원가, 제조간접원가)는 발생(배부) 시에 재공품계정에 표준금액으로 기록하며, 제품으로 완성될 때도 표준금액으로 제품계정에 대체되고, 판매될 때 매출원가도 표준금액으로 기록된다. 즉, 재공품, 제품, 매출원가 계정은 모두 표준금액으로 기록된다. 제11장

1 **조업도**는 제품 생산량, 기계시간 등을 의미한다. 예정(산)배부율과 표준배부율은 실질적으로 대체로 동일하다. 표준원가계산에서 제조간접원가의 재고자산 배부액은 "표준배부율×(배부기준)표준조업도"로서 표준조업도는 실제생산량에 대해 허용된 배부기준 표준투입량이지만, 정상원가계산에서 제조간접원가의 재고자산 배부액을 계산하는 데 사용되는 조업도는 배부기준의 실제투입량(예 실제 기계시간)임에 주의해야 한다. 따라서, 정상원가계산에서 배부액은 표준원가계산 용어로 "실제투입량에 기초한 예산"이라고 할 수 있다(제11장의 원가차이 분석틀 참고).

2 혼동의 위험이 없는 경우, 본서에서는 표준금액과 표준원가를 혼용해서 사용한다.

그림 12-1 표준원가계산에서 재고자산 원가흐름

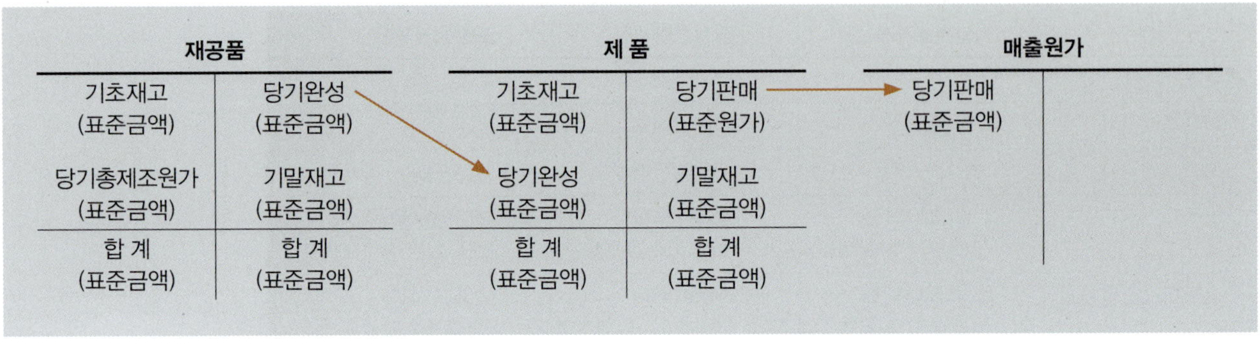

에서 설명한 바와 같이, 직접재료는 가격차이 분리시점에 따라 다르게 기록된다.

2. 원가요소별 원가흐름과 원가차이 인식 분개

1) 직접재료원가의 원가흐름 분개

제11장에서 설명한 바와 같이, 직접재료원가 총차이는 가격차이와 능률차이로 분리할 수 있다. 직접재료원가의 가격차이는 구매시점에서 분리하는 것이 바람직하지만, 사용시점에서 분리할 수도 있다. 표준원가계산제도에서 직접재료원가의 원가흐름의 분개도 가격차이의 분리시점에 따라 달라진다.

(1) 가격차이를 구매시점에서 분리할 경우

가격차이 = 실제발생액 − 실제물량에 기초한 표준원가
= 실제가격(AP) × 실제구입량(AQp) − 표준가격(SP) × 실제구입량(AQp)
= (실제가격 − 표준가격) × 실제구입량

능률차이 = 실제물량에 기초한 표준원가 − 표준금액
= 표준가격(SP) × 실제사용량(AQu) − 표준가격(SP) × 표준투입량(SQ)
= (실제사용량 − 표준투입량) × 표준가격

직접재료원가 가격차이를 구매시점에서 분리하는 경우, 직접재료 구매시점에서 재료 구입량(AQp) 전체에 대해 가격차이가 계산되고, 직접재료는 실제 구입가격(AP)이 아닌 표준가격(SP)으로 장부에 기록된다.

직접재료 구매시점에서의 분개

① 불리한 가격차이의 경우[3]

(차) 직접재료	SP×AQp	(대) 현금	AP×AQp
직접재료원가 가격차이	AQp(AP−SP)		

② 유리한 가격차이의 경우

(차) 직접재료	SP×AQp	(대) 현금	AP×AQp
		직접재료원가 가격차이	AQp(SP−AP)

직접재료 사용시점에서는 다음과 같이 능률차이만 분리된다.

직접재료 사용시점에서의 분개

① 불리한 능률차이의 경우

(차) 재공품	SP×SQ	(대) 직접재료	SP×AQu
직접재료원가 능률차이	SP(AQu−SQ)		

② 유리한 능률차이의 경우

(차) 재공품	SP×SQ	(대) 직접재료	SP×AQu
		직접재료원가 능률차이	SP(SQ−AQu)

직접재료 사용시점에서는 능률차이가 분리되는데, 가격차이는 구매시점에서 이미 분리되었으므로 직접재료는 표준가격(SP)으로 장부에 기록되어 있다는 점을 기억하자. 위에 나타난 바와 같이, 표준원가계산에서 재공품과 제품은 항상 표준금액(SP×SQ)으로 기록된다.

3 가격차이와 능률차이는 불리한 차이인 경우 비용계정과 마찬가지 성격을 지니므로 차변에 기록되고, 유리한 차이인 경우 수익계정과 마찬가지로 대변에 기록된다. 따라서, 유리한 가격차이와 불리한 능률차이가 발생한 경우에는 가격차이는 대변에, 능률차이는 차변에 기록된다.

(2) 가격차이를 사용시점에서 분리할 경우

가격차이 = 실제발생액 − 실제투입량에 기초한 예산

= 실제가격(AP) × 실제사용량(AQu) − 표준가격(SP) × 실제사용량(AQu)

= (실제가격 − 표준가격) × 실제사용량

능률차이 = 실제투입량에 기초한 예산 − 변동예산

= 표준가격(SP) × 실제사용량(AQu) − 표준가격(SP) × 표준투입량(SQ)

= (실제사용량 − 표준투입량) × 표준가격

직접재료원가 가격차이를 사용시점에서 분리하는 경우, 구입시점에서는 직접재료의 원가는 실제가격(AP)으로 장부에 기록되고, 사용시점에 가서 가격차이가 능률차이와 함께 분리된다.

직접재료 구매시점에서의 분개

(차) 직접재료	AP×AQp	(대) 현금	AP×AQp

직접재료 사용시점에서의 분개

가격차이와 능률차이가 모두 불리한 경우에 대해서만 분개를 해보자.

(차) 재공품	SP×SQ	(대) 직접재료	AP×AQu
직접재료원가 가격차이	(AP−SP)AQu		
직접재료원가 능률차이	(AQu−SQ)SP		

직접재료의 구매시점에서 직접재료가 실제가격(AP)으로 장부에 기록되므로, 사용시점에서 직접재료의 감소도 실제가격(AP)으로 기록하게 된다. 다음 예제를 이용하여 표준원가계산제도의 원가흐름 분개를 복습해보자.

예제 12-1

㈜아란의 2024년 6월의 영업활동과 관련된 자료는 다음과 같다. 직접재료의 기초재고, 재공품의 기초 및 기말재고는 없다. 직접재료 구입량은 30,000kg, 직접재료 구입원가는 ₩750,000, 직접재료 사용량은 22,000kg, 투입된 직접노동시간은 15,000시간, 직접노무원가 발생액은 ₩8,250,000이다. 제품 단위당 표준은 직접재료 5kg(₩28/kg), 직접노무 4시간 (₩500/시간)이다. 2024년도 변동제조간접원가 연간 예산은 ₩3,240,000, 고정제조간접원가의 연간 예산은 ₩9,000,000이며, 2024년도 예산생산량은 54,000단위, 고정제조간접원가의 연간 기준조업도는 60,000단위이다. 6월 제품 생산량은 4,000단위, 변동제조간접원가 발생액은 ₩286,000, 고정제조간접원가 발생액은 ₩770,000이다. 변동 및 고정제조간접원가의 배부기준은 기계시간으로서 제품 단위당 표준투입량이 3시간이며, 6월 실제기계시간은 13,000시간이다.

㈜아란의 직접재료원가의 흐름에 대해 분개해보자.

예제에서 ㈜아란의 6월 직접재료원가와 관련된 주요 자료는 다음과 같이 정리할 수 있다.

직접재료원가

AQp = 30,000kg, AP = ₩750,000 ÷ AQp = ₩25, AQu = 22,000kg
SQ = 4,000단위 × 5kg = 20,000kg, SP = ₩28

먼저, 원가차이를 계산해보자. ㈜아란의 2024년 6월 직접재료원가 가격차이는 구매시점에서 분리하는 경우, −₩90,000(F)(= ₩750,000 − ₩28/kg × 30,000kg)이며, 사용시점에서 분리하는 경우에는 −₩66,000(F)(= (₩25 − ₩28) × 22,000kg)이다. 직접재료원가 능률차이는 ₩56,000(U)(= (22,000kg − 20,000kg) × ₩28/kg)이다.

직접재료원가 가격차이를 구매시점에서 분리하는 경우에 ㈜아란의 2024년 6월의 관련 분개는 다음과 같다. 직접재료가 구입시점부터 표준가격으로 기록되므로 사용 시에도 표준가격으로 감소하게 된다.

구입 시

(차) 직접재료	840,000	(대) 외상매입금	750,000
		직접재료원가 가격차이	90,000

사용 시

(차) 재공품	560,000	(대) 직접재료	616,000
직접재료원가 능률차이	56,000		

6월의 직접재료원가 가격차이를 사용시점에서 분리하는 경우 관련 분개는 다음과 같다. 직접재료가 구입시점에 실제가격으로 기록되므로 사용 시에도 실제가격으로 감소하게 된다.

구입 시

(차) 직접재료	750,000	(대) 외상매입금	750,000

사용 시

(차) 재공품	560,000	(대) 직접재료	550,000
직접재료원가 능률차이	56,000	직접재료원가 가격차이	66,000

위 두 가지 경우에 직접재료의 능률차이는 같지만, 가격차이는 다르다. 사용시점에서 가격차이를 분리하는 경우 재료가 사용될 때까지는 가격차이가 분리되지 않기 때문이다.

2) 직접노무원가의 원가흐름 분개

직접노무원가 총차이는 가격차이와 능률차이로 분리할 수 있다.

가격차이 = 실제발생액 − 실제투입량에 기초한 예산

= 실제가격(AP) × 실제투입시간(AQ) − 표준가격(SP) × 실제투입시간(AQ)

= (실제가격 − 표준가격) × 실제투입시간

능률차이 = 실제투입량에 기초한 예산 − 변동예산

= 표준가격(SP) × 실제투입시간(AQ) − 표준가격(SP) × 표준투입시간(SQ)

= (실제투입시간 − 표준투입시간) × 표준가격

직접노무원가는 발생(투입) 시점에 분개한다. 가격차이, 능률차이가 불리한 경우 분개는 다음과 같다.

발생 시

(차) 재공품	SP×SQ	(대) 미지급임금	AP×AQ
직접노무원가 가격차이	(AP−SP)AQ		
직접노무원가 능률차이	(AQ−SQ)SP		

직접노무원가도 직접재료원가와 마찬가지로 재공품 계정에 대체될 때 표준금액(SP×SQ)으로 기록된다.

예제에서 (주)아란의 6월 직접노무원가와 관련된 주요 자료는 다음과 같이 정리할 수 있다.

직접노무원가

AQ=15,000시간, AP=₩8,250,000÷AQ=₩550
SQ=4,000단위×4시간=16,000시간, SP=₩500

(주)아란의 6월 직접노무원가 가격차이는 ₩750,000(U)(=₩8,250,000 − ₩500/시간×15,000시간)이며, 능률차이는 −₩500,000(F)(=(15,000시간 − 16,000시간)×₩500/시간)이다. 이를 분개하면 다음과 같다.

발생 시

(차) 재공품	8,000,000	(대) 미지급임금	8,250,000
직접노무원가 가격차이	750,000	직접노무원가 능률차이	500,000

3) 변동제조간접원가의 원가흐름 분개

변동제조간접원가의 총차이는 다음과 같이 분리된다.

소비차이 = 실제발생액 − 실제투입량에 기초한 예산
= 실제배부율(AP) × 실제투입량(AQ) − 표준배부율(SP) × 실제투입량(AQ)
= (실제배부율 − 표준배부율) × 실제투입량

능률차이 = 실제투입량에 기초한 예산 − 변동예산
= 표준배부율(SP) × 실제투입량(AQ) − 표준배부율(SP) × 표준투입량(SQ)
= (실제투입량 − 표준투입량) × 표준배부율

표준원가계산에서 변동제조간접원가의 시점별 분개는 다음과 같다.

변동제조간접원가 발생시점에서의 분개

(차) 변동제조간접원가	AP×AQ	(대) 미지급비용 등	AP×AQ

변동제조간접원가 배부시점에서의 분개

(차) 재공품	SP×SQ	(대) 변동제조간접원가배부	SP×SQ

이처럼 변동제조간접원가는 발생 시에는 실제 발생액(AP × AQ)으로 기록하고 제품으로 즉시 배부하지 않으며, 배부시점에 가서 표준금액(SP × SQ)으로 재공품 계정에 대체된다.

원가계산 기말에는 소비차이와 능률차이가 다음과 같이 인식된다.

원가계산 기말에서의 분개(소비차이와 능률차이가 모두 불리한 경우)

(차) 변동제조간접원가배부	SP×SQ	(대) 변동제조간접원가	AP×AQ
변동제조간접원가 소비차이	(AP−SP)AQ		
변동제조간접원가 능률차이	(AQ−SQ)SP		

직접재료원가와 직접노무원가는 구매시점이나 사용(발생)시점에서 원가차이가 즉시

분리되어 인식되지만, 변동제조간접원가는 원가계산 기말(예를 들어, 원가계산주기(accounting period)가 월 단위인 경우에는 월말)에 가서 원가차이를 인식하여 기록하게 된다. 또한, 정상원가계산과 달리, 회계연도 말까지 기다리지 않고 원가계산 기말에 원가 차이를 인식한다는 점에 유의해야 한다[4]. 원가차이를 가급적 빨리 분리하여 필요한 조치를 하기 위해서이다.

예제에서 (주)아란의 6월 변동제조간접원가와 관련된 주요 자료는 다음과 같이 정리할 수 있다.

변동제조간접원가

AQ=13,000시간, AP=₩286,000÷AQ=₩22
SQ=4,000단위×3시간=12,000시간, SP=₩3,240,000÷(54,000단위×3시간/단위)=₩20

(주)아란의 6월 변동제조간접원가 배부기준인 기계시간의 연간 예산투입량은 162,000시간(=54,000단위×3시간/단위)이므로, 변동제조간접원가의 표준배부율은 ₩20/시간(=₩3,240,000÷162,000시간)이다. 따라서 변동제조간접원가의 차이는 다음과 같이 계산된다. 소비차이는 ₩26,000(U)(=(₩22/시간−₩20/시간)×13,000시간), 능률차이는 ₩20,000(U)(=(13,000시간−12,000시간)×₩20/시간)이다. 변동제조간접원가와 관련된 6월 중 분개는 다음과 같다.

발생 시

(차) 변동제조간접원가	286,000	(대) 미지급비용 등	286,000

배부 시

(차) 재공품	240,000	(대) 변동제조간접원가배부	240,000

기 말

(차) 변동제조간접원가배부	240,000	(대) 변동제조간접원가	286,000
변동제조간접원가 소비차이	26,000		
변동제조간접원가 능률차이	20,000		

4 정상원가계산의 경우에도, 제조간접원가 배부는 매 원가계산 기말(및 작업 완성 시)에 실시하지만, 배부차이는 회계연도 말에 가서야 인식한다(제4장 참고).

4) 고정제조간접원가의 원가흐름 분개

고정제조간접원가의 총차이는 다음과 같이 분리된다.

소비차이 = 실제발생액 − 예산

조업도차이 = 예산 − 배부액

= 표준배부율(SP) × 기준조업도 − 표준배부율(SP) × 표준투입량(SQ)

= 표준배부율 × (기준조업도 − 표준투입량)

고정제조간접원가 발생시점에서의 분개

(차) 고정제조간접원가	AP×AQ	(대) 감가상각누계액 등	AP×AQ

고정제조간접원가 배부시점에서의 분개

(차) 재공품	SP×SQ	(대) 고정제조간접원가배부	SP×SQ

원가계산 기말에서의 분개(소비차이와 조업도차이가 모두 불리한 경우)

(차) 고정제조간접원가배부	SP×SQ	(대) 고정제조간접원가	AP×AQ
고정제조간접원가 소비차이	xxxx		
고정제조간접원가 조업도차이	xxxx		

고정제조간접원가도 변동제조간접원가와 마찬가지로, 발생 시에 실제 발생액(AP×AQ)으로 기록하고, 배부시점에 배부액(SP×SQ)으로 재공품계정으로 대체하며, 원가계산 기말에 원가차이를 인식하여 기록하게 된다.

예제에서 (주)아란의 6월 고정제조간접원가와 관련된 주요 자료는 다음과 같이 정리할 수 있다.

고정제조간접원가

AQ=13,000시간, 기준조업도=60,000단위×3시간÷12개월=15,000시간
SQ=4,000단위×3시간=12,000시간, SP=₩9,000,000÷(60,000단위×3시간/단위)=₩50

이를 구체적으로 설명해보자. (주)아란의 6월 고정제조간접원가 예산은 별도로 설정되어 있지 않으므로, 여기서는 2024년도 연간 예산 ₩9,000,000을 12개월로 나누어 월별 예

산을 계산한다. 고정제조간접원가 6월 예산 = ₩9,000,000 ÷ 12개월 = ₩750,000/월. 따라서, 6월의 고정제조간접원가 (변동)예산차이(즉, 소비차이)는 ₩20,000(U)(= ₩770,000 − ₩750,000)이 된다.

2024년도 고정제조간접원가의 배부기준의 기준조업도는 180,000시간(= 60,000단위 × 3시간)으로 계산된다. 따라서, 기계시간당 표준배부율을 연간 예산과 연간 기준조업도를 이용하여 계산하면, 표준배부율(SP) = ₩9,000,000 ÷ 180,000시간 = ₩50/시간이다. 6월 배부기준의 기준조업도는 15,000시간(= 180,000시간 ÷ 12개월)이다. 실제생산량에 허용된 표준투입량은 12,000시간(= 4,000단위 × 3시간/단위)이다. 따라서, 6월 조업도차이는 ₩150,000(U)(= (15,000시간 − 12,000시간) × ₩50/시간)이다(제품 생산량 기준으로도 조업도차이를 계산해보자). (주)아란의 6월 고정제조간접원가의 흐름 분개는 다음과 같다.

발생 시

(차) 고정제조간접원가	770,000	(대) 감가상각누계액 등	770,000

배부 시

(차) 재공품	600,000	(대) 고정제조간접원가배부	600,000

기 말

(차) 고정제조간접원가배부	600,000	(대) 고정제조간접원가	770,000
고정제조간접원가 소비차이	20,000		
고정제조간접원가 조업도차이	150,000		

6월 고정제조간접원가의 재고자산(재공품) 대체 금액은 변동예산인 ₩750,000이 아니라, 배부액인 ₩600,000(= 4,000단위 × 3시간/단위 × ₩50/시간)이라는 점에 유의해야 한다. 그 차이가 바로 조업도차이에 해당한다.

우리는 지금까지 시점별로 원가요소(직접재료원가, 직접노무원가, 제조간접원가)의 투입과 배분에 관한 회계처리를 설명하였다. 작업(재공품) 중의 일부가 완성되어 제품이 되고, 제품 중의 일부가 판매되는 경우의 분개는 다음과 같다. 표준원가계산에서는 재공품, 제품, 매출원가는 항상 표준원가(SP × SQ)로 기록된다는 사실을 기억하자.

판매 시

(차) 제품	SP×SQ	(대) 재공품	SP×SQ
(차) 매출원가	SP×SQ	(대) 제품	SP×SQ

3. 회계연도 말 차이조정

1) 실제원가와 표준원가의 차이조정

표준원가계산에서 재공품, 제품, 매출원가 계정은 항상 표준금액으로 기록되며, 재료계정도 가격차이를 구입시점에서 분리하면 표준금액으로 기록되므로, 회계연도 말에 외부보고를 위해 실제원가로 조정해야 한다. 각종 원가차이는 연도 중에 인식한다. 직접재료원가와 직접노무원가는 구입시점이나 사용(발생)시점에 차이를 인식하며, 변동 및 고정제조간접원가는 매 원가계산 기말(예 월말)에 각종 차이를 인식한다. 회계연도 말에 차이계정별로 나타나는 잔액은 차이계정별로 해당 회계연도 동안 발생한 원가차이가 누적된 금액이므로, 이를 이용하여 실제원가로 조정을 한다.

2) 안분법을 이용한 차이조정

(1) 차이조정 대상 계정

이제 **회계연도 말 차이조정**에 대해 구체적으로 살펴보자. 차이조정방법은 제4장의 정상원가계산에서의 연도 말 차이조정방법과 기본적으로 동일하다. 안분법과 비안분법을 사용할 수 있으며, 실제원가와의 차이가 큰 경우에는 **안분법**(proration method)을 사용하여 실제원가와 유사하게 조정해주는 것이 바람직하다[5]. 모든 원가차이를 당기에 비용(수익)으로 처리하는 **비안분법**은 간단해서 사용하기 편리하지만, 정확성이 낮으므로 원가차이가 크지

5 불리한 원가차이 중에서 회피할 수 없는 부분만 재고자산에 안분하고, 회피할 수 있었던 비효율적인 부분은 재고자산에 안분하지 않고 당기에 비용으로 처리해야 한다는 주장도 있다. 그 경우 하나의 차이 계정에 있는 금액을 구분하여 각각 안분법과 비안분법을 사용한다.

않을 경우에만 사용하는 것이 바람직하다[6].

여기에서는 **안분법** 중에서 **원가요소기준법**에 대해서만 설명하기로 한다. 원가요소기준법은 각 원가차이를 배분할 때 조정대상 계정의 해당 원가요소의 기말 잔액을 기준으로 조정하는 방법으로, 연도 말 계정 잔액이 실제원가와 같은 금액으로 조정된다. 원가요소기준법을 사용할 경우, 각 원가차이를 조정할 때 조정대상이 되는 계정은 표 12-2와 같다.

표 12-2 원가요소기준법에서 원가차이별 조정대상 계정

	직접재료원가 가격차이	직접재료원가 능률차이	직접노무원가 차이	변동제조간접 원가차이	고정제조간접 원가차이
직접재료계정	O ×	×	×	×	×
재공품계정	O	O	O	O	O
제품계정	O	O	O	O	O
매출원가계정	O	O	O	O	O

(2) 직접재료원가 가격차이 분리시점과 차이조정

직접재료원가 가격차이를 구매시점에서 인식하는 경우, 직접재료 계정은 표준가격(SP)으로 기록되므로 가격차이를 조정해야 한다. 그러나, 가격차이를 사용시점에서 분리하는 경우에는 직접재료 계정은 실제가격(AP)으로 기록되어 있으므로 직접재료 계정은 조정할 필요가 없다. 직접재료원가 능률차이는 재료를 사용한 경우에만 발생하므로 재공품, 제품, 매출원가 계정은 항상 조정해야 하며, 직접재료 계정은 가격차이를 어느 시점에서 분리하든 조정대상이 아니다.

직접노무원가차이, 변동제조간접원가차이, 고정제조간접원가차이도 직접재료계정은 조정할 필요가 없고, 재공품, 제품, 매출원가 계정만 조정하면 된다.

직접재료원가는 가격차이 인식 시점에 따라 조정대상 계정이 달라지므로, 다음의 간단한 예제를 통해 직접재료원가차이 조정을 이해하도록 하자.

6 매출원가조정법 등 비안분법은 기업이 의도적으로 이익을 낮추거나 높이는 이익조정에 악용될 우려가 있다. 예를 들어, 기준조업도 조정을 통해 조업도차이를 조정하여 영업이익을 조정할 수 있다(제7장 참고).

예제 12-2

(주)세화는 2024년도에 직접재료 ₩12,000어치를 구입했으며(연초에 재고는 없음), 이 중에서 3/4을 당년도에 사용하였다. 직접재료원가 가격차이는 구매시점 기준으로 ₩2,000(U)이며, 능률차이는 ₩1,000(U)이다. 가격차이 분리시점별로 연도 말 차이조정방법에 대해 학습해 보자.

미사용 직접재료는 직접재료 계정의 연말 잔액에 해당하고, 사용된 직접재료의 연말 잔액은 재공품, 제품, 매출원가 계정에 포함되어 있는 직접재료원가 금액에 해당한다. 연도 말 차이조정은 표준원가계산에서 차이가 분리되는 과정을 정확하게 반대로 실시하면 된다. 실제원가계산과 표준원가계산에서 원가흐름은 그림 12-2에 나타난 바와 같으며, 표준원가계산에서는 가격차이 분리시점에 따라 원가흐름도 달라진다.

① 직접재료원가 가격차이를 구매시점에서 분리한 경우의 차이조정

이 경우 가격차이 ₩2,000이 먼저 분리된 후 능률차이가 분리되므로, 조정 과정에서는 능률차이를 먼저 조정한 다음 가격차이를 조정한다. 가격차이를 구매시점에서 분리한 경우 직접재료계정의 잔액도 표준금액으로 기록되어 있으므로, 가격차이를 조정할 때 직접재료계정도 조정해야 한다. 차이조정 순서는 다음과 같다.

첫째, 불리한 직접재료원가 능률차이 ₩1,000(U)만큼 회계연도 말 직접재료 사용계정(재공품, 제품, 매출원가 계정)을 상향 조정한다(유리한 차이는 하향 조정). 실제로는 능률차이 ₩1,000을 재공품, 제품, 매출원가 계정 각각에 포함된 직접재료원가 잔액에 비례 배분하여 계정별로 조정한다. 이 절차를 수행하면, 사용액의 합계는 ₩7,500으로 조정된다.

둘째, 불리한 직접재료원가 가격차이 ₩2,000(U)을 직접재료 계정(미사용)과 첫째 단계 실시 후(직접재료원가 능률차이를 조정한 후)의 재공품, 제품, 매출원가 계정 각각에 포함된 직접재료원가 잔액에 비례 배분하여 상향 조정한다(유리한 차이는 하향 조정). 그림 12-2에서 직접재료 미사용액 ₩2,500$\left(\frac{1}{4}\right)$과 사용액 총액 ₩7,500$\left(\frac{3}{4}\right)$의 비율로 각각 ₩500과 ₩1,500이 배분된다.

조정이 종료되면, 직접재료계정의 잔액은 ₩3,000으로, 직접재료 사용계정의 잔액은 총

그림 12-2 실제원가계산과 표준원가계산에서 직접재료관련 원가흐름

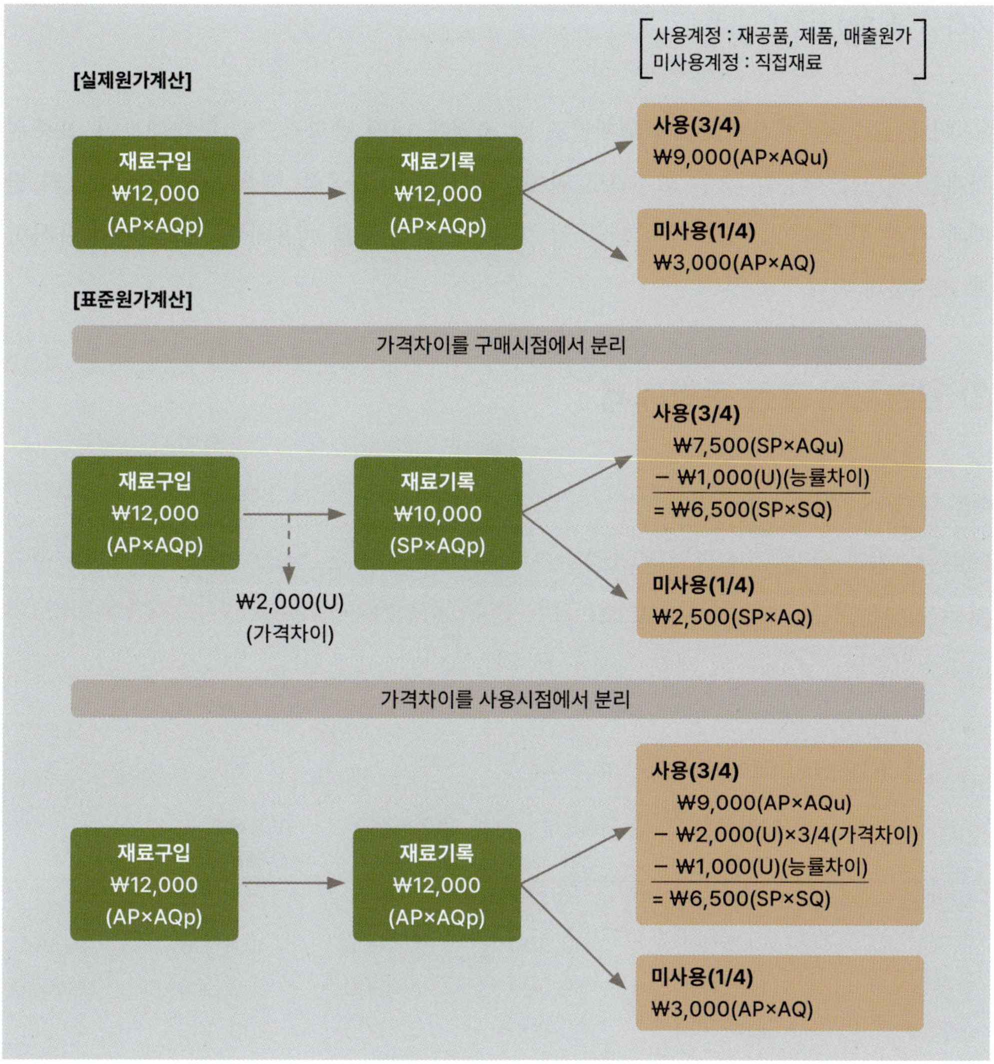

₩9,000이 되어, 실제원가계산에서와 같아지게 된다.

② 직접재료원가 가격차이를 사용시점에서 분리한 경우의 차이조정

가격차이를 사용시점에서 분리한 경우, 가격차이는 ₩1,500$\left(=₩2,000\times\frac{3}{4}\right)$이며 가격차이와 능률차이가 동시에 분리되므로 조정 과정도 순서와 무관하다. 직접재료계정의 잔액은 실제원가로 표시되어 있으므로 직접재료계정은 조정이 필요 없다. 따라서, 직접재료원가 가격차이 ₩1,500(U)과 능률차이 ₩1,000(U)을 회계연도 말 재공품, 제품, 매출원가에 포함된

직접재료원가 잔액에 비례해서 배분한다. 본 예제에서는 사용계정의 잔액이 총 ₩2,500 증가하여 총 ₩9,000이 된다.

이제 표준원가계산제도에서 회계연도 말 조정에 대해 종합적으로 학습해보자. 표준원가계산 제도를 사용할 경우, 회계연도 말에는 직접재료, 재공품, 제품, 매출원가 계정의 잔액과 각종 원가차이 계정들의 잔액을 알 수 있다. 이 정보를 이용하여 실제원가와 유사하게 조정하게 된다.

3) 원가차이 조정 종합예제

예제 12-3

2024년 2월에 설립된 ㈜표선은 표준원가계산제도를 사용하고 있으며, 2024년 말 표준원가로 표시된 주요 계정의 원가요소별 잔액 및 각종 원가차이의 잔액은 표 12-3 과 같다. 원가요소기준법을 사용하여 계정 잔액을 실제원가로 조정해보자.

표 12-3 ㈜표선의 2024년도 말 주요 계정 잔액

(단위 : 원)

	직접재료원가	직접노무원가	변동제조간접원가	고정제조간접원가	합 계
직접재료	405,000	–	–	–	405,000
재공품	200,000	60,000	80,000	100,000	440,000
제 품	600,000	60,000	60,000	200,000	920,000
매출원가	800,000	80,000	60,000	200,000	1,140,000
합 계	2,005,000	200,000	200,000	500,000	2,905,000

직접재료원가 가격차이	₩30,000	유리
직접재료원가 능률차이	₩20,000	불리
직접노무원가 가격차이	₩5,000	유리
직접노무원가 능률차이	₩6,000	불리
변동제조간접원가 소비차이	₩2,000	불리
변동제조간접원가 능률차이	₩3,000	불리
고정제조간접원가 예산차이	₩500	불리
고정제조간접원가 조업도차이	₩1,500	유리
합 계	₩5,000	

불리한 원가차이는 연도 말에 차변에 등장하는 차이로서, 실제원가로 조정할 때 관련 계정의 잔액을 상향 조정해야 한다. 반대로, 유리한 원가차이는 연도 말에 대변에 등장하는 차이이며, 관련 계정의 잔액을 하향 조정해야 한다. 먼저, 2024년 말 주요 계정에 포함된 원가요소별 금액의 비율을 계산하면 표 12-4와 같다.

표 12-4 각 원가요소의 주요 계정별 비율(직접재료계정 제외) | 예제 12-3

	직접재료원가 (a)	직접노무원가 (b)	변동제조간접원가 (c)	고정제조간접원가 (d)	원가합계
재공품	0.125	0.3	0.4	0.2	0.176
제 품	0.375	0.3	0.3	0.4	0.368
매출원가	0.5	0.4	0.3	0.4	0.456
합 계	1	1	1	1	1

(1) 직접재료원가 가격차이를 구매시점에서 분리한 경우

직접재료원가의 가격차이를 구매시점에서 분리한 경우 2024년 말 계정 잔액을 실제원가로 조정해보자. 이 경우에는 직접재료원가 능률차이를 재공품, 제품, 매출원가에서 먼저 조정한 뒤, 가격차이를 조정해야 한다. 조정 결과는 표 12-5와 같다.

표 12-5 직접재료원가 가격차이를 구매시점에서 분리한 경우, 직접재료원가의 계정별 잔액 조정 | 예제 12-3

(단위 : 원)

	직접재료	재공품	제 품	매출원가	합 계
조정 전 직접재료원가(1)	405,000	200,000	600,000	800,000	2,005,000
직접재료원가 능률차이 배분(2) (표 12-4의 (a)비율)	–	2,500	7,500	10,000	20,000
직접재료원가 능률차이 배분 후 잔액(3) (=(1)+(2))	405,000	202,500	607,500	810,000	2,025,000
배분 후 잔액의 비율(4)	0.2	0.1	0.3	0.4	1
직접재료원가 가격차이 배분(5) (=(4)×(−₩30,000))	−6,000	−3,000	−9,000	−12,000	−30,000
조정 후 잔액(6) (=(3)+(5))	399,000	199,500	598,500	798,000	1,995,000

이제 나머지 원가차이를 포함하여 모든 원가차이를 조정한 내역은 표 12-6에 정리되어 있다. 직접노무원가, 변동제조간접원가, 고정제조간접원가의 모든 원가차이는 해당 원가요소의 연말 잔액비율(표 12-4)로 배분한다.

표 12-6 직접재료원가 가격차이를 구매시점에서 분리한 경우, 계정별 잔액 조정 | 예제 12-3

(단위 : 원)

	직접재료	재공품	제 품	매출원가	합 계
직접재료원가 능률차이 배분(1)*	–	2,500	7,500	10,000	20,000
직접재료원가 가격차이 배분(2)*	−6,000	−3,000	−9,000	−12,000	−30,000
직접노무원가 가격차이 배분(3)**	–	−1,500	−1,500	−2,000	−5,000
직접노무원가 능률차이 배분(4)	–	1800	1800	2,400	6,000
변동제조간접원가 소비차이 배분(5)	–	800	600	600	2,000
변동제조간접원가 능률차이 배분(6)	–	1,200	900	900	3,000
고정제조간접원가 예산차이 배분(7)	–	100	200	200	500
고정제조간접원가 조업도차이 배분(8)	–	−300	−600	−600	−1,500
배분 합계(9) (=(1)~(8)합계)	−6,000	1,600	−100	−500	−5,000
배분 전 계정잔액(10)	405,000	440,000	920,000	1,140,000	2,905,000
실제원가(11) (=(9)+(10))	399,000	441,600	919,900	1,139,500	2,900,000

* 직접재료원가 가격차이와 능률차이는 표 12-5 (2), (5) 반영

** (3)~(8)의 원가차이 배분은 표 12-4의 해당 원가요소별 연말 잔액의 비율인 (b), (c), (d)의 비율로 각각 배분함

실제원가로 조정한 각 계정의 연도 말 잔액은 표 12-6의 (11) 금액이다. 이제 연도 말 차이 조정을 나타내는 분개를 해보자.

(차) 직접재료원가 가격차이	30,000	(대) 직접재료	6,000
		재공품	3,000
		제품	9,000
		매출원가	12,000

(차) 재공품	2,500	(대) 직접재료원가 능률차이	20,000
제품	7,500		
매출원가	10,000		

나머지 직접노무원가, 변동제조간접원가, 고정제조간접원가의 차이 조정 분개도 같은 방식으로 하면 조정 분개가 완료된다. 조정 분개가 완료되면, 모든 원가차이 계정의 잔액은 "0"이 되고, 총계정원장 계정의 잔액은 모두 실제원가로 전환된다.

(2) 직접재료원가 가격차이를 사용시점에서 분리한 경우

이제 직접재료원가 가격차이를 사용시점에서 분리한 경우에 대해 2024년 말 계정 잔액을 실제원가로 조정해보자. 직접재료원가 가격차이와 능률차이는 재공품, 제품, 매출원가 계정에서 조정하고, 직접재료계정은 조정하지 않는다. 구체적인 내역은 표 12-7과 같다.

직접재료원가를 포함한 모든 원가요소의 원가차이는 해당 원가요소의 연말 잔액비율(표 12-4)로 배분한다.

표 12-7 직접재료원가 가격차이를 사용시점에서 분리한 경우, 계정별 잔액 조정 | 예제 12-3

(단위 : 원)

	직접재료	재공품	제 품	매출원가	합 계
직접재료원가 가격차이 배분(1)*	–	−3,750	−11,250	−15,000	−30,000
직접재료원가 능률차이 배분(2)	–	2,500	7,500	10,000	20,000
직접노무원가 가격차이 배분(3)	–	−1,500	−1,500	−2,000	−5,000
직접노무원가 능률차이 배분(4)	–	1,800	1,800	2,400	6,000

(표 계속)

	직접재료	재공품	제 품	매출원가	합 계
변동제조간접원가 소비차이 배분(5)	–	800	600	600	2,000
변동제조간접원가 능률차이 배분(6)	–	1,200	900	900	3,000
고정제조간접원가 예산차이 배분(7)	–	100	200	200	500
고정제조간접원가 조업도차이 배분(8)	–	−300	−600	−600	−1,500
배분 합계(9) (=(1)~(8) 합계)	0	850	−2,350	−3,500	−5,000
배분 전 계정잔액(10)	405,000	440,000	920,000	1,140,000	2,905,000
실제원가(11) (=(9)+(10))	405,000	440,850	917,650	1,136,500	2,900,000

* (1)~(8)의 모든 차이 배분은 표 12-4 의 해당 원가요소별 연말 잔액의 비율인 (a), (b), (c), (d)의 비율로 각각 배분함

실제원가로 조정된 각 계정의 연도 말 잔액은 표 12-7 의 (11) 금액이 된다. 이제 연도 말 차이 조정을 나타내는 분개를 해보자.

(차) 직접재료원가 가격차이	30,000	(대) 재공품	3,750
		제품	11,250
		매출원가	15,000
(차) 재공품	2,500	(대) 직접재료원가 능률차이	20,000
제품	7,500		
매출원가	10,000		

나머지 직접노무원가, 변동제조간접원가, 고정제조간접원가의 차이 조정 분개도 같은 방식으로 하면 조정 분개가 완료된다. 조정 분개가 완료되면 모든 원가차이 계정의 잔액은 "0"이 되고, 모든 총계정원장 계정의 잔액은 실제원가로 변환된다.

마지막으로, 다음 예제를 통해 표준원가계산과 실제원가계산의 관계를 종합적으로 다시 한번 자세하게 학습해보자.

예제 12-4

예제 12-3에 나타난 자료를 이용하여 직접재료원가에 관해 자세하게 학습해보자. 직접재료원가의 가격차이는 구매시점에서 분리한다.

(1) 사용된 직접재료의 표준원가(SP×AQu)는 얼마인가?

(2) 직접재료의 표준구입원가(SP×AQp)는 얼마인가?

(3) 사용된 직접재료의 실제원가(AP×AQu)는 얼마인가?

(4) 직접재료 기말재고의 실제원가(AP×AQ)는 얼마인가?

(5) 직접재료의 실제구입원가(AP×AQp)는 얼마인가?

그림 12-2에 있는 틀을 이용하여 분석하면 편리하다. 주요 결과는 그림 12-3과 같이 나타낼 수 있다.

그림 12-3 표준원가계산에서 직접재료원가 흐름도(구매시점에서 가격차이 분리)

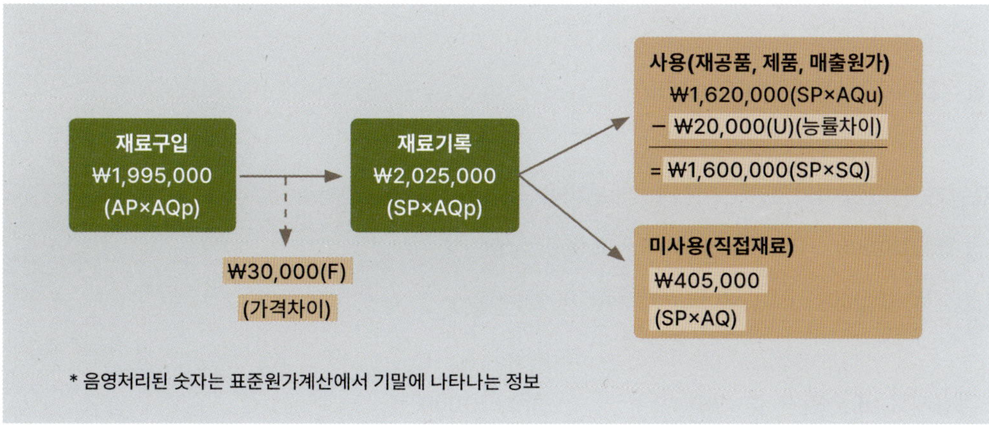

구체적인 계산과정은 다음과 같다.

[예제 12-4 풀이]

(1) 사용된 직접재료의 표준원가(SP × AQu)

직접재료원가 사용 변동예산(SP × SQ)	₩1,600,000	(표 12-3에서 ₩200,000 + ₩600,000 + ₩800,000)
+ 직접재료원가 능률차이(U)	₩20,000	
= 사용된 직접재료 표준원가(SP × AQu)	₩1,620,000	

(2) 직접재료의 표준구입원가(SP × AQp)

직접재료 당기사용(SP × AQu)	₩1,620,000	
+ 직접재료 기말재고(SP × AQ)	₩405,000	(표 12-3에서 직접재료)
− 직접재료 기초재고(SP × AQ)	₩0	
= 직접재료 표준구입원가(SP × AQp)	₩2,025,000	

(3) 사용된 직접재료의 실제원가(AP × AQu)

직접재료원가 가격차이의 사용, 미사용 배분비율

- 사용 : ₩1,620,000 ÷ (₩1,620,000 + ₩405,000) = 0.8
- 미사용 : ₩405,000 ÷ (₩1,620,000 + ₩405,000) = 0.2

사용된 직접재료 표준원가(SP × AQu)	₩1,620,000
− 유리한 가격차이(F) 배분액 ₩30,000 × 0.8 =	₩24,000
= 사용된 직접재료의 실제원가(AP × AQu)	₩1,596,000

(표 12-5의 (6)에서 ₩199,500 + ₩598,500 + ₩798,000 합계와 일치)

(예제 풀이 계속)

(4) 직접재료 기말재고의 실제원가(AP × AQ)는 얼마인가?

직접재료 기말재고 표준원가(SP × AQ)	₩405,000
− 유리한 가격차이(F) 배분액 ₩30,000 × 0.2 =	₩6,000
= 직접재료 기말재고 실제원가(AP × AQ)	₩399,000

(표 12-5의 (6) 직접재료 금액에서 다시 확인할 수 있음)

(5) 직접재료의 실제구입원가(AP × AQp)는 얼마인가?

직접재료 표준구입원가(SP × AQp)	₩2,025,000
− 유리한 가격차이(F)	₩30,000
= 직접재료 실제구입원가(AP × AQp)	₩1,995,000

위 분석의 일부를 차이분석 틀을 이용하여 나타내면 그림 12-4와 같다.

그림 12-4 직접재료원가 차이분석 틀 | 예제 12-4

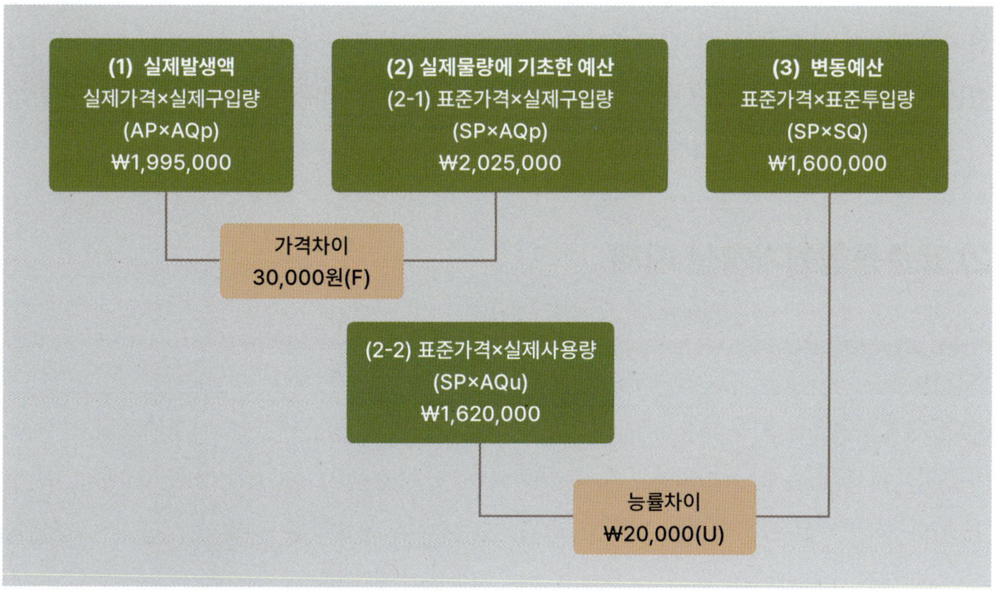

4. 표준종합원가계산

1) 표준종합원가계산의 의의

표준원가계산은 개별원가계산(job costing)과 종합원가계산(process costing)에 모두 사용될 수 있다. 종합원가계산은 유사하거나 같은 제품들을 연속적으로 대량생산하는 경우에 주로 사용되는 원가계산방법으로서, 실제원가계산을 사용하는 경우에는 발생한 원가를 일정기간(보통 1개월) 동안 집계하여 완성품과 재공품으로 배분한다. 따라서, **실제종합원가계산(actual process costing)**에서 제품의 원가는 집계기간 동안 발생한 원가를 평균적으로 반영하게 된다.

그러나, 재료와 공정의 종류나 숫자가 많지 않더라도 다양하게 혼합되어 다양한 종류의 제품을 생산하는 경우가 종종 있다. 예를 들어, 피자공장은 토핑과 피자도우가 다양한 여러 가지 피자 제품들을 생산해서 판매한다. 이런 경우 실제종합원가계산을 적용하면 피자의 원가가 평균화되어 각 피자제품들의 가격이 정확하지 않게 된다. 따라서, 피자 종류별로 피자 한 판에 투입되는 재료와 노무의 표준원가를 설정해서 사용하는 **표준종합원가계산(standard process costing)**을 사용하는 것이 좋다.

이처럼 여러 종류의 유사하면서도 다양한 규격의 제품들을 생산하는 경우에는 표준종합원가계산을 사용하는 것이 일반적이다. 표준종합원가계산에서는 제품원가에서 차이가 있는 여러 제품에 대해 제품별로 단위당 표준원가를 각각 설정하므로 제품원가의 정확성이 높아진다. 예제를 이용하여 표준종합원가계산 절차를 학습해보자.

2) 표준종합원가계산 예제

예제 12-5

제8장의 예제 8-3을 이용하자. 추가적으로, 제품의 단위당 표준원가는 직접재료원가 ₩38, 가공원가가 ₩13으로 설정되었으며(종합원가계산에서 표준원가도 원가그룹별로 설정한다.) 전기(10월)와 당기(11월) 표준원가가 같다고 하자. 표준종합원가계산을 통해 완성품과 기말재공품의 원가를 계산해보자.

표준종합원가계산에서는 복잡성을 피하기 위해 일반적으로 **선입선출법**(FIFO)을 가정한다. 선입선출법(FIFO)에 대해 당기(11월)의 물량과 완성품에 관한 정보는 표 12-8과 같다. 가공원가 완성도는 기초재공품은 20%, 기말재공품은 60%이다.

표 12-8 선입선출법(제1공정)에 의한 물량과 완성품환산량 | 예제 12-5

	(제1단계) 물 량	(제2단계) 완성품환산량	
		직접재료원가	가공원가
기초재공품	200		
당기착수	400		
합 계	600		
완성품			
– 기초재공품완성(1)	200	0	160
– 당기착수&완성(2)	300	300	300
– 합 계(3) (=(1)+(2))	500	300	460
기말재공품(4)	100	100	60
합 계(5) (=(3)+(4))	600	400	520

선입선출법에 의한 원가배분 결과는 표 12-9와 같다.

표 12-9 선입선출법에 의한 원가배분(표준종합원가계산) | 예제 12-5

	직접재료원가	가공원가	합 계
(제2단계) 완성품환산량			
– 기초재공품완성(1)	0	160	
– 당기투입완성(2)	300	300	
– 기말재공품(3)	100	60	
– 합 계(4) (=(1)+(2)+(3))	400	520	
(제3단계) 원가 집계			
– 기초재공품원가(5)* (표준)	₩7,600	₩520	₩8,120
– 당기투입원가(6) (표준) (표 12-8의 완성품환산량합계(5)×본 표(8))	15,200 (=400×38)	6,760 (=520×13)	21,960
– 합 계(7) (=(5)+(6))	₩22,800	₩7,280	₩30,080

(표 계속)

	직접재료원가	가공원가	합 계
(제4단계) 환산량 단위당 원가(8)	38	13	
(제5단계) 표준원가계산			
완성품			
– 기초재공품원가(9) (=(5))	7,600	520	8,120
– 기초재공품완성(10)**	0	2,080	2,080
– 당기착수완성(11)***	11,400	3,900	15,300
완성품 합계(12) (=(9)+(10)+(11))	19,000	6,500	25,500
기말재공품(13)****	3,800	780	4,580
합 계(14) (=(12)+(13))	₩22,800	₩7,280	₩30,080

* 기초재공품원가(200단위) : 200단위×₩38=₩7,600, 200단위×20%×₩13=₩520
** 기초재공품완성(200단위) : 200단위×0%×₩38=₩0, 200단위×80%×₩13=₩2,080
*** 당기착수완성(300단위) : 300단위×₩38=₩11,400, 300단위×₩13=₩3,900
**** 기말재공품(100단위) : 100단위×₩38=₩3,800, 100단위×60%×₩13=₩780

표준종합원가계산에서는 실제종합원가계산과 달리 완성품 환산량단위당 원가(표에서 제4단계)는 주어진 단위당 표준원가 자료를 사용하며, 원가를 총환산량으로 나누는 과정을 통해 계산하지 않는다. 표준원가계산 결과, 완성품 원가(표에서 (12))는 직접재료원가 ₩19,000, 가공원가 ₩6,500으로 계산되었는데, 다른 방법을 통해 확인할 수도 있다. 완성품의 완성품환산량(여기서는 전기와 당기 완성분 합계)은 직접재료원가와 가공원가 모두 500단위이므로, 직접재료원가는 ₩19,000(=500단위×₩38), 가공원가는 ₩6,500(=500단위×₩13)임을 알 수 있다. 당기에 투입된 원가에 대한 표준원가와 실제원가의 차이는 표 12-10과 같다.

표 12-10 당기투입 표준원가와 실제원가의 비교

(단위 : 원)

	직접재료원가	가공원가	합 계
당기투입 표준원가*	15,200	6,760	21,960
당기투입 실제원가**	16,000	6,240	22,240
차 이	800(U)	520(F)	280(U)

* 표 12-9의 (6)
** 제8장 표 8-6 자료

3) 표준종합원가계산 분개

위 표준종합원가계산 예제에서 당기의 원가흐름에 대한 분개를 해보자. 원가가 발생한 부서가 조립공정이며, 완성품은 다음 공정인 검사공정으로 즉시 대체된다고 하자.

직접재료원가 투입

(차) 직접재료(조립공정)	16,000	(대) 직접재료	16,000

이 분개는 직접재료 ₩16,000어치가 조립공정에 투입되었음을 실제원가로 기록한 것이다. 실제원가계산에서와는 달리, 직접재료원가가 투입될 때 재공품계정으로 바로 대체하지 않고 제조간접원가의 경우처럼 상대계정에다 재료투입 내역을 기록한다. 재공품계정은 표준원가로 기록되기 때문이다.

가공원가 투입

(차) 가공원가(조립공정)	6,240	(대) 각종 관련 계정	6,240

가공원가 분개도 실제 발생원가 ₩6,240을 기록한 것이다. 가공원가도 투입 시에 바로 재공품 계정으로 대체하지 않고 상대계정에 기록한다.

직접재료원가 표준원가 할당

(차) 재공품(조립공정)	15,200	(대) 직접재료(조립공정)	16,000
직접재료원가차이	800		

이 분개는 당기 제조분에 대해 직접재료원가를 표준원가로 할당하고, 실제원가와의 차이를 인식하는 분개이다. 여기서 직접재료원가차이를 총차이로 기록했으나, 가격차이 인식시점에 따라 가격차이와 능률차이로 분리해서 기록할 수 있다.

가공원가 표준원가 할당

(차) 재공품(조립공정)	6,760	(대) 가공원가(조립공정)배부	6,760
(차) 가공원가(조립공정)배부	6,760	(대) 가공원가(조립공정)	6,240
		가공원가차이	520

여기서 첫 번째 분개는 당기 제조분에 대해 가공원가를 표준원가로 배부하는 분개이며, 두 번째 분개는 실제원가와 배부원가의 차이를 인식하는 분개이다. 유사한 여러 종류의 제품이 있는 경우, 가공원가는 직접재료원가와 달리 간접원가 그룹이므로 배부 절차를 거치는 것이다.

조립공정 완성품 대체

(차) 재공품(검사공정)	25,500	(대) 재공품(조립공정)	25,500

이 분개는 조립공정에서 완성된 완성품의 표준원가를 검사공정으로 대체하는 분개이다.

5. 표준종합원가계산과 공손

종합원가계산에서 공손(정상공손, 비정상공손)이 있는 경우에 표준원가계산을 사용하면 원가계산이 매우 간단해지는 장점이 있다. 기본적으로 계산 과정은 공손이 없는 경우와 차이가 없다. 예제를 이용하여 학습해보자.

예제 12-6

제9장의 예제 9-3을 이용하자. 직접재료원가는 공정 초기에 전량 투입되며, 기초재공품의 가공원가 완성도는 40%, 기말재공품의 완성도는 50%이다. 제품의 단위당 표준원가는 직접재료원가 ₩42, 가공원가 ₩100으로 설정되었으며, 전기와 당기 표준원가가 같다고 하

(예제 계속)

자. 이 회사는 원가계산을 위해 선입선출법을 사용하며, 검사는 공정이 완료된 시점에 실시한다. 물량에 관한 정보는 표 12-11과 같다.

표 12-11 선입선출법에 의한 물량과 완성품환산량

	(제1단계) 물 량	(제2단계) 완성품환산량	
		직접재료원가	가공원가
기초재공품(1)	600		
당기착수(2)	1,800		
합 계(3) (=(1)+(2))	2,400		
완성품			
– 기초재공품완성(4)	600	0	360
– 당기착수&완성(5)	1,400	1,400	1,400
정상공손(6)	200	200	200
비정상공손(7)	0	0	0
기말재공품(8)	200	200	100
합 계(9) (=(4)+(5)+(6)+(7)+(8))	2,400	1,800	2,060

이 경우 선입선출법에 의한 원가배분 결과는 표 12-12와 같다.

표 12-12 공손이 있을 경우의 선입선출법(표준종합원가계산) | 예제 12-6

	직접재료원가	가공원가	총원가
(제2단계) 완성품환산량			
– 기초재공품완성(1)	0	360	
– 당기착수&완성(2)	1,400	1,400	
– 정상공손(3)	200	200	
– 기말재공품(4)	200	100	
– 합 계(5) (=(1)+(2)+(3)+(4))	1,800	2,060	

(표 계속)

	직접재료원가	가공원가	총원가
(제3단계) 원가 집계			
– 기초재공품원가(6)* (표준)	₩25,200	₩24,000	₩49,200
– 당기투입원가(7) (표준) (표 12-11의 완성품환산량합계(9)×본 표(9))	75,600 (=1,800×42)	206,000 (=2,060×100)	281,600
– 합 계(8) (=(6)+(7))	₩100,800	₩230,000	₩330,800
(제4단계) 환산량 단위당 원가(9)	42	100	
(제5단계) 표준원가배분			
완성품			
– 기초재공품원가(10) (=(6))	25,200	24,000	49,200
– 기초재공품완성(11)**	0	36,000	36,000
– 당기착수&완성(12)***	58,800	140,000	198,800
– 합 계(13) (=(10)+(11)+(12))	84,000	200,000	284,000
– 정상공손(14)****	8,400	20,000	28,400
완성품합계(15) (=(13)+(14))	92,400	220,000	312,400
기말재공품(16)*****	8,400	10,000	18,400
합 계(17) (=(15)+(16))	₩100,800	₩230,000	₩330,800

* 기초재공품원가(600단위) : 600단위×₩42=₩25,200, 600단위×40%×₩100=₩24,000
** 기초재공품완성(600단위) : 600단위×0%×₩42=0, 600단위×60%×₩100=₩36,000
*** 당기착수완성(1,400단위) : 1,400단위×₩42=₩58,800, 1,400단위×₩100=₩140,000
**** 정상공손원가(200단위) : 200단위×₩42=₩8,400, 200단위×₩100=₩20,000
***** 기말재공품(200단위) : 200단위×₩42=₩8,400, 200단위×50%×₩100=₩10,000

원가차이 인식과 원가흐름의 분개는 공손이 없는 경우와 유사하므로 생략한다. 비정상공손(abnormal spoilage)이 있는 경우, 비정상공손손실을 표준원가로 기록한다. 차이분석에서는 비정상공손의 원가는 불리한 능률차이(efficiency variance)로 처리하여 보고한다.

연습문제

객관식

01 차이조정 관련 분개

표준원가계산제도에서 다음 형태의 분개와 관련하여 틀린 설명은?

(차) 재공품(SP×SQ)	xxx	(대) 직접재료(SP×AQu)	xxx
직접재료원가 능률차이	xxx		

a. 직접재료원가 능률차이는 불리한 차이이다.
b. 직접재료 기말재고는 표준가격으로 기록된다.
c. 직접재료원가 가격차이가 없는 것으로 보아, 실제가격과 표준가격은 동일하다.
d. 직접재료원가 가격차이 인식시점과는 무관하게 재공품은 항상 SP×SQ로 표시된다.

① a ② b ③ c ④ d

02 직접재료원가 가격차이 분리시점

표준원가계산과 실제원가계산에서 직접재료계정의 기말재고액이 다를 경우, 그 차이는 어떤 계정에 기록되는가? 그 차이의 분리시점은 언제인가? 다음 중 답변이 올바르게 묶인 것은?

a. 직접재료원가 가격차이 – 구입시점에서 분리
b. 직접재료원가 가격차이 – 사용시점에서 분리
c. 직접재료원가 가격차이와 능률차이 – 각각 구입, 사용시점에서 분리
d. 직접재료능률차이 – 사용시점에서 분리

① a ② b ③ c ④ d

03 차이조정 관련 분개

다음 중 표준원가계산제도에서 변동제조간접원가 배부시점에 실시하는 분개로 적합한 것은?

a.	(차) 변동제조간접원가	286,000	(대) 미지급비용 등	286,000
b.	(차) 재공품	240,000	(대) 변동제조간접원가배부	240,000
c.	(차) 변동제조간접원가	286,000	(대) 미지급비용 등	286,000
	재공품	240,000	변동제조간접원가배부	240,000
d.	(차) 변동제조간접원가배부	240,000	(대) 변동제조간접원가	286,000
	변동제조간접원가 소비차이	26,000		
	변동제조간접원가 능률차이	20,000		

① a ② b ③ c ④ d

04 차이조정 관련 분개

표준원가계산에서 다음 분개에 관한 설명이 틀린 것은?

(차) 고정제조간접원가배부	600,000	(대) 고정제조간접원가	770,000
고정제조간접원가 소비차이	20,000		
고정제조간접원가 조업도차이	150,000		

a. 연도 말 차이조정을 위한 분개의 일종이다.
b. 위 분개와 관련하여 재공품 계정으로 대체되어 있는 고정제조간접원가는 ₩600,000이다.
c. 고정제조간접원가의 예산보다 실제 발생액이 더 많다
d. 기준조업도보다 실제생산량이 적다.

① a ② b ③ c ④ d

05 안분법 차이조정 (2002 세무사)

㈜수원은 2001년 1월에 영업활동을 개시하였으며 표준원가계산제도를 채택하고 있다. 2001년 12월 31일 현재 표준원가로 기록된 각 계정의 잔액과 원가차이는 다음과 같다.

(1) 계정잔액

	직접재료 원 가	직접노무 원 가	변동제조 간접원가	고정제조 간접원가	합 계
직접재료	₩0				₩0
재 공 품	2,000	₩1,000	₩400	₩600	4,000
제 품	3,000	1,500	600	900	6,000
매출원가	5,000	2,500	1,000	1,500	10,000
합 계	₩10,000	₩5,000	₩2,000	₩3,000	₩20,000

(2) 원가차이
- 직접재료원가 : 가격차이 ₩0 / 능률차이 ₩500(불리)
- 직접노무원가 : 임률차이 ₩400(유리) / 능률차이 ₩800(유리)
- 변동제조간접원가 : 과대배부액 ₩200
- 고정제조간접원가 : 과소배부액 ₩300

기초재고자산이 없을 경우 실제 매출원가를 계산하면 얼마인가?

① ₩19,400 ② ₩9,600 ③ ₩9,700 ④ ₩10,300 ⑤ ₩10,400

06 차이조정 (2021 세무사)

다음 중 표준원가계산과 관련된 원가차이조정에 관한 설명으로 옳지 않은 것은? (단, 모든 재고자산의 기말잔액과 원가차이계정은 0이 아니다.)

① 직접재료원가 가격차이를 원재료 사용(투입)시점에 분리하는 경우, 직접재료원가 가격차이는 원가차이조정 시 원재료계정에 영향을 미치지 않는다.
② 직접재료원가 가격차이를 원재료 구입시점에 분리하는 경우, 직접재료원가 능률차이는 실제 구입량이 아니라 실제사용량(투입량)을 기초로 계산한다.
③ 총원가비례배분법에 의해 원가차이조정을 하는 경우, 직접재료원가 구입가격차이는 직접재료원가 능률차이계정에 영향을 미친다.
④ 직접재료원가 가격차이를 원재료 구입시점에 분리하는 경우, 원재료계정은 표준원가로 기록된다.
⑤ 원가요소별비례배분법에 의해 원가차이조정을 하는 경우, 직접재료원가 구입가격차이는 원재료계정 기말잔액에 영향을 미친다.

07 표준종합원가계산 (2022세무사)

㈜세무는 20X1년에 영업을 시작하였으며, 표준원가계산제도를 적용하고 있다. 20X2년의 제품 단위당 표준원가는 20X1년과 동일하게 다음과 같이 설정하였다. 직접재료는 공정의 초기에 전량 투입되며, 전환원가(conversion costs)는 공정 전반에 걸쳐 균등하게 발생한다.

직접재료원가	4kg × ₩6 =	₩24
직접노무원가	2시간 × ₩4 =	8
변동제조간접원가	2시간 × ₩4 =	8
고정제조간접원가	2시간 × ₩5 =	10
		₩50

㈜세무의 20X2년 기초재공품은 1,000단위(완성도 40%), 당기 완성량은 5,500단위이며, 기말재공품은 700단위(완성도 60%)이다. 표준종합원가계산하에서 완성품원가와 기말재공품원가는? (단, 원가흐름은 선입선출법을 가정하고, 공손 및 감손은 없다.)

	완성품원가	기말재공품원가
①	₩225,000	₩21,000
②	₩240,600	₩27,720
③	₩240,600	₩28,420
④	₩275,000	₩21,000
⑤	₩275,000	₩27,720

08 차이조정 관련 분개 (2017 관세사)

㈜관세가 행한 다음 분개와 관련된 설명으로 옳은 것을 모두 고른 것은?

(차) 매출원가 60,000 (대) 제조간접원가 배부차이 60,000

ㄱ. 제조간접원가 실제배부시 발생하는 분개이다.
ㄴ. 표준원가계산에서 원가차이를 조정하는 분개이다.
ㄷ. 제조간접원가는 ₩60,000만큼 과소배부되었다.
ㄹ. 매출원가에서 제조간접원가 배부차이 ₩60,000을 가산한다.
ㅁ. 매출총이익은 ₩60,000만큼 감소한다.

① ㄱ, ㄴ ② ㄴ, ㅁ ③ ㄷ, ㄹ ④ ㄱ, ㄷ, ㅁ ⑤ ㄷ, ㄹ, ㅁ

09 기준조업도와 차이조정 (2015 CPA)

㈜한국은 단일 제품을 생산·판매한다. 회사는 표준원가에 기초한 전부원가계산제도를 사용하며, 20X1년도 기준조업도로 사용 가능한 생산능력별 연간 제품 생산량은 다음과 같다.

기준조업도	연간 제품 생산량
이론적조업도(theoretical capacity)	10,000단위
실제최대조업도(practical capacity)	7,000단위
정상조업도(평준화조업도, normal capacity)	5,600단위

㈜한국의 20X1년도 제품 생산 및 원가 정보는 다음과 같다.

• 기초재고량	0단위
• 당기생산량	6,000단위
• 기말재고량	1,000단위
• 단위당 판매가격	₩20
• 단위당 변동제조원가	₩5
• 단위당 변동판매비와관리비	₩1
• 총고정제조간접원가	₩35,000
• 총고정판매비와관리비	₩10,000

20X1년도 ㈜한국의 기초 및 기말재공품은 존재하지 않으며 조업도차이를 제외한 어떠한 원가차이도 발생하지 않았다. 다음 설명 중 옳지 않은 것은?

① 실제조업도가 기준조업도를 초과하면 고정제조간접원가배부액이 예산액보다 커져서 과대배부가 발생하고, 반대로 실제조업도가 기준조업도보다 낮으면 배부액이 예산액보다 작아져서 과소배부가 발생한다.

② 조업도수준에 대한 추정의 오류에서 발생하는 고정제조간접원가의 과소 또는 과대배부를 조업도차이라고 부른다.
③ 이론적 조업도 혹은 실제최대조업도를 기준조업도로 사용하는 경우 ㈜한국의 20X1년도 조업도차이는 불리한 차이를 보이는 반면, 정상조업도를 기준조업도로 사용하는 경우 ㈜한국의 20X1년도 조업도차이는 유리한 차이를 나타낸다.
④ 회계연도말에 ㈜한국이 표준원가에 기초한 전부원가계산에 의한 손익계산서를 외부 재무보고 목적용 실제원가 손익계산서로 전환함에 있어 조업도차이를 매출원가에서만 가감하는 방식으로 조정하는 경우, 이론적조업도, 실제최대조업도, 정상조업도 중 정상조업도를 기준조업도로 선택함으로써 가장 높은 20X1년도 영업이익을 보고한다.
⑤ 회계연도 말에 ㈜한국이 표준원가에 기초한 전부원가계산에 의한 손익계산서를 외부 재무보고 목적용 실제원가 손익계산서로 전환함에 있어 조업도차이를 기말재공품, 기말제품, 매출원가에 집계된 총원가의 상대적 비율에 따라 안분하는 경우, 이론적 조업도, 실제최대조업도, 정상조업도 중 이론적 조업도를 기준조업도로 선택함으로써 가장 낮은 20X1년도 영업이익을 보고한다.

10 표준종합원가계산과 차이분석 (2010 CPA)

㈜한산은 표준원가계산을 적용하고 있다. 전기와 당기의 표준원가는 동일하며 직접재료의 표준원가는 다음과 같다.

	수량표준	가격표준	제품단위당 표준원가
직접재료원가	2kg	₩10/kg	₩20

당기에 직접재료를 10,000kg(kg당 구입가격 ₩12) 구입하였으며 9,000kg을 공정에 투입하였다. 기초재공품은 1,000단위(직접재료원가 완성도 80%)였고 기말재공품은 1,300단위(직접재료원가 완성도 60%)였다. 당기 중에 완성된 합격품은 3,500단위였으며 공손품 200단위가 발생하였다. 품질검사는 공정의 종료단계에서 실시한다. 공손품은 모두 비정상공손으로 간주하며 처분가치는 없다. 회사는 비정상공손원가를 계산하여 별도의 계정으로 파악하고 있다. 직접재료원가 수량차이(능률차이)는 얼마만큼 유리(혹은 불리)한가?

① ₩16,400 불리 ② ₩20,400 불리 ③ ₩26,400 불리
④ ₩17,000 유리 ⑤ ₩17,400 유리

11 안분법과 비안분법 차이조정 (2013 CPA)

㈜한국은 20X1년 초에 영업활동을 개시하였고 표준원가계산제도를 채택하고 있다. 20X1년 말 현재 표준원가로 기록된 원가계정 잔액과 실제발생원가는 직접노무원가를 제외하고 모두 동일하다. 실제발생 직접노무원가는 ₩250이다. 한편 표준직접노무원가는 기말재공품에 ₩40, 기말제품에 ₩80, 매출원가에 ₩80이 포함되어 있다. 직접노무원가의 차이는 전액 임률차이 때문에

발생한 것이다. 다음의 설명 중 옳지 않은 것은?

① 표준원가와 실제원가의 차이를 원가요소별로 안분(proration)하여 수정분개하면 처음부터 실제원가로 계산한 것과 동일한 결과가 재무제표에 반영된다.
② 표준원가와 실제원가의 차이를 매출원가에서 전액 조정하면 영업이익은 실제원가계산에 의한 것보다 ₩20 더 작다.
③ 실제 매출원가에 포함된 직접노무원가는 ₩100이다.
④ 실제원가와 표준원가의 차이를 매출원가에 전액 반영하는 방법이 원가요소별로 안분하는 방법보다 더 보수적인 회계처리이다.
⑤ 직접노무원가 임률차이는 ₩50만큼 불리한 차이가 발생한다.

12 직접재료원가 차이 관련 분개 (2015 CPA)

㈜한국은 표준원가계산제도를 사용하고 있으며 제품 단위당 표준원가는 다음과 같다.

	수량표준	가격표준	표준원가
직접재료원가	2kg	₩10	₩20
직접노무원가	3시간	₩10	₩30
변동제조간접원가	3시간	₩5	₩15
고정제조간접원가	3시간	₩10	₩30
합 계			₩95

㈜한국은 20X1년 2월에 제품 1,100단위를 생산하였다. 이와 관련하여 당월 중 직접재료 2,420kg을 kg당 ₩9.5에 외상으로 구입하여 이 중 2,300kg을 생산에 투입하였다. 회사가 직접재료원가 가격차이를 사용시점에서 분리할 경우, 20X1년 2월 중 직접재료의 생산투입에 대한 분개로서 옳은 것은? (단, 20X1년 2월 직접재료의 월초 재고는 없었으며, 월초 재공품과 월말 재공품 또한 없었다.)

	〈차변〉		〈대변〉	
①	재공품	22,000	직접재료	21,850
	직접재료수량차이	1,000	직접재료가격차이	1,150
②	재공품	22,000	직접재료	22,150
	직접재료가격차이	1,150	직접재료수량차이	1,000
③	재공품	21,850	직접재료	22,000
	직접재료수량차이	1,150	직접재료가격차이	1,000
④	재공품	22,150	직접재료	22,000
	직접재료가격차이	1,000	직접재료수량차이	1,150
⑤	재공품	22,000	직접재료	24,200
	직접재료수량차이	2,200		

주관식

01 고정예산과 변동예산, 회계연도 말 원가차이 조정 (2015 CPA 수정)

㈜한국은 단일의 제품을 생산·판매하는 기업이다. 회사는 표준원가를 이용하여 회계연도 초에 종합예산을 편성하며, 제품의 원가계산에 표준원가를 이용한 전부원가계산제도를 적용하고 있다. ㈜한국의 20X1 회계연도 기초재고자산은 없었으며, 직접재료원가 가격차이는 구입시점에서 분리하여 계산한다.

㈜한국이 20X1 회계연도 말 수행한 원가차이분석은 다음과 같다(여기서 U는 불리한 차이, F는 유리한 차이를 의미함).

원가항목	원가차이			
직접재료원가	가격차이	₩16,000U	수량차이	₩4,000U
직접노무원가	임률차이	₩2,400F	능률차이	₩6,000U
변동제조간접원가	소비차이	₩2,200F	능률차이	₩2,000U
고정제조간접원가	예산차이	₩1,900F	조업도차이	₩5,000U

위의 원가차이분석을 위해 ㈜한국이 사용한 20X1 회계연도 생산 관련 자료는 다음과 같다.

(1) 원가요소별 표준과 예산 및 기준조업도
- 직접재료원가 : 제품 1단위당 8kg, 1kg당 ₩10
- 직접노무원가 : 제품 1단위당 4시간, 1시간당 ₩15
- 변동제조간접원가 : 직접노무시간을 기준으로 배부하며 직접노무시간당 ₩5
- 고정제조간접원가 연간 예산액 : ₩30,000
- 연간 기준조업도 : 2,400직접노무시간

(2) 원가요소별 실제구입가격과 실제발생액 및 실제조업도
- 직접재료구입량 : 8,000kg, 1kg당 ₩12
- 직접재료투입량 : 4,400kg, 1kg당 ₩12
- 직접노무원가 : 2,400시간, 1시간당 ₩14
- 변동제조간접원가 발생액 : ₩9,800
- 고정제조간접원가 발생액 : ₩28,100
- 20X1 회계연도 중 제품 500단위를 생산에 착수하여 당기에 모두 완성하였으며, 이 중 400단위를 판매하였다.

요구사항

▶ **물음 1. ㈜한국이 ① 20X1 회계연도 초에 작성한 종합예산 제조원가와 ② 20X1 회계연도 말에 작성한 변동예산 제조원가는 각각 얼마인가?**

▶ **물음 2. 20X1 회계연도의 원가차이 배부 전 ① 당기제품제조원가와 ② 매출원가는 각각 얼마인가?**

▸ 물음 3. ㈜한국은 외부보고 목적의 재무제표 작성을 위하여 회계연도 말에 원가차이를 재고자산 및 매출원가 각 계정에 포함된 원가요소의 상대적 비율에 따라 안분한다. 20X1 회계연도 말에 원가차이를 조정한 후 다음 각 계정의 잔액은 얼마인가?

〈답안작성 양식〉

계정과목	잔 액
직접재료	
제품	
매출원가	

02 표준종합원가계산 (2016 세무사 수정)

㈜대한은 표준종합원가계산을 적용하고 있다. 20X1년의 생산 및 판매활동, 그리고 원가에 관한 자료는 다음과 같다.

실제생산자료	수량(완성도)
기초재공품	2,000단위(40%)
기말재공품	3,000단위(20%)
당기완성품	15,000단위

실제판매자료	수량
기초제품	1,000단위
기말제품	2,500단위
판매량	13,500단위

〈원가요소별 표준원가〉

• 직접재료원가	₩250
• 직접노무원가	50
• 변동제조간접원가	60
• 고정제조간접원가	90

(1) 직접재료는 공정 초에 모두 투입하고, 가공원가는 공정 전반에 걸쳐 균등하게 발생한다.
(2) 기초재공품의 가공원가 완성도는 40%이며, 기말재공품의 가공원가 완성도는 20%이다.
(3) 재고자산은 선입선출법(FIFO)을 적용하여 평가하며, 당기 중 공손 및 감손은 발생하지 않았다.
(4) 전기와 당기의 원가요소별 표준원가는 모두 동일하다.
(5) 회계연도 말에 실제발생한 제조간접원가를 집계한 결과 총액은 ₩2,300,000이었으며, 그 중 고정제조간접원가는 ₩1,350,000인 것으로 파악되었다.
(6) ㈜대한은 원가차이를 전액 매출원가에서 조정하고 있다. (단, 제조간접원가 차이를 제외한 다른 원가차이는 발생하지 않았다.)
(7) 제품의 단위당 판매가격은 ₩700이고, 변동판매관리비는 단위당 ₩50이며, 고정판매관리비는 ₩1,000,000이다.

※ 20X1년의 표준원가를 반영하여 다음의 물음에 답하라.

요구사항

▶ **물음 1. 직접재료원가와 가공원가에 대한 당기완성품환산량을 계산하라.**

▶ **물음 2. 기초재공품원가, 당기총제조원가, 완성품원가 및 기말재공품원가를 계산하라.**

03 표준종합원가계산 (2016 CPA 수정)

㈜한라는 제품 X를 생산·판매하고 있으며, 전부원가계산에 의한 표준종합원가계산시스템을 적용하고 있다.

(1) ㈜한라가 20X1년 6월에 설정한 제품 단위당 표준원가는 다음과 같다.

	제품 X		
	표준수량	표준가격	표준원가
직접재료원가	2kg	₩20	₩40
직접노무원가	2시간	₩10	₩20
변동제조간접원가	2시간	₩3	₩6
고정제조간접원가	2시간	A	?
제품 단위당 표준원가			?
제품 단위당 정상공손허용액			B
정상품 단위당 표준원가			?

(2) 직접재료는 공정 초에 전량 투입되며, 전환원가(conversion costs)는 공정 전반에 걸쳐 균등하게 발생한다. 제품 X에 대한 공손검사는 공정이 60% 진행된 시점에서 이루어지며, 검사를 통과한 합격품의 10%에 해당하는 공손수량은 정상적인 것으로 간주한다. ㈜한라는 원가흐름에 대한 가정으로 선입선출법을 사용한다.

(3) ㈜한라의 월간 조업도기준(생산량)은 다음과 같다.

	실제최대조업도	정상조업도
생산량	1,300단위	1,000단위

(4) ㈜한라는 시장수요에 따라 정상조업도 수준의 생산을 유지하고 있으며, 제품 X의 고정제조간접원가 예산은 ₩10,000이다. 정상조업도에서 허용된 표준직접노무시간을 기준으로 고정제조간접원가 표준배부율을 계산한다.

(5) ㈜한라의 제품 X의 단위당 판매가격은 ₩100이다.

※ 문제 풀이 시 소수점 셋째 자리에서 반올림하라.

요구사항

▶ **물음 1. 다음 표의 빈칸에 들어갈 ① A의 금액, ② B의 금액과 ③ 제품 X의 총완성품원가를 계산하여 다음의 주어진 양식에 따라 답하라.**

	금 액
① 고정제조간접원가 표준가격(A)	
② 제품 단위당 정상공손허용액(B)	
③ 총완성품원가	

▶ **물음 2. 당월의 기초재공품 700단위는 65%, 기말재공품 500단위는 70%가 완성되었다. 공손수량은 150단위이고 당월 중 제품 X의 판매량은 1,000단위이다. 기초와 기말 제품재고가 없다고 가정할 경우, 다음 물음에 답하라.**

(1) 당월 중 비정상공손수량과 비정상공손원가는 각각 얼마인가?

(2) 당월 말 재공품원가는 얼마인가?

(3) 당월 중 직접재료원가와 전환원가의 완성품환산량은 각각 얼마인가?

(4) 당월 중 재공품 계정의 차변에 기록되는 직접재료원가와 전환원가는 각각 얼마인가?

찾아보기

ㅇ

ㅈ